国家社科基金重点项目"当代中国价值观念对外话语体系的建构与传播研究"（14AZD041）成果

安徽省重点马克思主义学院建设成果

当代中国价值观念对外传播话语体系的建构

吴学琴 等◎著

中国社会科学出版社

图书在版编目（CIP）数据

当代中国价值观念对外传播话语体系的建构／吴学琴等著.—北京：中国社会科学出版社，2023.4
ISBN 978-7-5227-1288-8

Ⅰ.①当…　Ⅱ.①吴…　Ⅲ.①中外关系—传播学—研究　Ⅳ.①G219.26

中国国家版本馆 CIP 数据核字（2023）第 021298 号

出 版 人	赵剑英
责任编辑	喻　苗
责任校对	胡新芳
责任印制	王　超

出　　版	中国社会科学出版社
社　　址	北京鼓楼西大街甲 158 号
邮　　编	100720
网　　址	http：//www.csspw.cn
发 行 部	010-84083685
门 市 部	010-84029450
经　　销	新华书店及其他书店
印　　刷	北京明恒达印务有限公司
装　　订	廊坊市广阳区广增装订厂
版　　次	2023 年 4 月第 1 版
印　　次	2023 年 4 月第 1 次印刷
开　　本	710×1000　1/16
印　　张	28.25
字　　数	462 千字
定　　价	148.00 元

凡购买中国社会科学出版社图书，如有质量问题请与本社营销中心联系调换
电话：010-84083683
版权所有　侵权必究

序　话语权的建构规律与国际话语权

侯惠勤[*]

当代中国价值观念的话语权是意识形态话语权最核心的权力,而意识形态话语权的客观基础决定了其建构并非主观随意所为,而是具有客观规律性的过程。话语权的拥有及其大小,与财富支配权并不同步。马克思在资本主义社会的生存状况是贫穷交加,但却获得了让整个旧世界为之发抖的话语权,靠的是什么？真理的力量！因此,任何话语权的研究,都不能回避以下两个问题:一是马克思主义是如何获得话语权的;二是新时代中国是如何获得话语权的。

一

受不发达生产方式的制约,前资本主义的思想统治必定具有神秘性,神学话语必定是优势话语。马克思所说的"人的依赖关系"社会其实并非人治社会,而是神治社会。这就决定了起初资产阶级的思想解放必定是"人的解放",以人性对抗神性。无论是自由、平等、博爱,还是民主、法治,核心就是人。同时这也就决定了社会主义者同资产阶级思想家的争论必然围绕着"人是什么"而展开。

但是,马克思以前的社会主义者在这一争论中并不占上风,因为这一争论的核心议题是"私有财产关系是否合乎人性"。资产阶级学者连篇累牍、不厌其烦地反复论证,私有财产是个人独立、自由和权利的保证,否定私有财产就是压抑人性、剥夺人的自由。社会主义者尽管一再发出了"私有财产就是盗窃"的道德谴责,可这丝毫阻挡不了人们占有财富的热

---

[*] 侯惠勤,中国社会科学院国家文化安全与意识形态建设研究中心主任、中国历史唯物主义学会会长。

情和勇气。从人性上批判资本主义最为尖锐的方式就是所谓"人的异化",即经验的人非真正的人,资本主义的利己主义个人是人和人性的扭曲。但是,作为这种批判的前提"真正的人"并不能通过道德设定得到确证,相反,资本主义的利己主义个人却由于现实生产关系和生活方式的支撑而具有充分的经验根据,显得动感十足。建立在"真正人性"上的道德化批判确实乏力。事实证明,在关于谁更合乎人性的抽象争论中,话语权在资本主义方面。

历史唯物主义的创立从根本上扭转了这一思想格局。它把争论不休的议题"资本主义符合人性吗?",转变为"资本主义社会的人性不可改变吗?"。这就是说,任何社会都有与之相一致的"人"及其人性根据,因而争论其是否符合人性没有意义。但是"现存的人"不是凝固不变和永恒的,更不是所谓的"原人"(即"本来之人")。资本主义大肆鼓吹的人性,只不过是这一社会的交往关系性质和价值追求的集中表现罢了。"这种'自由的人性'和对它的'承认'无非是对利己的市民个体的承认,也是对构成这些个体的生活状况的内容,即构成现代市民生活内容的那些精神要素和物质要素的失去控制的运动的承认"。①"现代国家的自然基础是市民社会以及市民社会中的人,即仅仅通过私人利益和无意识的自然必然性这一纽带同别人发生联系的独立的人,即为挣钱而干活的奴隶,自己的利己需要和别人的利己需要的奴隶。现代国家通过普遍人权承认了自己的这种自然基础本身。"②因此,问题就转变为这种"利己的市民个体"(或叫"市民社会的人")变不变、如何变?

由此出发,马克思提出了"现实的人"和"抽象的人"的根本区别,从而奠定了自身话语权的根基。所谓"抽象的人",就是脱离人的具体的历史发展,把一定历史条件下的人及其人性抽象为不变的"原人",其作用在于为现存的社会制度提供人性根据和道义支撑。而"现实的人"则立足于人的历史发展,从对于人的现实存在进行具体的历史的考察中,确定社会变革的趋势和人的发展前景。可见,两大话语的道德制高点都是"人的解放",但资产阶级意识形态的话语特点是"抽象人性论",其理论支点是"市民个体及其人性诉求",而马克思主义意识形态的话语特点是

---

① 《马克思恩格斯文集》第 1 卷,人民出版社 2009 年版,第 312 页。
② 《马克思恩格斯文集》第 1 卷,人民出版社 2009 年版,第 312—313 页。

"科学性",其理论支点则是"人民群众及其历史创造"。"人性论"话语立足人类抽象个体及其不变本性,没有历史和未来;"科学性"话语立足于现实的人及其历史发展,拥有历史的制高点。

马克思主义用"科学性"话语彻底改造了"人性论"话语。个体不再是孤立的生命体,而是生活的生产和再生产之网的纽结,凝聚了社会关系的总和;人性不再是单个人所固有的人类共同性,不是历史发展的决定力量,而是生产方式、生活方式及其价值的积淀。因此,不是人性创造历史,而是历史改变人性;历史是具体的,人性也是具体的;自从人类社会出现阶级分化,人性就受到阶级性的制约并趋向一致,统一的人性日渐抽象化、作用也日渐式微。"有没有人性这种东西?当然有的。但是只有具体的人性,没有抽象的人性。在阶级社会里就是只有带着阶级性的人性,而没有什么超阶级的人性。"①这样,关于人性争论的话语主动权就转到了无产阶级和人民大众一边,不再是"是否合乎人性"的发问,而是关于"什么样的人性、其符合历史发展方向吗"的追问。消灭阶级、消灭剥削、共同富裕、人类解放,不仅是历史发展的必然,也是人性进化的方向。

马克思主义意识形态话语权的运用主要体现在确立历史真实、直面现实和把握未来的思想力量上,在这些从来都是剥削统治者"大嘴"的天下确立了科学的客观坐标,争得了话语权。值得注意的是,现在西方意识形态打的也不仅是"主观性"牌,他们也在争夺"客观性"话语权。这就决定了资产阶级在人性问题上的最新"避难所",竟是把人性视为支配人们理性行为的最终的客观依据。

在马克斯·韦伯看来,历史领域的"客观性"只能是深藏在个人内心的价值判断。"正是'个人'的最内在的因素,规定我们的行动、赋予我们的生活以意义的最高和最终的价值判断,才是某种我们感到有'客观'价值的东西。"②虽然我们已经证明这种积淀在个人内心的价值判断是历史的产物,也充分证明这种价值判断因人而异、因时而变,但是还是要承认,利用"天良"、"良知"一类"道德旁观者"话语解释行为,虽不科学,却最为便捷易懂,因而最难批驳。我们不禁想借用唯物主义哲学家狄德罗的话加以表达:"这种体系虽然荒谬之至,可是最难驳倒,说起来真是人类

---

① 《毛泽东选集》第3卷,人民出版社1991年版,第870页。
② [德]马克斯·韦伯:《社会科学方法论》,中央编译出版社2002年版,第6页。

智慧的耻辱、哲学的耻辱。"①尽管如此,我们还是要说,把渗入每个人内心的"人性诉求"作为人类行为的"客观性"依据,存在着明显的"软肋":

首先,渗入个人内心的"人性诉求"并不是一个统一、确定的价值坐标,而是多重性的、相互冲突的、不断变动的需求。所以,如果不放在具体的历史过程中,人性是什么,或者其主导面是什么,都只能见仁见智、莫衷一是,最后发出"一半是天使、一半是野兽"的感慨而作罢。因此,以人性诉求为行为依据,必然经由价值多元而陷入价值混乱,最终将丧失判断善恶是非的行为准则。

其次,尽管人类的道德理想、价值追求一个"向善"的指向,有跨民族、时代的共同性,但它并不是历史发展的现实过程。这就是说,这种抽象的"美好理想"并不实际地支配着多数现实的人的现实行为。历史反复证明,如果大多数人的向往就等同于历史规律和社会现实,人类社会可能就止步于原始社会了(因为从社会和谐的道德眼光看,阶级分化显然是不可接受的)。而今天,人类社会之所以朝着消灭阶级、共同富裕的方向发展,这并不是人们向往的结果,而是社会生产力的发展提出了这一要求,与之相适应的社会主义制度才会应运而生。与生产力发展相一致的生产关系,决定了一定历史条件下的主导价值观。资本主义必然要用体现资本力量的"自由""人权",对封建社会的"尊贵血统"和"家族荣誉"一类主导价值进行颠覆;而科学社会主义则必然要用"消灭阶级""共同富裕""劳动解放""人民至上"等主导价值,把"自由""民主""人权"等人类共同价值从资本主导的狭隘性中解救出来,赋予其"人类解放"的真实内涵。

再次,"良知"也不能成为历史的客观坐标。虽然"人同此心",但心并不能阻挡"人心不古",不能破解"人心叵测"、更不能揭示"人心向背"。"良知"是否天性、"天良"能否发现、"天理"是否能容,于人于事都难以定于一规,只能听凭信口雌黄、可信可疑、毁誉随意;"良知"为天性还是"习得","致良知"如何可能,争了几千年也没有争明白。总之,"心"不是自明的,"良知"不是自发的,它们都需要科学地加以阐释。因此,虽然人性的进化是有方向的,但这个方向与社会进步的方向是一致的,都是人类通过劳动而不断地获得自由的过程。可见,自由的前提是自

---

① 《列宁选集》第2卷,人民出版社1995年版,第30页。

觉,而不是自发;诉诸神秘化的人性,其后果只能是把水搅浑。总之,马克思主义不是用人性掩盖和回避现实的社会矛盾,而是从现实的社会矛盾出发说明和解决人性问题。对抽象人性论的批判和抵制,防止其泛滥,是马克思主义话语权的关键。

二

资本主义作为曾经称霸世界的统治力量,不仅在政治经济上进行剥削压迫,而且进行文化上的奴役。因此,反抗资本主义统治的中华民族伟大复兴,必然要经历从"站起来""富起来"到"强起来"的历史性飞跃,解决"挨打""挨饿"和"挨骂"三大历史性课题。努力掌握意识形态主动权,积极应对"挨骂"的问题,是今天中国意识形态建设的紧迫任务。其中,不断扩大国际话语权是一大重点。

中国特色社会主义成为世界历史性存在,是我们能够不断扩大国际话语权的基础。两个大局的"同步交织",从现实基础上奠定了当代中国发展的新历史方位,决定了当代中国与世界关系的性质。按照马克思主义的观点,只有自身作为世界历史性存在的事物,才能具有世界历史意义。马克思对现代无产阶级世界历史使命的论证,从一开始就确立了这样的原则:只要认识了自己,就认识了世界;只要实现了自身,就实现了改造世界。他指出:"无产阶级宣告迄今为止的世界制度的解体,只不过是揭示自己本身的存在的秘密,因为它就是这个世界制度的实际解体。无产阶级要求否定私有财产,只不过是把社会已经提升为无产阶级的原则的东西,把未经无产阶级的协助就已作为社会的否定结果而体现在它身上的东西提升为社会的原则。"①这个原则之所以重要,就因为它不仅是对资本主义自我否定的具体阐发,对资本主义灭亡规律的深刻揭示,而且是对于认识历史客观规律的现实基础的确立。

把中国的事情办好就是对人类的最大贡献;解决中国难题就是解决世界出路。如果说,坚持中国特色社会主义是我们改革开放以来的全部理论和全部实践的主题的话,那么这一主题与和平发展的时代主题在今天正在日趋一致;如果说,中国的改革发展在以往还有许多属于自身的特殊性问题的话,那么在今天,我们改革发展需要解决的重大问题都是全球

---

① 《马克思恩格斯文集》第 1 卷,人民出版社 2009 年版,第 17 页。

性问题,需要在开放中通过世界各国的合作才能得到解决。可见,我们今天正处在这样一个历史节点:"只有民族的才是世界的,只有引领时代才能走向世界。"①这就是说,在今天,把中国的历史经验总结好,概括出其中的规律性认识,就能真正搞懂我们面临的时代课题,深刻把握世界历史的脉络和走向;把中国的事情办好,坚持和发展中国特色社会主义,就能破解当代人类"向何处去"的难题,引领时代潮流。中国特色社会主义与时代主题的高度融合——创造了中国式现代化新道路(两极分化还是共同富裕;人的物化还是人的全面发展),创造了人类文明新形态(冲突、征服还是不同文明交流互鉴、融通发展),这就决定了,当代中国马克思主义的理论创新,必定是原创性的理论贡献,必定具有世界历史的意义。

  中国的国际话语权是在履行负责任大国的实践中不断增强的。改革开放以来,中国创造了经济快速发展和社会长期稳定两大奇迹,十四亿人的中国和平稳定发展本身就是对世界的重大贡献;近年来中国经济增长贡献率一直占世界经济增长总量的百分之三十以上,成为拉动世界经济发展的火车头;改革开放以来,中国7.7亿农村贫困人口摆脱贫困,占同期全球减贫人口70%以上,大大加快了全球减贫进程;面对百年不遇的突发重大疫情,中国不仅首先控制住,而且积极与世界卫生组织和世界各国合作,为世界的抗疫做出了突出的贡献。事实证明,中国始终坚持做世界和平的建设者、全球发展的贡献者、国际秩序的维护者,是负责任的世界大国。

  中国的国际话语权是在顺应历史潮流,回应时代挑战中不断获得的。我们正处在世界百年未有之大变局和中华民族伟大复兴战略大局的历史交汇点上,疫情使得世界百年变局在加速演进。这一历史特点决定了世界进入动荡变革期,不确定因素空前增加。我们必须有更坚定明确的前进方向,有更强大的防控重大风险的力量,有更广泛的国际合作。这一历史特点还意味着,中国的发展离不开世界,世界的发展也离不开中国,开放的中国和开放的世界是不可逆转的历史潮流。中国始终高举和平发展、合作共赢的旗帜,反对单边主义、保护主义、极端利己主义,始终站在历史正确的一边;中国始终不渝地秉持人类命运共同体理念,坚持共商共建共享的全球治理观,走和平发展、开放发展、合作发展、共同发展道路;

---

① 《习近平谈治国理政》第2卷,外文出版社2017年版,第66页。

中国积极落实"一带一路"等国际经济合作构想,为新发展理念提供了事实依据。

我们的国际话语权是在向世界展现真实立体全面的中国过程中获得的。作为文明古国、负责任大国、社会主义强国的良好形象,不能任由西方歪曲,不能片面强调外国需要,听得进。"我们不仅要让世界知道'舌尖上的中国',还要让世界知道'学术中的中国''理论中的中国''哲学社会科学中的中国',让世界知道'发展中的中国''开放中的中国''为人类文明作贡献的中国'。"

我们的国际话语权是在开创人类文明新形态中获得的。中国开创的文明曙光是中华民族共同体的成功建设,或许为构建人类命运共同体、民族大融合、未来的人类大同提供了现实的蓝本。中华民族不是单一的民族,而是 56 个民族同构的民族体,因此,中华民族共同体的根本特点是多元一体。共同体的基础,是社会主义大家庭谁也离不开谁的共同利益及平等共处。开创了人类文明新形态的当代中国,充分展示了"今日之中国,不仅是中国之中国,而且是亚洲之中国、世界之中国。未来之中国,必将以更加开放的姿态拥抱世界、以更有活力的文明成就贡献世界。"[①]

可见,研究当代中国对外话语体系建构的关键,是遵循话语权建构的规律,依托新时代中国特色社会主义的历史性成就,说清中国式现代化道路,说清推进当代人类文明新形态的中国选择,通过批判抽象人性论和"西方中心"论,揭示以美国为代表的当代资本主义,在价值观上不仅继承了资产阶级的虚伪性,而且在许多方面也是历史的倒退。除此以外,还要探索话语权的技术路径,构筑多渠道传播平台,拓展各类有效载体等。就此而言,该书是一种探索的良好开端,在一些方面也不失为成功的典范。

是为序。

[①] 《习近平谈治国理政》第 3 卷,人民出版社 2020 年版,第 471 页。

目　录

导　言 …………………………………………………………（1）

第一章　当代中国价值观念与对外传播话语体系的新变化 ………（10）
　第一节　当代中国价值观念话语体系的内涵 ………………（11）
　第二节　全球化视野下当代中国价值观念的新变化 ………（37）
　第三节　当代中国价值观念对外传播话语体系和表现方式 ……（50）

第二章　当代中国富强价值观念及其话语表达 ………………（59）
　第一节　富强与民主、文明、和谐的关系 …………………（59）
　第二节　富强话语表达 ………………………………………（64）
　第三节　富强话语的分歧与竞争 ……………………………（78）

第三章　当代中国民主价值观念及其话语表达
　　　　——以协商民主为例 …………………………………（89）
　第一节　中国协商民主思想的发展历程 ……………………（89）
　第二节　中国协商民主思想的对内话语表达 ………………（98）
　第三节　中国协商民主思想的对外传播话语 ………………（105）
　第四节　当代中国协商民主价值观念对外话语的传播 ………（116）

第四章　当代中国公正价值观念的话语变迁及其实现 …………（125）
　第一节　人类心中的太阳：公正及话语表达 ………………（125）
　第二节　公正的内涵原则与限度 ……………………………（128）
　第三节　公正话语中的人类尊严 ……………………………（135）
　第四节　构建公正价值观话语的举措 ………………………（140）

第五章　当代中国爱国价值观念的话语表达及其实现 ……………（147）
第一节　爱国与敬业、诚信、友善的关系 ……………………（147）
第二节　爱国话语的内涵及表达 ………………………………（154）
第三节　当前爱国话语传播与教育过程中的困难与对策 ……（165）

第六章　扫描海外中国学，细察中国价值观念国际传播 ………（172）
第一节　海外中国学的研究内容和主题 ………………………（173）
第二节　海外中国学的研究机构、专家和学派 ………………（182）
第三节　精准判断国外"中国学"研究 ………………………（196）
第四节　国内"中国学"研究促进中国价值观念传播 ………（203）

第七章　西方媒体妄用"普世价值"妖魔化中国形象 …………（211）
第一节　西方媒体话语中的当代中国国家形象 ………………（211）
第二节　西方媒体关于当代中国国家形象话语的基本特征 …（216）
第三节　减少负面话语　提升话语权 …………………………（220）

第八章　好莱坞误读价值观念，虚构"中国人"形象 …………（226）
第一节　"中国人"形象的变迁 ………………………………（226）
第二节　"中国人"形象的类型和价值观念指向 ……………（229）
第三节　电影中意识形态话语建设 ……………………………（235）

第九章　英国广播公司（BBC）报道"中国梦"臆构中国价值观念 …………………………………………（239）
第一节　BBC 报道"中国梦"与《人民日报》及海外版的差异 ……………………………………（240）
第二节　BBC 报道"中国梦"秉持的价值观念 ……………（244）
第三节　增强中国媒体国际传播力 ……………………………（249）

第十章　当代西方价值观念以课程为载体的传播 ………………（255）
第一节　美国教育中的价值观念解读 …………………………（255）
第二节　美国课程的价值观念解读 ……………………………（262）
第三节　再建课程的价值观念 …………………………………（272）

第十一章　当代中国价值观念在欧美的影响力分析 …………（282）
  第一节　当代中国主流意识形态和价值观念
　　　　　话语的认知界定 ………………………………（282）
  第二节　当代中国价值观念在加拿大和英国的
　　　　　影响力比较分析 ………………………………（289）
  第三节　当代中国价值观念在德国的影响力分析 ………（309）
  第四节　当代中国价值观念对外传播问题对策 …………（315）

**第十二章　当代中国价值观念对外传播话语体系的
　　　　　问题及建构** ……………………………………（323）
  第一节　当代中国价值观念对外传播话语困境 …………（323）
  第二节　当代中国价值观念对外传播话语的多样化方式 …（332）
  第三节　当代中国价值观念对外传播话语的具体策略 …（341）
  第四节　当代中国价值观念对外传播话语的机构建设 ……（347）

**第十三章　当代中国价值观念对外传播话语体系构建机制和路径
　　　　　——以富强和民主价值观念话语构建为例** …………（352）
  第一节　中国共产党富强话语的构建原则 ………………（352）
  第二节　中国共产党富强话语的构建规律 ………………（362）
  第三节　以史为鉴，构建当代中国价值观念对外
　　　　　传播话语体系之路径 …………………………（375）
  第四节　当代中国协商民主思想话语体系对外传播路径 …（383）

结语　构建对外传播话语体系，阐释中国价值观念 ……………（390）

附录1　国外关于当代中国认知状况的调查表 …………………（395）
附录2　Questionnaire：Overseas Perceptions of Today's China ……（399）

参考文献 ………………………………………………………（404）

后　记 …………………………………………………………（437）

导　言

　　2018年的盛夏，将近600岁的北京故宫迎来了一批特别的客人——220余名来自港澳台地区的学生，与故宫博物院院长单霁翔面对面，倾听单院长讲述中国故事、传播中国价值，共享中华传统文化。这是传播当代中国价值观念的一个侧影。2019年3月4日下午，习近平总书记在全国政协文化艺术界、社会科学界联组会上希望大家立足中国现实，植根中国大地，"把当代中国发展进步和当代中国人精彩生活表现好展示好，把中国精神、中国价值、中国力量阐释好"[①]。如何讲述中国故事，传播中国价值观念，让世界读懂中国，正是今天我们的任务，也是本课题的任务。

　　"当代中国价值观念对外传播话语体系的建构与传播"这一宏大课题，正是这一背景下的研究，课题涉及当代"中国价值观念""对外传播话语体系""文化传播"三个关键词。目前关于价值、价值观念、当代中国价值观念等问题，国内学者经过40多年的研究，已有相当深厚的基础；中国语言学研究同样成绩斐然，而在"话语分析"方面，也曾从哲学和语言学各学科研究过"语言"一词，有过一些零星成果。但"当代中国价值观念"该以怎样的话语准确阐释，向海内外传播，让世界理解，只是近年才引起学界关注，其背景则是伴随着中国经济的快速发展、世界影响力的日益提升，国际社会却时常发出"强国必霸权"的不谐之音，2019年的中美贸易摩擦即是这一观点的直接后果。在这样的背景下，部分学者开始尝试建构"当代中国价值观念的话语体系"。跨文化传播的研究在国内起步较早，尤其随着海外孔子学院不

[①] 中共中央宣传部，中华人民共和国外交部编：《习近平外交思想学习纲要》，人民出版社、学习出版社2021年版，第87页。

断建立，中西文化传播的速度大大加快。但在"七 W"，即谁传（who）、为什么传（why）、传播什么（what）、传给谁（whom）、传播的媒介（which channel）和传播的效果（With What Effect），尤其是传播什么（what）问题上，是鲁迅大加鞭挞的封建落后的陋习，还是传统中国文化和谐宽容的理念，甚或进一步传播当代中国富强、民主、文明、和谐、法治的新形象，成为困扰中国树立海外良好形象的一大难题。

一 关于当代中国价值观念话语体系的研究

国内关于"价值观念话语体系"的探讨已取得一定成就，但相较于西方由于立场、观点和方法上的不同，更由于意识形态的偏见，其有意无意诋毁、消解中国价值观念的现象十分普遍，国内研究离有效回应还有一定差距，甚至存在失语、失声、失踪等无法回应的现象，同时学界对核心价值的认同还存有歧义，未能形成强有力的学术话语体系。

（一）关于当代中国价值观念

随着改革的日渐深化，中国社会的价值观念也随之发生了很大的变化，国内学界对此研究也较深入，成果相当丰硕。从国内研究状况看，学者们关注的问题大致可概括为两个路向。一方面是实践的路向，即价值观念的研究服务于社会主义建设的需要。随着中国以公有制为主体和多种所有制经济共同发展的基本经济制度和分配制度的逐步建立，国内学界对于中国价值观念的研究也逐步开始关注"多元"与"一元"的问题及其相互关系。在这一问题上，学者们普遍认为，在改革开放前，中国主流价值观念主要建立在国家意识形态的大力宣传和灌输的基础上，具有明显的强制性，而对于一些非主流价值观，譬如自由主义、人道主义等价值观，一般情况下，我们对其进行批判和抵制，遏制其蔓延。40多年的改革开放释放出巨大的发展活力，但社会各阶层也不断产生分化，社会主体日益多元，在此基础上社会价值观念的多元化现象更加突出，中国主流价值观念遭遇到空前的挑战，不再仅仅是社会主义与资本主义、封建主义三种主要的价值观的对立冲突，更多表现在与保守主义、虚无主义、新自由主义、后现代主义、功利主义、社会民主主义、民主社会主义、"普世价值"等多样的价值间的博弈，在各种思潮内部又出现了不同的价值观，如保守主义又分化为经典保守主义、新保守主义、旧保守主义、意识形态保守主义等，不同领域还出现文化保守主义、政治保守主义、经济保守主义、财政保守主义、宗教保守主义、贸易保守主义等流派；虚无主义也出现了历史虚无主义、民族虚无主义、文化虚无主义、伦理道德虚无主义、法律虚无主义等观点；自由主义的派别和流变就更多了，不但有古典自由主义和新自由主义之分，不同领域也出现不同流派，如政治自由主义、文化自由主义、经济自由主义、贸易自由主义、制度自由主义等，面对理论相左、思想冲突、观点相异的众多思潮，选择何种价值观作为自己安身立命之本？不同的人择其一而用之，也有杂糅之后形成了"佛系"价值观、"犬儒"价值观。在这样的历史背景下，面对客观存在的各种社会价值观念，如何处理社会主义主流价值观和各种价值观念之间的关系，便成为学术界迫切需要回答的问题。对此，学术界有单纯的"多元和合理论"，有"一元独尊论"，也有"多元和一元辩证统一论"。多数论者主张推进"多"和"一"的统一，这一观点也使得广大人民群众逐渐认同社会主义核心价值观。另一方面是理论的路向，即价值观念自身的现代化问题，这一问题涉及中国当代社会价值观研究的基本走向。部分学者认为，当代中国社会主义建设过程中所出现的贪污腐败、道德堕落和社会公序良俗的紊乱，是因为社会主义主流价值观建设的严重缺位，是中国思想界容忍和纵容价值观念多元并存和发展的结果，是社会主义价值观建设的失误。而多数学者则主张，面对中国社会主义市场经济建设过程中出现的新情况新问题，要具体分析原因，不能用价值观倒退或道德滑坡等观点简单地质疑改革，更不能用传统或前现代的道德准则，否定改革开放以来取得的辉煌成就。

相较于中国学界，西方的研究从立场和观点上都具有很大差别。一方面，国外学术界中的一些学者，敌视当代中国主流意识形态。他们也正是试图通过这种对于社会主义意识形态的诋毁和否定，从反面肯定和赞同西方资本主义意识形态，希望西方资本主义制度不断强盛，极力赞同以西方文化为中心确立的全球秩序，通过这一系列思想观点阐释，试图建立西方文化一统天下的局面。中国学术界对意识形态终结论的回应，一方面，有利于从价值意义上深入研究中国特色社会主义制度、深入研究社会主义核心价值观，夯实中国特色社会主义制度和价值观念的理论基础；另一方面，充分彰显社会主义制度的优越性和制度优势，进而提高我们的制度认同,提升中国在国际社会的影响力和话语权。另一方面,从西方学者们关于中国历史传统文化问题的研究成果中,我们可以看出中国和西方国家的价值观念在历史文化层面,具有某种程度的互补性。特别是在西方国家已经开始进入后工业时代,蕴含在中国文化中的一些价值观念(如天人合一、和谐等理念),对于当前的一些深深困扰西方国家发展进程的经济和社会问题的解决,具有独到的价值。基于这种对于中国文化及其价值观念的普遍性的认可,我们应该抓住历史赋予的良好机遇,以真诚的文化自觉、坚定的文化自信、宽容的文化心态和有序的文化建构促进中国传统文化的伟大复兴,以贡献于人类社会。

上述分析表明,中国传统价值观念与当今经济全球化、政治多极化和市场经济所要求的观念之间的冲突和博弈,是中国社会主义初级阶段长期存在的现象,并与西方价值观念处于长期的博弈和冲突之中。如何解决这一冲突,一方面需要不断发展社会主义,壮大社会主义经济、深入探索社会主义道路,解决全面深化改革实践中出现的新问题;另一方面有待我们在认真分析世界经济和社会发展基本趋势的基础上,进一步丰富和完善当代中国价值观念,充分彰显其中国风格、中国气派和中国特色,增进世界的相互理解和包容,增强中国核心话语的国际影响力。

(二) 关于对外传播话语体系

话语权,尤其是哲学社会科学的话语体系,国内最近几年也开始关注的话题,但仍处于研究初始阶段,关注的是哲学社会科学各门学科学术话语体系中的西化、抽象化、空洞化状况,譬如针对社会学、历史学、政治学、哲学等各学科学术话语的相对缺失,呼吁建立具有中国特色的学术话语体系。相较于价值观念,对外话语及其体系建构,国外研究迄今已经走在前沿,并已经形成了全球的话语霸权,话语的研究和话语的实践存在"西强东弱"现象。对中国价值观念,尤其是社会主义核心价值观念如何形成一套具有中国风格、中国气派和中国特色的话语体系,这套话语体系以何种话语传播、传播的平台和载体如何建设等问题,学界研究较少涉及。因此,当前在对外传播话语体系的研究中,我们需要关注以下三个问题。第一,对国内意识形态在新媒体时代话语权争夺的激烈程度、发展动向及趋势研判还不够深入,对国内历史虚无主义等社会思潮通过新媒体争夺话语权道义制高点,削减社会主义意识形态话语权,削弱大众对中国共产党、对马克思主义作为指导思想的社认同本质把握不够。第二，对新媒体时代已成为国际意识形态话语权争夺与渗透、斗争与冲突主战场的研究还有待于进一步深化。新媒体的普遍应用，为西方话语霸权的植入和渗透带来便利，对"西化""分化"的研究需要深化。第三，对新媒体时代主流意识形态话语权建构路径的探索急需加强，探索与非主流意识形态的对话交流以掌控话语主导权，探索在创新特色话语中科学设置话语议题以彰显主流意识形态话语优势，探索话语表达方式转化以实现"中国标准"的国际化、彰显中国主流意识形态话语魅力。

（三）关于跨文化传播

跨文化传播，目前研究一方面侧重具体问题的实证考察，另一方面希望揭示跨文化传播的规律，比较中西方对跨文化传播研究方面的差异，可反映出中国跨文化传播研究存在的问题。

第一，从理论构建和学科发展上看，西方跨文化传播的理论构建和学科建设都较成熟。美国传播学专家霍尔甚至提出了编码/解码（Encode/Decode）、高语境/低语境（High-context/Low-context）、全球化/本土化（Globalization/Localization）、跨文化能力（Intercultural Competence）等跨文化传播的核心概念，在他的理论中，特别注重对四类跨文化传播的实践进行分析研讨：一是外来移民在使用媒介时的身份认同问题；二是受众在消费外来文化时的心理接受过程；三是国际学生在课堂接受教育时的跨文化交流问题；四是构建跨文化人际关系时提高跨文化技巧问题。[1] 这种分析框架实质上是在跨文化传播中建构起了西方自己的话语体系，相比之下，中国的跨文化传播研究要摆脱西方主导的跨文化传播话语体系，构建自己本土的跨文化传播理论，还需要一定的时间。

第二，从研究对象上看，在文化多元主义价值观的理念引导下，国外注重不同文化背景之间个人层面的交流，注重个人实践；而中国学者一般把研究对象更宽泛地界定为组织，更多的是国家层面的交流，从而

---

[1] 上述观点参见：Chua, B. H., *East Asian Pop Culture: Analyzing the Korean Wave*, Hong Kong University Press, 2008; K. Langmia and E. Durham, *Bridging the Gap: African and African American Communication in Historically Black Colleges and Universities*. Journal of Black Studies, Vol. 37, No. 6, 2007; V. Tudini, *Negotiation and Intercultural Learning in Italian Native Speaker Chat Rooms*. The Modern Language Journal, Vol. 91, No. 4, 2007。

较多地从组织与国家层面去发现跨文化传播的障碍与冲突，这是两者之间的明显差异。如何通过跨文化传播当代中国价值观念，构建当代中国的大国形象，这是中国今天面临的难题。最近几年在通过加强民间交往，进而更好地提升组织和国家层面交往方面，已得到较快发展。

第三，从研究方法上看，西方学者常常偏重包括实地调查法和控制实验法等在内的定量实证型研究方法，同时也辅之以心理学、社会学、文化人类学和社会语言学的描述性方法。有时为了数据的客观性和准确性，也会运用多重检验和多重测量等其他学科的评论性方法。比较来看，中国跨文化传播研究偏重宏观观察、偏重思辨，比较缺乏量化和实证型分析，这方面研究任重道远。

第四，从研究视角上看，西方跨文化传播研究从一开始就是致力于不同文化背景的个人、群体和组织的交流和沟通，通过研究不同文化彼此之间的差异去帮助个体、群体和组织消除交流的障碍，增强沟通的效果，如对受众的分析和传播效果的研究。而中国的跨文化传播研究多偏重政治或意识形态视角，而从公众视角出发的研究成果较为缺乏，故跨文化传播效果并不好。[①] 因此，依据传播规律，进行个性化的研究，乃是当代中国价值观念跨文化传播的首要任务。

总体来看，中国的跨文化传播理论仍处于探索阶段，研究的方法偏重思辨，具体量化分析不足。这种缺陷，本质上还是从"我"的角度去看待跨文化现象和行为，导致研究的虚而不实。为此，必须具备比较的视野，综合运用实证研究、数据研究、新媒体研究、跨学科研究，把量化研究与质化研究相结合，才能推进中国的跨文化传播研究，从而为当代中国价值观念对外传播铺平道路。

二　以当代中国价值观念凝聚共识，增加国际影响力和传播力

该研究从学术视角出发，围绕当代中国价值观念话语体系建构的关键词、跨学科和跨文化接合点的主题词，运用多学科知识和分析方法，比较东西方的文化差异，坚持全球化和本土化相结合，在构建当代中国价值观念对外传播话语体系的过程中既坚持自身的独特话语体系，又积极借鉴和吸收西方主流价值观念对外传播话语体系中的合理资源，其研

[①] 参见徐明华《中国跨文化传播研究的文献综述》，《新闻爱好者》2012 年第 17 期。

究能在最大范围和层面上提升话语的国际影响力和传播力。

（一）凝聚国人共识，实现民族复兴

随着当代中国经济的快速发展，中国 GDP 的总量已位居世界第二，在可预见的将来，可能会超越美国，成为世界第一大经济体。与经济实力显著增强不相适应的是，人们的价值观念却落后于经济的发展，国人在骄傲于经济成就的同时，价值观念日渐多元；国外的"中国威胁论""国强必称霸"等各种不利于中国发展的言论依然甚嚣尘上。如何凝聚国人共识，让世界理解中国，为中国进一步发展营造和平、稳定的环境，是目前中国面临的挑战。而当代中国价值观念的准确阐释、恰当传播，是消除误解，化解敌视，凝聚共识的重要方式。在这样的背景下，该研究在"当代中国价值观念""话语体系"和"跨文化传播"三个主题下，展开多学科的综合性研究，积极响应了党的十八届三中全会以来强调的要加强对外传播话语体系建设，推动中华文化走向世界的战略决策，并对全面提高中国文化软实力和中华民族的国际形象起到至关重要的作用。

（二）建构对外传播话语体系，增强国际影响力

话语，说到底是"说什么话、怎么说话"，但绝非如此简单，它实质上是一个人的思维方式、思想认同、价值立场的反映。一般而言，一个国家、一个民族的理论自信和理论自觉是所属国家和本民族的思维方式、思想认同、价值立场的反映，势必建立在一套自己的话语体系基础上。在中国价值观念方面，以往研究偏重内涵、内容、特点等方面研究；在构建当代中国价值观念体系方面，则侧重从中国传统文化、马克思主义理论中吸取理想价值因子，力图实现中国传统价值观念的现代转型；如果加强对外传播中国价值观念，尤其是结合中国主流意识形态的话语权建设，并将其与中国对外话语权建设相联系，从内涵上探讨当代中国价值观念对外传播话语体系的建构，将极大增强国际影响力。

（三）传播当代中国价值观念，应对国际思想文化斗争

西方把中国发展壮大视为对其价值观念、制度模式的挑战，通过学术研究，以其所谓的"自由、民主、人权"为旗号，加紧对中国进行思想文化渗透。对此，我们在广泛调研的基础上，通过理论剖析与实证分析相结合的方式，立足于中西方文化之间的比较，研究近年来中国价值观念对外传播话语体系初步构建的特征、亮点、基本方式方法以及存

在的不足,并以此为切入点探索继续推进中国价值观念对外传播话语体系构建的要点、难点与突破点,以宏观与微观相结合的双重视角深化中国价值观念对外传播话语体系构建的方法论及其相应的具体策略,从而更好地传播当代中国价值观念,应对国际思想文化斗争。

(四)整合对外传播力量,拓展有效传播空间

习近平总书记多次指出:要"创新对外宣传方式,着力打造融通中外的新概念新范畴新表述,讲好中国故事,传播好中国声音"[①],加强话语体系建设,增强在国际上的话语权。对此,我们结合中西方价值观念传播路径与方式异同点,分析总结国外价值观念对外传播话语体系构建与传播中可借鉴的经验;探索对外传播当代中国价值观念的策略与艺术,探索如何将其渗透到不同民族的日常生活中,探析中国价值观念对外传播话语体系构建过程中存在的一系列问题,着力增强中华文化不断"走出去"的深度和广度,提高当代中国价值观念核心话语国际影响力,进一步激发中国国际话语的传播潜能,继而有针对性地提出加强中国当代价值观念对外传播话语体系构建与传播的具体可操作的应用对策,整合相关的文化交流与传播机构的力量,拓展相关的功能,提升其在国际公共空间中的话语能力。

三 当代中国价值观念对外传播话语体系的构建

全球化背景下如何在当代中国价值观念的基础上构建并传播适合于中国特色和时代特征的对外传播话语体系,从而在当代国际政治秩序中努力提升中国的国际话语权和影响力,增强国家的文化软实力,塑造良好的国家形象,是今日中国急需解决的问题。对此,我们以问题为切入点,以中国特色社会主义理论体系、中国传统文化、国外马克思主义及激进左派理论为思想资源,从五个方面展开:一是梳理"当代中国价值观念"的多元内容,厘清什么是"对外传播话语体系",当代中国主流价值观念与话语体系之间有什么关系;二是了解中国主流价值观念的传播状况;三是进一步调查研究西方价值观念采取什么样的话语体系对外传播,传播的内容和方式怎样;四是揭示当代中国价值观念对外传播

[①] 习近平:《胸怀大局把握大势着眼大事 努力把宣传思想工作做得更好》,《人民日报》2013年8月21日。

过程中的现状与困境；五是探究构建当代中国价值观念的对外传播话语体系和传播策略，以便最大可能提升话语权和文化软实力。五个部分按照逻辑递进的关系来展开对主题的详细分析和论证。第一部分抓住两个关键词："当代中国价值观念"和"对外传播话语体系"进行学术梳理，阐明两者之间的关系，故设了把握当代中国价值观念的多元内容及发展方向、厘清"对外传播话语体系"的特定内涵和表现方式、剖析当代中国价值观念与对外传播话语体系的辩证关系三个方面的内容。该部分还特别以社会主义核心价值观国家层面的富强和民主、社会层面的公正、个人层面的爱国四个概念为例，在民主观念中又特别选取具有中国特色的协商民主观念进行深入剖析，探讨其话语传播和话语的建构。第二部分研究当代中国对外传播话语体系和传播的现状与困境，明确该研究中面临的问题、难题，分列了数读中国文化"走出去"、扫描国内"中国学"、纵览海外中国学、剖析西方媒体妄用"普世价值"妖魔化中国形象、好莱坞误读价值观念虚构"中国人"形象、BBC报道"中国梦"话语臆构中国价值、西方以课程为载体对价值观念的传播等七章内容，审视国外媒体话语中的当代中国价值观念、反思当代中国价值观念的传播现状、诊断中国价值观念传播难题，细察中国价值观念国际影响，深化中国价值观念的国际传播，构建中国价值观念国际传播高地。第三部分分析当代中国价值观念在欧美的影响力分析报告，为解决该项研究中面临的问题和难题提供具体策略，在价值观念对外传播话语体系的建构原则、传播机制、传播策略及其借鉴四个方面进行分析。第四部分针对现状问题进行理论建构，从国内、国际和话语三方面因素，剖析价值观念对外传播难在哪里？根源何在？采取什么策略进行价值观念的对外传播？该部分除了总体上分析了具体策略，还以富强和协商民主价值观念话语构建为例，研究当代中国价值观念的对外传播话语体系建构机制和路径，从中国共产党富强话语的构建原则、中国共产党富强话语的构建规律、构建路径、当代中国协商民主思想话语体系对外传播的策略四个方面建构当代中国价值观念对外传播话语体系。第五部分以"构建对外传播话语体系 阐释中国价值观念"作为结语，从而实现构建当代中国价值观念对外传播话语体系的建构，提出当代中国价值观念对外传播话语体系传播的路径和策略。

第一章 当代中国价值观念与对外传播话语体系的新变化

价值观念是现实生活在思想领域的反映和一个时代人们精神状况的彰显，不同时代的价值观念体现了随着人类社会生产、生活实践状况的变迁，人们思想领域和精神世界的变化。社会生产方式和生活方式的改变往往会引起人们价值观念的变化，特别是社会转型发展时期，人们的价值观念往往会呈现出急剧动荡的状况，主导的价值观念和多元的价值取向并存，各种价值观念之间呈现出冲突、融合和整合的发展趋势。当代中国价值观念是当今人民精神状况的反映，它伴随着中国特色社会主义实践发展而不断发展，反过来又对人民群众的现实生活具有价值导向意义。在一定意义上，当代中国价值观念，也就是中国特色社会主义价值观念，中国特色社会主义是当代中国价值观的本质属性，也是当代中国价值观念的社会主义属性和当代中国属性。[①] 可见，当代中国价值观念生成于中国特色社会主义事业的伟大实践中。但是，其内涵又不仅仅局限于当代中国，它融合了社会主义价值观、中国优秀传统价值观和国外优秀价值观念等内容，可以说，当代中国价值观念是融通古今中外的价值观念体系。当代中国价值观念的内容，也因中国特色社会主义实践需要和时代特征的改变而不断变化，特别是21世纪以来，随着中国经济改革的不断推进和全球化发展加速，中国社会进入快速发展的转型期，当代中国价值观念也呈现出不断变化的趋势，同时，随着中国整体实力的增强，无论是硬实力，还是软实力都呈现出上升的趋势，当代中国的价值观念也正在不断被传播到世界各国，当代中国价值观念国际传播的对外传播话语体系也正在不断被建构、调整和创新，从根本上说，

---

① 刘民主、冯颜利：《当代中国价值观的内涵探讨》，《探索》2016年第1期。

中国特色社会主义实践推动了当代中国价值观念不断呈现出新变化，也不断创新发展了对外传播话语体系。

第一节 当代中国价值观念话语体系的内涵

一 何谓当代中国价值观念话语体系

当代中国价值观念既具有继承性、包容性，也具有开放性、创新性，因此其话语体系也兼具这两方面特征。从逻辑上看，当代中国价值观念话语体系的概念和内涵可以从两个部分来理解，即首先要理解当代中国价值观念和话语体系的含义，理解了这两个概念，当代中国价值观念话语体系就自然而然掌握了。目前学术界对"当代中国价值观念"明确下定义的不多，其中有专家认为，当代中国价值观念分为三个层面，即终极价值目标、核心价值理念和基本价值原则。"当代中国价值观念的核心内容是社会主义核心价值观或核心价值体系，其终极价值是中共十八大政治报告中提出的'中华民族伟大复兴'，其核心价值理念是中共十八大政治报告倡导的'24个字'，而政治报告中提出的 8 个'必须坚持'则可以看作其基本价值原则。在核心价值观的三个层次中，核心价值理念具有核心的地位，起着关键的作用。"[①] 这表明，社会主义核心价值观已经成为当代中国价值观念的核心内容，而当代中国价值观念的范畴又不仅仅包括社会主义核心价值观，可以说范畴更广、涵括内容更多。也有专家认为，当代中国价值观念，是中国人民在参与中国特色社会主义伟大实践过程中形成的对价值关系的总体性认识，是融社会主义核心价值、中国传统文化价值、西方现代文化价值的诸多精华于一体所形成的价值体系。当代中国价值观念汇聚了当代中国社会的价值共识，融合了多元价值，汲取了传统滋养，继承了社会主义革命、建设和改革的价值传统，是当代中国人民价值观的时代表达。[②] 可见，在他们看来，当代中国价值观念是人们最广泛的价值共识，这一共识继承了中国优秀传统价值观念，吸收借鉴了西方资本主义的先进价值观、弘扬了社会主义价值观。也有部分人认为，当代中国价值观念，就是我

[①] 江畅：《论当代中国价值观构建》，《马克思主义与现实》2014 年第 4 期。
[②] 刘民主、冯颜利：《当代中国价值观的内涵探讨》，《探索》2016 年第 1 期。

们正在进行的社会主义建设中秉承的价值理念,就是指中国特色社会主义的价值观念,其核心价值内容是社会主义,其显著特征是继承了中国传统文化价值观念,并加以创造性转化;当代中国价值观念的现实维度是实现社会主义公平正义,而总目标则是实现中华民族的伟大复兴。[①] 从总体上看,学术界对于当代中国价值观念的内涵探讨并未达成较为一致的意见,但是在某些方面具有相同或相似的看法,一致认为社会主义核心价值观是当代中国价值观念的主要内容,当代中国价值观念是兼具中国特色和社会主义本质属性的价值观念体系,社会主义价值观念、中国传统文化中优秀价值观念、西方资本主义中先进价值观念,均成为其思想资源。当今中国的价值观念已经具有了明确目标指向——实现中华民族的伟大复兴,更深层来说则是实现共产主义理想社会。可以肯定,当代中国价值观念作为一个价值观念的体系,其核心内容是社会主义核心价值观念,中观内容则是对中国优秀传统价值观念、西方资本主义价值观念合理内核、社会主义性质价值观念的抽取与凝练,最外围内容则是符合中国特色社会主义本质要求、能够集中表达当代中国人民正确价值取向、价值行为准则和精神价值面貌的一切价值观念,是人民群众最广泛价值共识的达成。

关于话语体系的内涵和概念,学术界较多的是和其他概念联合起来进行研究和阐释,也有个别学者就话语体系进行了研究。有的认为,话语是主体通过一定结构的语言符号传达思想、情感、意图的言语,有口头形式(包括手势)和书面形式两种,是主体的精神和思想的表达。而话语体系则是主体通过系统的语言符号,并按照一定的内在逻辑来表达和建构的结构完整、内容完备的言语体系,话语体系不仅是语言符号体系,更是言语内容和理论知识体系。总之,话语体系是思想理论的表现和表达体系。现代社会的话语体系具备客观性、完整性、普遍性、程序性等特征。[②] 也有学者认为,话语体系既体现了以话语形式彰显的理论思维能力,也是理论思维的逻辑构架。他们从构建当代中国话语体系的实例出发,指出话语体系构建要遵循三个目标,即彰显时代内涵,适

[①] 陈国富、余达淮:《略论当代中国价值观》,《探索》2015 年第 14 期。
[②] 郭湛、桑明旭:《话语体系的本质属性、发展趋势与内在张力——兼论哲学社会科学话语体系建设的立场和原则》,《中国高校社会科学》2016 年第 3 期。

应时代发展大势；体现中国特色，适应中国的国情；展现思想活力，适应现实需要。① 还有学者把对话语体系的研究与其他具体概念结合起来，如意识形态话语体系、马克思主义经典作家的话语体系等等；还有人认为可分理论与科学等多个层次，提炼出关于中国特色社会主义的书写或言说，从而形成中国特色社会主义不同层次话语体系，主要包括宏观话语体系、中观话语体系和微观话语体系三个层面。② 也有人认为，话语体系承载着一个民族国家特定的思想文化、价值观念，是国家软实力的重要组成部分。中国话语体现了固有的独特性，是中国特定的文化基因密码，是一种可以反映和再现中华民族的历史经验并表达其真实的现实需要的本土话语，表现为中国特定的文化语境、价值观念和行为方式等。同时，构建中国话语体系，是中国特色社会主义事业发展的必然需要，是增进国际社会对中国了解认识的必然需要，是扩大中国发展道路国际影响力的必然要求。③ 可见，话语体系是围绕某一特定主题或内容形成的有层次的、有内在逻辑的话语表达和阐述的体系，也就是以话语的方式呈现某一特定主题或内容的内在结构和思想内涵，借助各种形式（如书面的和口头的）的话语表达来传递和承载话语主体所希望说明的特定内容，话语体系往往与特定的主题或内容结合起来使用，否则就显得宽泛而无实际意义，如中国特色社会主义话语体系、马克思主义中国化话语体系等。

　　通过前文对当代中国价值观念和话语体系概念的分析，这一概念可以总结和概括为围绕当代中国价值观念的阐述和表达建构和打造起来的话语集群和体系，这个话语集群存在一定的内在逻辑和层次性，也就是说，运用一整套具有内在逻辑和层次性的话语体系来表述和传达当代中国价值观念。而通过这个话语表述体系，当代中国价值观念的内涵和内容得以全面、整体的呈现和表述，借助这个话语体系在实践交往中的运用和传播可以把当代中国价值观念的内容完整、准确地表达出来，让接

---

① 全林远：《话语体系构建之首要：明确核心目标》，《人民论坛·学术前沿》2012年第11期。
② 杨生平：《话语理论与中国特色社会主义话语体系构建》，《中国特色社会主义研究》2015年第6期。
③ 杨鲜兰：《构建当代中国话语体系的难点与对策》，《马克思主义研究》2015年第2期。

收者也能够全面完整、准确客观地理解当代中国价值观念的内容。一言概之，所谓"当代中国价值观念的话语体系"就是能够完整并且集中表达和传递当代中国人民的价值认同状况、价值选择和追求、价值向往的话语言说体系。

二 当代中国价值观念话语体系的逻辑构成

明白了概念内涵，那么当代中国价值观念话语体系有哪些话语构成？构成的逻辑结构是什么？关于这一问题，学术界并没有统一的观点，我们可以从多个视角进行窥探，从而为深入了解其内在逻辑构成提供思路。

（一）从核心向外层延展的话语逻辑体系

当代中国价值观念话语体系有着其内在的逻辑，基本上可以从三个层面展开：最高层面是终极价值目标，中间层面是核心价值理念，最低层面是基本价值原则，按此，则当代中国价值观念话语体系则可以分为核心价值话语、终极价值话语和基本价值话语，其中，核心价值话语就是社会主义核心价值观的12个词，即富强、民主、文明、和谐、自由、平等、公正、法治、爱国、敬业、诚信、友善。终极价值话语则是包括实现中华民族伟大复兴在内的具有终极价值追求性质的价值话语，如马克思对于人的自由全面发展的终极价值追求，则可以纳入终极价值话语体系内。基本价值话语则包括一系列具有现实性和具体性表达的价值话语，也就是规定和明确了人民群众在现实生活实践中具体做法的价值话语，如尊老爱幼、与人友善、尊重他人等，可以说，基本价值话语是围绕核心价值话语和终极价值话语的具体落实和操作而形成的一系列更为具体的、直接明了的话语表达，如针对核心话语中的公正核心价值话语，如果不采用一系列具体的、生活性的话语表达，普通人民群众则根本无法理解公正这个核心价值话语的内涵。在具体实践中，可以采取实践生活中的司法公正、市场地位平等、基本公共服务均等化、精准扶贫等话语加以明确阐述和具体表达，这样，核心价值话语就得以明确的传递和表述。可见，这是一种综合了历时性和共时性的价值观念话语体系表达方式，既有对核心价值话语和基本价值话语的划分，又有对价值话语的未来设定。

（二）从经济、政治、文化、社会、生态五方面内容构成的话语逻辑体系

我们可以从经济、政治、文化、社会、生态等维度对价值观念进行划分的方式，对其中的内在逻辑进行探索，《中国特色社会主义价值观体系研究》一书提出中国特色社会主义价值观念体系在横向结构上存在着多侧面性，依次包括中国特色社会主义经济、政治、文化、社会、生态、政党建设和国际关系七个方面的价值观，每一个领域的价值观在其纵向结构上又呈现出基本价值观、核心价值观和一般价值观三个层面。① 在此基础上，对这些方面的价值观进行了具体的阐述。我们也可以参照这个划分的方式，从横向的层面把当代中国价值观念话语体系分为经济价值话语、政治价值话语、文化价值话语、社会价值话语、生态价值话语等方面，如经济价值话语方面包括以公有制为主体、多种所有制共同发展、共同富裕的价值追求等；政治价值话语方面包括坚持党的领导、依法治国与人民当家做主的统一、人民民主、法治等；文化价值话语方面包括马克思主义指导、精神文明等；社会价值话语方面包括自由、公正、法治、诚信、友善等；生态价值话语方面包括人与自然和谐、生态文明、绿色发展等。这种从内容的属性不同进行话语划分的方式，是我们理解当代中国价值观念话语体系的逻辑结构的一种方式。

（三）从宏观到中观再到微观依次递进的话语逻辑体系

从宏观、中观、微观依次递进三个层面看，中国特色社会主义话语体系，不但表现在理论上，而且还表现在经济、政治、文化、社会、生态、政党建设和国际关系等多个层面与多个层次上。它的建构围绕着中国社会主义实践，在社会总体发展、社会政治经济文化结构、具体社会问题等三个层面展开。依此，中国特色社会主义话语体系就可以划分为总体话语理论（中国特色社会主义理论体系，它是中国特色社会主义宏观话语体系，偏重于政治层面）；人文社会科学为核心的话语体系（中观学术话语体系）；具体话语体系（处理实际问题的微观话语体系）。② 按照这种划分逻辑，当代中国价值观念话语体系则可以划分为

---

① 董丽娇：《中国特色社会主义价值观体系研究》，人民出版社2016年版，第150页。
② 杨生平：《话语理论与中国特色社会主义话语体系构建》，《中国特色社会主义研究》2015年第6期。

四个层面，即彰显理论性的当代中国价值观念学术话语；反映社会主义本质规定性的当代中国价值观念政治话语；作为理论话语与现实话语中间地带的当代中国价值观念宣传话语；展现现实生活丰富性的大众话语。

第一，关于当代中国价值观念的学术话语。所谓学术话语，是指建构和评价知识的手段。学术话语不仅在学术共同体中构建知识，还保持这些共同体的学术声望。通过学术话语实现个体与学科之间的对接，个体在学术写作过程中不仅要关注学科专业知识和背景，还要适应本学科专业的学术话语体例，同时也要不断地表达自我。① 可以说，学术话语一般是关于某一问题或课题的抽象化的、理论性的表达，其鲜明的特征就是高度的凝练性和抽象性，在话语使用方面往往是具有特定的话语使用域，因而学术话语往往是借助对现实问题的理论抽象和表达。当代中国价值观念的学术话语则是对当代中国价值观念的理论表达，在理论层面对当代中国价值观念进行抽象、凝练和表述，这种理论层面的表述具有高度的概括性和抽象性，是当代中国价值观念最抽象层面的话语表达。如对社会主义核心价值观念 12 个词的概括和表述，就是理论抽象和高度凝练的结果。总之，当代中国价值观念学术话语是话语体系的宏观层面，概括和凝练了当代中国价值观念的一般性和普遍性内容。

第二，关于当代中国价值观念的政治话语。政治话语具有强烈的意识形态性，体现了一个国家的社会属性和政治特征，政治话语还具有同一性、严肃性等特征。政治话语是"由政治活动的参与者（如政党、政治家、政治社团或机构）发起的与政治活动相关的各种语类，如政治演讲、政治访谈、政党宣言、政治辩论、社论、外交评论、政府新闻发布会、政府各部门颁布的政策法规或文件、政治广告、政治脱口秀节目、政治新闻报道等，这些话语活动在国家进程中有明确的目的和功能，政治语言研究紧紧围绕政治活动展开"②。正由于政治话语具有强烈的意识形态属性，乃至于有学者认为，政治话语由意识形态程式所规定；政治话语表达实现着意识形态的本质功能。③ 由此可见，当代中国

---

① 吴学琴等：《当代中国马克思主义意识形态话语体系的研究》，江苏人民出版社 2018 年版，第 239 页。
② 唐青叶：《话语政治的分析框架及其意义》，《阿拉伯世界研究》2013 年第 3 期。
③ 施惠玲：《政治传播中的政治话语与意识形态》，《青海社会科学》2014 年第 1 期。

价值观念的政治话语就是政治活动参与者在各类政治活动中对当代中国价值观念的话语表达,如习近平总书记在各个公开场合的演讲中、国内或国际会议中表述和阐发的当代中国价值观念,包括对社会主义核心价值观以及一系列外交价值观念(如共同价值)等话语表述。这是一种介于学术话语和大众话语之间的关于当代中国价值观念的话语,它既具有理论性,又强调现实性,融合了学术话语和大众话语的特征。

第三,关于当代中国价值观念的宣传话语。宣传话语与政治话语存在某些方面的共通之处,如具有强烈的意识形态属性和话语内容在某些方面的契合,但是又存在明显的区别。思想理论宣传有其自身的规律性,需要选择合适的叙述方式、科学的话语体系、有效的话语策略以及生动的话语格调,而宣传话语,就是要实现理论叙事向生活叙事转化,实现抽象符号向具体符号转化,在坚持马克思主义指导地位的基础上,探索有效的思想传递、意义表达和话语链接方式。[①] 也就是说,宣传话语更加贴近现实生活,与政治话语的严肃性和刻板性比较而言,更具生动性和活泼性,宣传话语的传递方式也更加多变,如图像形式、动漫形式、视频形式等。当代中国价值观念的宣传话语则是对理论性和抽象性的当代中国价值观念的表达话语进行生活化的转变,运用贴近生活、贴近实际的生活话语和表述形式来诠释和传播当代中国价值观念,当代中国价值观念宣传话语和政治话语同属话语体系的中观层面。

第四,关于当代中国价值观念的大众话语。大众话语是人民群众在生活实践中进行交往、交流和沟通时使用的话语,这是一种源于生活、彰显实践的话语表述,其最大的特征就是内容上的丰富性和表述上的生活化、口语化。大众话语是指人民群众在日常生活和社会实践中自发形成的语言风格、言语习惯和表述方式,具体可以分为日常话语、网络话语、民间话语、公共话语、工农话语等,[②] 这些话语中蕴含着丰富的内容和群众的智慧。当代中国价值观念的大众话语则是指人民群众在日常生活交往中使用的、符合当代中国价值观念要求的话语表述,这些话语都在一定程度上展现了当代中国人民的正确价值追求和价值理想。这也

[①] 孟宪平、王永贵:《当前思想理论宣传的话语选择》,《红旗文稿》2017 年第 6 期。
[②] 吴荣生:《大众话语:提升马克思主义话语权的新维度》,《理论学刊》2016 年第 3 期。

是当代中国价值观念话语体系的微观层面。

三 当代中国价值观念核心话语的学术化研究

从前文的论述中我们可以总结得出,当代中国价值观念的核心内容是党的十八大提出的社会主义核心价值观,而其话语体系显然就是当代中国价值观念的核心话语表述。目前,学术界对于这个核心话语的学术化研究取得了丰硕的成果。

(一)国家层面:富强、民主、文明、和谐

社会主义核心价值观在国家层面的话语表述分别为"富强""民主""文明""和谐"四个词汇,也可以说包括富强话语、民主话语、文明话语以及和谐话语四个方面。

第一,关于富强话语的学术化研究。学术界就富强话语的起源和发展历程进行了探索,有的学者甚至对中国传统社会的富强话语进行了剖析,但大多数学者主要是针对中国共产党领导下现当代中国富强话语的变迁进行梳理和探索。有的认为,把"富强"列为社会主义核心价值,既来源于对马克思主义原理的科学诠释和历史经验的认真总结,又植根于对中国国情和时代特征的现实分析,同时还体现了与中国梦价值目标的有机契合,[1] 并从四个方面诠释了富强话语的形成和发展历程,阐明富强话语既涵盖了社会主义的本质要求,又是中国共产党领导中国人民进行革命、建设和改革的经验总结,同时也是当代中国发展的现实呼唤。还有学者对富强话语的内涵进行了诠释,认为"富强"是社会主义核心价值观的首要内容,它内在地包含着"富裕"与"强大"这两个不可或缺的基本方面。社会主义的富裕应该是总体富裕与共同富裕的统一,是国家富强与人民幸福的统一;国强与民强的统一,硬实力强大与软实力强大的统一才可称为社会主义强起来了,因此社会主义的富强应该是富裕与强大的统一。同时,富强的主体不仅包括国家,也应包括国民。[2] 还有学者认为,富强话语包含着民富国强、没有两极分化的共同富裕、人与环境和谐可持续发展的富强、人民物质生活和精神生活的

---

[1] 张国宏:《社会主义核心价值中的"富强"真谛探析》,《思想理论教育导刊》2014年第9期。

[2] 冯务中:《全面理解社会主义"富强"价值观的丰富内涵》,《社会主义核心价值观研究》2016年第2期。

共同繁荣、和平崛起而非争霸形成的富强五个方面内容。① 足见，列为社会主义核心价值观第一位的富强话语蕴含着丰富的内容，其形成和发展有着特定的历史和现实逻辑，并不仅仅停留在字面意思上。

第二，关于民主话语的学术化研究。梅荣政就指出，中国特色社会主义民主核心价值观的内涵丰富，概括起来主要包括：民主在精神层面的社会主义本质规定，人民当家做主实质的价值表达，工人阶级及其政党追求的"解放劳动"的伟大目标，正确的民主实践导向和价值引领，评判民主理论和实践的价值准则，追求共产主义最高理想的价值目标。② 也有学者认为，社会主义核心价值观的"民主"有自己的意识形态的内涵规定性：定位在国家层面的社会主义核心价值观的民主，展示的是中国式民主的话语权；定位在社会层面的社会主义核心价值观的民主，展示的是民主观念、精神的培育；定位在个人层面的社会主义核心价值观的民主，注重个人民主权利的行使。③ 由此可见，作为社会主义核心价值观的民主话语显然有别于西方资本主义所倡导的民主价值观，其真实性和科学性体现了社会主义社会的本质属性。还有学者梳理了民主话语的起源和发展历程，认为源于古希腊文的"民主"一词，其原意是指"多数人的统治""人民的统治"。到文艺复兴运动时期，民主概念得到进一步发展，有了比较完备的形式；而在中国，"民主"一词也有一个形成和发展的历程。所以民主作为人类社会发展到一定阶段的历史产物，在不同的历史时期，具有不同的内容、性质、形式和目的。马克思主义经典作家视域中的民主具有不同以往的内涵，在经典作家那里，民主是一种国家形式、国家形态；社会主义民主的实质是人民当家做主；民主是社会主义的本质。④ 上述梳理足以表明学界对民主话语也进行了广泛的研究，既研究了中国共产党成立以来对民主的历史探索，也对当代中国民主发展状况，以及对民主价值观念内涵的分析等。历史

---

① 陈琼珍：《中国特色社会主义的"富强"范畴》，《中国特色社会主义研究》2014年第1期。
② 梅荣政：《对社会主义民主核心价值观的两点探求》，《南京政治学院学报》2015年第1期。
③ 王晨艳、李奎刚：《关于作为社会主义核心价值观的民主之思》，《南京航空航天大学学报》（社会科学版）2013年第2期。
④ 韩兵：《社会主义核心价值观内容解读之"民主"》，《思想政治教育研究》2014年第5期。

地看，民主话语在人类历史发展的不同阶段有着不同的特定内涵，但是只有社会主义社会的民主才是真正意义上的民主。

第三，关于文明话语的学术化研究。"文明"一词，从起源上看，中国起源于《周易》，而西方则起源于拉丁文，到了马克思那里，才形成了关于文明的相关理论。文明概念和内涵，中国、西方和马克思主义理论之间也存在一定差异。① 韩振峰教授进一步解读了作为社会主义核心价值观之一的文明价值观的独特内涵，他认为，文明是社会主义核心价值观的文化价值目标，追求的是社会主义精神文明，代表着社会主义先进文化的前进方向。相较于其他文明形态，社会主义文明是人类社会发展迄今为止最先进、最科学的社会文明形态；社会主义文明体现了社会主义制度的本质特征；代表了社会主义条件下广大人民群众的核心价值追求。② 当然，从当代中国文化发展面临的困境和危机看，文明价值观是当代文化发展的价值目标。但在现代化进程中，中国一度陷入唯经济中心论，忽视文化发展的重要作用，导致文化的畸形发展，文化自信受挫。文明价值观则重申了提升文化自信和社会文明的时代价值，文明价值观的培育与践行将有助于中国文化发展的现代转向，重塑中华民族共有的精神家园。③ 所以，作为社会主义文化发展的价值目标，文明价值观对中国特色社会主义文化发展具有重要的导向和指引作用。

第四，关于和谐话语的学术化研究。和谐历来是中华民族推崇和追求的人生状态和生活理想。和谐作为社会主义核心价值观的内容之一，不仅吸收借鉴了古今中外的和谐思想精华，还体现了人们在实践中的和谐价值观念。④ 中华民族传统文化中早就出现了和谐概念，并在随后历史中获得不断发展，西方和谐概念也具有辩证法特质，但和谐概念只有在经典作家视域中才臻于完善。和谐价值观就性质而言，

---

① 徐辉：《社会主义核心价值观内容解读之"文明"》，《思想政治教育研究》2014年第5期。
② 韩振峰：《文明：社会主义核心价值观的文化价值目标》，《社会主义核心价值观研究》2016年第4期。
③ 唐世刚：《当前中国文化发展困境与文化发展的现代转向——基于社会主义核心价值观"文明"的价值目标》，《兰州大学学报》（社会科学版）2015年第2期。
④ 刘晓玲：《社会主义核心价值观内容解读之"和谐"》，《思想政治教育研究》2014年第5期。

有相对和谐与绝对和谐、真实和谐与虚假和谐、积极和谐与消极和谐、过程和谐与结果和谐之分；社会主义核心价值观中的"和谐"应该是相对和谐而非绝对和谐，是真实和谐而非虚假和谐，是积极和谐而非消极和谐，是过程和谐与结果和谐的统一。就形态而言，"和谐"具有天人和谐（人与自然的和谐）、群己和谐（人与社会的和谐）、人我和谐（人与他人的和谐）、身心和谐（人与自我的和谐）这四种形态；社会主义核心价值观中的"和谐"应该同时包含这四种形态。① 从传播学的角度看，和谐价值话语在宣传和传播过程中，要注重话语的使用技巧，积极打造贯通官方话语与民间话语的话语表述，提升其传播力，如以《人民日报》和天涯论坛为典型样本，将框架理论与语料库技术、细读文本三者结合起来，对比分析社会主义核心价值观的官方话语和民间话语，从而揭示出"和谐"这一主题在两种话语中所建构的不同框架，如果要有效地传播社会主义核心价值观，就应该注重官方话语和民间话语的互动、互融、互通。② 和谐价值观的内涵丰富，对当前社会主义社会发展而言，应当努力挖掘其丰富的内涵，以期指导实践的发展。

（二）社会层面：自由、平等、公正、法治

社会主义核心价值观在社会层面的具体目标和要求为自由、平等、公正、法治，学术界对这些价值话语也进行了深入的研究，取得了一系列的成果。

第一，关于自由话语的学术化研究。就马克思的自由观而言，它是社会主义自由价值观的内核。马克思主义认为，自由是对"必然"的认识，其本质内涵是"创造性实践活动"。自由具有三维属性：依赖客观条件的相对性，把握客观规律的规律性，承担法律责任的责任性。同时，自由具有两个向度：私法领域的"法不禁止即自由"和公法场域的"法无授权即禁止"。自由的终极目的是要实现人的自由而全面的发展。因此，要实现自由，必须认识"必然"并用以指导实践活动，必须将法典作为人民自由的"圣经"，必须尊重客观规律、遵守社会规范

---

① 冯务中：《"和谐"的性质、形态及社会主义"和谐"价值理念的指涉》，《社会主义核心价值观研究》2017年第1期。

② 袁蕾：《社会主义核心价值观的传播话语分析——以"和谐"为例》，《中国出版》2015年第9期。

并承担义务责任。① 从法律层面理解马克思主义自由观，对当前中国自由价值观的践行具有重要启迪意义。社会主义的自由观应当包括：社会主义的经济自由观；社会主义的政治自由观；社会主义的法律自由观等方面内容。② 而社会主义与资本主义自由观有着本质上的区别，社会主义所追求的自由是实现所有人无偏见的、真正的自由，这是社会主义的崇高价值目标，而西方竭尽所能鼓吹的普世的"自由"，在理论上不仅不能成立，在实践中也不可能真正实现所有人的自由。③ 对自由价值观的比较研究，可以让我们真正把握社会主义自由价值观的本质内容和优势所在，有助于我们更深入地了解自由价值话语的内涵与实质。

第二，关于平等话语的学术化研究。平等是马克思主义的终极价值诉求，也是中国特色社会主义的内在要求，还是中华民族优秀传统文化的重要体现。平等价值观包含以下几个方面：政治平等是实现社会主义核心价值观的政治保障；经济平等是实现社会主义核心价值观的物质保障；实现社会主义核心价值观的制度保障则是社会平等。④ 如果进一步比较社会主义与资本主义平等价值观，我们能更深刻地感知社会主义平等价值观的丰富内涵，社会主义平等观首先要回答的不是"什么的平等"的问题，而是"为什么要平等"的问题。所以，社会主义核心价值观的平等体现的既是社会主义价值的本质和内在要求，也是中国传统文化与马克思主义，特别是科学社会主义契合的结果，因而其内涵应该是强调共享与发展的统一、能力与责任的统一、机会与结果平等的统一。⑤

第三，关于公正话语的学术化研究。公正价值观无论是在中国，还是在西方国家，虽然具体内容方面存在差异，但是都存在着对于公正价值的强烈诉求，都是人们一直以来的重要价值追求。作为社会主义核心

---

① 江国华、彭超：《马克思主义自由价值观：内涵与道路——对社会主义核心价值观中自由的理解》，《青海社会科学》2016 年第 3 期。
② 倪素香、梅荣政：《论社会主义自由价值观的内涵》，《思想理论教育导刊》2015 年第 16 期。
③ 师帅朋、张军霖：《社会主义核心价值观与西方普世价值观中的"自由"理念比较》，《思想教育研究》2015 年第 3 期。
④ 郑流云：《试论社会主义核心价值观中的平等理念》，《学术论坛》2016 年第 10 期。
⑤ 李逢铃：《再论社会主义核心价值观之"平等"》，《当代中国价值观研究》2017 年第 2 期。

价值观的公正，则是坚持以马克思主义公正观为指导，继承中国传统文化中公正思想的精华，借鉴西方语境中的公正概念基础上形成的，其内涵应当包括程序公正和社会公正。① 韩震教授认为，反映中国特色社会主义制度的最根本价值是公平正义。自古以来，"公平正义"就为许多中外思想家和仁人志士所向往，并把公平、公正看作价值理想，同时"公平正义"也反映着人民的愿望，代表着人类历史前进的方向，具有引导人类文明进步的普遍世界历史意义。② 马克思早在《哥达纲领批判》中，通过批判哥达纲领，阐明了社会主义的分配原则，从分配层面彰显了公正原则，在此基础上，提出公正应该是价值判断和事实判断的统一，价值判断为公正树立了理论标准，而事实判断则使得公正得以真正实现；公正是形式和内容的统一，公正与否决定于生产方式，在社会发展的任何一个阶段，作为生产方式的内容和基于生产方式之上的法律所规定的权利平等的形式是统一的；公正也是生产方式和分配形式的统一，有折有扣的劳动所得，而不是把劳动所得全部用于分配，是基于生产方式之上的分配公正的体现。③ 显见，经典作家的公正思想是社会主义核心价值观的公正话语的源泉。

第四，关于法治话语的学术化研究。"法治"作为社会层面的核心价值，将对公民的法律意识起到重要的引领作用，有利于在全社会形成法治共识，进而为推进法治建设提供良好的思想基础和文化氛围。④ 因而应当以社会主义核心价值观为引领，以规范化的方式推动社会主义核心价值观进行法律判断，影响法治实践，推动社会主义法治建设。从历史上看，中西方传统社会都有法治思想，而"法治"作为社会主义核心价值观，则是马克思主义中国化的产物，也是党的领导、人民民主和依法治国三者的有机统一。"法治"价值观吸收了中国传统文化中的"德治"思想，实现了"依法治国"与"以德治国"两者相互补充。⑤

---

① 李伟斌:《社会主义核心价值观视阈中的公正释义》,《科学社会主义》2015 年第 3 期。
② 韩震:《公正是社会主义核心价值追求》,《中国特色社会主义研究》2014 年第 6 期。
③ 朱进东、查正权:《〈哥达纲领批判〉公正观及其对社会主义核心价值之"公正"的启示》,《观察与思考》2016 年第 1 期。
④ 戴津伟:《作为社会层面核心价值的"法治"探析》,《学习与探索》2017 年第 8 期。
⑤ 叶承芳:《社会主义核心价值观内容解读之"法治"》,《思想政治教育研究》2015 年第 1 期。

对法治概念的思想史进行探源，有助于我们厘清法治概念，进一步认识社会主义法治价值观的丰富内涵。比较社会主义法治观和资本主义法治观，能够让我们认识到社会主义法治价值观的优势，进而判明法治并非"普世价值"，也因此，社会主义法治必须坚持从中国实际出发，而不能照搬西方模式。①

（三）个人层面：爱国、敬业、诚信、友善

社会主义核心价值观在个人层面的价值目标是爱国、敬业、诚信和友善，学术界也对这四个核心话语进行了广泛的研究，并且取得了系列研究成果。

第一，关于爱国话语的学术化研究。爱国主义是一个历史范畴，在社会发展的不同阶段、不同时期有不同的内涵，在当代体现在：永远跟着党，走中国特色社会主义道路；要爱中国特色社会主义"这个国"；爱国主义必须和世界胸怀相联通。② 社会主义核心价值观强调的"爱国"是"爱祖国"与"爱国家"的一致。因而，只有坚持爱国和爱党、爱社会主义相统一，爱国主义才是鲜活的、真实的，这是当代中国爱国主义精神最重要的体现。事实上，自从人类进入产生国家形式的阶段，爱国就成为被普遍认同的道德价值观念。爱国价值观源自人们社会化的生活方式，是公民与国家关系的集中表达。爱国价值观基于对国家的归属感，基于对国家历史与文化的承载，基于国家的共同体生活。爱国价值观的内涵在于对国家的忠诚，对政治体制、民族文化的高度自信，对公民道德的持守和对社会责任的担当。③ 现实生活中存在的质疑爱国主义的合法性问题，恰恰是没有厘清爱国情感和爱国理性。爱国主义首先是一种情感，但情感形式的爱国主义是不稳定的，必须予以升华，转化为社会道德规范，爱国主义只有从个体品德升华为理性精神，才能转化为爱国行动。④ 进一步看，爱国主义也是一种政治观，爱国是公民的社会责任与义务。

---

① 张会峰：《社会主义核心价值观中"法治"及相关问题阐析》，《思想理论教育导刊》2015 年第 6 期。
② 魏晔玲：《论爱国——社会主义核心价值观系列谈九》，《前线》2016 年第 3 期。
③ 周谨平：《爱国价值观的缘起、基础、内涵与伦理意义》，《伦理学研究》2016 年第 5 期。
④ 赖雄麟、唐澍：《爱国主义合法性问题的时代化解读》，《思想理论教育》2017 年第 9 期。

第二，关于敬业话语的学术化研究。所谓敬业价值观是对敬业道德精神和行为方式的价值认同与观念把握，马克思主义关于人的价值追求、存在方式、本质特征及自由全面发展等理论，为敬业价值观奠定了理论基础。① 从中国传统文化渊源来看，孔子与原始儒家思想体系的系列文献中，"敬业"一词是与教和学的活动密切关联的。梁启超则把"敬业"和"忠"联系在一起，应该说准确抓住了孔子及中国传统思想的精髓。"敬事而信"是孔子对国家公务人员的要求。敬业不局限于工、农、商、学、兵，国家公务人员更应该是敬业的典范。② 同时，社会主义核心价值观的"敬业"是由既相互区别又相互联系的四方面内容构成的有机统一体，它们之间是一个层层深入的价值结构系统。敬业从职业道德提升为核心价值观，也不是主观任意规定，而是实践发展的需求，因此培育和践行敬业价值观不仅要重视公民个人敬业价值观的培育，还要着力营造敬业的良好社会氛围；不仅要加强制度建设，深入开展敬业价值观宣传教育，充分发挥敬业典型的示范作用，而且要重视敬业价值观的实践养成。③

第三，关于诚信话语的学术化研究。"守诚信"是中华民族优秀道德文化传统，面对当前社会的诚信缺失问题，需要从"人格诚信"与"制度诚信"的法德结合、"特殊信任"与"普遍信任"的情理合一、"重义轻利"与"义利兼顾"的价值整合等方面构建传统诚信文化有效转化的现实路径，推动传统诚信文化的现代化转化。④ 当前中国所面临的诚信问题，产生于"熟人社会"的诚信道德面临缺失的困境，因为中国尚未建立起有效的"陌生人社会"交往原则和成熟的市场经济竞争原则。为此，要实现诚信道德重构，助推社会主义核心价值观建设。⑤ 缘此，纠正弥补生活中诚信的缺失是诚信价值观建设的现实要求。从中外诚信价值观上看，中国传统的诚信观念强调个体自律的道德价值，其缠绕着浓厚宗法关系的"人格诚信"因缺乏公共性而无法明

---

① 朱红艳：《论"敬业"价值观》，《学校党建与思想教育》2016年第6期。
② 方铭：《敬业价值观的传统文化基础考察》，《求索》2017年第7期。
③ 杨业华、沈雅琼、许林青：《社会主义核心价值观之敬业探析》，《思想理论教育导刊》2015年第10期。
④ 武林杰：《中国传统诚信文化的现代性转化》，《伦理学研究》2016年第3期。
⑤ 徐秀娟、高春花：《当代中国社会诚信道德的缺失与重构——以社会主义核心价值观建设为视角》，《伦理学研究》2016年第4期。

显衍生出规则意识和法治精神,而西方诚信以契约原则为核心,理性主义的"契约诚信"成为社会治理的一种基本价值共识。因此社会主义核心价值观在诚信层面既要汲取中国传统诚信追求人格完善与道德规范的自律价值,又要吸纳西方诚信对于政治经济领域的契约信守意义,立足于现代社会,依赖于理性和法治的运行机制,利用制度力量传递诚信价值导向,赋予诚信现代文明内涵。[①] 显而易见,作为社会主义核心价值观的诚信价值观是在汲取多重思想资源基础上形成的,也形成了经过契约诚信而达至由内心生发的自觉诚信,从而超越了中国传统诚信道德观和西方诚信价值观。

第四,关于友善话语的学术化研究。友善价值观的当代内涵有三个层面的含义:一是在中国特色社会主义建设实践中,"站起来了"的中国人应该善待自己、成就自己,提升自己的幸福指数,使自己获得自由而全面的发展;二是应该友好、善意地对待他人,互相尊重、互相理解、互相爱护、相互协助,构建良好、和谐的人际关系;三是应该善待自然,以生态为友,与自然为善,遵循人与自然和谐发展的客观规律,走可持续发展的生态文明之路。[②] 从他们的论述中可知,友善包含三个层面的内涵,即自身的友善、与他人交往的友善以及与自然的相处友善三个维度。与此相似,有学者通过对中西与"友善"相近、相关词的比较,梳理中国社会主义制度确立以来"友善"观的形成过程,指出了"友善"价值观已内含着人与他人、人与社会、人与自然、人与自身关系等四个维度的伦理道德价值诉求。[③] 在友善价值观的落实和践行上,要把以理服人作为大学生友善价值观培育的重要基础,把以情动人作为大学生友善价值观培育的基本要求。情理并融的策略对大学生友善价值观的培育具有非常重要的针对性和实效性。[④]

(四)关于社会主义核心价值观的整体化研究

在社会主义核心价值观的 12 个核心词汇进行研究的基础上,学界

---

① 金建萍、杨谦:《比较视域下诚信价值观的现代意蕴》,《中国特色社会主义研究》2015 年第 4 期。
② 孙伟平、尹江燕:《论作为社会主义核心价值观的"友善"》,《学习与探索》2017 年第 6 期。
③ 张萍:《当代中国社会主义友善观》,《学术探索》2016 年第 4 期。
④ 叶玮光、侯玉环:《试论大学生友善价值观培育的情理并融策略》,《思想理论教育导刊》2016 年第 9 期。

对社会主义核心价值观也做了整体性的研究，对社会主义核心价值观的话语体系建设、话语转化、话语权获取以及打造对外传播话语体系等方面都做了比较深入系统的研究。

第一，在培育、践行和落实中推进社会主义核心价值观的话语转化。传播社会主义核心价值观，首先要提升话语亲和力。因为社会主义核心价值观传播过程中存在话语系统冲突、话语能力缺失和话语生态污染等情况，因此，要围绕价值观传播的话语语境、话语参与者和话语媒介开展社会主义核心价值观传播的话语亲和力测评，建立价值观传播的协商平台，以增强其传播的实践合力。[1] 但要实现社会主义核心价值观的更好传播，就要推动话语转化，为此，要把社会主义核心价值观转化为课堂话语、网络话语、媒体话语、生活话语和法治话语，严把核心价值观教育的质量关。[2]

第二，提升社会主义核心价值观的话语权。社会主义核心价值观受到自由主义、历史虚无主义、网络宗教话语等的严重挑战，网络话语权建设已刻不容缓。为此，要从形式和本质层面对相关网络话语进行深刻批判；从资本网络空间生产和国家治理现代化层面塑造风清气正的网络空间；从主体性层面构建理论彻底、表述清晰、途径畅通的网络话语体系。[3] 进一步提升社会主义核心价值观国际话语权要勇于突破现有国际话语格局，抵制西方发达资本主义国家的话语霸权；要推动形成"中国话语体系"；建构提升国际话语权的平台与渠道；学习借鉴西方有益方式与经验。[4] 可见，社会主义核心价值观的话语权获取，无论是在网络自媒体领域，还是在国际领域，都需要通过构建社会主义核心价值观的有效的话语体系，构建融通理论抽象层面、政治规定性层面和日常生活层面的话语表述。

第三，社会主义核心价值观话语体系构建。构建社会主义核心价值观话语体系，首先要遵循一定的原则，宏观上遵循的"三者统一""三

---

[1] 徐柏才、邓纯余：《话语亲和力视角下的社会主义核心价值观传播》，《社会主义核心价值观研究》2017年第1期。

[2] 仝夏蕾、王海建：《话语转化：社会主义核心价值观教育的新视角》，《思想政治课研究》2016年第1期。

[3] 桑明旭：《加强社会主义核心价值观的网络话语权建设》，《思想理论教育导刊》2017年第4期。

[4] 毛跃：《论社会主义核心价值观的国际话语权》，《浙江社会科学》2013年第7期。

个自觉""三个体现"原则,微观层面的坚持"神与形相统一""理与实相结合""质与量相协调""内与外相呼应"。在此基础上坚持三条路径:一是话语解释链条的延伸,以突出话语体系的科学性;二是话语表达方式的转变,以突出话语体系的大众化;三是话语覆盖领域的拓展,以突出话语体系的影响力。① 我们今天面临着西方话语霸权的挑战;多元文化潮流的冲击;新媒体话语形态的碰撞;话语传播能力的不足等方面的挑战。为此,只有提炼出、阐释好社会主义核心价值观话语;优化社会主义核心价值观话语内容,积极整合多元思潮话语;积极引导吸纳新媒体话语;增强话语的内外传播力,不断加强人类共识的形成,方能促进社会主义核心价值观话语体系的建构。② 因此,社会主义核心价值观话语体系的构建面临着多重的挑战和考验,必须遵循一定的原则,采取适当的策略,构建融通中外、贯穿古今、彰显时代特征的社会主义核心价值观话语体系。

四 当代中国价值观念的核心价值及其本质规定

社会主义核心价值观构成了当代中国价值观念的核心话语表述,12个词的24个字是当代中国价值观念的核心价值,作为社会主义国家的核心价值观念,其必然有着与其他社会形态价值观念在本质上的区别,社会主义的国家属性决定了当代中国价值观念之核心价值的本质规定性,即在本质上的集体主义价值取向,也就是说,集体主义价值取向是社会主义核心价值观的本质规定性。"社会主义核心价值实质上是集体主义,这种集体主义是公有制为主导的经济关系的本质反映。"③ 集体主义价值取向也内在地蕴含于社会主义核心价值观倡导的三个层面各个具体价值观中,这三个层面"都不是仅仅从个人出发的,而是从个人

---

① 即坚持"社会存在、语言概括和回归现实"的逻辑统一,坚持"中国视角、国际视野和学术视域"的三者统一;对马克思主义的自觉坚持和发展,对世界文明的自觉吸收与借鉴,对中国文化的自觉继承和创新;体现中国话语体系深刻的时代内涵,适应当今世界和中国经济社会发展的新趋势;体现鲜明的中国特色,适应中国特色社会主义伟大实践和中华民族伟大复兴的使命;体现旺盛的思想活力,适应当前解放思想、与时俱进推动改革发展的新要求。参见时立荣、田丽娜《试论社会主义核心价值观的话语体系构建》,《人民论坛》2013年第14期。
② 苏海生:《社会主义核心价值观话语体系建构的困境及路径探析》,《中共云南省委党校学报》2015年第6期。
③ 骆郁廷:《论社会主义的核心价值》,《马克思主义研究》2014年第8期。

与他人、个人与集体、个人与社会的关系出发的，体现的也正是集体主义这一社会主义的核心价值"①。

(一) 国家层面价值目标的集体主义属性

第一，关于富强，共同富裕是最终目标。近代以来，实现国家的富强就一直是中国不同时期仁人志士追求的目标，他们为实现国家富强做出不懈的努力甚至付出了生命。但是，直到新中国成立，实现国家富强的目标才拥有科学的现实路径，即在中国共产党领导下走社会主义道路。富强成为中国社会主义现代化建设的目标和追求，党的八大就明确提出要建立"伟大的、富强的、先进的"社会主义国家。后来，富强的理念被中国共产党的各代领导人遵循并拓展内涵，党的十八大更是把"富强"作为价值目标纳入社会主义核心价值观中。社会主义核心价值观中的"富强"目标体现了社会主义的本质属性，体现了集体主义的价值取向。

在改革开放初期，邓小平就明确概括了社会主义的本质，他指出："社会主义的本质，是解放生产力，发展生产力，消灭剥削，消除两极分化，最终达到共同富裕。"② 实现广大人民群众的共同富裕成为社会主义的最终价值目标，因而作为社会主义社会价值观的富强理念，其内涵包括国家的富强和广大人民群众的共同富裕。"富强"体现在宏观层面就是社会生产力的快速发展和国家综合国力的稳步提升，从而实现中华民族的伟大复兴；体现在微观层面则是广大人民群众生活的富裕和幸福，生活水平的不断提升，最终达到共同富裕的目标。因之，社会主义核心价值观中的"富强"追求，体现了集体主义价值取向的本质属性。

第二，关于民主，是最广大人民群众的民主。正如马克思所批判的，资本主义的民主是资产阶级的民主，是少数人的民主，是形式上的民主，广大无产阶级和穷人阶层并无真正民主可言。而社会主义的民主是实质民主，民主是社会主义的本质要求，社会主义民主脱胎于资本主义民主而又高于资本主义民主，是人类有史以来最高类型的民主。在本质上区别于资本主义民主，社会主义民主是真实的民主，其实质是广大人民群众当家做主，人民是国家权力的真正主体。中国是社会主义国

---

① 骆郁廷：《论社会主义的核心价值》，《马克思主义研究》2014 年第 8 期。
② 《邓小平文选》第 3 卷，人民出版社 1993 年版，第 373 页。

家，把民主的要求纳入社会主义核心价值观中，体现了人民当家做主，也是社会主义本质的要求。社会主义核心价值观中的民主理念"是在马克思主义民主理论指导下建立起来的较高层次的民主，既立足于中国社会主义初级阶段的基本国情，又着眼于人类文明未来的发展，也体现了中国传统文化中'民本'等思想的诉求，是对马克思主义民主理论的丰富和发展，具有鲜明的民族性、时代性和世界性等特点"[1]。为了真正实现民主，中国还不断建立和完善一系列民主保障制度，如中国的人民代表大会制度、政治协商制度、民族区域自治制度以及基层民主自治制度等，都体现了中国特色社会主义制度下民主的真实性，也体现了社会主义集体主义价值取向在政治领域的实现。

第三，关于文明，是人民共享的文明。马克思主义创始人强调，在批判旧世界中发展新世界。社会主义文明就是在批判资本主义文明的基础上形成的，社会主义文明建设的目标和要求也是在反思和批判资本主义文明带来的惨痛后果之上提出的。"与资本主义文明相比，社会主义文明是文明发展的更高级阶段，它超越了私有制制度的文明，是全体人民享有权力、利益和责任的文明。"[2] 社会主义文明倡导人民共同建设社会主义文明社会，文明成果也由人民共同享有。同时，社会主义文明摒弃了历史上其他文明的片面性，倡导物质文明、政治文明、精神文明、社会文明、生态文明全面协调发展，文明发展则让人民享受更加丰富的文明成果。具有中国特色的社会主义文明是在马克思主义文明观的指导下，继承几千年中华民族优秀文明成果并吸收和借鉴了西方资本主义国家文明成果的基础上建立起来的。它不仅具有深厚的理论基础、悠久的文明底蕴以及丰富的内涵，还是当前中国最广大人民群众在实践中形成的自觉的价值目标和价值追求，具有广泛的人民性。可见，社会主义核心价值观的文明理念，不同于西方资本主义国家的文明追求，具有明显的中国特色和社会主义的集体主义属性，是社会主义制度下人民共享的文明，是人民共同建设和追求的全面的文明。

第四，关于和谐，是全体人民共建和共享的和谐。建设社会主义和

---

[1] 韩兵：《社会主义核心价值观内容解读之"民主"》，《思想政治教育研究》2014年第5期。

[2] 徐辉：《社会主义核心价值观内容解读之"文明"》，《思想政治教育研究》2014年第5期。

谐社会是社会主义的建设和发展的内在要求，也是对长期以来人类社会发展中造成的各种问题反思的结果。一方面，马克思恩格斯在创立科学社会主义时，就指明社会主义发展的最终目标是促进每个人的自由全面发展，而人在其本质上是一切社会关系的总和，人是生活在现实世界中的，社会是人存在和发展的基础，因而，只有实现社会的和谐才能最终实现人的发展，社会主义的内在本质也要求和谐。另一方面，资本主义在其几百年的发展中警示人们，资本主义发展对人与自然关系、人与人关系以及人与社会关系的严重破坏，造成社会发展中的不和谐，社会主义就是要避免重蹈资本主义的覆辙，建设和谐社会。

社会主义核心价值观中追求的和谐价值目标，是中国特色社会主义道路上广大人民群众共建和共享的和谐，这种和谐体现了社会主义的本质要求，它要求我们必须处理好"个人自身的和谐、人与人之间的和谐、社会各系统与各阶层之间的和谐，个人、社会与自然之间的和谐、整个国家与外部世界的和谐"[①]。可见，社会主义和谐社会是人民群众共建的和谐，只有作为集体的人民处理好了自身以及自身与外界的和谐关系，整个社会才能实现和谐状态，而社会的和谐又为人民集体所共享，社会的和谐为每个人自身发展创造优良的条件。

（二）社会层面价值取向的集体主义属性

第一，关于自由，是在集体的自由中实现个人自由。自由的价值理念被认为是西方资本主义国家的主流价值观之一，但是，资本主义倡导的自由理念是基于个人主义原则之上的，以追求和实现个人的自由为最终价值目标，而忽视整体自由的实现，容易造成个人自由与群体自由的矛盾与冲突。社会主义核心价值观中的自由理念摆脱了这种内在限制，强调在集体的自由中实现个人的自由，个人的自由与社会集体的自由是辩证统一和相辅相成的。

中国特色社会主义的自由价值取向是绝大多数人的、实质的自由，是集体自由与个人自由的协调与统一，个人对自由的追求不能以牺牲社会集体的自由为代价，而应是促进社会自由的实现，社会集体自由的实现应该最大限度地保证个人的自由发展，使社会集体和个人在追求自由

---

① 刘晓玲：《社会主义核心价值观内容解读之"和谐"》，《思想政治教育研究》2014 年第 5 期。

中达到真正的和谐与统一。同时，中国特色社会主义的自由价值取向应当以实现每个人自由全面发展作为其最终目标。在《共产党宣言》中，马克思恩格斯在对共产主义社会发展前景做预测时曾指出："代替那存在着阶级和阶级对立的资产阶级旧社会的，将是这样一个联合体，在那里，每个人的自由发展是一切人的自由发展的条件。"① 马克思恩格斯对共产主义社会自由状态的描述和预测，自然成为我们的价值目标和追求，是社会主义核心价值观中自由理念的应有之义。总之，社会主义核心价值观中的自由在本质上遵循着社会主义的集体主义原则，彰显着社会主义的本质属性。

第二，关于平等，是最真实的人人平等。自从人类进入阶级社会以来，平等就一直是人类美好的愿望和价值追求，但是由于受到阶级社会的限制，人类不可能实现真正意义上的平等。在资本主义社会，平等是资本主义的基本价值目标和追求，但是他们所倡导和追求的平等也囿于资产阶级私有制的本质，成为名义上的、虚假的、抽象的平等，在本质上和现实中不平等依然广泛存在。作为资本主义社会未来发展方向的社会主义社会，生产资料的公有制和消灭阶级的革命要求决定了其平等价值理念超越了资本主义平等价值观的局限性和狭隘性，成为实质上的平等，真正实现每个人的平等。

社会主义核心价值观的平等价值理念是社会主义属性的，其追求平等理念的最终目标也是遵循马克思主义的根本要求，即最终消灭生产资料的私有制，实现经济上的平等；消灭阶级和剥削，实现政治上的平等；建立"各尽所能、按需分配"的社会，实现现实生活中平等；追求人的自由全面发展，实现发展权上的平等。可见，社会主义核心价值观追求的平等是属于社会主义性质的，追求的是集体的、所有人的真实平等，在根本上区别于资本主义的平等价值观。然而，"平等的实现是一个过程。它不是抽象的范畴，而是与具体的生产方式紧密相联"②。中国正处于社会主义初级阶段，当前平等的实现程度只能与这个阶段相适应，但这并不能否认社会主义平等的集体主义价值追求，从而抹杀其

---

① 《马克思恩格斯选集》第1卷，人民出版社2012年版，第422页。
② 陈华：《社会主义核心价值观内容解读之"平等"》，《思想政治教育研究》2015年第1期。

与资本主义平等观念的本质区别。

第三，关于公正，是为实现每个人的权利，提供公正平等的社会环境。公正本身就是一个针对社会集体的范畴，它要求实现对社会每个成员的公平与正义，不能有所偏私，对社会的所有成员实行有利于实现公平和正义的标准。公正作为一种社会规范标准，它的目的就是协调社会关系，促进人与人之间、人与社会之间以及人类与自然之间关系的均衡合理发展。马克思曾经就对资本主义社会公正理念的抽象性和虚假性做了批判性反思，指出资本主义私有制基础上，资本家妄图用抽象的公平分配、平等权利观念来蒙骗工人阶级。

实现公正是社会主义社会发展追求的价值目标，马克思恩格斯在创立科学社会主义过程中就设想建立一个公平正义的共产主义社会，物质上"各尽所能、按需分配"，同时创造条件实现每个人自由。社会主义核心价值观中的公正价值理念，是指在中国特色社会主义建设过程中要追求马克思主义倡导的公正理念，实现真实意义上的公正，努力保障每个人权利的实现，为社会成员提供公平和正义的社会环境，制定公正的法律制度规范，从而实现"权利公平、机会公平、规则公平"。在处理社会主义市场经济中的公平与效率问题时，要更加注重公平的实现，保障分配的公正性；注重政治民主权利实现上的公平与正义，保障社会成员公平地享用社会资源等等。可见，社会主义核心价值观中的公正理念蕴含着社会主义的本质特征，包含着社会集体公平正义的价值取向。

第四，关于法治，是维护个人与集体和谐关系的制度保障。法治是近代以来民主国家的共同追求，是人类社会政治文明发展到一定程度的体现。法治是对历史上人治制度的扬弃，充分发挥人的主观能动性的同时也避免了人治中特权阶层的恣意妄为的弊端。西方资本主义国家的法治是建立在自由主义和个人主义理念基础上的，强调法治促进个人对社会义务的履行，并保障和维护个人权利的实现，其中最重要的一条就是保障私有财产的神圣不可侵犯。资本主义法治是维护资产阶级利益的重要阶级统治工具，因而其建立的法治国家也是具有阶级局限性的法治形式，对广大工人阶级和穷人阶层来说，仅仅是使被压迫和被剥削合法化了。

马克思主义创始人以唯物史观为基础揭示了法律的历史性、阶级性和经济基础的决定性作用，认为未来社会主义的发展，随着阶级的消失，国家的消亡，依附于国家的法律也将不复存在，取而代之的是另一种规范形式。① 在马克思主义看来，法治是一定阶段的历史产物，随着社会的发展，法律最终将消亡。社会主义核心价值观倡导的法治价值观念是根本上不同于以往社会所倡导的法治，它是建立在科学的马克思主义法治观基础上的，最终目标是实现马克思主义的法治理想。当前，中国正处于社会主义初级阶段，中国特色社会主义道路建设需要法治作为保障，但是这种法治也根本不同于以往社会的法治，这种法治是以集体主义原则为基础，保障的是公民的权利，维护的是人民当家做主，以实现最广大人民群众的根本利益为目标，最终促进社会和谐有序地发展。所以，社会主义核心价值观的法治价值取向，是社会主义性质的法治，遵循的是集体主义的原则和理念。

（三）个人层面价值准则的集体主义属性

第一，关于爱国，是每个公民都要爱护代表集体的国家。爱国主义是中华民族自古以来各个时代倡导的传统美德，也被不同时期的中华儿女们践行着。爱国不仅是一种情感诉求，也是一种价值理性追求。一方面，每个人都是生活在国家这个大集体中，对这个集体都有着深厚的热爱和感情，在情感和精神上有着一种寄托和归属；另一方面，国家是每个人生存和发展的基础，爱国是每个公民的应尽责任和义务，是一种理性的价值追求。爱国不是抽象的概念，它是一个历史的范畴，在不同的历史时期和不同的国家有不同的具体要求和表现，显然，当前我们社会主义国家的爱国，有着不同于以往社会爱国的具体内涵。

社会主义核心价值观中倡导的爱国价值观，是中国特色社会主义制度下的爱国，有着其独特的内涵。社会主义国家是社会主义社会中所有生活在这个国土疆域内公民组成的集体，每个公民的生存和发展依赖于这个大集体，依赖于社会主义国家集体为其创造的良好的环境和条件。因而，爱国就是要爱我们生活在其中的集体，就是对我们生活在其中的社会主义国家的热爱。"现阶段，爱国就集中体现为坚持社会主义道路，积极维护祖国统一，实现社会主义现代化的建设目标，其主题是建

---

① 叶承芳：《社会主义核心价值观内容解读之"法治"》，《思想政治教育研究》2015年第1期。

设中国特色社会主义。"① 当前，我们只有坚持中国共产党的领导，走中国道路，追求社会主义的集体主义的价值理想，才能最终实现最广大人民群众的共同富裕，实现中华民族伟大复兴的"中国梦"。社会主义核心价值观中的爱国价值观充分体现出了社会主义的集体主义追求和价值理想。

第二，关于敬业，是在工作与劳动中维护集体利益，从而实现个人利益。敬业是指自己所从事的职业的尽善尽职尽责，对自身工作与事业的热爱与奉献，尽自己最大努力把自己的工作做好，从而为社会服务与奉献的同时获取个人的物质和精神报酬。敬业是人类社会生产力发展导致社会分工以来，社会发展对每个人的必然要求，只有在社会发展中每个人依据自己的分工角色，对自己的工作尽善尽职尽责，才能促进作为整体的社会的全面发展，从而促进生产力的发展，才有可能最终实现人的真正自由。

敬业价值观，是要求人们在社会主义社会中，对自己从事的工作尽善尽职尽责，从而促进作为整体的集体利益的实现，在集体利益的实现中，个人的利益相应地得以满足，在自己的工作岗位上为集体奉献人生的价值才得以体现和实现。"社会主义需要人人努力共同奋斗，但共同奋斗一定是通过在不同的岗位中'敬业'尽责去实现共同的目标理想的；社会主义以各尽所能、平等公正、共同富裕为目标，在每个人明确专一分工背景下人人'敬业'尽责，更有助于个人价值与社会价值的统一实现。"② 敬业价值观是具有社会主义集体主义属性的价值观，是不同于以往社会敬业价值观的。

第三，关于诚信，是在集体交往中坚守诚信价值准则。诚信是中华民族自古以来的传统美德，是人与人交往中需要遵守的基本准则，是一个人立足于社会最基本的道德原则与品质修养。一个人一旦失去诚信，也就隔断了自己与生活在一个集体中的其他人的联系与交往，这个人将很难在社会中生存和发展下去。相反，如果一个人以诚信立足，必将在与其他人的实践交往中得到更多的帮助和支持，从而在集体生活中实现自己的人生价值。

---

① 李放晓：《爱国：践行社会主义核心价值观的内在诉求》，《理论界》2013 年第 11 期。
② 马俊林：《打造"敬业"为美的社会文化刻不容缓》，《理论研究》2013 年第 6 期。

社会主义核心价值观中的诚信价值观，是立足于当前社会主义初级阶段社会基本国情倡导的价值观。当前，社会主义市场经济体制下，部分人群逐渐形成了功利主义、拜金主义以及唯利是图的价值观，在这种情况下，少数人在利益的诱惑和驱使下，突破诚信的道德底线，背信弃义，尔虞我诈，严重影响了社会主义市场经济的健康发展，影响社会的安定与和谐。为此，诚信价值观的提出，急需确立人与人之间交往、人在社会中从事实践活动正确的信用准则，从而为维护人在社会集体中生活的和谐关系奠定基础，协调人与人、人与集体交往中的信用关系。因之，诚信价值准则，无可置疑是社会主义的集体主义原则的体现。

第四，关于友善，是在集体交往中实现和谐人际关系。"作为一种社会伦理、公民道德、一种核心价值观，友善是指公民之间互相尊重、互相理解、互相宽容、互相关心、互相帮助，形成全体公民平等友爱、融洽相处的和谐社会局面。"[①] 人的存在是社会性的，因而每个人都必须考虑怎样处理与集体中其他人之间的关系、怎样与他人交往等问题，追求人与人之间、人与集体之间和谐的关系，自古以来都是人们共同的美好愿望。然而，真正处理好人与人之间、人与集体之间关系的社会却几乎没有。因而，当前为促进社会主义社会和谐友善的社会关系，中国提出了友善的核心价值观，从而为促进社会主义社会的公民以友好与和善的方式来建立和谐的、融洽的社会关系和人际关系提供指引。

社会主义核心价值观中倡导的友善，是我们社会所追求的新型人际关系，是"增进人际和谐、推助社会和谐、凝聚中国力量的内在要求。这一价值观，要求人们在人际交往中摆正人我关系，谦敬礼让、宽以待人、相互扶助、相期以善"[②]。社会主义社会倡导的友善价值观，就是为了促进每个人在社会集体中能够以和谐、融洽的关系相互交往、相互共处，就是为了推动人与人、人与集体关系的和谐友善。可以说，社会主义核心价值观中倡导的友善价值观是社会主义集体主义价值取向在社会主义国家人们社会交往中的必然要求。

上述分析表明，当代中国价值观念话语体系的逻辑构成包括核心价

---

① 王翠华：《论社会主义核心价值观之友善》，《湖北社会科学》2014 年第 15 期。
② 沈壮海：《爱国、敬业、诚信、友善：公民的价值准则》，《湖北社会科学》2014 年第 10 期。

值话语，即社会主义核心价值观的十二个词，即富强、民主、文明、和谐、自由、平等、公正、法治、爱国、敬业、诚信、友善；终极价值话语即实现中华民族伟大复兴、人的自由全面发展等终极价值追求；基本价值话语则包括一系列具有现实性和具体性表达的价值话语。其逻辑构成还可从横向概括为中国特色社会主义经济价值观、政治价值观、文化价值观、社会价值观、生态价值观以及政党建设价值观和国际关系价值观等。同时，从宏观、中观和微观的角度，当代中国价值观念话语体系又可以划分为四个层面，即彰显理论性的当代中国价值观念学术话语；反映社会主义本质规定性的当代中国价值观念政治话语；作为理论话语与现实话语中间地带的当代中国价值观念宣传话语；展现现实生活丰富性的当代中国价值观念大众话语。从质上看，集体主义价值取向是社会主义核心价值观的本质规定性。

第二节　全球化视野下当代中国价值观念的新变化

一　当代中国价值观念新变化的主要原因

21世纪以来，随着全球化的加速发展和网络化的快速推进，国内经济呈现持续繁荣发展的势头，中国人民群众的日常生活发生了翻天覆地的变化，思想精神领域也随之发生了改变，特别是人民群众的价值观念在多重因素影响下，其多样性和复杂性变化显著，实际上，当代中国价值观念的变化与发展是人民群众价值观念变迁的集中展现。促使当代中国价值观念呈现出新变化的因素是多方面的，概言之，主要集中在以下六个方面。

第一，经济领域的新发展。马克思认为，"物质生活的生产方式制约着整个社会生活、政治生活和精神生活的过程"[①]。经济基础的改变催生了精神生活领域的新变化。改革开放后，随着社会主义市场经济体制的确立，在市场经济条件下，集体主义意识和观念在日常生活中逐渐淡化，人们更加注重对个人利益、个人主义和功利主义的价值取向在经济交往中被不断催生，人们的价值判断标准也开始呈现多元化取向。可

[①]《马克思恩格斯文集》第2卷，人民出版社2009年版，第591页。

以说，经济基础的变化与发展直接引起了作为上层建筑的价值观念的变迁。

第二，政治领域的新变化。在中国共产党领导下中国特色社会主义事业蓬勃发展，党的执政能力和领导能力不断提升，这也为中国政治民主化发展提供了坚强领导核心，公民的各项民主权利得到了保障和落实，公民的思想得到进一步解放，从而推动了政治的进步和发展，而多元价值观念在这样宽松的政治自由环境中也生成发展。

第三，文化领域的新繁荣。随着经济的快速发展，中国文化领域也呈现出繁荣发展的态势。在全球化背景下，各民族文化之间的交流、融合与碰撞日益增多，发达国家的文化产业在强有力的资本推动下，走向了世界各国，但同时在资本主义文化的强势冲击下，当代中国价值观念也发生急剧变化。

第四，社会生活领域的新改变。随着经济的发展、全球化和网络化的推进，中国公民日常生活领域也发生了巨大的变化，社会转型期的社会分层，导致了不同的社会阶层基于不同的利益取向而形成多元化的价值观念，价值观念的冲突不断凸显；在消费经济的推动下，部分公民的物欲膨胀，形成扭曲的消费价值观念；国内外公民日常生活交往的日益密切，带来了国外的价值观念，各种价值观念在人们的日常生活中激荡。

第五，思想领域的新状况。改革开放后，中国对外开放的力度不断加大，特别是伴随全球化的发展，国外的各种思潮和价值观念也被有意或无意地带入中国，引起了中国思想领域的深刻变化，一些国外的社会思潮，如"普世价值"，在国内的广泛传播，一定程度上造成了中国人的思想混乱，而诸如个人主义、功利主义等资本主义的价值观念传入中国，则对当代中国人的世界观、人生观和价值观产生了重要影响，进一步造成价值观念的混乱。

第六，科学技术领域的新进步。21世纪以来，伴随互联网技术的发展，各种新媒体不断出现，改变了传统的信息传播方式，使得信息传播呈现出碎片化、多元化等特征，各类信息泥沙俱下，在各种庞杂信息的渗透和侵袭下，人们的思想观念和价值判断标准也发生改变，呈现出多元化的发展趋向，也深刻地影响和改变着人们的价值观念。显然，21世纪以来在多重因素的综合作用下，当代中国价值观念呈现出新的变化趋势和新的特征。

二 当代中国价值观念变化的基本趋势

20世纪50年代以来，随着经济全球化、政治多极化、社会信息化、思想文化多元化的逐步到来，世界经济和社会的发展进入了一个崭新的历史阶段。20世纪70年代末，中国的改革开放使我们加快了融入全球化的进程。总体来看，在这一历史进程中，与中国经济社会生活发生巨大变化相对应的是，中国社会的价值观念呈现出从一元价值观向多元价值观、从整体价值观向个体价值观、从理想价值观向世俗价值观、从精神价值观向物质价值观的变迁。党的十八大以来，这一趋势有了新的变化，社会主义核心价值观得到弘扬，雷锋精神、长征精神、红船精神、大庆精神等集体主义、革命英雄主义重新回到日常生活中。

历史地看，在全球化和网络化背景下，面对日常生活实践的变迁和经济基础的调整与变化，当代中国价值观念的变迁呈现出以下几种特征。

（一）形式上由一元向多元，再走向价值整合与共识

"一元价值观的主要特征，就是在价值观上强调'一统'、'单一'、'纯粹'、'绝对'等原则，而这种一元的价值观又总是与各种封闭观念联系在一起的。实践证明，这种一元的、封闭的价值观，必然导致思想僵化。"① 中国封建社会的价值观就是典型的一元价值观，儒家的伦理道德观念成为中国封建社会唯一的价值观，在这种一元价值观念的主导下，封建社会发展呈现出僵化和封闭的状态，也窒息了人们思想的发展，泯灭了人的主体性和个性特征，最终成为封建社会衰落与灭亡的重要因素。建立社会主义新中国后，经过革命战争的洗礼，在中国共产党的教育和领导下，人民群众在思想上形成了较为一致的价值观念，即社会主义价值观，这种价值观念一方面成为团结群众、凝聚精神力量、构建社会共识的重要保障，使得人民群众能够在党的号召和统一领导下，全民一致、齐心协力地建设社会主义国家，推动了社会主义事业的繁荣发展，中国现代化发展展现出蓬勃生机；另一方面随着中国经济的不断发展，尤其是"文革"期间政治和文化发展机制的变化，一元主导的

---

① 宋惠昌：《当代中国价值观变革的基本趋势》，《中共中央党校学报》2008年第5期。

价值观一定程度上制约了人的主体性发展，限制了人的个性的自由发挥，制约了创新性人才的培育和形成，对社会主义事业的建设和长期发展来说，也形成了反推力，产生一定的负面影响。

改革开放后，在解放思想的号召和经济体制转轨的推动下，中国人民的价值观念呈现出新的变化，多元价值观念不断生成和发展，这是当代中国价值观念变化的第一个阶段，即由一元向多元的转变，"市场经济的蓬勃发展和改革开放的全面推进改变了社会的经济结构和阶层结构，人们的思想观念呈现出多元、多样、多变的新特点，催生了多元化的价值观，传统与现代、西方与东方、主流与非主流的价值观在当代中国人的精神生活中合流，在社会精神生活领域形成了价值观交流、交融、交锋的新态势"①。市场经济带来生产关系的变化，也促进社会的转型，这也使得当代中国价值观念由原先的一元化转变为多元共存的新状态，由利益分化催生的多重价值观念之间存在着相互交融、调和、矛盾、冲突等复杂关系，人们的价值观念表现出多元化的态势，进而导致整个社会呈现价值无序或价值真空：一方面，价值多元化使得价值标准不一，人们在各自的价值标准下从事生产实践活动，在整个社会层面则表现为价值无序；另一方面，由于价值标准的多元取向，缺少制约社会成员的统一价值规范和价值标准，虽然多重价值观念并存，却实际上是一种价值真空状态。总之，市场经济发展的初期，由于各种社会体制机制的不健全以及人们思想的不成熟，导致当代中国价值观念呈现出多元化混乱发展的状况。

21世纪以来，随着改革的推进和我们党对人民群众思想状况认识的深入，当代中国价值观念逐渐改变了混乱的多元化状态，转而从价值整合中寻求价值共识的搭建。特别是自党的十六届六中全会提出社会主义核心价值体系以来，当代中国价值观念的生成和发展逐步由实践自发性转向主观自觉性，价值冲突和价值矛盾所带来的负面效应开始显现，人民群众开始认识到多元混乱价值观念对社会生活所造成的负面影响，主观上开始自觉地推进价值共识的形成，可这种价值共识并不是传统意义上的一元化价值观，而是在寻求最大化包容多种价值观念和多方价值诉求基础上的共识搭建，这是一种容纳价值差异的最大化价值共识，把

---

① 孟献丽：《当代中国价值观与中国人精神生活的重建》，《探索》2016年第2期。

人们普遍的价值共识和价值认同加以凝练和提升,有学者认为"当代中国价值观展现的是中国社会发展过程与价值取向,是多元社会主体在交往实践中逐渐形成的价值共识的集中表达,是人民群众共同的价值追求与价值认同。其意义与功能体现为引领中国社会的价值选择与价值诉求,丰富社会关系,塑造价值共同体,形成'社会共识'"①。可见,当代中国价值观念逐渐成为社会成员价值共识的表达。党的十八大提出了二十四个字的社会主义核心价值观,就是对当代中国价值观念核心内容的凝练与表达,也为当代中国价值观念的生成和发展提供了根本依据和基本遵循,是当代中国价值观念共识的成果。总之,21世纪,特别是党的十八大以来,当代中国价值观念逐步由分散化、多元化的格局转向包容多重价值观念的价值共识的自觉达成与构建,成为当代中国人民最广泛的价值共识和价值遵循。

(二)内容上从集体主义向个人主义,再向集体主义的复归

中华人民共和国成立后的相当长一段时间内,在党和国家的号召下,集体主义观念成为人民群众自觉的价值追求。另外,从旧社会中走过来的人民,深刻感受到了翻身得解放的主人翁地位,期盼每个人的生活都能像芝麻开花节节高。但由于解放初期中国国力十分低下,亟须发展重工业,为了国家和集体的利益,政府号召广大人民群众勒紧裤腰带,从而一定程度上抑制了与民生密切相关的轻工业,广大人民的生活受到影响,这与广大人民的期望产生落差,长此以往,影响了集体主义价值观念的传播,进而影响人们主体的能动作用的发挥,"在计划经济体制下,国家作为一个整体是最高的主体,同时也几乎是唯一的主体,它主要通过自上而下的单向行政控制来强化自己的作用,而基层集体主体和群众个人主体的权利与责任在一些方面并不到位,极大地压抑了个体的自觉性、能动性和创造性的发挥"②。在这种状况下,集体主义价值观念也在社会生活中占据了统治地位,成为人们日常生活的唯一价值准则和价值评判标准,这一方面为社会成员从事生产实践活动提供了标准化的、客观统一的价值评判标准,促进了社会秩序的稳定和谐以及社

---

① 任政:《当代中国价值观与社会共识的建构》,《探索》2016年第2期。
② 李春梅、昌灏:《当代中国价值观念的变迁及其现实选择》,《武汉理工大学学报》(社会科学版)2006年第1期。

会的有序运转；但另一方面由于个人利益与集体利益之间的冲突，牺牲个人服从集体，人的思想发展和价值诉求似乎被束缚和制约，人的自由全面发展的需求自然得不到满足。

改革开放后，中国不断推进经济体制改革，社会主义市场经济迅速发展。市场经济强调和追求效率的发展机制，使得社会成员转向另一极端，形成功利主义的价值取向，集体主义的价值观念不断被削弱和解构。同时，在思想上，社会成员的主体意识开始觉醒，个体价值不断凸显，个人主义价值观念也不断随生产实践的发展而生成，"在道德生活领域，价值主体正在发生着质的跃迁，新型的经济——道德人将逐步成长、完善，汇聚成社会主体的利益、实效观念逐渐被社会主体广泛接纳，寻求个体发展、个性实现的主体意识愈加强烈。这极大地冲击了传统的以整体取代个体、重群体轻个体的价值取向，逐渐确立了高扬个体价值与自我实现的崭新的现代社会人生价值论"[①]。显然，在市场经济条件和社会转型背景下，集体主义价值观念逐渐被削弱，个人主义的价值观念有取而代之的倾向。对此，党和国家及时提出要加强集体主义教育，明确意识地巩固集体主义价值观念在当代中国价值观念体系中的主导地位的重要性和急迫性。

在党和国家有意识的宣传、教育和培育下，集体主义价值观念开始逐渐复归，成为当代中国价值观念的本质规定性，中国的社会主义制度决定了集体主义价值观在中国各种价值观念中的主导地位，虽然改革开放初期曾面临着被削弱和解构的风险，但是随着党和国家的重视和教育、人民群众对社会主义制度和集体主义价值取向优势的深入认识，集体主义价值观念逐渐得到强化，社会成员以集体主义价值观作为价值标准和价值取向的趋势愈益增强，特别是社会主义核心价值观适时提出、培育与践行，人民群众关于社会主义制度下价值取向和价值标准的认识更加深入，在日常生活中践行集体主义价值观念的行为更加自觉。这种集体主义价值观念是在尊重和包容个人合理的多元化价值追求基础上生成的集体主义价值观念，是一种主观自觉和心理自愿意义上的对共同体的奉献和爱护，是对人的个性解放和人的自由发展的促进，而与改革开

---

① 李春梅、昌灏:《当代中国价值观念的变迁及其现实选择》，《武汉理工大学学报》（社会科学版）2006 年第 1 期。

放前所倡导的那种强制要求个人服务集体的价值观念有一定的区别，是一种否定之否定的螺旋式上升。总之，集体主义的价值观念决定了当代中国价值观念的本质和取向，也是当代中国价值观念凝练、生成和发展的未来方向。

（三）主体心态上由封闭保守到开放包容，再到自觉"走出去"

中国社会主义国家建立后的相当长时间内，世界上资本主义国家对中国采取一种敌视的态度，封闭了中国对外交往的路径，正如邓小平所说："我们建国以来长期处于同世界隔绝的状态。这在相当长一个时期不是我们自己的原因，国际上反对中国的势力，反对中国社会主义的势力，迫使我们处于隔绝、孤立状态。六十年代我们有了同国际上加强交往合作的条件，但是我们自己孤立自己。"[①] 这里的自己孤立自己，就是中国传统封建社会遗留下来的不自觉的封闭心理，在这两种因素作用下，中国经济社会发展长期处于一种与世隔绝的封闭状态，也引起思想观念领域的保守与封闭，价值观念的发展也处于保守状态，人民群众的价值观念表现为前文所说的一元性的集体主义价值观，这种保守的文化心态和价值观念心态也制约了社会某些方面的创新与进步。

改革开放后，思想领域吹响了解放思想的号角，对内改革和对外开放，积极与世界接轨，在多重因素的共同作用下，人民群众封闭的文化心态开始逐步转向开放包容，中国人民群众在生产、生活实践活动中与国外人民的交流和接触越来越多，国外的文化、价值观念也随之涌入中国，中国人民秉持着友好交往，积极学习和吸收优秀内容的态度，逐渐开始以开放包容的心态接纳世界上其他国家，兼收并蓄，如对西方资本主义国家自由、平等、人权等一系列价值观念的批判性借鉴，剔除其糟粕内容，吸收其合理内核，对中国传统价值观念取其精华，去其糟粕，这些都体现了当代中国人民对待价值观念的心态变化，由封闭保守转向开放包容。

21世纪，特别是党的十八大以来，随着中国经济硬实力和文化软实力的不断提升，中国人民文化自信的不断增强，推动当代中国价值观念"走出去"的呼声越来越强，在世界范围内传播中国声音、讲述中国故事，提升中国国际话语权的现实诉求越来越强烈。习近平总书记就

[①] 《邓小平文选》第2卷，人民出版社1994年版，第232页。

曾指出："要加强提炼和阐释，拓展对外传播平台和载体，把当代中国价值观念贯穿于国际交流和传播方方面面。"① 可见，当代中国价值观念"走出去"已经成为当代中国建设和发展的现实要求，也体现了当代中国人民不断增强的文化自信。在此基础上，习近平总书记提出了构建共同价值的现实要求，他指出："和平、发展、公平、正义、民主、自由，是全人类的共同价值，也是联合国的崇高目标。……我们要继承和弘扬联合国宪章的宗旨和原则，构建以合作共赢为核心的新型国际关系，打造人类命运共同体。"② 习近平总书记对全人类共同价值的概括与总结，是基于人类命运共同体的现实需要，也是基于各国之间共同利益的考量，这是一种开放包容的价值、共建共享共赢的价值、真实的受欢迎的价值。③ 总之，共同价值的提出是当代中国人民价值自信的重要彰显，也是当代中国人民自觉推动当代中国价值观念"走出去"的现实表现。

（四）生成逻辑上从国家自觉到实践自发，再到主体自觉

在改革开放前，当代中国价值观念的培育、形成和凝练主要是在国家的主导下进行的，人民群众关于价值观念的认知和了解主要是在国家的统一宣传下形成，而且对于事物正确与否、是非对错、善恶美丑的价值判断也主要是在国家的灌输教育和宣传下形成。同时，在价值观的践行方面，人民群众往往并不是自觉主动地践行，而是受制于行政强制的压力而被迫接受，这种价值观的生成和践行路径是被动生硬式的，是国家行政力量主导下的受动式生成逻辑，当代中国价值观念的生成和发展也仅仅是停留在国家自觉的层面，人民群众对价值观念的认识并不自觉。

改革开放政策在很大程度上变革和解放了束缚生产力发展的各种生产关系，人民群众的日常生活变得丰富起来，伴随生产关系变革而来的是人们思想观念的变化，人民群众在从事生产实践活动中，随实践自发生成的价值观念越来越丰富，当代中国价值观念转向实践自发生成阶

---

① 《习近平谈治国理政》第 1 卷，外文出版社 2018 年版，第 161 页。
② 习近平：《携手构建合作共赢新伙伴　同心打造人类命运共同体——在第七十届联合国大会一般性辩论时的讲话》，《人民日报》2015 年 9 月 29 日第 2 版。
③ 杨伟宾、李学勇：《共同价值：超越西方普世价值的人类共享价值》，《思想教育研究》2016 年第 9 期。

段，原有的国家自觉主导下形成的价值观念面临着各种自发生成的价值观念的冲击，这种情况下，一方面，破除了原有价值观念对人们思想观念的束缚和价值行为的制约，解放了人们的思想和实践活动，进而推动了社会实践的发展，为实践发展提供源源不断的思想动力；但是另一方面，实践自发生成的价值观念由于其自发性和随意性，其中部分价值观念不免会对人的实践行为产生负面的影响甚至是错误的引导，在错误价值观念的引导下，容易造成社会整体的价值失序和动荡不稳。

但是随着实践的发展，特别是党的十八大以来，当代中国价值观念的发展已经由实践自发阶段转向主体自觉阶段，人民群众作为当代中国价值观念生成、发展和践行的主体，他们在实践发展中不断改变实践自发阶段的价值观念生成的盲目性和随意性状况，在主体自觉层面不断凝练、升华当代中国价值观念的科学内容和集中表达，也就是说，"当代中国价值观的生成是一个多重因素共同作用的动态过程，既是一个自发的过程，也是一个自觉的过程。从本质上来说，当代中国价值观的生成是实践自发性与主观自觉性的有机统一，其内在趋势和规律是从自发性走向自觉性"①。可见，当代中国价值观念的生成过程经历了探索时期的国家自觉，再到后来的实践自发阶段，最终转为主体自觉，这实际上是当代中国价值观念生成逻辑推进的过程。

三 当代中国价值观念的主要特点

客观地说，在社会主义主流价值观念体系以外，中国还存在着历史虚无主义、"普世价值"、社会民主主义、新自由主义、新保守主义等各种思潮。所以，当代中国价值观念最主要特点就是多元并存。历史虚无主义，以反对共产党、反对社会主义为政治需要，以虚无历史为己任，是典型的唯心主义历史观。"普世价值"，其实质就是美国所谓的"普世民主"，在"普世"旗帜下推广美式民主，要害在于推行和确立美国的世界霸权。社会民主主义，其价值观则从抽象的人出发，追求一种普世性的超越社会现实的伦理道德，其价值目标的诉求由于脱离了人的现实性、社会性和客观性而显得空泛。新自由主义，是随着国家垄断资本主义的扩张而涌现的理论思潮，中国改革开放的指导思想若以新自

---

① 王玉鹏、秦妍：《论当代中国价值观生成的三个维度》，《探索》2016 年第 2 期。

由主义替代马克思主义,后果将只能沦为资本主义强国的附庸。新保守主义,在传统保守主义反对激进变革、维护传统习俗基础上,主张对社会采取温和审慎的渐进改革原则,政治上宣扬精英民主观,经济上推崇"唯市场论",实质上沦为民粹主义或新自由主义。显见,当代中国价值观念在实践自发与主观自觉双向互动的基础上不断生成和发展,在生成和发展的过程中,其展现出了独具中国特色的内容,也兼具着普遍性的特征,从本质属性、生成逻辑和历史发展脉络等方面来看,当代中国价值观念主要表现为以下几个方面的特点。

(一)从本质属性上看,当代中国价值观念具有人民性特征

当代中国价值观念从本质上来看,是属于社会主义性质的价值观念,这就规定了其人民性的特征。第一,不同于西方价值观和中国传统价值观,当代中国价值观念以人民群众的根本利益为取向。"中国传统社会价值观把国家和社会看作帝王的家天下,社会成员不过是王朝或帝王的臣民。西方现代价值观以个人为本位,把个人看做是独立自主的主体。西方所谓的'主权在民'不是主权在人民,而是在单个的个人。"① 可见,这两种社会的价值观念都是要么服从于国家政权,要么屈从于少数的阶级利益需要,从本质上来说都是为少数人服务的价值观念,而当代中国价值观念则不然,它生成和起源于当代中国人民的现实生活,也是为满足全体社会成员的现实需要而生成,这是一种为人民所享有的价值观。第二,当代中国价值观念生成和发展于人民群众的现实生活,人民群众的生产、生活实践活动是当代中国价值观念生成的现实基础。"从一定意义上讲,虽然价值观的生成不是社会个体人为选择的结果,也未必是个人意志的体现,但却是人民群众社会交往实践的产物。社会交往对价值观具有再生、创造与整合的功能。在社会交往的过程中,人民群众不断选择、整合与创造各种各样自发的价值观念,最终形成了代表多数人意志的价值观,即上升为一种社会的主导价值观。所以,当代中国价值观就是人民群众社会实践中创造历史的精神产物,是人民群众价值观念的集中表达,彰显了人民群众实践中的价值共识。"② 因而,

---

① 江畅:《当代中国价值观的根本性质、核心内容和基本特征》,《光明日报》2014 年 6 月 18 日第 13 版。

② 任政:《当代中国价值观与社会共识的建构》,《探索》2016 年第 2 期。

当代中国价值观念是当代中国人民现实生活的价值展现，也是人民群众实践中生产关系状况在价值观领域的反映，代表了人民群众在价值观念方面的理性选择。第三，当代中国价值观念的生成和发展目标指向是服务于人民群众，满足人民群众的现实需要和精神需求。当代中国价值观念生成和发展的逻辑起点是当代中国人的现实需要，其价值归宿和落脚点亦是如此。当代中国面临着价值失序和价值观冲突的多重问题，造成人民群众思想领域的混乱，失去共同的价值共识和规范的价值标准，价值领域的冲突与混乱必然要求当代中国价值观念的凝练与生成，其不断生成和发展正是人民群众现实呼声和价值诉求的结果。

（二）从内容构成上看，当代中国价值观念具有兼收并蓄性特征

当代中国价值观念是当代中国人民最广泛的价值共识，其蕴含的价值内容丰富，它融合了中国传统文化价值观、西方优秀价值观和社会主义价值观等内容，体现出了兼收并蓄的特征。第一，当代中国价值观念是对中华民族优秀传统价值观念的继承与创新，具有继承性特征。马克思曾经指出："人们自己创造自己的历史，但是他们并不是随心所欲地创造，并不是在他们自己选定的条件下创造，而是在直接碰到的、既定的、从过去承继下来的条件下创造。"[1] 可见，当代中国价值观念的生成并不是无本之木、无源之水，也不是凭空而来的，它是在继承和扬弃中华民族传统价值观念的基础上形成的，中国传统社会经过几千年的发展，产生了丰富的价值思想和稳定的价值观念，其中儒家倡导的价值原则是传统社会主流的价值观，其对当代中国价值观念的生成和发展具有重要的影响作用。第二，当代中国价值观念是对资本主义国家价值观念的借鉴和学习，具有开放包容性特征。资本主义价值观作为资本主义在思想领域发展的重要内容，凝聚着资本主义社会发展的精神财富，社会主义社会作为资本主义社会发展的未来社会形态，是资本主义发展的归宿，因而对资本主义发展的优秀文明成果进行批判性借鉴和学习成为必然选择，表现在价值观领域就是对资本主义价值观的合理内容的借鉴。如资本主义所倡导的自由、平等、民主和人权等价值观念都存在着一定的合理之处，虽然受制于资本主义的阶级局限性，其价值观念有虚假性和蒙骗性，但是对资本主义价值观中自由、平等、民主等价值理念进行

---

[1] 《马克思恩格斯文集》第2卷，人民出版社2009年版，第470—471页。

批判性吸收和改造，摆脱其阶级局限性，变为最广大人民群众真实的、共同的价值目标，则是当代中国价值观念生成的重要方式。第三，当代中国价值观念是对社会主义价值观念的创新与发展，具有发展性特征。马克思和恩格斯创立科学社会主义伊始，就着手从理论上探索社会主义社会的价值，指出了社会发展的最终目标是实现人的自由全面发展的共产主义社会，这是人类社会发展的终极价值追求，他们也在理论探索中对实现正义、自由、平等等价值观做了深入研究，这些理论资源都是当代中国价值观念生成的重要基础，当代中国价值观念就是以社会主义核心价值观念为主体内容，不断丰富和纳入实践发展中新的价值观念而构建起来的，它是一个具有发展性的而不是封闭的价值体系。

（三）从民族特色上看，当代中国价值观念具有道德性和集体性特征

当代中国价值观念就是中国特色社会主义的价值观念，它不仅彰显着社会主义社会的本质规定性，而且具有中华民族独有的民族特色，这些都继承自中华民族的优良传统。一方面，中国传统价值观念具有集体性特征，强调整体的价值和作用。"中国传统价值观则把国家看作是终极的实体，个人不仅不是社会的实体，甚至也不是具有人格和权利的独立个体，而是整体中的一部分。因此，中国传统价值观是典型的整体主义的。"[①] 这对中华民族的民族性格产生了深远的影响，也直接影响了当代中国价值观念的生成和发展。同时，也与社会主义价值观强调的集体主义在某些方面具有共通和兼容之处。当代中国价值观念的核心内容正是对中华民族传统价值观念中整体主义的积极改造和修正，对集体主义价值观念的坚持，从而使当代中国价值观念兼具社会主义本质规定性和民族特色性。另一方面，中国传统价值观念还具有道德性的特征，强调伦理道德价值观念对社会稳定与和谐的支撑作用，可以说儒家价值观念就是围绕伦理道德建立起来的。在中国封建社会，就是强调以德治天下，把道德教化作为稳定社会的重要手段，人们在长期的社会发展中形成了较为稳定和统一的道德价值观念，成为人们日常生活交往的重要支撑。在代际传承的作用下，当代中国人则在某些方面延续和继承了这些伦理道德价值观念，并成为人们日常生活道德与否的重要价值标准。在

---

① 江畅：《论当代中国价值观构建》，《马克思主义与现实》2014年第4期。

当代中国强调推进法治建设的背景下,德治的力量依然不容忽视,德法共治并用,才能更好地治理当代中国社会。因此,当代中国价值观念显然受到了传统道德价值观念的影响,在某些方面继承了中华民族传统价值观念,具有道德性的特征。

（四）从生成逻辑上看,当代中国价值观念具有实践自发与主观自觉统一性特征

当代中国价值观念的生成并不是一蹴而就,而是需要经历一个不断凝练、丰富和发展的过程,从生成的逻辑上看,当代中国价值观念的形成是实践自发性与主观自觉性的统一,这是当代中国价值观念的又一个重要特征,其形成是对人民群众在生产实践活动中自发生成的价值观念的自觉凝练与理论提升的过程。第一,实践自发性。在生产实践活动中,人民群众之间从事日常生活交往会自发形成各种生产关系,也会自发形成关于事物价值的认知,形成关于是非、善恶、对错的价值判断,进而自发形成各式各样的价值观念,这些关于价值关系认识和观念的集合构成了人民群众自发形成的价值观念体系,成为当代中国价值观念最初的原形。这些基于不同的生产实践关系和利益诉求所形成的多元化的价值观念在经过价值整合后,就会趋于形成稳定的、统一的共同价值观,即成为当代中国价值观念的重要内容。第二,主观自觉性。当代中国价值观念是社会成员自觉凝练的结果。人们在日常生产、生活实践中自发形成的基于实践生产关系和现实需要的关于价值关系认知的观念体系,往往是零散的和不规范的,并不能自动上升为全社会成员共同认可的价值观念,这就需要哲学社会科学领域的理论专家们自觉综合运用各种理论知识和抽象能力对自发形成的价值观念加以凝练和总结,形成统一和规范的价值观念体系,并在此基础上加以传播和弘扬,使得人民群众普遍认同和接受。第三,实践自发性与主观自觉性的统一。当代中国价值观念的生成和发展是一个辩证的过程,是不断发展的过程,这个过程中人民群众会在实践中自发形成多重价值观念,而这些价值观念在经过主观自觉性的改造、加工和凝练后,又上升为全体人民的价值共识,丰富和发展当代中国价值观念的体系和内容。

（五）从未来趋向上来看，当代中国价值观念具有创新性和发展性特征

当代中国价值观念的生成和发展并不是一个封闭的系统，而是一个开放的体系，在实践发展中会不断融入新的内容，补充时代的新鲜因素，这也使得当代中国价值观念具有鲜明的创新性和发展性特征。第一，当代中国价值观念在实践的发展中不断实现创新和发展。中国特色社会主义事业取得了辉煌成就，实践的不断变迁也带来思想领域价值观念的变化和与时俱进，当代中国价值观念只有不断创新和发展，才能适应时代发展的潮流，才能满足人民群众的精神需要和现实诉求。因此，当代中国价值观念的创新与发展就是中国特色社会主义实践的现实诉求。第二，当代中国价值观念会在吸收和借鉴外来价值观念过程中不断创新和发展。当代中国价值观念具有开放包容性，它会吸纳外来价值观念的合理因素，并且会成为自身发展与创新的重要资源，这已经成为创新和发展当代中国价值观念的外在动力。第三，当代中国价值观念的创新和发展还体现在人民群众价值观念的不断变迁中。当代中国价值观念的根本目标是服务于现实的人，为调节人民群众实践交往中的价值关系提供价值判断标准和价值遵循准则，人民群众思想观念和价值观的日益变迁也会引起当代中国价值观念的适时调整和创新发展。

第三节　当代中国价值观念对外传播话语体系和表现方式

上节梳理了当代中国价值观念的逻辑构成、学术研究状况和本质规定，而在当代中国价值观念对外传播过程中，必须建构对外传播的话语体系。对当代中国价值观念国外传播的话语体系，上节从宏观、中观和微观三方面有一定涉及，但对外传播话语体系状况则一无所知。

一　对外传播话语体系建构的必要性

在全球化交往时代，世界范围内各国家、各民族之间的互动、交流愈益频繁，无论是在经济、政治领域的交往，还是在文化、社会层面的交流，都需要借助一定的话语作为中介工具，虽然世界范围内各个国家、民族之间的语言千差万别，但是随着交往的深入、翻译技术

的发展，各国之间的语言障碍正在日益弱化。不过，语言障碍的消除并不代表着各国在国际交往中话语权的平等地位，各国之间由于经济实力、政治影响力、文化辐射力等方面的明显差异，导致在国际交往中存在着话语权不平衡的状态，发达资本主义国家凭借着各方面的优势占据着国际领域的绝对话语权，发展中国家由于各方面处于弱势地位，难以在国际领域阐明立场、表达利益、发出声音，关于国际事务的话语权较弱。而国际话语权又直接关系到各国的国际地位和现实利益，为此，各国都尝试不同的渠道提升国际话语权，其中最重要的内容就是打造本国的话语体系，只有建构逻辑清晰、表达系统、内容丰富的话语体系，才能在国际领域高效地发声、合理地表达。在信息化、网络化快速发展的今天，各国还不断精心地构建对外传播话语体系，试图更加高效、更加精准地获取国际话语权，对外传播话语体系是一种目标更加明确、指向更加清晰的话语体系，一方面，明确的目标就是获取国际话语权；另一方面，清晰的指向就是针对国际领域，而非国内。对于中国而言，正如学者指出的："话语体系承载着特定思想价值观念，是国家文化软实力的重要组成部分。加强中国话语体系建设，就是要打造融通中外的新概念、新范畴、新表述，增强中国在国际上的话语权。"[1] 所以，对外传播话语体系的打造和构建不仅仅是停留在方便交流和沟通的表层目标，其更深层的要求是传递一个国家的思想理想、价值观念和思维方式，进而增强一国的国际话语权，打造具有中国特色的对外传播话语体系，不仅仅是促进中国与世界上其他国家之间的沟通、理解以及交往，更重要的是提升中国的国家软实力，增强中国在国际交往中的话语分量和话语权。由于价值观念是体现一个国家思想理念、价值取向、立场观点的核心内容，构建当代中国价值观念对外传播话语体系，自然也就成为中国对外传播话语体系的核心内容之一。同时，在实践交往中，对外传播话语体系的呈现方式多种多样，可以通过各种方式表现出来，如中国故事的传播、中国方案的提出、中国声音的传递等方面。

---

[1] 李培林：《打造具有中国特色、中国风格、中国气派的对外传播话语体系》，《马克思主义与现实》2014 年第 4 期。

二　对外传播话语体系的内涵

学术界在对外传播话语体系的研究中，大多数学者是将其与具体的概念结合起来使用，如中国特色社会主义对外传播话语体系、社会主义核心价值观对外传播话语体系等等，因而在对其内涵进行介绍和分析时，我们也需要结合相应的具体概念，首先介绍对外传播话语体系的一般概念，再具体论述当代中国价值观念对外传播话语体系。

（一）对外传播话语体系

前文已经对话语体系的概念进行了分析和介绍，即话语体系是围绕某一特定主题或内容形成的有层次的、有内在逻辑的话语表达和阐述的体系，也就是以话语的方式呈现某一特定主题或事物的内在结构和思想内涵，借助各种形式（如书面的和口头的）的话语表达来传递和承载话语主体所希望说明的特定内容，话语体系往往与特定的主题或内容结合起来使用，否则就显得宽泛而无实际意义，如中国特色社会主义话语体系、马克思主义中国化话语体系等等。我们可以以此为基础来理解对外传播话语体系概念，对外传播话语体系是话语体系构建过程中，针对国际宣传和对外传播而特地打造和构建的话语体系，其鲜明的特征就是针对国外人民而并非本国人民，因而在打造话语体系的过程中不能一味地按照本国人民的思维习惯、认知逻辑和表述方式，而是要遵循世界上其他国家人民的思维方式和话语习惯，打造和构建他们能够理解和认知的话语体系，这也对话语体系的构建提出了更高的要求，也就是要走出惯性思维，了解和考虑他国人民的生活状况和话语风格，在话语表述中用他国人民能够理解的、容易接受的话语概念、范畴，简言之，对外传播话语体系就是围绕某一事物或主题，以适应他国人民思维方式、话语习惯、认知逻辑的话语表述呈现出话语主体所希望表达的思想意识和价值内涵，借助的话语表述方式可以是书面的，也可以是口头的，还可以是图像形式的等。对外传播话语体系是一个国家立体化、全面化和精准化对外展示自身的重要途径，通过对外传播话语体系的构建与传播，一个国家可以向世界人民完整全面地表达自身的思想意识、价值立场、未来期待等内容，进而获得世界上他国人民的认同与认可，获取国际交往领域的话语权。对外传播话语体系通常情况下也是和其他概念联合起来使用的，如中国特色社会主义对外传播话语体系、当代中国价值观念对外传播话语体系，下面就通过具体的实例分析来进一步明晰对外传播话语体系的概念。

王永贵等人在探讨对外传播话语体系时，就用了中国特色对外传播话语体系的概念，他指出："话语体系包含对外传播话语体系，可以说，对外传播话语体系是一国向外部世界阐述其思想理论体系和知识体系的表达形式。因此，中国特色对外传播话语体系是中国向外部世界阐述中国特色社会主义的思想理论体系，以及用中国思维阐述外部世界的知识体系的总和。"① 在其看来，对外传播话语体系是有逻辑、全面向国外展现中国的思想体系和知识体系的话语表达集合。而对外传播话语体系中的中国特色体现在"中国特色社会主义的实践特色、理论特色、民族特色、时代特色"等方面。莫凡等人则提出了当代中国价值观念对外传播话语体系的概念，她在探讨当代中国价值观念对外传播话语体系构建的可能性时指出，可以将中国道路的实践创新凝聚、升华为对外传播话语体系的新表述，理论工作者要吸收走出中国道路的人民群众的创新智慧，用理论思维的各种方式、方法提炼、凝聚、升华这条道路所展现出来的价值观念，并且结合世界人民的接受能力，考虑语言转化方面的具体问题，最终打造出可行、公认的价值观念对外传播话语体系。② 可见，这一话语体系的构建既要基于当代中国人民的现实生活实践状况，进行价值话语的凝练与表达，又要考虑到他国人民的话语接受能力，进行话语改造和融合。从上述两个具体实例中，我们可以进一步厘清对外传播话语体系的概念和内涵。

（二）当代中国价值观念对外传播话语体系

从上文关于对外传播话语体系概念的分析中，我们可以进一步总结和概括出当代中国价值观念对外传播话语体系的内涵。当代中国价值观念对外传播话语体系就是围绕当代中国价值观念，以适应他国人民思维方式、话语习惯、认知逻辑的价值话语表述呈现出当代中国人民所希望表达的价值内涵、价值取向和价值追求，借助的话语表述方式可以是书面的，也可以是口头的，还可以是图像形式的等。当代中国价值观念对

---

① 王永贵、刘泰来：《打造中国特色的对外传播话语体系——学习习近平关于构建中国特色对外传播话语体系的重要论述》，《马克思主义研究》2015 年第 11 期。
② 莫凡、李惠斌：《当代中国价值观念对外传播话语体系建构与传播研究》，《中国特色社会主义研究》2014 年第 6 期。

外传播话语体系是当代中国对外传播话语体系的核心内容，以他国人民容易理解的价值话语表述方式集中展现了当代中国人民的价值取向、价值遵循、价值追求和价值期待，它是当代中国获取他国人民价值认同的关键，也是获取国际交往领域话语权的重要因素。具体来讲，当代中国价值观念话语体系就是要"在当代中国价值观念的传播中，传播话语既应该能够传递中国传统价值精髓，传递社会主义价值理念，传递中国人民价值追求，形成传递中国特色价值形态，同时又能够体现人类普遍的价值追求"①，因之，当代中国价值观念对外传播话语体系可以说是兼具中国特色与世界特征的价值话语体系，是融合了中国价值话语与世界人民共同价值话语的话语体系。在建构当代中国价值观念对外传播话语体系时应当注意以下几个方面的问题。首先，以学术话语的形式展示当代中国价值观念，用逻辑的力量促使人们认同。其次，使当代中国价值观念的核心话语转化为大众话语。最后，妥善解决当前话语建设中存在的一些问题。②

三 对外传播话语体系的表现方式

既然对外传播话语体系是精心构建的对外宣传和对外传播的话语体系，那么它在传播的过程中必然会呈现出一定的表现方式，也就是说，对外传播话语体系作为实质内容，必然会借助特定的形式表现出来。一般的对外传播话语体系会借助经济、政治、文化以及社会生活交往等多重表现方式得以表现和传播，而当代中国价值观念对外传播话语体系也会通过价值寄载的方式，呈现出多重的表现方式。

（一）对外传播话语体系的表现方式

对外传播话语体系的传播需要通过日常生活的实践交往得以实现，在经济、政治、文化和日常生活的交往中，对外传播话语体系得以传播，对外传播话语体系在不同的维度也有着不同的表现方式，主要包括以下几个方面。

第一，对外传播话语体系表现在学术领域就是构建融通中外的学术

---

① 项久雨：《当代中国价值观念国际传播的策略》，《光明日报》2016 年 4 月 20 日第 13 版。
② 参见吴学琴《以多层次对外话语阐释中国价值观念》，《光明日报》2015 年 7 月 2 日第 16 版。

概念、学术范畴、学术表述和学术思想,并且通过各种有效途径进行国际传播。习近平总书记指出:"要精心做好对外宣传工作,创新对外宣传方式,着力打造融通中外的新概念新范畴新表述,讲好中国故事,传播好中国声音。"① 而融通中外的学术概念、范畴、表述和思想的构建,需要把握好两点:一是我们对外传播的话语体系,其概念、范畴和表述一定要具有鲜明的中国特色和风格,要符合中国国情和中国实践状况;二是这个对外传播话语体系要适应国外的话语表达习惯,与国外人民的话语体系和表述方式相对接,从而更容易为他国人民所认知、理解和接受。

第二,对外传播话语体系表现在经济领域就是中国方案的话语传播。中国改革开放的巨大成就,其中最重要的体现就是中国经济实力的增强和生产力的飞速发展,巨大成就背后蕴含的是中国经济改革与发展成功的经验、中国经济发展的模式,也是中国积极参与全球经济交往和全球治理的中国方案。对于中国经验、中国模式、中国方案等的科学总结、凝练,以适当的对外传播话语体系进行表达和阐述,是对外传播话语体系在经济层面的内容。

第三,对外传播话语体系表现在政治领域就是中国特色外交话语的构建与表达。党的十八大以来,习近平总书记在多重外交场合着重打造和构建具有中国特色的外交话语体系,"习近平以超人的胆识、深刻的认识、精到的见识、博大的学识,精心构建特色鲜明的对外传播话语体系。他用融通中外的话语讲述中华历史介绍改革开放和法制建设成就,交流治国理政经验,宣介中国奋斗目标,阐述中国梦,解读中国道路,传播中国声音,讲述中国故事,弘扬中国精神,通过心灵沟通向世界说明中国,为中国国家形象增添人文精神内涵,塑造更综合、更均衡、更丰满的中国形象。习近平总书记多次利用国际论坛、会晤、演讲、发表署名文章、接受外媒采访等与国外民众互动的方式来扩大影响力,展示中国领导人在国际舞台上的自信姿态和对世界谋福的承诺,其睿智、博学、务实、亲和的大国领导人风范,感染了广大国外民众。为了让国际社会能够听明白中国主张,习近平总书记在对外传播中常常用接地气的口语化、日常化、平民化、本土化的话语表达,把刚性的国内政治话语

---

① 《习近平谈治国理政》第 1 卷,外文出版社 2018 年版,第 156 页。

转变成柔性的、富有吸引力和感染力的生动故事"①。可见，习近平总书记在各种国际外交场合中运用非凡的智慧精心构建了具有中国特色的外交话语体系。

第四，对外传播话语体系表现在文化领域就是中国语言的国际教学、传播与运用。随着中国国际影响力的提升，国际汉语教育也随之在全世界范围内获得蓬勃发展，而语言是理解一个国家、一个民族的最基本的条件，语言也是一个国家思想观念、价值取向等内容的最基本载体，对外传播话语体系的构建和打造也需要以语言为基础，如果汉语能够成为他国人民所学习、接受和运用的语言，那么中国的对外传播话语体系也就可以直接以汉语的方式呈现出来，更加方便他国人民认知和理解。

第五，对外传播话语体系表现在媒介领域就是中国声音的国际传播。在网络自媒体快速发展的今天，各国人民的生活已经离不开各种媒介，媒介是当代中国话语体系传播的重要载体，而中国声音则是当代中国话语体系的重要呈现方式。中国声音通过各种媒介进行传播，如传统媒介的电视、广播、报纸等以及新兴媒介的网络、自媒体等，而中国声音的传播本身就是在传播当代中国话语体系，它通过各种新闻的报道、议题的设置、产品的宣传等，把对外话语传播开来。

第六，对外传播话语体系表现在日常生活领域，就是中国故事的国际传播。中国故事是发生在当代中国人民群众日常生活中鲜活的事例，通过各种方式对外宣传和传播的过程，实质上就是构建对外传播话语体系的过程，通过故事叙事的话语表述方式，传播具有中国特色、中国逻辑、中国内涵的话语体系。"讲好中国故事，就要回答这个问题，解疑释惑，使国际社会全面、客观、理性地看待和认识中国。要讲清楚中国的发展进步，介绍改革开放以来中国经济社会发展取得的巨大成就以及中国人民精神面貌发生的深刻变化，深入阐释中国发展进步的路径、轨迹和原因，用事实说明中国政治制度、经济政策、民生安排的正当性、合理性。"② 可见，传播中国故事的过程，其实质就是用世界听得懂又

---

① 王永贵、刘泰来：《打造中国特色的对外传播话语体系——学习习近平关于构建中国特色对外传播话语体系的重要论述》，《马克思主义研究》2015 年第 11 期。

② 蔡名照：《讲好中国故事 传播好中国声音——深入学习贯彻习近平同志在全国宣传思想工作会议上的重要讲话精神》，《对外传播》2013 年第 11 期。

具有中国特色的话语,向世界展现当代中国现实面貌、发展状况的过程。

(二) 当代中国价值观念对外传播话语体系的表现方式

当代中国价值观念对外传播话语体系是传递和表达当代中国人民价值取向、价值目标和价值愿景的对外传播话语体系,其实,在根本层面上说,对外传播话语体系几乎都蕴含着一定的价值内涵和价值取向,也就是说,对外传播话语体系的国际传播,实质上内在地蕴含着在国际层面传播当代中国价值观念话语体系的价值诉求。正如王永贵教授指出的:"把中国梦、和平发展道路、核心价值观,以及中国奇迹的经验等当代中国的价值观念贯穿于国际交流和传播方方面面,不断提升当代中国价值观念和中国特色社会主义的魅力和影响力。"[1] 事实上,当代中国价值观念贯穿于国际交往和传播的方方面面,也内在地蕴含于对外传播话语体系的话语言说中。当代中国价值观念对外传播话语体系的表现方式主要有以下几个方面。

第一,中国学术的价值蕴涵。一个国家的学术话语体系特别是哲学社会科学话语体系必然蕴含着本民族的思想价值取向和价值追求,而中国学术在走向世界与他国交流、互动的过程中,就会成为当代中国价值观念对外传播话语体系的表现方式,中国学术工作者在对融合中外特征的学术概念、范畴和术语进行打造和凝练的过程,其实就是当代中国价值观念对外传播话语体系打造、凝练和传播的过程。

第二,中国外交主张的价值立场。一个国家在国际政治交往领域的主张、观点和立场的表达,往往是一个国家价值观念话语体系的呈现,党的十八大以来,习近平总书记在多重外交场合表达了中国立场、中国观点和中国方案,而当代中国价值观念对外传播话语体系则通过这些话语的表达而呈现出来,如习近平总书记提出的人类命运共同体主张,构建全人类共同价值的呼吁等,本质上就是当代中国价值观念对外传播话语体系的呈现和表述。

第三,中国经济方案的价值阐明。在中国参与全球经济发展中,中国为世界呈现了多重的经济发展方案,这些方案中也蕴含着当代中国价值观念的内容,在表达和陈述过程中也呈现了当代中国价值观念的对外

---

[1] 王永贵:《讲好中国故事传播好中国声音》,《新华日报》2014年10月21日。

传播话语体系，如在倡议"一带一路"发展方案中，中国人民就表达了互惠互利、和平共处、共享共赢等对外传播话语体系。

第四，中国声音中的价值承载。中国声音的传播主要通过各种传统和新兴媒介，而在媒介话语的全球传播中，当代中国价值观念对外传播话语体系得以呈现和表述，正如学者指出的："打造一批具有国际知名度的精品栏目和节目，不断提高新闻信息原创率、首发率、落地率。要关注世界上发生的事情，客观、全面、真实地报道好这些事情，把中国价值理念融入媒体的报道之中，为国外受众提供观察国际社会、国际事务的中国视角，引导他们准确理解中国在有关问题上的立场主张。"[1]

第五，中国文化中的价值表达。在推动中华文化"走出去"的过程中，实际上也就是运用中国特色的对外传播话语体系来介绍、宣传和推介中国的过程，文化中最核心的内容是一个国家的思想价值观念，当代中国价值观念对外传播话语体系的传播也借助文化"走出去"而得以实现，可以说，中国文化的国际传播是当代中国价值观念对外传播话语体系在文化层面的表现形式，当代中国价值观念对外传播话语体系借助文化的国际传播得以呈现和表达，进而在潜移默化中获得他国人民的认同与认可。

---

[1] 蔡名照：《讲好中国故事　传播好中国声音——深入学习贯彻习近平同志在全国宣传思想工作会议上的重要讲话精神》，《对外传播》2013年第11期。

第二章　当代中国富强价值观念及其话语表达*

　　自 2012 年党的十八大提出构建社会主义核心价值观以来，关于"富强、民主、文明、和谐，自由、平等、公正、法治，爱国、敬业、诚信、友善"的价值观研究就逐渐成为学术界探讨的焦点问题。而价值观念的话语体系建构和传播，也成为时下最重要问题。富强位于社会主义核心价值观之首，引导着整个社会的价值取向，富强话语是关于富强思想的话语，说到底就是富强思想究竟通过什么样的话语表达出来的，即我们在认识、思考关于如何实现富强的问题中所提出的一整套概念和术语。可以说，任何社会、任何阶层的富强思想总是要通过相应的富强话语加以表征。"现代化""自由""求富""实业救国""振兴中华"等都是富强话语的经典表述，突出了富强作为当代中国主流意识形态话语的地位，这也就决定了深入探究中国共产党富强话语的变迁具有十分重要的理论及实践意义。

第一节　富强与民主、文明、和谐的关系

　　"富强"是人类社会的共同追求，是民族兴旺发达的显著标志。从某种意义上说，作为当代中国主流意识形态核心话语的"中国梦"，其首先就是"中国富强梦"。富强不只是生产力的发达、经济的繁荣，要实现国家富强，还必须在大力发展国家物质力量的基础上，注重政治、文化、国防、科技、外交等各方面的全面建设，在社会主义核心价值观引领下，深刻把握"富"与"强"的关系，实现国家、社会和个人三

＊ 该部分在陈蓉蓉论文《中国共产党领袖富强话语的变迁研究》第一章基础上修改而成。

个层面的共同发展，不断提高综合国力，增强国家凝聚力，从而实现国家的既富且强。

党的十八大把"富强、民主、文明、和谐"列为国家层面的首要目标，体现了中国人民实现中华民族伟大复兴的中国梦的共同愿望和坚定信心。"富强、民主、文明、和谐"这四个价值目标，引领着国家层面的价值追求，但它们相互之间并不是彼此孤立的，而是相互联系、具有紧密的内在逻辑性的。其中，"富强"占据首要位置，以其不可动摇的基础性、优先性，与"民主、文明、和谐"紧密联系且相互作用。

一 富强是基础，民主是保障

民主具有两层含义：第一层含义是作为一种价值理念而存在，它是人类普遍追求的政治理想，这可以追溯到两千多年前的古希腊时期，人们从那个时候就开始了公民直接治理国家的实践；第二层含义是作为一种政治制度而存在，它可以与任何国家的具体政治制度相结合，政治制度的性质决定了民主的性质。民主虽然产生于西方国家，但绝对不是西方国家的专利，民主是不断发展的，资本主义民主只是民主发展历史上的一个阶段。没有普世的民主制度，一个国家只有在科学判断本国的历史文化传统及经济社会文化等发展水平处于何种阶段的基础上，才能选择出最适合本国国情的民主模式。回顾历史，那些简单照搬西方民主制度的发展中国家都未能如愿以偿地发展本国民主政治，反而适得其反给国家带来了深重灾难。

社会主义民主是比资本主义民主更高级的民主。建立在生产资料公有制基础上的社会主义民主，"才能真正实现大多数人享受的民主制度，使大多数人即劳动者实际参加国家的管理"[1]。中国是人民民主专政的社会主义国家，因此，发展社会主义民主就是中国政治建设的目标。我们要坚定不移地走中国特色社会主义政治发展道路，健全社会主义民主制度，丰富民主形式，不断扩大人民民主，这样才能更好地保障人民当家做主，实现最广泛的人民民主。但是，我们也要看到，社会主义民主建设是一个渐进的发展过程，它不是孤立发展的，还会受到经济文化等各方面因素的制约。就富强与民主之间关系，我们需要有一个辩

---

[1] 《列宁选集》第 3 卷，人民出版社 2012 年版，第 722 页。

证的认识。

第一，富强为社会主义民主提供物质基础。"仓廪实而知礼节"，对社会主义民主的追求一定是建立在人民基本物质需求得到满足的前提下。试想，如果一个国家连人民最基本的温饱问题都无法解决，民主问题也就根本不会提上日程。因此，要大力发展本国经济，实现人民的富强，人民才有机会享受到民主的权利。

第二，社会主义民主发展水平要与国家的富强程度相适应。"民主的发展总是同一定的阶级利益、经济基础和社会历史条件相联系的。每个国家都有自己的历史传统和经济、社会发展的实际情况，民主应该适合自己的国情。"[1] 生产力决定生产关系，经济基础决定上层建筑。社会主义民主作为一种国家形式，毫无疑问属于上层建筑的范畴。我们必须把社会主义民主政治的建设与经济建设相结合，在大力发展社会生产力的基础上，建设及发展适合本国社会生产力水平、与生产力水平相适应的民主政治制度。一切超越或者落后于生产力发展水平的民主制度都会对社会经济造成损害，威胁社会的稳定。

第三，社会主义民主为富强的发展提供政治保障。富强并不是单向制约社会主义民主的发展，反之亦然。一方面，社会主义民主政治的本质和核心就是人民当家做主。只有把社会主义民主真正落到实处，人民的政治权利得到保障，真正成为国家和社会的主人，人民才会承认政权的合法性，继而拥护国家制度，为国家富强的实现提供一个稳定的社会环境。另一方面，经济与政治相互作用，经济与政治的体制改革也相辅相成、相互配合。政治体制改革必须适应经济变革，反过来，没有社会主义政治体制的配合，改革也必然会陷入困境。可以说，包括经济体制改革在内的所有改革最终能不能获得成功，都取决于政治体制改革，究其原因就在于中国社会主义政治体制改革不仅能够巩固社会主义制度，还能充分发扬社会主义民主，真正实现人民当家做主，反过来又促进了生产力的发展。

二 富强决定文明的程度

笼统地说，文明具有广义和狭义之分。广义上，文明指人类改造世

---

[1] 《十四大以来重要文献选编》（中），人民出版社1997年版，第1748页。

界所创造的一切物质成果和精神成果的总和；狭义上，文明仅仅指精神文明，特别是人们思想方面的进步以及文化方面的发展。[①] 社会主义核心价值观中的"文明"主要是指狭义方面的文明，集中表现为社会主义精神文明建设，它深刻反映了中国特色社会主义文化建设的奋斗目标。

富强与文明都是社会主义核心价值观的重要组成部分，二者相互渗透、相互作用，共同引领社会主义现代化的建设。

首先，富强对文明具有决定性的影响，国家文明的发展水平是由富强程度决定的。无须赘言，社会主义文明作为一种意识形态，它是由经济基础决定的，并随着经济的发展而发展变化。中国传统社会立足于自给自足的自然经济，这种经济在文化上就体现为农耕文明，重人伦、轻法治就是封建社会时期的价值取向；现代社会立足于市场经济，其文化表征就是强调自由、平等、竞争等价值理念；改革开放以来，建立在公有制基础上的中国顺应世界潮流的变化，积极推动社会主义现代化建设进程，生产力不断得到提升，与之相对应的也是文化领域的大发展、大繁荣，并呈现出多元化、开放性、包容性等特点。按照马克思的三大社会形态理论，只有在生产力极大丰富的共产主义时期，人类才能彻底摆脱人的依赖性和物的依赖性，实现精神文明的极大丰富。所以，党和人民要遵循经济发展规律，推动社会生产力的不断发展，人类文明才能不断由低级走向高级，最终实现人的解放，实现人的自由而全面的发展。

其次，文明对富强具有统领、导向和推动作用。第一，富强和文明都是社会主义核心价值观的重要组成部分，而作为中国社会主义的主流意识形态的社会主义核心价值观，它本身就体现出了社会主义制度在精神文明层面的质的规定性。换句话说，文明作为社会主义核心价值观中国家层面的价值追求，它的核心目标就包含着弘扬和践行社会主义核心价值观，并确立其在各种社会思潮中的主导地位，以此塑造和影响广大人民群众的精神世界和价值理念。因此可以看出，作为整体的社会主义核心价值观与具体价值目义之间存在着高度一致性。从这个意义上说，不仅仅是富强，还有民主、和谐、自由、平等、公正等都是文明的内在要求，文明对这些价值目标具有统领作用。第二，文明作为国家的文化

[①] 郭建宁：《社会主义核心价值观基本内容释义》，人民出版社 2014 年版，第 58 页。

体现，构成了国家发展的精神动力。"社会主义的优越性不仅表现在经济政治方面，表现在能够创造出高度的物质文明上；而且表现在思想文化方面，表现在能够创造出高度的精神文明上。"① 社会主义文化的发展虽然受到生产力的制约，但是文化具有相对独立性，一经产生就开始对经济产生反作用。文明是灵魂，对国家和社会的发展提供指引作用，特别是在当前中国传统价值观念受到冲击，市场经济的负面效应又开始显现的状况下，拜金主义、享乐主义、利己主义、虚无主义等社会思潮汹涌而起，我们更加迫切需要建立与社会主义市场经济相适应的社会主义先进文化来引导人们树立正确的价值观念，提升广大人民群众的文明素养，增强民族凝聚力。第三，文明为富强提供智力支持。当今综合国力的竞争中，文化的重要地位日益凸显，其中，科学技术的发展是重中之重。要充分认识精神文明建设具有重要的战略地位，大力发展社会主义先进文化，建设文化强国，特别是要坚持科教兴国和人才强国战略，增强科技创新能力，把科技竞争摆在国家竞争规划中最核心的位置，建设创新型国家，实现科技的跨越式发展，增强国家的综合国力。

三　富强是根基，和谐是助推器

唯物辩证法认为，矛盾是普遍存在的，任何事物都是矛盾的统一体，而和谐是矛盾的一种特殊形式。追求和谐，就是矛盾双方要相互协调、互为条件，才能达到共同发展的状态，特别是在事物发展过程中，矛盾双方的力量对比要控制在一定的"度"内，事物才会均衡发展，否则，超出度的范围，事物就会走向反面。我们追求的社会主义和谐社会，就是要把社会发展中的各种矛盾力量的对比调整到一定的范围内，才能引导社会协调发展、均衡发展。

和谐是中国传统文化的核心理念，是中国特色社会主义的本质属性，是建设社会主义现代化国家的内在要求。从构建和谐社会的提出，到把和谐摆在社会主义核心价值观的重要位置，都标志着中国共产党人执政理念的不断升华，也为创新中国特色社会主义现代化建设的新理念开辟了道路。和谐社会的建设需要实现社会的发展和人的发展的统一。因而，在追求国家富强的道路上，不仅要保持经济的快速增长，还要注

---

① 《社会主义精神文明建设文献选编》，中央文献出版社1996年版，第473页。

重实现人与人、人与社会、人与自然之间的和谐。

一方面,国家富强是社会和谐的根基。社会和谐一直是人类重要的价值追求,从中国古代的"大同之世",到西方社会的《理想国》,都表达出了人们对和谐世界的向往。但社会和谐并不是凭空生成的,它有自己的生长根基,国民经济的稳健、持续、高速发展就是这个根基。只有不断提高社会生产力,使得国家经济持续健康发展,从而创造更加丰富、殷实的社会物质财富,才能不断增强国家整体实力,人民的生活水平稳步上升,夯实社会和谐的物质基础。党和政府要始终紧握"发展才是硬道理"的战略思想武器,秉持"五大发展理念",坚持习近平新时代中国特色社会主义思想,统筹设计经济发展全局,不断推动国家经济社会发展,为社会主义和谐社会的构建打下坚实的基础。

另一方面,社会和谐对富强的发展也提出了自己的要求。党的十六届四中全会首次明确提出"和谐社会"的概念,并指出和谐社会就是"民主法治、公平正义、诚信友善、充满活力、安定有序、人与自然和谐相处"的社会。其中,前五个方面体现的就是人与人之间的和谐;而最后一个方面体现的就是人与自然之间的和谐。也就是说,在追求国家富强的实践过程中,不仅要妥善处理中国经济社会发展面临的矛盾和挑战,协调各方面的利益关系,促进人际和谐,保证社会成员平等地享有各项基本利益,还要有效地保护生态环境,提高资源利用效率,保护好人类共同的家园。而富强的内在意蕴不仅仅是经济的发展、军事的强大,它实际上包括了硬实力和软实力的统一,经济发展和生态环境的和谐统一,因此也可以说,富强与和谐之间相互影响、相互渗透,并且存在着相互包含的关系。此外,社会主义和谐理念还包括国家与国家之间的和谐,即对和谐世界的价值追求。中国经济社会的和谐发展,需要以与世界其他国家的和谐相处作为支撑。世界的和平与发展是当今时代的主旋律,这已经成为国家社会的广泛共识和世界各国人民的共同心愿,因此,中国人民要与世界各国人民一起努力,建立一个持久和平、共同繁荣、和谐进步的人类世界。

第二节 富强话语表达

对富强话语的研究将对党带领广大人民群众建设中国特色社会主义

的伟大实践给予更加科学的诠释，增强党的道路自信、理论自信、制度自信和文化自信。中国共产党带领广大劳动人民进行富强道路的探索是富强话语形成的实践基础，因此，要对中国共产党追求富强的实践进行梳理与总结，概括及提炼出富强话语的内涵、构成、变迁等具体内容，不断开辟中国共产党探索社会主义富强道路的新境界。

一　富强话语的基本内涵

（一）富强话语

富强话语，说到底就是富强究竟通过什么样的话语表达出来的，即我们在认识、思考关于如何实现富强的问题中所提出的一整套概念和术语。我们知道，富强是社会主义核心价值观的价值目标之一，它属于国家意识形态的范畴，而意识形态本身只是一种观念，自己无法表述自己。要使社会主义富强观念深入人心，成为广大群众所能够接受进而内化成自我价值理念，就必须通过一定的中介或者手段表征自己，话语则是其重要的表达方式。也就是说，富强价值观念需要一系列具体的话语加以体现，这也就是富强话语。可以说，任何社会、任何阶层的富强思想总是要通过相应的富强话语加以表征。资本主义国家最典型的富强话语就是"现代化"，自第一次工业革命至今两百多年的时间里，整个西方社会都在探寻现代化的实践中实现国家的富强；社会主义国家则以"共产主义"话语激励一代代人为之不懈奋斗。

福柯说过："话语即权力。"实际上，不同富强话语之间一直存在着力量的较量，这就是话语权的问题。自1921年中国共产党成立至今，在中国共产党的带领下，全国人民积极投身到社会主义现代化建设的伟大事业中去，创造了举世瞩目的成就，彰显了中国特色社会主义的强大生命力和广阔的发展前景，也印证了党的富强话语的科学性。在新的历史起点上，在中国综合国力日益增强的今天，我们更应该将目光放在如何有效构建国家主流意识形态话语权的问题上。众所周知，国家软实力的强弱在综合国力竞争中的比重日趋增大，而国际话语权的争夺也成为其中的重中之重，特别是在近年来，西方国家关于"中国威胁论""中国责任论""中国崩溃论"等妖魔化中国的言论甚嚣尘上的背景下，我们更应该在中国特色社会主义话语体系的建构方面加大研究力度，这直接关系到中国特色社会主义能否顺利发展以及中华民族伟大复兴的中国梦能否实现。

时至今日，话语已然成为一种国家权力，谁拥有了话语，谁就能够站在舆论的制高点。社会政治力量影响话语实践，反过来，话语实践也开始左右着一定的政治结果。换句话说，话语的变化反映着社会的变化，是推动社会发展变化的重要力量。为此，我们将富强话语的分析置于更广阔的历史、社会背景及文化视野下，考察不同富强话语之间的相互竞争及渗透，以期对中国提升话语权方面做出自己的贡献。

(二) 富强与富强话语辨析

在研究富强话语之时，首先必须清晰地区分出富强与富强话语之间的差别。富强不是富强话语，二者相互区别而又相互统一。富强与富强话语的关系密切。

首先，富强的价值内涵是由富强话语建构出来的，富强话语是富强的表现形式。上文已经指出，作为观念意识的富强理念自己无法表述自己，它只能通过一定的话语才能得以呈现，因而，富强价值观念最终的理论形态如何完全依靠于一个个具体话语的构建。富强话语是社会主义富强价值理念的体现和外在的表达方式，任何富强思想的创新都伴随着富强话语的优化和发展。对这些凌乱的话语进行相应的概括及分析总结的过程就是富强价值理念生成的过程，最终指向的那个核心就是这个特定的富强内涵。因此，研究富强的内涵必须回归具体的历史阶段，从当时的具体的富强话语中凝练出富强的科学内涵。

其次，富强话语是富强价值观念教育及宣传的重要载体。富强的内涵决定富强话语，而富强话语是富强内涵的外在表达形式。话语是教育及传播理念的最重要的载体之一，因此，富强话语的科学性及普及化的程度直接影响富强价值理念的宣传教育的效果。要坚持马克思主义的指导思想，任何时候都不能改旗易帜，还要从中国传统文化中挖掘出有价值的富强理念并对其进行重新解读，再对人类历史上优秀的富强文明加以借鉴和吸收，这样就一定可以极大地丰富富强话语，达到宣传教育的理想效果，提升中国社会主义富强话语的话语权和影响力。

最后，富强价值目标的实践需要富强话语的引导。实现社会主义富强中国的目标归根结底要依靠最广泛的人民群众的努力奋斗，因而，践行社会主义富强价值理念的关键在于人民群众是否理解、接受及认同。只有人民群众在真正懂得了社会主义富强的科学内涵并且认同的基础上，才能自觉把富强理念内化为自身的思想指向，用以指导社会实践。所以，富强话语的大众化至关重要，要杜绝"大、空、泛"的富强话语，积极构建出通俗、易懂、新鲜的话语，实现富强话语表达方式的创新。"只有首先赢得中国人民的喜爱，具有中国风格、中国气派，才能堂堂正正地走向世界和屹立于世界文化之林。"①

二 富强话语的经典表述

富强话语的经典表述莫过于现代化、自强、求富、实业救国、振兴中华等词语。

（一）现代化

"现代化"一词源于西方，是20世纪50年代以后西方国家为了论证其资本主义制度的优越性和合理性而创立且逐渐开始流行的一个社会科学术语。"现代化"的含义广博，学者们各抒己见、莫衷一是。印度孟买大学社会学系主任A.R.德赛说过："'现代化'一词，作为一种广义概念用来取代早先的一些概念，目的在于把握、描述和评估从16世纪至今人类社会发生的种种深刻的质变和量变。根据布莱克及其他一些学者的看法，这些变化开创了人类历史的一个新时代。过去常用的像英国化、欧化、西化、城市化、进化、发展、进步等词，现在不是被'现代化'一词所取代，便是被纳入'现代化'的概念之中。"② 自18世纪英国工业革命的开展，人类社会就开始了现代化进程。三次工业革命的兴起大大推动了科学技术的发展，继而直接掀起了一次次现代化的浪潮，实现了人类社会从传统社会向工业社会的转变。

"现代化"滥觞于西方并首先在西方国家实现，因而这一话语也必然带有浓厚的西方色彩，然而，特殊的历史背景以及国情决定了中国的社会主义现代化不会也不可能完全模仿或照搬西方现代化模式。在对待西方现代化理论时，我们应当要采用辩证唯物主义的观点，一分为二地看问题，在借鉴吸收其中科学合理成分的同时，一定要坚定立场，始终坚持走中国特色的社会主义现代化道路的基础上，不断丰富发展中国社

---

① 《十四大以来重要文献选编》（下），人民出版社1999年版，第2152页。
② ［美］塞缪尔·亨廷顿等：《现代化：理论与历史经验的再探讨》，罗荣渠主编，上海译文出版社1993年版，第26页。

会主义现代化理论。

中国的现代化是在亡国灭种的危机情势下启动起来的，帝国主义的侵略客观上为中国带来了资本主义的生产方式和社会形态，促使了中国资本主义现代化的启动。回顾这一百七十多年来的发展历程，中国的现代化道路历经曲折坎坷。早期的中国现代化是在半殖民地半封建的社会历史条件下进行的，因而，当时的现代化是与民族化相辅相成的。西方列强为了能够继续实现其在华的政治、经济利益，他们根本不希望中国实现真正的富强，所以，中国要想实现真正的富强，就必须先要铲除帝国主义在中国的势力。在由林则徐、魏源等为代表的地主阶级改革思想家提出"师夷长技以制夷"的主张之后，"制器""时政""变法""新政"等尝试开始将现代化一步步推向深入，当时的变革者更多地是希望采取"中学为体、西学为用"的方法，在不改变封建旧体制的前提下将西方现代化的一套模式嵌入中华传统的制度体系中，巩固中国之"体"，从而实现富国强兵的目的。直到1911年辛亥革命彻底推翻了腐朽的清王朝的统治，才标志着中国的现代化进入了一个新的发展阶段。孙中山提出"三民主义"的口号，为中国的现代化指明了一条从政治到经济，从社会教育到文化、思想的全面的发展道路，然而最终以失败告终，历史的教训告诉我们，资本主义现代化道路在中国走不通。新中国成立至改革开放的今天，在马克思主义的指导下，中国走上了社会主义现代化建设道路。从毛泽东开始，一直到习近平总书记，每一代中国共产党的领导集体都带领广大人民群众走上了曲折探索中国社会主义现代化的道路。这一艰苦的探索过程我们无须赘言亦牢记于心。

党的十六届六中全会指出"把中国建设成为富强、民主、文明、和谐的社会主义现代化国家"。从中国现代化建设的目标中可以看出，"富强"是现代化建设的一个子项，然而实际情况是，中国近代历史所遭遇的悲惨的命运使得实现国家富强的愿望早已植入每一个中华儿女的骨髓及血液之中，因而，在现代化传入中国以后，中国的仁人志士对现代化的探索仍然是以实现国家富强为背景的，直到今天，"富强就是现代化，现代化就是富强"的观念仍然存在。换句话说，追求"富强"是中国现代化的基点，它支撑起了中国整个现代化的过程。当然，这种支撑并不是空洞的，它源于富强与现代化之间相互联系、相互渗透的密切关系。一方面，现代化是社会全面的发展，包括政治、经济、社会、心理等各个方面的变革，而富强本身也包含了现代化的一些因素，因此，两个概念之间有交叉和重叠的地方；另一方面，中华儿女在追逐富强的过程中也建构出了现代化的进程，实现中华民族的富强就是中国走上现代化之路的出发点和最终目标。

（二）自强、求富

"自强""求富"是19世纪60年代至90年代中国封建地主阶级中的洋务派发起的一次大规模的自救变革，即洋务运动时所宣扬的口号。洋务派与当时恪守传统的顽固派相对立，他们在与西方人接触的过程中，逐渐认识到了西方的强大以及晚清统治集团的落后，率先将魏源的"师夷长技"付诸实践，主张通过改良维护清王朝的统治，以实现富国强军的愿望。这是近代中国的第一次社会变革，标志着中国早期现代化以及社会转型的开始。

洋务运动先后以"自强""求富"为口号，陆续创办了一批军事工业和民用工业。举办军事工业意在模仿西方的军事技术，引进一些先进的机器设备，自己开办工厂、制造新式枪炮，以实现"自强"。在19世纪七八十年代，各省创办过20个生产军火的制造局，例如曾国藩主办的第一个洋务军事企业——安庆军械所、李鸿章在上海设立的江南制造总局、左宗棠在福州创办的马尾造船局等。这些机器局、制造局规模大、分工细致、内部管理结构复杂，一定程度上显现了现代企业的雏形。为了解决资金不足、材料匮乏、交通滞后等问题，洋务派于19世纪70年代又提出了"求富"的主张，在采矿、冶金、纺织、铁路等行业开办了一批民用企业，比如李鸿章的轮船招商局、左宗棠的机器织呢厂、张之洞的大冶铁矿和汉阳铁厂等。这些民用企业与军事企业明显不同，军事企业都是官办军用的性质，经费、产品分配及管理等方面都完全由清政府来掌控，而民用企业具有相当的资本主义性质，它吸收民间的资金入股，生产的产品都要投入市场销售，后来又由官办发展到了官督商办、商办等多种形式，股份制公司也应运而生。洋务派为了挽救清政府的统治、增强防御外敌的能力做出了各种努力，除了兴办工业外，洋务派还非常重视文化教育的建设。他们主张派遣留学生出国学习，并且积极设立学校，培养翻译人才，例如1863年的京师同文馆，即北京大学的前身，就是在那个时候建立起来的。

洋务运动虽然最终失败了，但在"自强""求富"口号下所进行的各种尝试和努力所引起的变化悄然发生着。洋务派主张学习西方先进技术和科学文化，创办的军事工业和民用企业也开始模仿资本主义生产方式，这些都开始打破国人闭关自守的心态，资本主义思想和文化逐渐在中国萌芽。从此，中国迈开了现代化的步伐，走上了实现富强之路。

（三）实业救国

在西方资本主义国家的侵略下，近代中国逐渐陷入半殖民地半封建社会的泥潭中几近沉沦，尤其是在甲午中日战争以后，帝国主义列强掀起了瓜分中国的狂潮，中华民族面临着亡国灭种的民族危机。中华民族的优秀儿女为挽救民族危亡、谋求国家的独立富强展开了一系列可歌可泣的斗争，相继提出过各种抵抗侵略的社会思潮，比如民主革命、进化论、自由主义、教育救国等，其中，"实业救国"思潮遂掀起了一波蔚为壮观的时代潮流，对近代中国的历史发展产生了极其深远的影响。

概括地说，"实业"就是指农、工、商、矿等经济活动中各项具体的生产和经营性行业。"实业救国"顾名思义就是，近代中国的先进分子为了抵御西方列强的侵略，主张通过振兴实业，发展社会生产力，改变国家积贫积弱的现状，以建立起独立自主的民族资本主义经济体系的一种爱国主义思想主张和实践运动。实业救国思想是随着西方列强对中国侵略不断加深、中国传统经济结构受到猛烈冲击以及中国人对西方认识逐步深化而发展起来的，它的孕育和萌芽可以一直追溯到以林则徐、魏源为代表的先进的中国人提出的"师夷长技"的思想，以及洋务运动时期，他们虽然都没有提出"实业"二字，但他们主张学习西方之术以御侮的思想为实业救国的思想，这些思想打开了重要的历史契机。随着民族危亡的加深以及民族资产阶级队伍的壮大，实业救国逐渐成为举国上下的共识，最终于清末民国初期进入了空前的鼎盛时期。

实业救国论者坚持把发展实业放在国家发展最为突出的地位，他们认为，近代中国在对外战争中之所以屡屡战败，其中一个很重要的原因就是中国实业不发达，因此，只有发展实业才是救国的唯一要图，才是国民赖以生存的基础。这些论调的实质就是把推进资本主义工业化放在首要位置，把经济建设作为塑造一个近代国家的基础。实业救国思潮的倡导者和主要代表人物对此都有过相应的论述。郑观应在《盛世危言》中提出："兵之并吞，祸之易觉，商之掊克，敝国无形。我之商务一日不兴，则彼之贪谋亦一日不辍。……吾故得以一言断之曰：习兵战不如习商战。"① 陈炽指出：英国"国势之盛，人民之富，商力之雄，天下无与为比。识者推原事始，归功于《富国策》一书，彼仅商务一端，而四海方行，遂成此亘古未有之盛事。"② 张謇在反思中日差距后也指出："日本人能窥知西洋富强之由来，竭全力以振兴工业。中国但知西洋有坚甲利兵，而竭全力以练兵。舍本求末，故至今犹陷于困境也。"③ 实业救国论者对如何发展民族资本主义工商业的探索对引导中国经济的发展产生了极其重要的作用。特别是在辛亥革命之后，两千多年的封建帝制被推翻，以孙中山为代表的民族资产阶级革命派继续坚持实业救国的理想，致力于建设工业化的强国，把发展实业放在中心地位，并制定了一系列鼓励资本主义经济发展的法律法规。孙中山亲自设计了比较全面的发展国民经济的《实业计划》，提出了"以工立国"，发展机器大工业，实现工业化的战略目标。他还告诫国人"中国存亡之关键，则在此实业发展之一事也"④。这是中国历史上第一个国家工业化的设计蓝图，极大推进了近代中国实业发展的步伐，也鼓舞了国人追求富强的信心和热情。

从甲午中日战争到民国初年的二十余年间，实业救国的思潮在全国掀起了一股"实业热"，逐渐改变了人们的观念，调动了社会各阶层人们参与实业活动的积极性，推动了中国近代工业的发展，对中国实现独立与富强都有着不可低估的影响。

（四）振兴中华

"振兴中华"的口号是孙中山最先提出的，它不仅是孙中山民族民主革命思想的重要组成部分，也是孙中山终其一生奋斗追求的目标。正是在"振兴中华"思想的指引下，孙中山领导了辛亥革命，并在不断总结革命斗争的经验教训的基础上指导中国人民展开了反帝反封建的革命斗争，推翻了腐朽的清王朝的统治，建立了中华民国，开启了中国历史的新纪元。

在19世纪末20世纪初之交，中国在甲午中日战争中惨败，中国社会的民族危机、政治危机、社会危机严重，中华民族正面临着巨大的生

---

① 《郑观应集》（上册），上海人民出版社1982年版，第586页。
② 《中国近代经济思想资料选编》（中册），中华书局1982年版，第73页。
③ 《张季子九录·政闻录》（第6卷），中华书局1981年版，第18页。
④ 《孙中山全集》（第6卷），中华书局1985年版，第248—249页。

存危机。正是在这个历史的紧要关头,中国民主革命的伟大先驱孙中山振臂一呼,喊出了响彻整个世纪的口号——"振兴中华",激励着一代又一代中国人为中华民族的伟大复兴而不懈努力。这个口号,最早是孙中山在1894年11月24日在美国檀香山创办第一个资产阶级革命团体——兴中会时提出的。孙中山在《檀香山兴中会章程》中开宗明义地写道:"是会之设,专为振兴中华、维持国体起见。"[①] 次年2月21日,孙中山又在香港创立了兴中会,"振兴中华"这个口号又被写入了《香港兴中会章程》,他指出:"本会之设,专为联络中外有志华人,讲求富强之学,以振兴中华、维持国体起见。"[②] 1905年,孙中山通过联合其他进步的革命团体,于日本东京创办了中国第一个资产阶级革命政党——同盟会。在阐述同盟会政治纲领时,他再一次重申了"振兴中华"的口号,明确提出"取法西方,借鉴西方,振兴中华,后来居上"的战略目标。由此可见,"振兴中华"思想在孙中山整个革命思想中占据着统领地位,后来经过不断的斗争与思考,孙中山又将"振兴中华"的思想具体化为"三民主义"——民族、民权、民生,就是要有步骤地实现建设独立自主的民族国家,创立一个"平等、民治、国民"的共和国以及平均地权和节制资本的目标,从而最终实现振兴中华的政治理想。后来,在中国共产党和共产国际的帮助下,孙中山以革命的精神重新解释了三民主义,将旧三民主义发展为以联俄、联共、扶助农工三大政策为主旨的新三民主义。新三民主义对外主张"中国民族自求解放""免除帝国主义侵略";对内主张"各民族一律平等""民族自决",人民享有民主权利,明确提出"耕者有其田"的土地纲领。新三民主义与中国共产党的最低纲领基本一致,因而成为国共两党合作的政治基础,极大推动了中国民主革命的进程,将孙中山振兴中华的夙愿又往前推进了一大步。

理解"振兴中华"的口号必须以旧三民主义和新三民主义为依托。"振兴中华"是孙中山思想的一面旗帜,而旧三民主义和新三民主义是孙中山思想的框架,旗帜如若没有框架的支撑就只能倒地不起,换句话说,旧三民主义和新三民主义为"振兴中华"注入了全新而充实的内

[①] 《孙中山全集》(第1卷),中华书局1981年版,第19页。
[②] 《孙中山全集》(第1卷),中华书局1981年版,第22页。

涵。时至今日，这个最具感召力的口号仍然是每一位炎黄子孙最为认同的奋斗目标和伟大理想，因此，我们要在中国共产党的领导下，坚持以经济建设为中心，坚持改革开放，完成革命先驱的未竟事业，全面推进实现振兴中华的伟大目标。

三 社会主义富强话语的基本指向及分析

（一）社会主义富强话语的基本指向

如前所述，富强是一个历史概念，有着自身发展的规律，而作为表达中国社会主义富强价值观的富强话语亦是如此。在不同的历史时期，中国共产党都会根据当时具体的国情确定富强话语的具体表达，这些具体的富强话语就是随着历史的发展而不断调整变化的。但这并不意味着社会主义富强话语是杂乱无章的，社会主义富强话语表征着中国主流意识形态价值观，它在体现鲜明的时代特色的同时，必然也涵盖了中国特色社会主义的本质要求，这也就是社会主义富强话语最基本的指向。

1. 主体是广大人民群众

马克思主义告诉我们：人民群众是社会物质财富的创造者，也是社会精神财富的创造者，还是社会变革的决定性力量。要追求国家的繁荣富强，就必须维护最广大人民群众的主体地位，紧紧依靠人民群众，为人民群众谋利益。

中国共产党的最高宗旨就是全心全意为人民服务，中华民族伟大复兴的"中国梦"的出发点和落脚点也是谋求人民的幸福。坚持人民群众的主体地位，坚持社会财富由广大人民共享，这也是社会主义富强观与资本主义富强观的显著区别。人民群众是推动社会发展的主体，理应成为国家富强的最大受益者。只有坚持人民群众的主体地位，把人民的利益放在首要地位，才能不断激发人民群众推动社会发展、建设富强中国的积极性、主动性和创造性。习近平总书记明确指出："人民对美好生活的向往，就是我们的奋斗目标。"[1] 在实现富强这一伟大目标的进程中，必须从最广大人民群众的现实需要出发，解决好人民群众的切身利益问题，以保障和改善民生为重点，妥善处理好各方面的利益关系，努力使人民生活得更加幸福。

---

[1] 《十八大以来重要文献选编》（上），中央文献出版社2014年版，第70页。

社会主义富强观要求坚持人民群众的主体地位，是与马克思主义的最高价值目标——实现人的自由而全面发展完全相符的。中国正在进行伟大的中国特色社会主义的建设，生产力还不够发达，生产关系尚需要进一步完善，社会还存在诸多的不和谐因素，这些都需要我们在发展社会生产力的同时，尽可能地满足人民群众多方面的需要，创造条件使每一位个体都能够充分展现自身个性、情感、意志等，实现全体社会成员的自由全面发展。

2. 目标是实现共同富裕

社会主义建设的根本目标是共同富裕，这也是社会主义的本质体现。在社会主义条件下，实现国家富强的奋斗目标和理想必须走共同富裕道路，这也是社会主义核心价值观建设目标——富强的内在基本要求。

共同富裕包含两方面的内容：一是"共同"；二是"富裕"。"共同"反映的是全体社会成员对社会财富的一种占有方式，集中体现了社会主义富强的公正诉求；"富裕"反映的是社会经济的发展水平，体现了社会主义富强的效率原则。社会主义制度最大的优势就在于能够集中力量办大事，加快经济的发展，为人民创造更多的财富，而这些财富属于所有劳动者，社会主义富强的最终目标就是实现全民共同富裕，这也是与资本主义只能满足少数人致富梦想的根本区别所在。当然，追求全体人民的共同富裕并不等于同时富裕和平均富裕，实现共同富裕的途径只能是通过一部分地区先富起来，激发出社会活力，再注重社会公平，由先富带动后富，逐步缩小贫富差距，最终实现共同富裕的价值理念，一味地追求所有人同时富裕的结果只能是共同贫穷。

因此，在推动中国社会发展的过程中，一方面要坚持社会主义方向，以经济建设为中心，坚持效率优先，提倡勤劳致富、合法致富，创造出更高的生产力、提升全民富裕的水平；另一方面要注重效率和公平的统一，实现均衡发展，将社会发展的成果惠及每一个人，避免两极分化，提倡先富裕起来的人和地区积极帮助较落后的人和地区，最终达到共同富裕的目标。这是中国共产党坚定不移的目标，更是全国人民共同的愿望和要求。

3. 途径是解放和发展生产力

实现共同富裕是社会主义现代化建设的奋斗目标，但这个目标不是一朝一夕就能够实现的，它需要我们脚踏实地地创造条件，加强社会经济建设。解放和发展生产力不仅是社会主义的本质内容和根本任务，更是实现国家富强、人民幸福的重要途径。改革开放40多年，中国的社会面貌发生了巨大的变化，各项事业突飞猛进，综合国力也取得了大幅度的提升。但是，在现代化的建设中仍然存在很多问题，特别是"中国仍处于并将长期处于社会主义初级阶段的基本国情没有变，中国是世界最大发展中国家的国际地位没有变"①。两个没有变，决定了我们必须坚持大力发展生产力，一心一意谋发展，才能完成社会主义的根本任务。换言之，解放和发展生产力是解决主要矛盾的关键，这是由中国基本国情决定的，也是由社会主义的本质特征决定的。社会主义制度的巨大优越性集中体现在能够创造出比以往社会更高的生产力，更大地满足人民的物质和文化需要。2018年11月1日，习近平总书记在"民营企业座谈会上的讲话"又强调："非公有制经济在中国经济社会发展中的地位和作用没有变！我们毫不动摇鼓励、支持、引导非公有制经济发展的方针政策没有变！我们致力于为非公有制经济发展营造良好环境和提供更多机会的方针政策没有变！"②"三个没有变"体现了巩固民营企业的基础，发挥其积极作用的决心，也表现了党和政府不断促进生产力的发展，充分发挥国家制度的优越性，尽快实现国家富强愿望。

　　社会主义富强目标的确立，还要求我们把坚持解放和发展生产力与当前全面深化改革的伟大事业结合起来。"无论什么样的生产关系和上层建筑，都要随着生产力的发展而发展。如果它们不能适应生产力发展的要求，而成为生产力发展和社会进步的障碍，那就必然要发生调整和变革。"③ 可见，我们还要从整体上把握生产力和生产关系的发展状况，明确社会发展所处的阶段，切实落实党的十九大制定的各项任务，努力在重要领域和关键环节改革上取得新突破，全面深化改革，进一步积累改革经验，完善改革措施，释放追求富强的新动力，推进实现国家治理体系和治理能力的现代化，这样才能真正有助于实现中国梦。

---

　　① 习近平：《决胜全面建成小康社会　夺取新时代中国特色社会主义伟大胜利——在中国共产党第十九次全国代表大会上的报告》，人民出版社2017年版，第12页。
　　② 习近平：《在民营企业座谈会上的讲话》，人民出版社2018年版，第6页。
　　③ 《江泽民文选》第3卷，人民出版社2006年版，第273页。

4. 原则是全面协调可持续发展

发展一直是人类社会永恒不变的主题。对发展的不懈追求始终是中华民族努力奋斗、推动社会不断前进的动力源泉。

然而，回顾中国半个多世纪以来的发展就会发现，在"经济增长等同于经济发展"错误思想的指引下，中国经济社会发展出现了很多问题：区域、城乡发展不平衡问题仍然存在；居民住房、社会保障、医疗、教育等问题亟待解决；贫富差距问题突出，腐败现象开始蔓延。之所以会出现这些问题，究其原因就在于长期以来，我们片面追求发展速度，忽视了"要实现什么样的发展、怎样发展"的问题。以胡锦涛为总书记的党中央在具体分析中国发展的阶段性特征以及科学总结国内外发展经验的基础上，在党的十六大上首次提出了科学发展观。科学发展观所追求的，就是以人为本，全面、协调、可持续的发展。

只有坚持以人为本，全面、协调、可持续的发展，才能促进社会生产力的不断进步，增强综合国力，国家才能有更充足的物力和财力保障和改善民生问题，人民的生活水平才能得到不断的提高。要坚持经济社会的协调发展，就要做到经济发展与社会科教文卫等事业发展的全面进步；坚持西部大开发，促进城乡、区域协调发展，加强农村基础设施建设，推进城镇化进程，振兴东北地区等老工业基地；坚持可持续发展战略，维护人与自然关系的平衡。总之，要把全面协调可持续的科学发展的思想融入我们追求富强目标的伟大实践中去，促进中国经济社会持续且健康地发展。

5. 道路是永不称霸的和平发展

准确把握中国特色社会主义富强的价值理念，还要对中国的富强道路有清晰的认识。与人类历史上其他强国崛起的道路不同，自新中国成立以来，中国政府始终坚持独立自主的和平发展原则，永远不称霸，永远不搞扩张。

党的十三届六中全会以来，中国对内坚持改革，对外进行开放的战略决策使得中国迅速崛起，经济发展取得显著成就，一跃成为世界第二大经济体，给国际社会原有的秩序和力量结构带来了巨大的冲击，引起了西方社会的警惕与敌视。"中国威胁论"也开始甚嚣尘上，意图以此遏制中国的发展。作为一个有着五千年悠久历史、主张"和合"文明的东方大国，我们对外始终坚持和平共处五项原则，坚决反对霸权主义和强权政治，倡导在平等互利、相互尊重的基础上开展合作与对话。可以说，中国的富强对于国际社会不但不会构成威胁，反而还为人类共同繁荣做出了自己的贡献，而且它还提供了一种崭新的发展模式，为其他国家实现富强带来了机遇。

习近平总书记说："中国这头狮子已经醒了，但这是一只和平的、可亲的、文明的狮子。"[1] 未来在走向富强的道路上，中国政府在国际交往中一方面要对外积极阐释、宣扬社会主义富强价值理念的正确内涵，主动澄清别国对中国形象的恶意扭曲，加强树立在国际上的和平、文明的大国形象；另一方面要继续坚持走和平发展道路，实现互利共赢，争取和平稳定的国际环境以发展自身，反过来再凭借自身发展维护世界的和平，以实际行动让谣言不攻自破。

（二）富强话语分析

话语分析的理论和方法有很多，诸如言语行为理论、会话分析理论、多元话语分析、社会文化分析、认知分析等。话语分析涉及多个领域，其本身的跨学科性质决定了研究方法的多样性，也正因为如此，话语分析才是一个具有多面性和复杂性的系统工程，任何一种研究都无法达到面面俱到，不同的研究只能根据各自的目的采取最恰当的方式进行分析，学界没有也不可能统一或固定某一种分析方法。我们根据该话题内在的旨意及特征，决定从众多话语研究角度中选取三个要素，重点强调中国共产党富强话语的语境、富强话语的论争与认同、富强话语的核心指向和富强话语的基本诉求，从这四个方面对富强话语进行解剖，展开对中国共产党富强话语的变迁研究，以期呈现富强话语是在什么样的历史背景和社会环境中形成的，国内外专家学者和人民大众是否接受且如何回应，以及各个时期富强话语的核心指向和基本诉求究竟是什么。

第一，富强话语的语境。富强话语的语境是指富强话语的产生及意义是在何种历史境遇下形成及传达的。社会存在决定社会意识，一定的思想观念的形成依赖于特定的社会环境，因此，必须对各个时期中国共产党富强话语生成的语境进行分析，才能真正理解及把握各个时期富强话语的具体内涵和价值。

第二，富强话语的论争及认同。话语的传播并非单向式灌输，话语

---

[1] 《习近平总书记系列重要讲话读本》，人民出版社2016年版，第16页。

对象对话语的内容必然会产生自己相应的认知，由此而产生相应的争论。例如，具体富强话语的产生在国内外产生了何种影响，各个国家及人民是否接受，抑或是否定甚至抵制？认同是指话语对象对话语客体的接受程度。对富强话语的论争及认同的研究关系到话语主体与话语对象之间的相互作用。这也是该话题的研究重点。

第三，富强话语的核心指向。特定的历史环境决定了中国共产党人特殊的历史任务，作为表征富强价值理念的话语背后，也必然内含着与当时具体历史任务密切相关的具有时代特征的话语，即富强话语的核心指向。富强话语的核心指向与基本诉求相互统一，构成了能够表征具体历史环境中中国共产党富强思想的语言要素，丰富了各个时期具体的富强话语，明晰了不同时期中国共产党带领人民群众所要实现的具体目标。

第四，富强话语的基本诉求。富强话语的基本诉求是指话语主体即中国共产党人，他们在某个特殊的历史环境下为了实现自己的富强目标而在当时所选取的具体的词、短语或者句子所蕴含的特有的要求。这里对富强话语基本诉求的研究就根据前文所述的关于社会主义富强话语的五个基本指向展开，即主体是广大人民群众，目标是实现共同富裕，途径是解放和发展生产力，原则是全面协调可持续发展，道路是永不称霸的和平发展，这五个方面构成了各个历史时期中国共产党富强话语基本诉求的分析框架。

第三节　富强话语的分歧与竞争

一　中华传统文化的富强话语

在中国古代传统思想中，富强是一个古老的问题。春秋战国时期，群雄争霸，奴隶制礼崩乐坏、诸侯相残、民不聊生。在列国争抢称霸的社会背景下，如何实现富强争得有利地位成为各国君王和谋士考虑的主要问题。在这一历史转型期，各个阶级根据不同的价值理念，提出了各自的见解，由此形成了中国古代有关富强话语的两种论调。

第一，儒家的民富论。儒家文化以"仁义"为中心意旨，重人伦、重社会关系，认为民富先于国富，主张在社会稳定的前提下实现个人与集体、个人与个人之间的和谐发展。这一思想体现在国家富强上，就表现为重视"富民"、强调"富民优先"。在孔子看来,"政之急者,莫大乎使民富且寿也"。① 富民是治国的根本,更是强国的基础,只有人民过上了富裕的生活,国家才能富强,否则,民穷只能导致统治政权的覆亡。孟子也提出:"老者衣帛食肉,黎民不饥不寒,然而不王者,未之有也。"② 荀子在坚持国富必先民富的立场上,还进一步提出了"藏富于民""节用裕民"的思想。正所谓"财聚则民散,财散则民聚"③,后世王朝频繁更迭都印证了民富的重要性。

儒家民富论理念的提出,从内在方面来说,是基于儒家学派提倡统治者需要施仁政、行德治的基本认识为理论依据的,从外在方面来讲,是以历史的经验、现实中的民心向背与国家治乱之间关系的基本事实为依据的。儒家代表人物总结过西周、商朝等曾经繁盛的王朝何以灭亡的经验教训,认为天命不可恃,唯有敬德才能保民保天下。他们看到了民心向背对于一个政权的决定性作用,因此提出了"得道多助,失道寡助"的思想。孟子更是将先秦时期的民本思想推到顶峰,提出了"民贵君轻",认为"民为贵,社稷次之,君为轻"④。继孟子之后,荀子对这一思想做了更进一步的阐发,提出了君民舟水论的新观点:"君者,舟也;庶人者,水也。水则载舟,水则覆舟。"⑤ 这一形象睿智的比喻告诫了统治者得民心者得天下,失民心者则失天下。要得民心,就必须实行仁政,体恤民情,只有把人民的冷暖放在重要的位置,才能保住统治者的社稷,这也是儒家倡导民富论的理论起点。

正是在儒家民富论思想的指引下,西汉王朝总结了前朝崩溃灭亡的教训,奉行施仁政、轻徭薄赋、与民休息的政策,汉文帝、汉景帝统治时期推行"十五税一""三十税一",社会呈现出欣欣向荣的繁荣景象,被后人誉为"文景之治"。还有唐初的"贞观之治"时推行的租庸调制,明太祖轻赋税、薄徭役等政策的实施都体现出富民的思想。但是,在春秋战国群雄争霸的大背景下,儒家"富民优先"的思想难以在短时间内达到国家的强盛,因而未成为中国古代社会的主流思想。相反,

---

① 《孔子家语·贤君》,王国轩、王秀梅译注,中华书局2009年版,第117页。
② 《孟子·梁惠王上》,万丽华、蓝旭译注,中华书局2006年版,第16页。
③ 《礼记译解(下)》,王文锦译注,中华书局2001年版,第905页。
④ 《孟子·尽心下》,万丽华、蓝旭译注,中华书局2006年版,第324页。
⑤ 《荀子·王制》,安小兰译注,中华书局2007年版,第77页。

与之相对的"国富论"适应了各国迅速实现国富兵强的要求,得到了统治者的诸多青睐。

第二,法家的国富论。法家主张"国家本位"的富强观,批判儒家的"德治""仁政"说,他们对儒家所强调的礼义之说颇有微词,认为皆是无用之论。

法家所追求的富强,与儒家的富强相去甚远。法家的富强追求的是藏富于国库,是以征服他国为目的的"国富兵强"。法家反对民富论,认为国富与民富是矛盾对立的。韩非子认为"君人者,虽足民,不能足使为天子"①。民众富足了,国君就难以治理他们了。管子也说过:"民富则不如贫"②,因为"民重则君轻,民轻则君重"③。所以"有道之国务在弱民","弱则轨","弱则有用","弱则尊官,贫则重赏。"④商鞅在《商君书·弱民》中就明确指出:"民弱国强;国强民弱。故有道之国务在弱民。"⑤ 这种国富与民富相对立思想体现在经济领域就表现为重关市之赋。商鞅特别提出过一个重要的管理原则——国富而贫治,他规定农民除了口粮、种子之外剩余的粮食必须全部上缴国库,即所谓的"家不积粟,上藏也"⑥。

从公元前232年到公元前221年,秦国仅仅用了13年的时间,将六国消灭殆尽,完成了海内一统的大业,建立了中国历史上第一个统一的中央集权制封建国家。在建立和巩固中央集权制国家的过程中,国与国之间弱肉强食的本质展现得淋漓尽致。在这样一个强者生存的时代,不要说儒家的仁义道德思想不合时宜,就连荀子的"王霸相杂"的治国思想仍显得跟不上时代的潮流。对于急功近利的当政者来说,急需一种速见成效的思想武器。法家思想顺应这一历史潮流异军突起,成为秦的治国理念。然而,经过商鞅变法的秦国虽盛极一时,但终究二世而亡。历史证明,法家的"国富兵强"至上的富强之策虽然见效快,但并不能带来持久的富强。后来的思想家们在反思秦亡的历史教训时,都

---

① 《韩非子·六反》,陈秉才译注,中华书局2007年版,第248页。
② 《管子校注(上)·山权数》,黎翔凤撰,梁运华整理,中华书局2004年版,第299页。
③ 《管子校注(上)·揆度》,黎翔凤撰,梁运华整理,中华书局2004年版,第370页。
④ 《商君书·弱民》,石磊译注,中华书局2009年版,第172页。
⑤ 《商君书·弱民》,石磊译注,中华书局2009年版,第170页。
⑥ 《商君书·说民》,石磊译注,中华书局2009年版,第59—60页。

对国富民富之争重新进行了审视与评价。

站在今天的立场上看，中国古代社会不论是民富还是国富，终究都是维护统治阶级的利益。我们建设社会主义核心价值观，弘扬中国特色的社会主义富强思想，是在批判地继承儒家的德治思想、超越传统礼治，以及吸收西方文化的现代法治思想的基础上，以马克思主义理论为指导，倡导富强与民主、文明、和谐等价值内容相结合，追求富强的人民性和公平性，极大限度地适应了社会主义现代化建设的需求。

二 西方富强话语

尽管当今世界中西国家的政治观念不同、南北经济发展水平悬殊、局部战争和冲突不断，但是追逐富强依然是当今世界最突出的主题。在西方国家的语言习惯中，"富强"这一话语并不多见，而"现代化"是最能表现出这一追求且使用频率最高的词。因而，我们对西方富强话语的探索转化成对西方现代化话语的探索。

现代化理论兴起于 20 世纪五六十年代的欧美，然后波及世界各地，并激起广大第三世界国家政府和学术界的兴趣，它的产生有着特定的历史背景和厚重的理论渊源。早在 18 世纪末到 19 世纪初，席卷欧美的工业革命给人类社会带来了空前剧烈的变迁。工业革命带来了科学、民主、民主主义和理性主义的胜利，人们由此而对西方社会产生了种种美妙的幻想，认为"西方文明"是人类文明的顶峰。资本主义工业的发展如日中天，工业化不仅在西欧和美国取得了决定性的胜利，而且在全球不断地扩张和渗透着，特别是在第二次世界大战后，美国成为最大的战争受益者，一跃成为世界经济的霸主，其经济和社会发展的状况也就成为世界各国发展的样板，一时间成为西方资本主义的中心和领导者，包括美国自己的许许多多的西方学者都对美国充满新奇和崇拜，就连美国社会学大师帕森斯也不自觉地陷入了"美国第一"的幻觉中。现代化理论就是在这种背景下在美国兴起的，其目的之一就是要论证西方社会制度的优越性和合理性，满足西方社会特别是美国的自我陶醉心理和"救世主"心态，也在另一方面引诱着非西方国家走上资本主义的发展道路。

现代化理论本身并没有一个统一的、严密的体系，但是在西方学者的话语体系中有一点却是统一的、不变的，那就是将现代化等同于西方化。一方面，现代化理论家们将人类社会发展过程抽象概括为"传统社会"与"现代社会"两个阶段，断定西方社会就是现代社会，而非西方国家属于传统社会；另一方面，他们又指出，社会发展变化是单线的，认为无论哪个社会都要经历同样的发展过程，不同的是西方国家先走了一步，因而非西方国家要想进入现代社会，就应该积极输入和引进西方文明，沿着西方发达国家走过的路前进，否则就会偏离现代社会，离现代化越来越远。基于以上的认识，理论家们得出结论：现代化就是西方化的过程，非西方国家要想实现现代化，唯一的途径就是照搬西方的发展模式。塞缪尔·P. 亨廷顿说："现代化概念主要是一个美国式的概念。"① 这些话语都深刻反映了西方研究者在研究现代化理论时所带有的明显的西方中心主义倾向。

这种话语倾向导致现代化理论丧失了科学性与发展性，使得许多盲目模仿西方现代化模式的发展中国家遭遇重创。在这种背景下，依附理论和世界体系理论应运而生。依附理论指出，西方发达国家的现代化过程实质上是非发达国家的贫困化过程，主张发展中国家要摆脱对发达资本主义国家的依附，走独立自主的道路。世界体系理论认为世界是政治经济文化多因素构成的统一整体，发达国家处于中心位置，落后国家处于边缘位置，但它们相互之间并不是完全孤立的，发达国家和落后国家所处的地理位置以及全球的经济体系都会对各国经济社会的发展产生深远影响。依附理论和世界体系理论一样，都把不发达国家落后的原因归咎于外部因素作用的结果，而忽视了民族国家内因的决定作用。后来，新加坡、日本、韩国等亚洲国家由于重视内部因素的作用，经济社会取得了快速发展，甚至超越了一些西方现代化国家，这些成功实践无疑是对这两种理论的严峻挑战。

对经典现代化理论提出最大挑战的是"后现代化理论"。后现代理论家们强调结构性、不确定性、非正统性，提倡多元论、反叛、分化以及对综合和整体的不信任，倡导挑战权威、抛弃将主体等同于实体的传统。后现代理论家们釜底抽薪，根本否定了现代化理论的核心概念"现代性"，犀利地指出作为其基础的人类理性在推动社会经济历史发

---

① ［美］塞缪尔·P. 亨廷顿：《导致变化的变化：现代化发展和政治》，见 C. E. 布莱克主编《比较现代化》，杨豫、陈祖洲译，译文出版社1996年版，第71页。

展的同时，却也给人类造成了巨大的灾难。同时，后现代理论还否定了人的主体性，在"上帝死了"的口号之后，又提出了"人死了"的惊世话语，指出人在从宗教中解放出来之后却又重新沦为了理性的工具，再次丧失人的主体性。后现代化理论影响深远，至今仍被视为批判现实社会的武器，值得我们细细研究。

实际上，西方现代化国家的发展都是以殖民侵略、强取豪夺为基础的。正是因为如此，马克思才说："资本来到世间，从头到脚，每个毛孔都滴着血和肮脏的东西。"① 可以说，早先欧洲国家的现代化都是通过血腥的、野蛮的殖民掠夺实现的，但西方理论家们站在资本主义的立场，在总结研究其辉煌的现代化历程之时却刻意建构出了"现代化"与"殖民化"密不可分的话语，意在混淆"现代化"与"殖民化"两个概念，美化"殖民化"。例如，在世界现代化进程对非西方国家所产生的影响方面，现代化理论家认为，"殖民化"是西方资本主义国家对落后国家的援助。在西方国家援助下，非西方国家终将摆脱传统社会的贫穷、落后状态，步入富裕文明的现代社会，而昔日殖民主义者的掠夺、帝国主义的入侵与武力征服好像从来不曾有过。"仿佛人类的历史是一部轻松愉快的和平的思想交流史"。② 而事实是，西方的强大都是以剥削、欺压落后国家为基础的，而在这个过程中，西方国家只能将西方文明的星火带入殖民地以维持和强化自己的殖民统治，客观上增强了他们寻求新文明的能力，才推动了这些国家与民族的进步。因此，"殖民化"绝不是推动殖民地国家向世界历史进程迈进的助推力，它带给殖民地国家的只能是深重的灾难。随着当代世界政治与经济全球化的深入发展，西方发达国家已不能以赤裸裸的殖民掠夺侵略他国，他们转而开始了更为隐秘的以渗透西方价值观等方式着手对他国的控制，同时还打着"人权高于主权""普世价值"等旗号肆意以武力强行干涉别国政治，甚至发动战争。近些年来，阿富汗、伊拉克和利比亚等就是最好的例证，这些国家生灵涂炭、民不聊生，十分悲惨。因此可以说，资本主义国家的富强史就是一部掠夺史、血腥史。

---

① 《马克思恩格斯选集》第 2 卷，人民出版社 2012 年版，第 297 页。
② ［美］胡格维尔特：《发展社会学》，白桦、丁一凡译，四川人民出版社 1987 年版，第 27 页。

三 国内外对当代中国富强话语的论争

社会主义富强话语引导中国人民走上了追寻中国梦，实现中华民族的伟大复兴的道路。然而，近年来，在如何实现富强中国的问题上出现了一些不同的话语论争，特别是在国际话语的舞台上，在各种论坛以及部分媒体的鼓吹、歪曲下，中国的富强话语在国外的多元解说中处于空前的悬疑之中。要深入研究当前社会存在的富强话语的分歧，积极且正面地回应相关的错误言论，以防将话语权旁落他人之手。

（一）"中国特色社会主义富强就是中国特色的新自由主义"

新自由主义是20世纪二三十年代西方经济学家为了克服资本主义运行中出现的问题，在继承古典自由主义理论的基础上，以反对和抵制凯恩斯主义为主要内容，适应国家资本主义向国际垄断资本主义转变要求的一套完整的思想理论体现与政治主张，它有三大特点：私有化、自由化和市场化。早在20世纪70年代末80年代初，西方主要资本主义国家遇到了空前的经济危机而陷入了"滞胀"的困境，凯恩斯主义束手无策，以哈耶克和弗里德曼为首的新自由主义学派才开始崭露头角，后来新自由主义就发展为西方发达资本主义国家挽救经济困境的良方而广为传播。为了获取全球利益，国际垄断资本又将新自由主义思潮引向全球，致使拉丁美洲地区、俄罗斯以及东欧等国家和地区深受其害，社会动荡不安。

针对中国经济社会所取得的巨大进步，一些学者开始将新自由主义与中国的富强话语相联系。他们认为，中国的富强话语具有新自由主义性质，中国特色社会主义富强就是中国特色的新自由主义，中国开创了一种全新的新自由主义发展模式。在这些学者看来，中国已经很大程度上新自由主义化了。首先，在内容上，当代中国的富强话语表现出高私有化、高自由化以及高市场化。他们抓住改革开放后，中国富强话语的指向，经济上开始从之前的全民所有制和集体所有制调整为以公有制为主体、多种所有制共同发展，同时，中国政府逐渐放松国家的宏观调控，逐步将经济管理权力下放到地方政府以及私营企业，并且建立起社会主义市场经济体制，这些改变都与新自由主义的主要观点相吻合。其次，在时间上，中国富强话语的转变与新自由主义在英美发达国家的转向同步。1979年，英国右翼保守党领袖撒切尔夫人上台后采用新自由主义理论，大力推行现代货币主义的经济政策，实行"撒切尔主义"；1980年，美国里根政府奉行供给学派的政治主张，开始了"里根主义"改革；而中国的邓小平执政后于1979年实行改革开放，着手对经济制度进行全方位的调整。美国学者大卫·哈维指出："中国经济改革的时间恰好与英国和美国发生的新自由主义转向一致，很难不把这视作具有世界史意义的巧合。"① 最后，新自由主义者也注意到了所谓的"中国的新自由主义"的话语指向与典型的新自由主义观点有所出入，也正是基于这点，他们才称之为"有中国特色的新自由主义"，并且认为这些差异都只是暂时的，中国最终会实现完全的私有化、自由化、市场化。

国内外新自由主义者把中国特色社会主义富强话语归属于中国特色的新自由主义的错误论断，一方面，源于他们对中国改革开放以来，经济社会方面所进行的改革性质的错误认识，中国共产党始终坚持马克思主义基本原理，追求全体人民的共同富裕，这与新自由主义只代表少数大资本利益、意图实现对其他国家的经济侵略与掠夺的性质有着天壤之别。中国在实行改革的过程中，必然会对当时的西方理论进行借鉴和吸收，但这并不会改变中国的社会主义属性，中国政府所构建的富强话语的最终落脚点都是为了能够解放和发展社会主义的生产力，调动市场经济活力，最终达到共同富裕。另一方面，则是由于意识形态差异，新自由主义者妄图故意扭曲事实，以此来影响或左右中国改革开放事业。毕竟中国的快速发展引起了一些西方发达国家的恐慌，它们希望利用新自由主义实现颠覆社会主义制度的目的，推翻中国共产党的领导，把社会主义中国彻底变成西方发达资本主义国家的附庸。

我们要清醒地认识国内外这些敌对势力的用心，坚定社会主义的立场，在中国共产党的领导下坚持中国特色社会主义富强话语，不断推进改革开放与科学发展，让新自由主义的谣言不攻自破，再无立锥之地。

（二）"只有民主社会主义才能救中国"

民主社会主义是当代西方一种重要的社会主义思潮，是西欧发达资本主义国家的社会民主党、社会党和工党所奉行的思想体系的总和。自

---

① [美]大卫·哈维：《新自由主义简史》，王钦译，译文出版社2010年版，第137页。

改革开放以来，民主社会主义思潮在中国几经沉浮30余年，进入20世纪90年代以后，民主社会主义通过淡化其左翼立场，开始宣扬在传统社会主义与自由主义之间的"第三条道路"。"第三条道路"一经提出，就成为民主社会主义转型的典范开始在全球蔓延并产生巨大的影响。当前，中国理论界仍然有人鼓吹要重新认识民主社会主义，他们打着"只有民主社会主义才能救中国"的旗号，提出要用民主社会主义修正科学社会主义，甚至取代中国特色社会主义，以民主社会主义带领中国人民实现社会主义的民族振兴和富强，这些言论对中国的社会生活都产生了相当的影响。因此，有必要对民主社会主义的实质和危害有一个清晰的认识，才能坚定广大人民群众对中国特色社会主义富强话语的信心。

民主社会主义在思想上主张多元化，标榜"政党没有世界观"，反对指导思想的一元化，宣称信仰自由，其本质就是为了彻底否定马克思主义在中国的指导地位，也就否定了中国特色社会主义富强话语。他们意图通过给自己的非马克思主义本质找各种幌子使中国社会主义改旗易帜，全盘接受民主社会主义的理论主张；政治上主张阶级合作，实行西方的多党制、议会制，反对阶级斗争和暴力革命，认为实现民主社会主义目标的手段应该是民主的、改良的、和平的，这无疑是在反对中国共产党的领导，否定中国实行的中国共产党领导下的多党合作的基本政治制度，从而也就否定了中国共产党执政的合法性；经济上主张实行多种所有制并存的"混合经济"体制，强调工人和基层群众对经济的民主监督，这是要从经济上保护资本主义私有制，以经济民主来迷惑大众，弱化他们关于生产资料归谁所有的议论，这是与社会主义富强话语解放和发展生产力的指向背道而驰的；党建上主张建立人民党或全民党，否认政党的阶级性，也就完全放弃了无产阶级的立场。这些思想看似非常民主，能够给人们带来一个全面的民主社会，但它实际上就是一种改良主义，是披着社会主义外衣的假社会主义。"第三条道路"的主张实质上也只是一种新的修正主义，它仅仅停留在思想层面给大众描绘了一幅海市蜃楼的图景，却根本不愿意变革资本主义制度。20世纪80年代之后，在西方和平演变的战略下，民主社会主义思潮在苏联和东欧地区严重泛滥，导致这些国家的共产党纷纷放弃科学社会主义，放弃马克思主义的指导，转而把追求的目标定位为民主社会主义，颠覆了社会主义制度，最终酿成恶果。中国特色社会主义富强话语是中国共产党带领广大人民艰苦探索所形成的伟大成果，必须坚持科学社会主义，坚持中国共产党的领导，坚持走共同富裕道路，才能引领中国走向民族复兴的康庄大道。

总而言之，民主社会主义的核心就是"民主"二字，它表面上是要把民主扩展到社会的一切领域，建立一个全方位民主的国家，但其实质上却走向了马克思主义的反面，沦为西方资本主义国家颠覆社会主义的工具。前事不忘，后事之师。我们也要从苏联和东欧剧变中吸取教训，彻底揭开民主社会主义的面具，划清中国特色社会主义富强话语与其的原则界限，避免其扰乱人们的思想，混淆视听，同时还要提高警惕，积极应对民主社会主义再次泛起所带来的挑战。

（三）"妖魔化中国论"

改革开放以来，在中国共产党富强话语的指引下，短短的四十多年里，中国社会经济的发展就取得了举世瞩目的成就，这些都引起了国内外的强烈关注。有关中国发展的话语在成为人们关注的焦点问题的同时，也引起了西方发达国家的不适，尤其是美国的政治精英们利用其强势的"媒体帝国主义"，通过炮制各种反华的论调，例如"中国变色论""中国威胁论""中国崩溃论""中国责任论"等，以此妖魔化中国，这些话语指向与中国特色社会主义富强话语大相径庭，对中国构建稳定的国际环境的负面作用不容小觑，严重损坏了中国的国际形象。

以"中国威胁论"和"中国责任论"为例，前者将中国构建成一个具有严重威胁的"恐怖主义国家"，认为中国一旦经济强大起来，下一步必然就会加快军事建设，对外展开军事行为，从而构成对世界和平的威胁；"中国责任论"继"中国威胁论"和"中国崩溃论"之后略有不同，它的论调相对缓和一些，渲染地球变暖、生态环境破坏、资源竞争加剧等现象主要原因都在于中国，指责中国要维护以西方国家主导的国际体系，履行自己的义务，承担相应的责任，目的在于将中国置于国际关系中的被动地位，企图按照美国的思维和模式诱压中国承担和维护并不相符的国际责任，拖垮中国的经济发展。实际上，不论是"中国威胁论""中国崩溃论"，还是其他任何妖魔化中国的话语，它们都是外界对中国富强话语的误读或歪曲。这些言论之所以产生并被传播乃至泛滥，究其原因，最主要的因素有两个：一是由于意识形态的差异，中国作为仅存的社会主义的大国日益发展及强大，对西方模式构成巨大威胁，因而他们想方设法扭曲中国形象，给中国加上种种恶名；二是冷战思维作祟，这种心态在西方国家根深蒂固，他们不肯相信中国的和平崛起，顽固地认为中国的发展壮大就是对自我的威胁，加之中国特色社会主义的发展和强大打破了他们西化中国的美梦，因而对此深感担忧。

我们要积极应对这些丑恶化、妖魔化中国国家形象的言论，一方面，在理论上要积极地正面抨击予以回应，提高富强话语的说服力、巩固自己的话语权，增强自身对这些论调的批判力量；另一方面，也是最重要的方面，即在实践上要继续推进和完善中国特色社会主义事业。西方国家从"中国威胁论"到"中国崩溃论"再到"中国责任论"，这些言论从高潮到销匿的原因很大程度上是由于中国的发展实践直接证伪了这些话语。因此，在对外强调中国特色社会主义富强话语的正确性、防止西方敌对势力的颠覆和破坏的同时，一定要坚持以经济建设为中心不动摇，坚持"五大发展"理念，这也是中国现代化建设的一个重要保障。总之，中国正在进行的伟大的社会主义建设就是对这些言论的最完美的回击，要以事实说话、以行动说话，让这些谣言不攻自破。

第三章　当代中国民主价值观念及其话语表达

——以协商民主为例*

协商民主是中国共产党根据中国国情，将马克思主义政党理论、统一战线理论、民主政治理论与中国革命和建设相结合形成的理论成果。中国共产党从建党初期提出"建立一个民主主义的联合战线"，到抗战时期采取"三三制"民主，再到1949年中华人民共和国成立后实施共产党领导的多党合作和政治协商会议制度，协商民主理论和实践不断获得发展，最终固化为中国基本的政治制度和民主政治的实现方式。在历史的沉淀中，协商民主思想，伴随着中国特色社会主义的伟大事业的脚步，萌芽产生，并不断发展和完善。

第一节　中国协商民主思想的发展历程[①]

中国协商民主思想是中国共产党把马克思主义政党、统一战线、民主政治理论与新民主主义革命、与社会主义建设、与改革开放的实践活动相结合的伟大创造，在历史的沉淀中，协商民主思想，随着中国革命和社会主义伟大事业的发展而不断发展和完善，从最初建立的革命统一战线逐渐发展为基本政治制度，最终建立具有中国特色的政治实践方式，同时又从政党协商的制度层面上升到国家各项工作的协商民主制度层面，成为国家进行顶层设计、谋划发展战略、制定方针政策的一种协商制度。

---

* 本部分在黄宝的论文《当代中国协商民主思想话语表达及对外传播研究》基础上修改而成。

① 参见吴学琴《中国共产党协商民主学术话语的百年国际传播探析》，《学术界》2021年第6期。

一 革命统一战线中协商民主的探索与萌芽

中国协商民主思想最初萌发于新民主主义革命时期。这一时期，党的主要目标是实现民族独立和国家富强，采取的方法是政治斗争，包括两种主要形式：一是进行暴力革命，达到推翻旧政权统治的目的；二是通过协商合作，开展民主解放斗争。

首先，大革命时期，中国共产党进行了国共两党协商合作的尝试。在当时革命环境中，为了得到社会各界和革命力量的支持和帮助，中国共产党在建党之初很快确定了统一战线的策略，着手开展革命统一战线的部署，在实践中逐渐形成了卓有成效的统战思想。1922年，党发表了《中国共产党对于时局的主张》，正式提出应该构建一个民主主义的联合战线。[①] 同年7月，中共二大就民主联合战线问题展开激烈的讨论，会议借鉴了国际经验，分析了国内情况，尤其对无产阶级加入革命运动，并与社会进步力量建立联合战线的必要性及重要性进行了深入研讨，初步表达了中国共产党构建革命民主统一战线的想法。次年，中国共产党召开第三次代表大会，再次围绕与国民党展开合作以及建立革命民主统一战线的具体方案进行讨论。会后，在共产国际的支持下，共产党不断推进国共合作，至1924年在国民党召开的一次代表大会上，促使通过了"联俄、联共、扶助农工"的"新三民主义"，"新三民主义"的通过奠立了国共两党合作的政治基础，标志着民主联合的初步成果。在大革命后期，两党的合作成果又进一步扩展到广大工人、农民、城市小资产阶级、工商业者、知识分子等社会各界人士，与他们建立了最广泛的统一战线，使他们共同参与到反帝反封建斗争中来，成为反帝反封建的中坚力量，保证了革命的胜利。所以，1939年，毛泽东在《〈共产党人〉发刊词》中高度评价了统一战线，认为它是革命能够获得胜利的三大法宝之一，这一法宝也为后来社会主义协商制度的创立提供了良好的合作平台，为中国共产党民主政治制度的形成奠定了基础，为协商民主思想的产生提供了政治条件。由是观之，国共两党基础上建立的最广泛的民族统一战线，开创了中外政党协商历史的先河，也是我党对协商民主初步探索的成果。

---

① 中央档案馆：《中共中央文件选集》第1册，中共中央党校出版社1989年版，第63页。

其次，中国共产党开启与各民主党派的合作。1927年，随着国共两党合作破裂，大革命失败，革命形势陷入了危机。1924—1927年大革命期间，参加到革命统一战线的中间阶级，由于对国民党专政的不满，也相继建立了各自独立的政党组织，如以宋庆龄等为代表的国民党左派，以邓演达、朱蕴山、章伯钧、谭平山等为代表的"第三党"，但这些党派的处境也异常艰难，国民党的专政使他们难以合法生存。"九一八"事变之后，民族矛盾日益激化，逐渐上升为主要矛盾，然而这时蒋介石仍然抱持对外妥协、对内清剿革命根据地的态度，在这种情况下，面对反蒋和共同抗日这双重目标和任务，共产党与各党派人士逐步走向了政党协商合作之路，从开始协商合作反蒋抗日，到逼蒋抗日，最后联蒋抗日，这三个阶段的协商合作巩固了抗日统一战线联盟。"九一八"事变，各界人士谴责蒋介石的"攘外必先安内"的政策，逼迫他进行抗日，1936年，利用"西安事变"的有利时机，共产党和各民主党派迅速展开与国民党的协商谈判，促成了联蒋抗日，从此抗日民族统一战线开始形成，这是中国共产党和各民主党派人士与国民党开展共同协商的成果，在这个过程中，中国共产党与各民主党派之间形成了深厚的友谊，积累了宝贵的党际协商经验，为国共二次合作和获得革命的最后胜利奠定了政治基础。

最后，中国共产党抗战时期还成功创造和运用协商民主的多种形式。在长期进行统一战线工作中，中国共产党形成了多种有效的协商民主方式，其中"三三制"和国民参政会是典型形式。"三三制"产生于抗战双方相持对峙阶段，此时共产党的主要任务是巩固和改善抗日统一战线，团结一切可以团结的力量进行抗日，为此，中国共产党在根据地尝试改进政权民主管理的新形式，即对根据地政权工作人员的占比进行重新规定，共产党员、中间派人士、进步分子这三部分人在政府中的工作人员分别占三分之一，[1] 这就是著名的"三三制"。这一制度实质上反映了共产党和其他党派人士的协商合作关系，也标志着协商民主的萌芽。"三三制"民主管理模式有三个典型的特征，第一，"三三制"政权是建立在党的领导前提下的，党领导的优势并非体现在工作人员数量上，而是体现在群众拥护程度。第二，它以平等为基础，参与政权的各

---

[1] 《毛泽东选集》第2卷，人民出版社1991年版，第742页。

个党派，一律平等，没有任何政党或者阶级拥有特权。第三，由前两个特征所决定，在政权整个运行过程中，共产党需要对其主张进行充分阐述，倾听各个党派意见，争取各党派人士的支持，在与他们的沟通协调中达成一致意见，这便是协商的核心。这三点蕴含着后来的社会主义协商民主精神。这一民主制度的施行，极大地吸引了进步势力，争取了中间势力的支持，同时还孤立了顽固势力。"三三制"政权民主形式是早期党对协商思想探索的实践成果，有力调动了社会各阶层和各群体力量，形成了广泛的民族统一战线，成为协商民主推动政治文明建设的典型范例。

与"三三制"的模式不同，国民参政会是由共产党提议，在国民党政府和其他民主力量协商基础上，共同成立的一个协商咨政机构。成立伊始，通过国共双方、其他各民主党派人士的共同努力，在团结社会人士、发扬民主以及推进全面抗战中扮演着重要角色，发挥了积极作用。但抗战胜利后，1945年国民党急于想借国民参政会通过一党独裁的《组织条例》，遭到抵制，迫于各民主党派的压力，不得不与共产党和各民主党派进行协商建立联合政府。1946年，由国民党、共产党以及各党派人士参加的政协会议在重庆正式召开，会上讨论通过了政府组织案、宪法草案、国民大会案、建国纲领和军事问题案五项决议。五项决议代表着国民党专政的政党体系正式瓦解，初步构建了联合政府的宪法草案。该会议使得协商民主思想由共产党一党的主张，上升为各民主党派和无党派人士的共识，也是中国第一次正式的协商民主实践，会议提出了求同存异和互相包容主张，展现了协商民主理念和思想。国民参政会为共产党和其他党派进行合作联盟拓展了新的渠道，使中国共产党与各民主党派建立了紧密而良好的合作关系，为新中国的成立打下了坚实的基础。

二 政治协商制度的确立与初步发展

从1948年"五一"劳动节口号的发布，到新中国的成立，中国协商民主从思想理念变为了民主制度，中国政治协商民主获得快速发展。但令人惋惜的是这项制度在"文化大革命"中遭遇了挫折，几乎停滞运行，一直到党的十一届三中全会的召开，这项制度才得以恢复。

一是协商成立中华人民共和国，协商民主制度获得初步发展。1948

年"五一"前夕，中共中央提出了"五一"劳动节的口号，呼吁广大劳动人民团结一致，联合一切进步力量，共同建立反帝、反封建、反官僚主义的统一战线，为推翻蒋介石和建立新中国共同奋斗，[①] 提议尽快召开政协会议和人民代表大会，成立民主联合政府。"五一"口号是共产党协商民主思想的又一次具体表现。此后，共产党与各民主党派一起，参与到政协会议的筹备当中，逐步形成了党领导下的多党合作和政治协商的机制。按照预定计划，经过周密安排，1949年6月，全国政协全体会议第一筹备会在北平顺利召开，中国共产党、各民主党派以及无党派人士等23个单位的134名代表参加，会议通过了《中国人民政治协商会议组织法（草案）》《中国人民政治协商会议共同纲领（草案）》《中华人民共和国中央人民政府组织法（草案）》三个重要文件，筹备会还将拟定的大会宣言、国旗、国歌等方案提交由政协会议讨论。整个新政协的筹备会议充满了协商建立新中国的喜悦，展现了协商民主的精神，发挥了协商民主的作用，为政协首届会议的召开做了充分的准备。正由于有了协商民主的坚实基础，同年九月全国首届政协会议得以顺利召开，新政协代行人大的职权，庄严宣告了新中国的成立，组建了人民政府；审议并通过了《中华人民共和国中央人民政府组织法》等一系列文件；通过了新中国国都、纪年、国旗、国歌等四个决议案。该会议的顺利完成，是各民主党派人士协商的最终结果，这也是新中国协商议事的民主传统，标志着新型民主形式的实现，标志着党领导的多党合作和政协制度初步形成。[②]

二是人民政协的快速发展。1949年到1957年，协商民主思想的主要载体——人民政协发展到了黄金时期，以1954年第一次全国人民代表大会召开为界限，分为前、后两个阶段。首届全国人大会议召开之前，人民政协代行全国人民代表大会的职能，首届全国人大会议以后，重新界定了政协的性质和职能，其根本任务也随之改变，虽然政协会议的场所仍然是多党合作的重要地点之一，但政协逐渐取消了政权机关的

[①] 中央档案馆：《中共中央文件选集》第17册，中共中央党校出版社1992年版，第145—146页。
[②] 庄聪生：《协商民主是中国特色社会主义民主的重要形式》，《中共中央党校学报》2006年第4期。

相关职能，也不再行使人大职权，其主要任务是充分发挥统一战线的作用。① 为此，政协调整了相关的组织机构和制度，转变职能，新职能主要是发挥各党派人士贯彻落实国家重大方针政策的作用，发挥各党派人士到地方视察调研、协助政府工作的作用，发挥各民主党派参政议政的积极性、主动性、实效性，在政府和国家政策的制定中提供参谋的作用。这一时期，人民政协踏实工作，切实履行责任，团结和动员一切爱国力量，打击国内外敌人，极大地恢复了国民经济，巩固新生的人民政权，推动了国家各项事业的快速发展，履行了党政机关和其他部门无法替代的职能。

三是协商民主在政治上取得诸多实践成果，并成功拓展到了其他领域。新中国成立初期，人民政协事业获得了快速发展，协商民主思想迅速拓展到了政治以外的其他领域，成效显著。按照1954年宪法而设定的最高国务会议，是新中国成立时高层进行协商的最主要民主形式之一，会议议题涵盖中央和政府工作的方方面面，包括协商讨论决定国家主席发表的政策性和方针性的讲话、党政负责人新一年的工作报告，对党中央和国务院的重大决策和政策问题的建议，对人大和政协会议的报告的意见、协商人事提名和任命等重要事项。最高国务会议设立之初，其召开的时间和期限、会议的内容等都是不确定的，但是它发挥了机关之间信息沟通和协调的作用，充分体现了开放性和协商性。1954年第一届全国人大也遵循了协商传统，会议前，对领导人的名单进行反复协商，人大代表的产生也须经过多次的协商；会议中，让参与的代表者都有充分的发言权，能够自由地对各种问题进行回答并提出自己的建议；地方人民代表大会也大多采用协商的方式。最高国务会议虽然在新中国只存在了12年，但是它讨论的很多问题对中国的政治生活产生了深远影响，因为有了最高国务会议、人民代表大会等多层的协商平台，协商民主在新中国成立之初，逐渐从国家政治层面拓展到经济和文化等各个领域。1950年，国家在经济领域颁布了《关于在私营企业中设立劳资协商会议的指示》，对私营工商协会的组织形式进行了规定；② 1956年，

---

① 人民政协报：《人民政协工作手册》，1986年版，第33页。
② 参见中共中央文献研究室《建国以来重要文献选编》第1册，中央文献出版社1992年版。

在文化领域，毛泽东提出了百花齐放和百家争鸣的方针；1957 年，在生活领域，毛泽东提出了利用民主的方式处理人民的矛盾，这些都是协商民主思想的具体体现，也是协商民主思想在社会领域的实践探索。

随着 1957 年反右斗争的扩大化，一部分人不敢提批评意见，政协会议的民主生活遭受了冲击，导致协商工作难以持续。为扭转这一局面，继续发挥各民主党派参政议政的作用，1959 年，毛泽东亲自召开座谈会，肯定知识分子的作用，提出"三自"和"三不"方针，鼓励知识分子自己提出问题、自己分析和解决问题；对待知识分子不打棍子、不戴帽子、不抓辫子，提出政协委员要善于利用这"三自"和"三不"方针，解决政治思想中出现的问题。但是，随着"文化大革命"的爆发，这些好的做法和制度也遭到了破坏，人民政协也与国家其他事业发展一样，遭遇了极大困难和挫折。

三 政协工作的恢复与协商制度的拓展

1978 年到 1992 年中共十四大的召开，这一时期协商民主得到了恢复，并获得了进一步拓展。在此期间，国家层面的政协工作在邓小平等中央领导的直接指示下，逐步迈入制度化和规范化的轨道，基本完成恢复工作；协商民主为更好促进改革开放，有效处理人民利益冲突，解决社会矛盾，也由国家层面下沉到社会层面。

一是恢复人民政协工作，推进法治化建设。1979 年，改革开放后的第一年，邓小平就在政协第五届二次会议开幕式上号召，各民主党派和劳动者以及爱国者，在全新的历史时期，要形成牢固的政治联盟。在党的领导之下，政治联盟是社会主义发展和为社会主义服务的全新力量。[①] 邓小平的讲话，实质上重新定位了民主党派和统一战线的性质，把中国共产党与各民主党派结成的统一战线定位为社会主义性质的联盟，而不是不同阶级的联盟。所以，此次会议标志着政协工作逐步走向正轨，缓慢恢复到原有的水平。同年 10 月，邓小平再次强调政治协商制度是中国共产党领导下的多党合作制，这一点既是由中国协商民主的历史传统决定，也是由当下社会主义改革的现实条件决定的，反映了中国政治制度的特征。这是协商民主发展史上，国家领导人第一次将党领

---

① 《邓小平文选》第 2 卷，人民出版社 1994 年版，第 186 页。

导下的多党合作明确确立为一项政治制度，从而拉开了政协制度化和法治化的帷幕，走向制度化和法治化建设的轨道。

二是建立社会协商对话制度。随着中国共产党领导下的多党合作的制度化，紧接着1987年，党的十三大报告又提出"建立社会协商对话制度"的任务，[①] 这意味着协商民主在国家重大政治工作中取得了积极成效，各民主党派人士发挥了巨大作用，协商各方达成了社会共识，凝聚了人心，调节了利益关系，化解了矛盾，因而作为一项制度从国家层面向社会层面拓展。面对改革开放带来的利益调整和矛盾冲突，建立社会协商对话制度能够倾听社会各团体、各个层面不同人们的诉求，更好地凝聚共识，深化改革，为国效力。这项制度也表明中国共产党把协商民主制度从宏观层面推向了社会的微观层面，成为中国共产党治国理政的有效手段。

四　社会主义协商民主理论的形成

1992年党的十四大以来，党领导的多党合作制度和政治协商会议制度不断完善，不仅用制度化法治化在宏观层面加以保障，在不同社区、基层乡镇、广阔农村等微观层面，也探索出了协商民主的多种形式，开创性提出"协商民主""社会主义协商民主"等有关概念，创造了浙江温岭、四川成都等基层协商民主模式，社会主义协商民主开始向广泛、多层和制度化方向发展。

一是国家层面协商民主制度化建设的快速发展。1992年党的十四大，首次将多党合作和政协制度写入党章；2005年《关于进一步加强中国共产党领导的多党合作和政治协商制度建设的意见》，提出党和国家的重大问题决策的首要原则是贯彻政治协商，即必须在决策之前和决策执行中展开协商，从而将协商民主从政治的宏观层面推进到决策的微观层面。该意见的发布，为多党合作和政协制度的构建提供了指南。2006年中央第一次专门针对政协颁发了《中共中央关于加强人民政协工作的意见》，规定这一时期政治协商的任务和原则，为政协事业发展提供了理论基础和政策依据以及制度保障。这三个文件标志着国家层面的协商民主制度化获得快速发展。

---

① 《中国共产党第十三次全国代表大会文件汇编》，人民出版社1987年版，第52页。

二是社会协商对话实践的发展。随着中央文件的颁布,社会各界在基层广泛开展协商对话,这些机制协调各利益之间的关系;化解社会矛盾;调动人民群众的积极性,发挥了人民大众的才智,在基层民主治理中发挥了重要作用。城乡基层开始出现多种形式的协商民主性质的具体实践,各级的立法和行政机关也开始展开多种形式的立法和行政听证会,各级党委和地方政府开始使用新媒体和网络技术召开新闻发布会、推进政务公开等征求意见和协商的举措。协商民主在各地的具体实践积累了丰富的经验,为党和国家制定相关制度提供了范例。1992年党的十四大报告要求领导机关和干部要认真了解群众的意见;1997年党的十五大进一步提出运用协商民主,构建一个能够反映社情民意的制度;2002年党的十六大具体规定了增加公民有序参与政治的数量,要深层次地了解民情,反映民意,调动广大人民群众参与政治生活的积极性,充分发挥他们的聪明才智。到了2007年党的十七大,强调要制定法律法规,提高决策透明度和公众参与度,广泛听取人民群众的建议,推进决策的科学和民主化。由此可见,改革开放以来中央一直探索协商民主制度化,把协商对话机制作为协商民主的新制度,推进协商民主下沉到社会基层,为协商民主的具体实践奠定了理论和政策基础,探索出中国特色社会主义民主的实现形式。

三是"社会主义协商民主"理论的形成。在上述工作的基础上,党逐渐加深了对政协地位和协商政治理论的认识。2004年,政协十二届二次会议明确把政协会议作为发挥社会主义民主的主要形式,把政协会议定义为爱国统一战线组织,是党领导下的多党合作和政协制度的主要机构。这一规定在党和国家的政治、经济、社会领域发挥了重大作用,也因此,2012年党的十八大明确了"社会主义协商民主是中国人民民主的重要形式"[1]。这一界定是改革开放以来,对统一战线和政协实践的高度总结,也是政治民主理论的一次创新,深刻阐述了社会主义协商民主的概念和理论体系,标志着社会主义协商民主理论的正式确立。[2]

---

[1] 胡锦涛:《坚定不移沿着中国特色社会主义道路前进 为全面建成小康社会而奋斗——在中国共产党第十八次全国代表大会上的报告》,人民出版社2011年版,第26页。
[2] 《十八大报告辅导读本》,人民出版社2012年版,第205页。

四是党的十九大报告对中国协商民主思想的深化。在党的十八大关于协商民主取得成果的基础上，党的十九大报告不仅把"社会主义协商民主全面展开"作为五年来中国改革开放和社会主义现代化建设的历史性成就之一，作为民主法治建设迈出重大步伐的重要方面，而且把"发展社会主义协商民主"作为新时代"坚持人民当家做主"的重要内容，在报告的第六部分"健全人民当家做主制度体系，发展社会主义民主政治"，集中阐述了"发挥社会主义协商民主重要作用"。这一论述是对中国协商民主思想的深化，也为新时代协商民主发展指明了方向。今天中国的协商民主治理方式不仅有政党之间的协商机制，还包括国家机关制定政策法规过程中的协商机制；不仅有自上而下单向协商通道，还形成了国家与社会之间双向多层次多方面的协商过程；协商的方式和途径由原来单一的协商会议制度，发展为诸如浙江温岭的协商民主治理模式、成都议事会、成都青江区"三级授权"基层民主自治、彭州市全覆盖的两级协商对话制度与渠道等多样的基层协商协民主形式。进入新时代，中国协商民主思想仍将不断完善和发展，在未来社会主义现代化建设进程中，必然会探索出更加符合中国国情的协商民主理论与实践。

上述分析表明，中国协商民主思想是符合中国国情的具有鲜明特征的民主形式，是中国共产党和中国人民的伟大创造，随着中国的民主革命、社会主义建设和改革开放不断发展获得新成就，也必将在深化改革开放的进程中继续完善发展。

第二节 中国协商民主思想的对内话语表达

语言是人们在对客观世界进行改造的过程中进行沟通的重要工具，也是人和人展开交流的中介。人和人在特定的语境中进行沟通所产生的言语行为就是话语。话语能够在一定的语境下利用文本展开沟通，它的影响力是不容忽视的，不但能够对社会实践活动进行再现，还能够反映社会主流意识形态，是政治意识形态进行传播的载体之一。作为社会主流意识形态重要组成部分的中国协商民主思想，在发展过程中也产生了其独特的话语表达，按照"立足中国、借鉴国外，挖掘历史、把握当代，关怀人类、面向未来"的思路，从宏观角度可以概括为对内宣传与对外传播两大话语体系。

一　中国协商民主思想的官方话语

中国协商民主思想，作为当代中国主流意识形态重要的组成部分，在其对内的宣传过程中，主要以官方话语和民间话语两种载体为主，引领社会舆论，传播主流意识形态。这两种载体各具风格，官方话语风格沉稳庄重，代表党和国家的方针政策、执政政令、价值观念等，民间话语通俗易懂，代表了民众的看法，具有广泛的群众基础，能够使主流意识形态快速融入到民众中，从而更容易落实到生活实践，实现社会主义价值观念的大众化。同时，这两种载体又是辩证统一的，将民间话语理论化、系统化上升为党和国家的意志便是官方话语的表达，将官方话语以百姓喜闻乐见的方式传播出去便是民间话语的表达，二者在中国协商民主思想的对内宣传中融为一体，凝聚成一股强有力的力量。

（一）协商民主是中国社会主义民主政治的特有形式和独特优势

党的十八大提出进一步构建社会主义协商民主制度，并且在党的十八届三中全会的报告《中共中央关于全面深化改革若干重大问题的决定》中，对协商民主的步骤进行了规定，提出推进协商民主的广泛性和制度化建设。报告明确提出协商民主是社会主义民主政治的特有形式，具有符合中国特色社会发展的独特优势，是党的群众路线在民主政治生活中的具体体现，"协商民主是中国社会主义民主政治的特有形式和独特优势，是党的群众路线在政治领域的重要体现"[①]。这表明：

首先，中国协商民主属于内生型民主，是在中国国情的基础上所采取的一种独特的民主形式，也是在人民政协具体实践中不断丰富发展形成的民主形式。历史地看，回顾协商民主思想在中国萌芽、产生和不断发展历程，毫无疑问，协商民主与中国社会主义建设的伟大事业紧密连接。现实而言，中国协商民主植根于宪法的规定，是与中国社会主义国家根本政治制度相适应的民主制度。中国是人民民主专政的国家，利用协商民主能够更加广泛地听取人民的建议，接受人民监督，真正保障人民民主的充分实现。本质上看，中国协商民主是建立在党的领导的前提

---

① 《习近平谈治国理政》第1卷，外文出版社2018年版，第82页。

条件下：只有坚持党的领导，才能使用国家的政治层面的职能组织团结各民主党派，构建协商政治运作的组织和机构；只有坚持党的领导，才能把协商政治拓展到微观社会领域，充分利用协商民主，协调基层社会组织有效开展工作。由此可见，党在协商民主中发挥的是领导核心作用，党的领导所产生的动力和整合力是政治协商能够有效开展工作的重要政治基础。

其次，中国协商民主又是社会主义政治的独特优势。协商民主，无论是在治理国家和推动社会发展，还是对人民事务的管理和协调中，都具有独特的优势，发挥不可替代的作用。第一，通过社会主义协商民主，可以有效地拓宽公民参与政治的渠道，最大限度地调动人们政治参与的积极性。因为协商民主可以最大化地包容和吸纳各种各样的诉求，自然能够反映多数人的愿望，吸纳一部分人的合理主张，构建更为科学的政治参与方式，从而有效化解社会矛盾，调动人民政治参与的积极性。第二，协商民主是绝大多数人的民主，能够将党和人民群众紧密联系在一起。中国协商民主利用多层次、制度化的机制优势，能够拓宽言路，与社会各界广泛协商涉及民生的重大问题，协商人们关注的热点难题问题，最大限度地征求各方意见，汇聚各方意见寻求最佳的解决方案，从而有效协调各方利益，制定出符合广大人民群众利益的公共政策和措施。不仅如此，通过多层次、制度化的协商机制建设，也密切了党和政府与人民群众的关系，推进了民主政治的发展，保障了社会和谐。第三，协商民主以多方调研为基础，以广泛听取意见为前提，既有利于达成共识，又能促进决策科学化和民主化。

上述分析表明，从具体的实践看，中国协商民主制度，从抗战时期的"三三制"，到新中国刚成立时的协商建国，再到今天政治、行政和社会协商的广泛、多层次和制度化的开展，已经构成了独具特色的政治民主体系，成为中国具有社会主义政治特色和独特优势的一种民主政治。

（二）协商民主是党的群众路线在政治领域的重要体现

协商民主是党的群众路线在政治领域的关键形式，这是党的十八届三中全会对协商民主的基本定性。习近平总书记强调："推进协商民主，有利于完善人民有序政治参与、密切党和人民群众的血肉联系、促进决策科学化民主化。"① 群众路线是党在革命时期创建的，是中国共产党领导革命获得胜利的重要法宝之一，也是党和人民群众能够保持密切联系的总路线，而协商民主恰恰是党贯彻和落实群众路线、密切党群关系有效渠道。第一，协商民主保障了政治领域落实党的群众路线。"协商民主是党的群众路线在政治领域的重要体现"②，党的十八大把推进协商民主的多层、制度化建设，作为政治改革的关键点，提出在党的领导下，但凡涉及经济发展的重大问题和群众利益的关键问题，都要在整个社会进行广泛的协商，做到决策前、决策中落实群众路线，展开协商工作。第二，群众路线不但是马克思主义唯物史观和认识论在党的工作中的应用，也是马克思主义民主理论在中国政治生活中的体现。群众路线不但反映了民主的价值取向，而且它本身是党内和人民民主运作的关键形式之一。第三，协商民主在落实群众路线中积累了经验和实践资源。群众路线是党的生命线。群众路线要求的民主和协商民主是一致的，二者都强调了社会联系和政治参与，同时，从工作内容和人员构成上，又比统一战线中的协商民主具有更大的广泛性。所以，协商民主是群众路线在政治领域主要的表现形式之一，两者相辅相成，群众路线的优势可以转变成协商民主的资源，将群众路线的优势和协商民主的优点结合在一起，有利于政权机关和政协组织等机构拓展协商的渠道，还可以进一步创新协商形式，中国在立法、行政等领域已经创造出了诸如听证会、咨询会等多种协商形式，从而推进协商民主的广泛、多层次、制度化建设。植根在群众路线土壤中的协商民主，必将获得更好的发展，展现更加旺盛的生命力。

二 中国协商民主思想的民间话语[③]

（一）有事好商量

在中国源远流长的传统文化中，孕育出了和合思想，这一思想逐渐转化为人们日常生活的处事方法和人生态度，成为民众普遍认可的求同

[①] 中共中央文献研究室：《习近平关于全面深化改革的论述摘编》，中央文献出版社 2014 年版，第 75 页。

[②] 李君如：《协商民主在中国》，人民出版社 2014 年版，第 24 页。

[③] 参见吴学琴《中国特色社会主义协商民主：制度优势与传统文化基因》，中国社会科学网（http://www.cssn.cn/mkszy/yc/201911/t20191118_5044045.shtml）。

存异的方式。一旦遇到冲突和矛盾，不会急于剑拔弩张，而是努力寻求互相协商理解的处理方式，从而达成一定的共识，目的是实现人和人、人和社会以及人和自然的祥和状态，在这种处事方式下，久而久之，自然产生了用于解决矛盾冲突的"有事好商量"的民间智慧。

"商量"一词最早可追溯至创作于西周时期的《易经》，此书以当时封建落后的小农经济基础为背景，试图通过阴阳二元论来对事物运行规律加以论证和描述，其中有一段提及了国与国之间的邦交，提出"商兑未宁，介疾有喜"，[1]也就是利用谈判来解决相处中的问题，即使是国家之间有小的摩擦也能够很好地进行协商处理。由此可见，在当时想要通过商量来解决国家邦交之间的矛盾的协商思想已经开始萌芽。三国时期"商量"一词在《易·兑》中第一次正式出现，并明确定义为"商，商量裁制之谓也"[2]，即商量就是在做出决策前交换意见和互相商讨。那时，人民已经把商量作为一种民间智慧，通过协商来化解矛盾和维护社会稳定。

近代自中国共产党成立以来，通过"商量"来做出决定始终都是我党科学决策的重要手段，并形成了一系列的制度。毛泽东同志说过，在一个国家当中，所有的社会关系都需要协商。政府就是为人民办事的，而且我们可以称之为商量政府。[3]周恩来同志也曾经说过，新民主主义的议事精神，并不是在于最后的表决，而是要关注事前的协商和反复进行的讨论。[4] 2014年9月，在纪念政治协商会议制度成立65周年的大会上，习近平总书记发表了重要讲话，强调"在中国社会主义制度下，有事好商量"。[5] 2015年7月，中共中央办公厅、国务院办公厅印发了《关于加强城乡社区协商的意见》，正式将"好商量"的民间智慧转化为制度成果。2017年10月党的十九大报告更是采用人民群众喜闻乐见的话语表达协商民主："有事好商量，众人的事情由众人商量，是人民民主的真谛。"[6]"有事好商量"从民间智慧转化为制度安排正是

---

[1] 王弼：《周易注疏》，上海古籍出版社缩印本1990年版，第221页下栏。
[2] 王弼：《周易注疏》，上海古籍出版社缩印本1990年版，第221页下栏。
[3] 《毛泽东文集》第7卷，人民出版社1999年版，第178页。
[4] 参见周恩来《周恩来统一战线文选》，人民出版社1984年版，第134页。
[5] 《习近平谈治国理政》第2卷，外文出版社2017年版，第292页。
[6] 《中国共产党第十九次全国代表大会文件汇编》，人民出版社2017年版，第30页。

中国协商民主思想不断发展的结果，制度化的"有事好商量"，对协商民主的发展提出了更具体微观的要求，这一理念渗透到了中央和政府工作的各个层面。在今天党政的具体工作和决策中，不论是政府征求意见，还是基层的群众自治，都强调必须提高群众的参与度，加强政治参与和沟通，好好商量，保证充分协商，形成统一共识，提高决策的科学性。2018年1月4日，由湖南省邵东县委宣传部、政协邵东县委会办公室联合制作的歌曲《有事好商量》MV在腾讯视频发布，歌词简单明了，通俗易懂，又将"有事好商量"的丰富内容娓娓道来，"百姓的事和百姓来商量，参政开言路，献策出良方，走进和谐的会场咱人人有担当，有事好商量，有事多商量，咱心往一处想共聚正能量！"这首歌曲一经发布点击率就居高不下，搜狐网都忍不住赞叹"这首歌太火爆了！满满的正能量！""有事好商量"的民间智慧依然在发挥着它强大的作用，这也正是中国共产党吸取民间智慧"有事好商量"，提高今天的执政能力和执政民主的典型表现，实现了民间智慧和协商民主的完美结合。

（二）和为贵，和而不同

在中国源远流长的文化当中，一直秉持着以和为贵的价值理念，而且将和而不同作为最高的境界。这一思想不仅渗透到了物质文明和制度文化中，还深刻影响着人们的日常行为和精神生活，在长期的历史发展中，日益沉淀为一种民族思维方式和社会文化心理。"和为贵、和而不同"的价值内涵凸显出通过协商的方式解决矛盾和冲突，达成各方共识。所以传统文化中"以和为贵"和"和而不同"的文化理念与协商民主一脉相承，前者为后者提供了优秀文化基因，两者相互契合，表现为以下两个具体方面。一方面，"和为贵""和而不同"的传统思想为中国协商民主的建设提供了一定的文化基础。"和为贵""和而不同"其注重的是两者之间所包含的共同之处，在各种各样的差异中，希望能够达成统一。同理，国家的发展和社会治理，也必须要在尊重差异的前提条件下相互补充，形成一种各安其位、各尽其责、各显其能的和谐统一的政治局面，既要凸显和谐理念，也要倡导和而不同，保持多样性，协商解决各种矛盾冲突。根植于中华优秀传统文化的协商民主，恰恰体现了这一点，追求平等条件下，不同阶级、不同集团之间的对话、竞争和协商，进而激发公众参与政治决策的主动性，在协商的前提条件下解决矛盾，协调各方，显示出足够的中国智慧。显然"和为贵""和而不同"成为中国协商民主思想的文化前提。另一方面，协商民主在不同阶段的实践过程中都一直秉持着"和为贵""和而不同"的思想。譬如，抗日战争时期，党构建的"三三制"政权，团结所有能够团结的力量参与到抗战当中。这一时期，毛泽东曾告诫全党，必须打开大门实行合作，要学会和其他人进行商量来解决问题。1949 年，第一届政协会议正式召开，在此次会议中政协会议代为履行人大的职权，通过政治协商的方式建立新中国。1978 年改革开放以来，协商民主在更大范围内得以普及，也不断完善，逐渐发展为中国民主政治独有的制度模式。伴随着改革开放的深入发展，协商民主也在制度化轨道上发展，不断在国家政治领域、社会经济发展、基层工作中，创新机制，得到了快速发展。

显见，中华文化中"和为贵，和而不同"的传统民间智慧，对中国协商民主思想的确立与发展产生了极大的影响，正如 2013 年 3 月 4 日曾担任全国政协委员、常委、政协专委会主任的王蒙在《光明日报》上撰文指出的："中华文化主要强调的是和为贵，是和而不同。"① 因此，当群众在遇到分歧的时候，并不是完全按照票数来进行决定，推而广之，完全通过票选更换执政集团并非最好的方式。充分按照民主程序进行票选只是民主的一种方式，同时，还要突出统筹兼顾，要达到政通人和，春风化雨的效果。协商是在承认差异的前提下，倡导平等的对话、讨论和协商，突出多样性和多元性，为各方意见的充分表达营造良好环境，保证各项制度和公共政策制定的合法性，也能充分保证公共利益的最大化。通过协商民主的方式化解一个又一个的分歧，求同存异，达到互相监督和长期共存的局面。"和为贵，和而不同"是最好的民间智慧，体现了中国人在解决矛盾的同时，预见到了新矛盾的产生；在弥合旧分歧时，预见了新分歧的出现，因此需要"和而不同"，这并不是自找矛盾，恰恰是协商民主对民间智慧的继承发展，对民间话语"和为贵，和而不同"的最好注释。

如上分析，当代中国协商民主价值观念正是通过官方话语和民间话语两种形式，对内进行宣传和传播，取得了较好效果，逐渐发展成为具

---

① 王蒙：《政治协商，大有可为》，《光明日报》2013 年 3 月 4 日第 6 版。

有中国特色的民主形式和品牌。与此同时，改革开放以来，我们也逐步加强了协商民主价值观念的对外传播话语体系的构建和传播。

第三节 中国协商民主思想的对外传播话语[①]

中国协商民主思想在其对外传播中形成了政治宣传和学术交流两大载体，从政治宣传的角度来看，国家间的互动交流、国际性具有政治性质的大小会议、国家层面的文化输出等所蕴含的中国协商民主思想就构成了中国协商民主思想的政治话语。从学术研究和交流的角度来看，协商民主思想的研究热潮兴起于21世纪初，德国著名思想家哈贝马斯教授在北京做了一场以"协商民主的三种规范"为主题的学术交流会，自这场报告会之后，国内学术学者对协商民主思想产生浓厚的兴趣，纷纷著书立说探索中国协商民主思想，继承前人经验，拓展现实路径，在与其他国家和民族的思想价值观念的传播与交流中，形成了中国协商民族思想对外传播中的学术话语。上述理论与实践、静与动相结合的两大载体各具自己的独特风格，政治话语是协商民主学术思想的实践应用，展示了一国的决策与政策，但需要加强学理研究、借助学术话语为主流意识形态话语体系建构提供学理支撑，学术话语具有严谨规范的优势，其蕴含的中国特色、中国气派、中国风格，有助于国外民众更实际地了解中国发展的方针与政策，二者既相互区别，又相互融通，有效推进了对外传播话语体系的建设。

一 中国协商民主思想的政治话语

（一）协商民主思想在解决国际问题中的实际应用

和历史上的大国崛起相比，中国成功地创造了与中国国情及时代特征相符合的和平发展道路，依赖于自身的力量和改革创新获得了较快发展，妥善解决了在复杂的国际形势背景下自身发展的问题，并利用自身发展促进了世界和平。在对国际问题的处理过程中，中国一直坚持实现国际关系的民主化，坚决反对强权政治和单边主义，倡导世界各国在平

[①] 参见吴学琴《中国共产党协商民主学术话语的百年国际传播探析》，《学术界》2021年第6期。

等协商基础上解决国际争端，中国的协商思想理念多次应用于国际问题的处理中。

2010年，朝鲜半岛的危机不断加深，发生了天安舰事件、延坪岛事件，造成朝鲜半岛进入战争阴影中。9月，中国外交部发言人姜瑜女士在北京就朝鲜半岛核问题提出中方希望通过六方会谈，使朝鲜半岛和东北亚的相关问题重新回到对话协商和政治解决的轨道上，朝鲜半岛面临的形势非常复杂，所以各方必须保持冷静，做一些有利于双方关系改善和缓解紧张局势的工作。在当前形势下，各方面应该增加沟通，为六方会谈的举行奠定基础，姜瑜女士讲话的重点强调了中国一直坚持使用对话协商来处理国际争端。

2010年1月23日，欧盟召开会议，决定禁止成员国从伊朗进口石油，同时又制裁伊朗中央银行。针对此，伊朗议会立刻宣称不再为欧洲提供石油。中国外交部发言声称，中国一直都是主张利用对话与协商的手段解决争端，如果只是施压或者制裁并不具有建设性，呼吁有关方面采用推动地区和平稳定发展的做法。

2013年习近平总书记访问俄罗斯时提出，我们所处的世界是和平和发展的时代，合作和共赢已经成为时代的潮流，各国之间相互联系和依存，处在同一条战线上，在面对国际安全危险时，必须进行协商合作，才能够更好地解决问题。接着在出席金砖国家领导人德班会晤时，习近平总书记再次分析了世界形势和人类面临的共同问题，提出必须坚持平等民主、兼容并蓄，在尊重各国的基础上进行协商，推动国际秩序更加公平合理，为世界和平奠定良好的制度基础。

2014年3月24日至25日，在荷兰海牙举行的第三届核安全峰会上，习近平总书记出席并发表了题为"坚持理性、协调、并进的核安全观"的演讲，提出面对复杂严峻的全球核安全形势，中国向国际社会展示了通过合作协商解决国际矛盾和冲突的重大理念。

2016年3月22日至25日博鳌亚洲论坛的开幕式上，国务院总理李克强谴责了近年来发生的几起造成无辜民众伤亡的恐怖袭击事件，外交部部长王毅在北京会见中外记者时也申明中国应对国际冲突的立场。对此，来参会的坦桑尼亚《公民报》的首席政治记者埃利亚斯·姆黑戈若高度赞扬了中国在解决国际问题中，一直倡导的相互理解，以协商谈判的方式解决问题的态度和机制。

2016年9月4日至5日，二十国集团领导人第十一次峰会在杭州召开，中国作为东道主，为振兴全球经济不仅贡献"中国方案"，还积极促成各国之间通过对话协商方式解决矛盾争端，达成了创纪录的29项协议。峰会后，经济合作与发展组织（经合组织）的秘书长安赫尔·古里亚在接受记者访问时强调，作为二十国集团（G20）轮值主席国，中国通过协商谈判取得的成绩是举世瞩目的。

2017年5月14日至15日第一届"一带一路"国际合作高峰论坛，召开于中国首都北京，130多个国家的约1500名代表出席论坛，4000余名记者注册报道此次论坛，国家主席习近平在开幕式上正式发表了《携手推进"一带一路"建设》的主旨演讲，其中着重提出和平合作、互相包容、互利互惠的核心精神，中国愿意和沿线国家一起，以共建"一带一路"为契机，平等进行协商，兼顾各方的诉求，共同推进更高水平和更广范围的融合。美国《纽约时报》迅速发文称："一带一路"建设将"改变世界经济版图"；法国前总理德维尔潘高度赞扬了习近平主席的演讲，认为演讲不仅延续了中国历史传统对世界开放联通，而且给动荡的世界带来和平与发展，增加了新的时代意义。詹姆斯·斯坦伯格，作为前常务副国务卿，在接受记者采访时强调，中美在"一带一路"的发展中只有增进交流，加强合作，才能互利共赢。

2018年9月3日召开的中非合作论坛，中国提倡以义为先、和衷共济、共商共建，合作共赢，携手构建更加紧密的中非命运共同体。针对中美贸易摩擦，中国政府多次提出协商解决，这一意见也产生了国际影响。2019年开年之初，多名美国前政要和知名中国问题专家在首都华盛顿联合发布名为《修正航向：向有效且可持续的对华政策进行调整》的报告，提出"一味打压和遏制中国并非长久之计，美国在制定对华政策时应与中国通过协商对话找到解决方案"。①

上述事实足以表明，党的十八大以来，习近平等党和国家的领导人一以贯之秉承民主协商的理念处理国际事务，充分利用各种国际峰会和论坛，讲述中国和平发展的故事，坚持用对话协商的方式来处理国际事务的分歧和冲突，反对使用武力，努力推动以合作共赢为核心的国际关

---

① 汤先营：《美国应与中国协商对话找到解决方案》，《光明日报》2019年2月16日第8版。

系。国际舞台上的对话协商虽然不能等同于中国的协商民主制度，但反映出了中国协商民主理念，彰显了中国协商民主思想的光辉与灿烂，预示中国将会以更加开放、更加自信的姿态，在国际社会扮演更加积极、更负责的大国角色。

（二）协商民主是"中国品牌的民主"

在当代中国价值观念对外传播的过程中，新闻媒体始终扮演者不可替代的角色，肩负着把有关中国政治、经济、文化等方面的信息传达给国际社会，营造良好的国际舆论环境以及塑造国家形象与提高国家文化软实力的重要使命，这其中影响力最大的当数新华网。因为它能够为全球网民提供权威及时的新闻信息服务，同时也是全球网民了解中国的最重要窗口。据 Alexa（一家专门发布网站世界排名的网站）的统计数据，我们能够得出，新华网在 7 亿多个网站当中，综合排名在第 70 位，领先于美联社和法新社等主要网站，国内综合排名高达前十，稳居全球的新闻门户网站第一位的宝座。由此可见，在中国主流意识形态的对外传播中，新华网的影响力是不可忽视的。

在 2015 年 2 月 9 日，新华网发布了一篇 "CPC proposes developing 'consultative democracy'" 的文章，① 一时间引起国际舆论的热议。文章中指出 "The Central Committee of the Communist Party of China (CPC) on Monday published a document proposing to promote 'consultative democracy', the country's own brand of democracy."，即 "周一，中国共产党中央委员会发行了一份文件提议推进协商民主建设，这个国家自己品牌的民主"。这里提及的 "document" 是指中共中央印发了《关于加强社会主义协商民主建设》（2015 年 2 月）的意见。此文首先对中国协商民主的性质做了一个定位，指出 "Consultative democracy is defined as a democratic pattern in which, led by the CPC, all sections of society are consulted on major issues before and during policy-making processes." 即 "协商民主被定义为中国共产党领导下的一种民主模式，社会的各个部门坚持协商于决策之前和决策之中"。这一界定是对于中国协商民主本质的强调，它不同于作为代议制补充的西方协商民主，而是一种现实的由中

---

① 《中国共产党提出发展协商民主》，2015 年 2 月 9 日，http://www.xinhuanet.com/english/。

国共产党领导的民主模式,更是贯彻落实于国家各个决策之中的。其次,文章还指明了当前中国协商民主发展的方向和目标,提出"Though it has been practiced by China for decades, consultative democracy needs to be strengthened as the country is in the decisive process of building a moderately prosperous society in all respectst",即"虽然中国对于协商民主的实践已经有几十年的历史,但中国在各个方面都正处于决胜全面建成小康社会的关键时期,需要加强协商民主的发展"。这一指向表明了中国协商民主的发展有着丰富的历史实践经验,在决胜全面建成小康社会的关键时期,更需要发挥协商民主的独特优势凝心聚力。再次,文章指出了"中国品牌的民主"的重大优势与意义,提出" this method be used to expand people's participation in politics, help modernize state governance and resolve conflicts."即"这种方法可以用来扩大人们的政治参与,有助于实现国家治理的现代化和解决冲突"。这一概括最大限度地回应了国际舆论对于中国协商民主作用的质疑,更是对中国民主制度发展现实性的最好阐释。最后,文章中还强调了中国共产党领导中国协商民主发展的重要性,指出" in pushing forward consultative democracy, the leading role must still be given to the CPC to ensure it can control the direction of development."即"在推进协商民主发展的过程中,中国共产党必须发挥领导作用,以确保其正确的发展方向"。这里进一步厘清了党和协商民主思想的关系,协商民主思想是我们国家、党和人民的伟大创造,来自党领导人民进行革命和建设的长期实践,与此同时,进一步推进协商民主,必须保证党的核心领导地位,这样才能够确保正确的政治方向。

同样的观点,在国家层面的文化输出中,尤其是政治外宣文本中也有体现。例如国务院新闻办公室会、中共中央文献研究室、中国外文局共同编辑,于 2014 年 9 月 28 日向全球出版发行的《习近平谈治国理政》中提及"中国人早就懂得了'和而不同'的道理"。再如,由中国外文局及中国翻译研究院联合编撰,于 2016 年 8 月以九种语言出版发行的《中国关键词》,在其政治篇专题中的"Consultative Democracy 协商民主"一文中详细阐明了中国协商民主对于中国政策和中国发展道路的重要性,是在中国的土壤中产生的,并且和中国具体国情结合在一起的民主制度。

为什么协商民主是中国品牌的民主呢?我想主要有两个原因。其一，它是中国社会主义民主政治的特有形式，因为协商民主不仅具有深厚的文化基础，它是中国传统文化"和为贵""忠恕仁和""和睦群众"等传统价值理念的反映；而且具有深厚的理论基础，通过有事多商量、遇事多商量、做事多商量的制度安排，能够找到人民群众意愿和要求的最大公约数；不仅具有坚实的实践基础，是中国革命和建设成功的法宝，是改革开放成功的关键，而且具有稳固的制度基础，它以中国根本政治制度和基本政治制度为支撑，从而成为中国社会主义民主政治的特有形式。其二，它体现了中国社会主义民主政治的独特优势。与西方人民只有投票权利而无广泛参与的权利，投票时"唤醒"，投票后又"休眠"，名为"一人一票"实为"少数人专政"的民主不同，社会主义协商民主从政治参与的渠道、讨论的内容、参与的层次等方面全方位、全过程、立体化、多层次地扩大公民有序政治参与，不仅保障人民当家做主，而且促进科学民主决策，推进国家治理体系和治理能力现代化；不仅化解矛盾冲突，促进社会和谐；而且保持党同人民群众的血肉联系，巩固和扩大了党的执政基础。①

二　中国协商民主思想的学术话语

（一）国际学术会议对外传播的协商民主观念

国际学术会议既是各个国家在学术领域的研究者聚集在一起从学术角度探讨交流问题的一种学术方式，同时也是本国价值观念对外传播的重要平台。近年来，中国召开了多次关于协商民主思想的国际学术研讨会，与其他国家的研究者进行交流与碰撞，加快了中国协商民主价值观念的对外传播，具有代表性的论坛有以下三次。

第一次是由浙江大学原政治学和行政管理系与澳大利亚的塔斯马尼亚大学政府系共同主办的协商民主理论和中国地方民主的实践国际学术研讨会，该次会议于2004年11月18日到21日在浙江大学举行。50余名来自世界各地的学者和官员共同参与了研讨，大会在以下几个方面取得共识：一是协商民主理论的实践途径。有学者通过将协商民主理论与当前中国具体的基层实践相结合，提出中国发展协商民主，应提高公民

---

① 参见吴学琴《社会主义协商民主的丰富内涵和重要价值》，《中国社会科学报》2018年9月25日。

基于公共利益，经由公共论坛进行的平等、自由的对话、争辩、讨论和协商，缩小社会利益群体因不同诉求而产生的偏见。二是中国政治改革与协商民主的关系。有学者认为当前中国必须进一步弘扬协商民主，可以规避被动式政治参与的劣势，保障公共决策和讨论的充分进行。譬如2003年北京大学教师聘用制的改革，吸引了北京大学全体教师积极参与到改革的讨论中来，充分体现了协商民主的这一民主形式的作用。三是为西方协商民主的实践提供借鉴启示。耶鲁大学的伊森·里布博士从美国大众协商制度的设计展开分析，提出可以借鉴中国协商民主制度设计的理念。来自澳大利亚国立大学约翰·赫尔教授，通过分析澳大利亚的宪政、选举、议会和内阁等制度提出了该国具备协商民主的背景，但是也存在一些明显缺陷，容易陷入各集团利益，导致议而不决。西方民主可以参考中国协商民主制度的设计，克服其在民主实践中不足。四是协商民主实践在中国农村地区广泛存在、成效显著。有学者调查指出，从1990年开始，中国对村民自治出现的相关问题开始反思，指出协商民主在农村公共事务决策和管理以及监督中扮演了重要角色。来自美国克里夫兰州立大学的谭青山教授认为村民代表大会和一些其他的机制都潜藏着协商民主的因素，能够更好地处理村级事务。五是中国城市的协商民主实践。学者认为社区成员利用网络开展公共协商，能够维护弱势群体的利益，也可以解决国家在城市社区建设中的困境。六是如何推进协商性制度建设。美国互动基金会的阿道夫·刚德森博士通过学习中国的协商民主观念和制度，认为民主协商的目的不仅是达成共识，而且要进一步探索出更多可能性的治理途径。[①] 显见，这次会议通过与美国、澳大利亚、加拿大等国家的众多专家学者的发言讨论，在"协商民主理论""中国政治改革与协商民主""中国农村的协商民主实践""中国城市的协商民主实践""如何推进协商性制度建设"等方面，都进行了热烈而深入的讨论，获得了国外与会专家的肯定和赞同，传播了中国的协商民主理论与实践，极大增强了中国协商民主价值观念的国际影响力。

时隔10年，2013年由南开大学组织的"协商民主理论与实践国际

[①] 参见吴乐珍《协商民主理论与中国地方民主的实践国际学术研讨会综述》，《浙江社会科学》2005年第1期。

研讨会"在天津召开，50 多名来自世界各地的专家就协商民主的理论和具体实践中面临的困难展开了激烈的探讨，并在三个方面研讨和传播了中国的协商民主。一是协商民主在民主政治发展中的意义。北京大学、复旦大学、南开大学等众多中国学者肯定了协商民主的重大意义，进一步提出协商民主理论要增加与个别代表和派别的协商，才能获得进一步发展，充分发挥协商民主的协商作用。美国斯坦福大学詹姆斯·费什金教授、澳大利亚皇家理工大学杰弗里·斯托克斯教授、英国西苏格兰大学斯蒂芬·艾斯特伯博士、英国华威大学约翰·帕金森教授、加拿大不列颠哥伦比亚大学马克·沃伦教授等专家学者也有同样的认识，认为协商民主与竞争型或精英型民主存在着本质区别，他们提醒与会者注意：人民的意志才是民主的最高形式，而协商民主发展的关键是民主化治理；协商民主化治理关键在于制度化，制度化发展过程中需要关注十个焦点，即处理好协商民主与政治行为、政策影响、不平等、专家意见、多元主义、利益、心理特征、公共领域、参与代表制、小众之间的关系问题。二是中国特色社会主义协商民主的性质和特征。有学者充分肯定了中国民主的特色就是协商民主，并进一步强调协商民主在全球化政治建设中具有重要意义。三是如何推进中国特色社会主义协商民主的制度建设。有的建议要不断发展社会主义协商民主，促进协商民主的制度化，提出政协制度是当前中国民主发展的一个重要制度，也是具有中国特色符合中国实际的民主制度。美国加州大学张宁博士针对协商话语进行了分析，肯定听证制度在协商民主中扮演着重要角色，并且获得了成功经验。[①] 这次国际论坛对中国协商民主价值观念的传播，一方面在会场上已经肯定了协商民主治理的意义，研讨了协商民主治理的焦点问题、制度化建设等，达成了共识；另一方面还在会后发表了大量讨论协商民主的文章，如陈家刚于 2014 年 7 月发表在《马克思主义与现实》上的《当代中国的协商民主：实践探索与理论思考》，集中分析了协商民主在中国的实践，等等。

2017 年 1 月 17—19 日在西华师范大学再次召开"协商民主与基层治理"国际学术研讨会，来自韩国、瑞士、中国的 50 余个单位近百名

[①] 参见齐艳红《协商民主的理论与实践——协商民主理论与实践国际研讨会综述》，《理论与现代化》2014 年第 4 期。

专家学者参加了会议。大会聚焦基层协商民主的治理和传播，形成五个方面的意见。一是基层协商民主的发展是构建中国民主政治的关键条件。有的学者对中国基层协商民主的实践阶段进行了总结，并且阐述了实践中的现状和出现的困难；也有学者提出协商民主发展过程中必须贯彻基层协商民主制度化的诉求，才能发展协商民主，而协商民主的动力来自自治方式的应用和创新。二是中国基层群众自治制度是中国的一项基本政治制度。来自韩国仁川大学曹亨真教授认为政府有必要提高农民对政府的信任程度，充分发挥协商民主在基层治理中的作用。三是基层协商民主与基层治理实践创新。有专家以四川省崇州市为例，认为崇州市基层协商民主的主要做法，为协商民主的基层实践提供了现实借鉴。四是基层协商民主在治理中的作用。来自瑞士苏黎世大学的胡淑云博士详细介绍了瑞士基层协商民主的发展，这在协商民主和基层治理的发展中具有非常强的借鉴意义。五是协商民主与基层治理的现代化发展。有学者提出政治整合理论能够促进基层自治和协商民主的进一步发展；也有专家从协商民主价值观念的传播角度，提出可以充分利用互联网加大协商民主价值观念的传播力度。[①]

这三次大型的关于协商民主理论与实践的国际学术会议，涉及的议题和内容多、覆盖面广，大到宏观层面的协商民主制度、协商民主体制，小到成都青江区"三级授权"基层民主自治治理、成都议事会制度、浙江温岭的协商民主治理模式、彭州市全覆盖的两级协商对话制度与渠道等基层的协商民主形式；从协商民主的理论到协商民主的实践，都进行了广泛研讨，无疑起到了传播中国协商民主价值观念的作用，并匡正了国外对中国民主制度的误识，回应了西方的质疑和批评。

（二）学术外译文本对外传播的协商民主话语

随着全球化不断推进，各国之间的交流越来越密切，大力推进国家发展战略，提升国家文化软实力也是中国当务之急。为了将中国的文化弘扬到世界各地，"十二五"规划以来，中国就制订了繁荣发展哲学社会科学计划，相继于2004年推出"中国图书对外推广计划"、2009年启动"中国文化著作翻译出版工程""经典中国国际出版工程"、2010

[①] 参见谢友谊《协商民主与基层治理国际学术研讨会综述》，《西华师范大学学报》2017年第3期。

年设立"中华学术外译项目"等一系列外译中国文化经典,传播中国价值观念的规划项目。这些项目把哲学社会科学研究的优秀成果翻译成外文出版,进入国外较为流行的传播渠道,目的只有一个,即通过增进中外学术的交流,强化当代中国价值观念的传播,从而提升西方对中国哲学社会科学和传统文化的理解。这也是中国十多年来对外文化传播事业的巨大成就,受到了海内外读者的普遍好评。在学术外译项目快速发展,文化传播和翻译出版事业获得更多机遇的背景下,独具中国特色的协商民主价值观念,也在中华文化"走出去"中加大了传播力度,逐渐获得理解和认同。

以 2004 年推出的"中国图书对外推广计划"项目为例,成立后就多次对外推广了有关中国协商民主思想的外译文本,其中最具代表性的外译图书有四本:《协商民主与国家治理》《协商民主:解读中国民主制度》《协商民主在中国》《新常态下的地方治理创新:中国协商民主和公众参与的实践探索》。《协商民主与国家治理》由中共中央编译局世界发展战略研究部副主任陈家刚编写,该书收录了几年来作者在《学习时报》等报纸杂志上发表的关于中国政治发展的若干问题的思考和研究成果,大体涵盖四大主题:一是作为政治体制改革新路径——存量民主问题;二是关于协商民主以及中国特色协商民主制度的构想;三是政治体制改革的顶层设计;四是生态文明建设等。这些文章既有对西方协商民主制度设计的反思和经验的总结,也有探讨中国协商民主对于国家治理的重要意义。《协商民主:解读中国民主制度(中英文版)》、《协商民主在中国(中英文版)》由曾任中共中央党史研究室副主任、中央宣传部理论局副局长、中央党校副校长李君如编写,这两本书通过对中国协商民主制度进行具体介绍,阐述中国协商民主的多种形式,以及在中国共产党的领导下,如何通过协商民主制度体现"公民有序的政治参与"这一现代民主精神,共建社会主义和谐社会。新加坡国立大学李光耀公共政策学院中国官员培训项目负责人陈抗教授和赴新加坡学习的中国地方政府官员刘臣共同撰写《新常态下的地方治理创新:中国协商民主和公众参与的实践探索》,从实践角度对中国协商民主和治理的 12 个案例进行了分析,多角度论述了政府对协商民主和治理创新做出的努力与尝试。

再以 2010 年的"中华学术外译项目"为例(由全国哲学社会科学

第三章　当代中国民主价值观念及其话语表达 | 115

规划领导小组批准设立），截至 2017 年的资料统计，该项目已经资助了 600 多项中华学术科学研究成果的对外翻译和出版，在中华学术"走出去"、讲述中国故事、发出中国声音、扩大中国学术的话语权方面发挥着不可替代的作用。由"中华学术外译项目"所资助的有关中国协商民主思想的外译成果中，以下成果引起了国内外的广泛好评：中共中央编译局原副局长俞可平主编的《中国治理变迁 30 年》，英文版名称为"The Reform of Governance"，由荷兰博睿学术出版社于 2010 年 6 月出版发行，该书针对最近 30 年中国治理变迁的路线和改革进行了重点分析，着重介绍了治理变迁的基础，分析了改革获得的成就，已经存在的问题和治理模式的特征。在处理党政关系的问题上，中国采取了共产党与民主党派及各界人民团体的政治协商制度，以推进社会主义民主政治的发展。该书对于中国政党制度的介绍正是中国协商民主思想应用于制度实践的鲜活例证，是帮助国外同行了解中国协商民主思想的重要文本。该书英文版发行后，受到了海外学者的高度评价。英国伦敦政治经济学院教授爱德华·查尔斯评论该书说："这本书对于研究中国政府治理变革的历程和模式都是非常有价值的，包括了 30 年的政府治理变迁路线和重大事件，对于那些研究当代中国政府改革和治理的学者来说是必要参考读物。"[1] 曾任中国人民大学国际关系学院院长的李景治编写的图书《中国和平发展与构建和谐世界研究》（*The Choices of China: Peaceful Development and Construction of a Harmonious World*），中英文版分别于 2011 年 3 月、2012 年 2 月由中国人民大学出版社出版发行。此书的第四章第三节在阐述中国和平发展进程中如何处理国际经济摩擦与问题时指出，国际经济摩擦是中国发展进程中不可避免的问题，应坚持以和平发展的原则，妥善解决国际矛盾。这一内容是中国协商民主思想用于解决国际问题的理论思考，也包含着国际协商解决矛盾冲突的观念，以个案的方式传播了中国协商民主价值观念。

　　通过上述的梳理，大体给我们呈现了改革开放 40 年来，协商民主价值观念对外传播的基本面貌，从中我们能够清晰感知，中国以前所未有的速度敞开大门走向世界、拥抱世界的胸怀，中国开放的大门越开越

---

[1] 《中国治理变迁 30 年》英文版简介，2011 年 9 月 7 日，全国哲学社会科学规划办公室（http://www.npopss-cn.gov.cn/GB/230094/15611063.html）。

大，融入世界的脚步也越来越快，让世界了解中国、认同中国价值观念的速度越来越快、途径越来越广。

第四节 当代中国协商民主价值观念对外话语的传播

中国共产党第十九次代表大会报告把"发展社会主义协商民主"作为新时代发展中国特色社会主义方略和坚持人民当家做主的重要内容，在第六章"健全人民当家做主制度体系，发展社会主义民主政治"部分，集中阐述了"发挥社会主义协商民主重要作用"[1]。作为社会主义核心价值观念之一的民主，其中最具中国特色和中国风格的就是协商民主，协商民主是中国共产党和中国人民的伟大创造，同时也是符合中国国情的具有鲜明特征的民主形式，中国的民主价值观念能否获得国际社会的广泛认同，关键在于协商民主价值观念能否获得认同。改革开放以来，中国协商民主思想话语体系的对外传播所涉及的范围较广，传播的主体、渠道、方式均趋向多样化，协商民主价值观念在三个方面扩大了对外传播：一是发挥协商民主在解决国际争端和国际问题中的作用，如朝核问题的六方会谈、G20杭州峰会、"一带一路"高峰论坛等；二是发挥新闻媒体的宣传传播功能，如新华网（英文）、中国日报（英文版）连续发文专题介绍协商民主，营造了良好的国际舆论环境，塑造了国家形象，也提高了国家文化软实力；三是学术传播：通过国际学术会议、学术著作外译不断介绍中国的协商民主，在国际上得到较快传播，并获得国际社会的极大认同。在这三种传播方式中，学术传播是最核心和稳固的传播方式。那么改革开放40年来，传播状况怎样？其影响力如何？在这一问题上，拟从文本的角度来探索中国在对外传播中所突出体现的中国协商民主思想，在语种选择上以国际通用的英语为参考，在学术外译方面选取了具有高度学术辨识度的《协商民主在中国》，这本书都是中国协商民主思想对外传播中具有极大影响力的文本巨著，也是国际社会了解中国协商民主思想的重要渠道。

---

[1] 习近平：《决胜全面建成小康社会 夺取新时代中国特色社会主义伟大胜利——在中国共产党第十九次全国代表大会上的报告》，人民出版社2017年版，第37页。

一 《协商民主在中国（英文版）》的学术外译情况

在学术的外译传播中，《协商民主在中国（英文版）》一书具有里程碑意义，它对中国协商民主思想、理论和制度进行了专业化系统性的介绍。该书2014年3月由人民出版社出版，同年10月由外文出版社翻译成英文、韩文、日文、俄文、西班牙文五种语言出版发行，是学术界将中国协商民主思想以系统理论的方式进行对外传播的代表性巨著。作为"中国进行时"丛书之一，它为读者展示当今中国协商民主实践的一个个侧面、一个个鲜活和发展的中国样貌，帮助读者了解真实而多维的中国政治治理状况。

2012年11月，党的十八次代表大会提出系统阐述协商民主制度，接着在党的十八届三中全会上，中国共产党重点提出建立更加广泛的、多层次和制度化的协商民主。《协商民主在中国》一书正是在这样的大背景下，以党的十八大和十八届三中全会精神为指导，研究了当前中国协商民主思想的形成和发展，探讨了当前协商民主的本质和意义、社会主义民主的创新、政治体制改革等重大的理论和实践问题，并结合丰富的案例，针对目前中国各个地区实践探索出的协商民主的创新形式，如民主恳谈会、民主听证会、乡村论坛、社区论坛等案例，进行深刻分析，总结经验教训，反思成败得失，是中国协商民主思想的重要理论成果，其现实性和针对性都非常强。《协商民主在中国》的英译版为"Consultative democracy in China"，全书加上《序言》共十章，《序言》部分为"与其空谈民主不如深入研究民主的实践经验"，随后依次讨论了"十八大对中国特色社会主义政治发展道路的新贡献""十八届三中全会推进协商民主广泛多层制度化发展的决策""中国政治生活中的协商民主""统一战线和协商民主""协商民主思想的形成和两种民主的制度创新""人民政协的转型和协商民主制度的发展""人民政协协商民主的形式创新""协商民主在中国发展起来的脉络和原因""中国特色协商民主理论思考及其与西方协商民主理论的关系"九大问题，从上面所列问题可以看出，此书对于中国协商民主思想的阐述集中在以下四个方面。

第一，用英文单词"Consultative democracy"界定中国协商民主的本质。由于不同语言之间存在多方面的差异且都普遍存在着一词多类、一词多义的现象,所以选字用词是否准确直接影响到译文的质量。在选字用词时,既要注意文章和句子的总体语境,区别两种语言在文化背景上的差异,也要考虑到两种语言在逻辑思维和表达习惯上的差异,尤其是在构建中国特色的对外传播话语体系、提高国家文化软实力的大背景下,对外传播翻译中的选字用词既要区别于其他文体,符合有关专业知识和专业术语,也要能够展示一国的国家形象、精神特质和价值追求,提升一国在国际上的影响力和话语权,因此在学术外译的实践中如何做到正确地选字用词是一项极大的挑战。《协商民主在中国》中的"协商民主"一词,选用了中国官方的译法"Consultative democracy",而非国际学术界所熟知的"Deliberative Democracy",这恰恰是在学术外译的选字用词上,对中国协商民主思想与西方协商民主理论之间本质区别的一种明确界定。我们都知道协商民主是中国特色的民主形式,但西方也有所谓的协商民主,其理论兴起于 20 世纪后叶,是克服代议制民主缺陷而出现的一种民主构想和实践。西方代议制民主虽然成功解决了在社会复杂性条件下,如何保证现代国家规模庞大、数量众多民众的民主权利问题,但与此同时,代议制民主的理论和制度又面临新的难题,即如何代理才具有正当合理性?同时,这种民主也依然没有解决政府决策中如何保证和体现每个人的价值观念和特性等个体情况。为解决此类问题,并缓解日渐加剧的社会矛盾,协商民主理论就此产生。1980 年毕塞特在《协商民主共和政府的多数原则》一文中第一次从学术意义上使用了"deliberative democracy(协商民主)"一词,[①] 用此词来倡导公民政治参与。国内学者首次将国外的"deliberative democracy"翻译成"协商民主"[②],它是新型的国际性的研究热点,吸引了国内学者的关注,然而这一基本概念的翻译本身就反映了西方协商民主理论在引进国内话语体系过程中存在着某种程度的误读。西方"协商民主"中的"协商"(deliberative)从词义上看,实际上包含着"审议"、"慎思"

[①] Joseph M. Bessette, "Deliberative Democracy: Majority Principle in Republican Government", in Robert A. Goldwin and William A Scham-bra (ed.), *How Democratic Is the Constitution?*, Washington: American Enterprise Institute, 1980, pp. 102 – 106.

[②] [美] 詹姆斯·博曼(James Bohman)、[美] 威廉·雷吉(William Rehg)主编:《协商民主:论理性与政治》(*Deliberative democracy: essays on reason and politics*),陈家刚等译,中央编译出版社 2006 年版。

(consideration)和"讨论"(discussion)等方面的含义，deliberative 的过程主要是指在适当讨论后，个人依据学识和良知在对相关的论据和辩论进行充分思考的情况下，对部门、团体等相关机构提出的意见、措施或方案进行审定（支持或反对）的一种集体活动。① 因此，从词源的层面来解析西方的"deliberative democracy"，翻译为"审议民主"更加符合实际。而《协商民主在中国》一书将中国的"协商制度"中的"协商"，英译为"consultative"，意为"咨询"、"商议"（negotiation）、讨论（discussion），更加符合协商民主思想在中国社会发展中所体现出来的建言献策、咨询于决策之前、达成共识的职能。② 这一基本概念的明确界定，不仅从词语翻译的层面将西方协商民主理论和中国协商民主思想区别开来，更指明了这二者在协商的原则、基础、体制、机制、目标等方面存在的本质差别。

第二，深入研究协商民主实践经验，胜过空谈民主。《协商民主在中国》一书的《序言》部分，作者在思考"实行什么样的民主，更有利于中国的持续健康发展"这一问题时，引用了列宁在俄国革命取得胜利后说的话："对俄国来说，根据书本争论社会主义纲领的时代已经过去了，我深信已经一去不复返了。今天只能根据经验来谈论社会主义"，③ 指出民主发展的方向："在今天，空谈民主不如深入研究民主实践的经验。"④ 这句话包含以下两层含意。一是与其抽象谈论玫瑰色的民主观念，不如脚踏实地践行民主。民主是人类共同追求的价值目标和社会发展趋势，也是当今国际上使用最广、最富争议的话题之一，美英法等西方多党制国家一直以"民主的代表"自居，并大力推广西式的价值理念和制度模式，将西方民主价值观念输出到世界各地，渗透其意识形态，目的是取得意识形态话语权、经济领域的控制权。新中国成立后，中国的民主制度一直饱受西方的攻击和质疑，他们用西方的"民主"观念，诋毁中国的民主政治，暗讽、批评中国即将走向崩溃。在

---

① 参见 Robert E. Goodin, "When Does Deliberation Begin? Internal Reflection versus Public Discussion in Deliberative Democracy", *Political Studies*, Vol. 51, 2003, p. 269.
② 金安平、姚传明：《"协商民主"：在中国的误读、偶合以及创造性转换的可能》，《新视野》2007 年第 5 期。
③ 《列宁全集》第 27 卷，人民出版社 1968 年版，第 480 页。
④ 参见李君如《协商民主在中国》，人民出版社 2014 年版，第 1—3 页。

这种恶劣的国际舆论背景下，我们不仅要理直气壮地反驳，更需要探索一条能够让外界足以信服中国民主发展的道路，最好的方式莫过于让事实说话，与其空谈民主，不如脚踏实地地将民主理论应用于实践中，立足中国社会发展，探索出一条适合中国国情的民主之路，西方的偏见与谩骂自然就会不攻自破。二是深入总结民主实践的经验，形成适合中国国情的民主理论。正如 2014 年国家主席习近平在比利时布鲁日欧洲学院发表的演讲，谈及中国发展道路时指出的"China cannot copy the political system or development model of other countries because it would not fit us and it might even lead to catastrophic consequences."（中国不能全盘照搬别国的政治制度和发展模式，否则的话会水土不服，而且会带来灾难性后果。）① "The uniqueness of China's cultural tradition, history and circumstances determines that China needs to follow a development path that suits its own reality."（独特的文化传统、独特的历史命运、独特的国情，这一切都决定中国只能走与自身国情相适合的发展道路。）② 因此，回顾和总结中国民主政治发展的经验和教训，尤其是总结中国协商民主思想的理论渊源、发展历程、协商形式、基层实践等经验，对探究未来建立民主政治的整体方向与路径具有借鉴意义，如此才能构建符合中国国情、具有中国特色体系化的社会主义协商民主理论。

第三，协商民主在中国政治生活中发挥了极大作用。协商民主是党和人民在社会主义民主方面的创造之一，源于中国优秀的政治文化，在长期的革命和建设中获得发展和完善，最大限度地实现了人民当家做主，拓展了社会主义民主的广度和深度，正如书中总结的一样，协商民主已经渗透到了中国社会生活的各个领域，尤其在人大立法、政协和基层社会组织等方面产生深刻影响，在当代已经具有广泛性、多层化和制度化的特征，主要体现在以下四个方面：一是政党之间的协商民主。新中国成立以来，社会主义民主政治不断得到完善，目前中国政治社会生活中已经形成了多层面的协商民主制度。其中，政党协商已成为较成熟的协商民主方式，这种协商方式是在党的领导下与各

---

① 习近平：《出席第三届核安全峰会并访问欧洲四国和联合国教科文组织总部、欧盟总部时的演讲》，人民出版社 2014 年版，第 45 页。
② 习近平：《出席第三届核安全峰会并访问欧洲四国和联合国教科文组织总部、欧盟总部时的演讲》，人民出版社 2014 年版，第 43 页。

民主党派以及无党派人士之间展开的协商。各党派基于相同的目标，利用协商的方式，讨论涉及中国社会发展的重大方针政策等议题，这一方式体现了协商民主的政治性和协作性，与以美英法为代表的西方政党制度中的纯粹竞争性的政党关系有着根本的区别。二是人民政协的协商民主。它是协商民主较为关键的渠道和专门的机构，政协在政治中扮演的角色是其他机构难以取代的。中国人民政治协商会议，简称人民政协，它的主题是"民主"和"团结"，同时要进一步突出民主监督的作用，这些职能的履行能够更好地发挥参政议政的作用。三是政权机关在立法和决策中实行协商民主。中国的人大立法和选举中一般均采取协商民主制度。在构建人大制度的过程中，人民代表大会和人大常委会在对各类事项进行审议和决策的过程中，各代表和委员之间必须要用沟通和协商的方式来对各项立法和决策进行讨论决定，保证其立法和决策符合民意。人大制度和协商民主结合在一起的民主选举，反映出中国民主特色的优越性。人民政府施政过程中也采取协商民主制度，体现在政府召开的听证会和政府与政协的关系上，在政府决策、施政、监督、治理等各方面都贯彻协商民主的理念，从而使党和政府的决策更加顺应民意，充分体现人民当家做主。四是基层的协商民主。伴随着协商民主在中国的日益发展，为进一步调动人民的参与性和主动性，中国社会基层较广泛地开展了各种形式的民主实践，如民主恳谈会和社区议事会等。实践表明：中国基层的协商民主在化解社会矛盾、推动基层干部走好群众路线、科学决策、实现人民当家做主等方面，都产生了无可替代的作用。

第四，正确认识中国协商民主与西方协商民主的理论关系。如何界定中国协商民主与西方协商民主二者之间的理论关系，目前学术界尚未达成一致意见，《协商民主在中国》一书对此厘清了三种关系：一是"我们要承认国外的协商民主研究成果对我们探索中国的协商民主是有影响的"[1]。从一定意义上来说，国外协商民主理论的出现缓解了资本主义危机，缓和了阶级对立和种族矛盾，在经济发展和社会稳定中扮演着重要角色。反观西方的民主政治，反而增强了我们走协商民主之路的信心。二是"我们加强对国外协商民主的研究与了解，并不意味着要

---

[1] 参见李君如《协商民主在中国》，人民出版社2014年版，第154页。

完全模仿，而只是对他们进行参考，以他们作为借鉴，进而更好地研究我们自身的协商民主"①。在国外，协商民主的作用主要是用来补充代议制民主所存在的问题而提出的一种构想，但是在中国协商民主的发展历程中，协商民主具有完整的理论体系和制度架构，因此，我们不可能完全模仿国外的协商民主，也不能将西式民主作为衡量民主化程度的唯一标准，而是借鉴西方协商民主的成功经验，推进和完善中国的民主政治建设。三是"中国学者应该树立这样的远大志向，构建具有中国特色的协商民主理论，换言之，建立在自有的实践经验基础上，构建协商民主理论的中国学派"②。协商民主在中国已经发展多年，具有丰富的实践经验，在此基础上对其发展规律进行总结，进而建构出协商民主的中国学派，这是中华民族伟大复兴赋予当代中国学人应有的责任和使命。

二 协商民主价值观念对外传播的影响力

任何国家和地区的民主都和这个国家的历史、国情息息相关，只有读懂历史、读懂国情，才能理解该国家和地区政治制度的变迁。协商民主是中国特色社会主义理论的有机构成部分，它植根于中国大地，经历了漫长的探索与实践，创立了中国政协制度和政党制度。《协商民主在中国》一书就是中国协商民主理论与实践的总结，系统地阐述了中国社会政治生活中的协商民主、统一战线中的协商民主、人民政协中的协商民主、基层治理中的协商民主等，从理论和实践双重角度解读了中国协商民主思想的发展与创新。从学术外译的角度来看，《协商民主在中国》一书也是站在严谨规范的学术角度，阐述了中国政治发展过程中协商民主的具体实践和成功经验，突出了协商民主的优势。改革开放以来，中国正是通过实施学术外译工程、举办国际学术会议等诸如此类的工作，已经逐步让世界了解中国的协商民主，理解中国发展道路。也正是在其对外传播中，西方媒体也由最初的质疑慢慢转向积极评价，美国《侨报》发表文章称，中国协商民主明显是个好东西，中国的"协商民主"建立了一种事先协商，然后对各种意见进行综合考虑，最后做出

---

① 参见李君如《协商民主在中国》，人民出版社 2014 年版，第 154 页。
② 参见李君如《协商民主在中国》，人民出版社 2014 年版，第 156 页。

决策的"程序民主",这种形式虽然与其他国家的民主形式不同,但这并不影响中国民主政治的发展。①日本《朝日新闻》报道称,中国协商民主制度有着非常强的生命力,很具中国特色,因为它最能代表和反映民情;② 法国《欧洲时报》刊登社论称中国的政协政治与协商民主能够发挥更加积极的作用,必将为官民之间构建更加坚实和广泛的协商对话平台,而中国式民主也将因此获得更多自信,并为世界提供新的民主政治参照系;③ 等等。通过40多年的努力,国际社会越来越关注中国,倾听中国协商民主的声音,接受协商民主的价值观念,使一批正义的学者能够反思西式民主的局限,西方协商民主理论的兴起和发展就是例证。虽然中国协商民主价值观念对外学术传播话语,还未形成一个较为完整的理论体系,但是中国的协商民主丰富了民主的形式,拓展了民主的渠道,在国际社会的互动交流中扩大了影响力。尤其是近几年学术外译文本对协商民主思想越来越重视,将其视为中国主流意识形态的重要组成部分加以解读和传播,大大增强了中国的道路、理论、制度和文化的感染力与认同力,实现了学术外译层面"用中国好声音,讲中国好故事"的目的。正如英语中的一句谚语:Actions speak louder than words(事实胜于雄辩),无疑,该书在对外传播中产生了巨大影响,获得国际舆论好评。

上述关于协商民主价值观念的对外传播和影响也启示我们,只有尊重民主思想及其实践形式的多样性,才能在国际互动中扩大影响力。民主,一直是人类追求的价值观念之一,能够达到一个民主的社会是人类政治生活的理想。但是,由于各个国家发展水平,所处的社会阶段不同,人们追求民主的表现形式大相径庭,民主的实现方式也大为不同,多党制的政党形式和议会民主、选举民主是西方社会历史发展的产物,协商民主则是在中国大地上探索出来的适合中国国情民主形式,这一形式不仅包含了横向的社会自治和民主选举,还包含了纵向的自上而下和

---

① 《中国正在力图走出一条中国特色民主道路》,《侨报》(美国),2015年3月4日;环球网《海外看中国》栏目(http://oversea.huanqiu.com/article/2015-03/5835250.html)。

② 《中国全国人大会议将于5日在北京开幕》,《朝日新闻》(日本),2015年3月10日;中国网(http://news.china.com.cn/2015lianghui/2015-03/12/content_35027777.htm)。

③ 《中国协商民主回归本源 追求务实理性专业》,《欧洲时报》(法国),2014年3月13日;网易新闻(http://news.163.com/14/0313/13/9N7IQEMM00014JB5.html)。

自下而上的民主参与方式。因此，在携手构建人类命运共同体的今天，应尊重民主理论和实践的差异化特征，重视民主思想和形式的多样性，只有这样，才能够为中国的政治提供新的活力和创造力，才能推动中华民族的伟大复兴。

第四章　当代中国公正价值观念的话语变迁及其实现

公正价值观念，古已有之，也曾有多种话语表达，譬如公平、正义、平等、正直等，这是一种崇高的价值观念和理想信念，"我仰望星空，它是那样庄严而圣洁；那凛然的正义，让我充满热爱、感到敬畏。我仰望星空，它是那样自由而宁静；那博大的胸怀，让我的心灵栖息、依偎"[①]。

第一节　人类心中的太阳：公正及话语表达

一　公平正义的缘起

公平正义，"既是一个能够让你仰望星空而充满神圣感、拷问良知而激动不已的领域，同时又是一个能够让你感知种种历史因素以及种种利益关系的错综交织而必须理性、冷静面对复杂现实生活的领域；既是一个能让你必须有勇气、有能力明确判断是与非的领域，同时又是一个能够让你必须基于现实状况、按照可行性原则提出社会成本相对较小的建设性方案的领域"[②]。自有人类社会以来，人们就孜孜不倦追求公平正义。"公平正义"成为人们心中最美好的愿望和期盼，公平正义观念最初萌芽于原始社会人的平等感情，而公正与非公正则是私有财产出现后才有的观念。当时人们凭借自然的感情，认可以劳动等手段获取的生活资料，而对强取豪夺则持非议。在漫长的奴隶社会，人们的公正与非公正观念有了明确的概念和具体内容。在哲学上，古希腊米利都学派

---

① 温家宝：《仰望星空》，《人民日报》2007年9月4日第9版。
② 吴忠民：《走向公正的中国社会》，山东人民出版社2008年版，第418页。

的阿拉克西曼德最先使用了"公正"一词,但没有定义。他提出:"万物由之产生的东西,万物又消灭而复归于它,这是命运规定了的。因为万物在时间的秩序中不公正,所以受到惩罚,并且彼此互相补足。"[1]这里,公正是指自然现象在时间的年轮中,一种现象压倒另一种现象,就是"不公正",就要受到惩罚。两百多年以后的柏拉图使用了"正义"一词,并把正义从自然现象延展到了人类自身。在他看来,人的灵魂有理性、意志和情感,与此相应,人就有智慧、勇敢和节制三种美德,这三种美德融洽无间、各司其职,就会产生第四种美德,即"正义"。按此理解,正义是什么?古希腊时期的人们认为我们每个人的品质都是上天赋予的,正义就是循着内心做好自己分内的事情,正义的城邦就是个人按照天性做自己本分工作的共同体。每个人和每个城邦中的各种品质起不同的作用,又能协调和谐,这就是正义。相反,不正义就是内心的矛盾冲突和煎熬,依柏拉图所言,就是理性、意志和情感,这三者之间相互背叛,相互干涉,相互斗争,冲突不和,灵魂的一部分反对另一部分,被统治者企图夺取统治者的地位,"不正义、不节制、懦怯、无知,总之,一切的邪恶,正就是三者的混淆与迷失"[2]。到了亚里士多德,他提出"正义包含两个因素——事物和应该接受事物的人;大家认为相等的就该配给到相等的事物"[3],譬如城邦的权力分配,按什么标准分配?亚氏提出门第高低是第一位的,其次要看血统优劣,最后看人们对于城邦事业的贡献大小。亚氏的公平正义观显然有极大阶级局限,但与此同时,他强调正义即平等、公正,"正义以公共利益为依归"的观点,[4] 对后世影响甚大。晚期希腊哲人伊壁鸠鲁把公平正义推进到了法律范畴,在他看来,国家之所以能合法存在,其基础乃是公正,公正则是由契约产生的。"公正没有独立的存在,而是由互相约定而来,在任何地点,任何时间,只要有一个防范彼此伤害的相互约定,公正就成立了。"[5] 西塞罗发展了这一思想,认为正义与非正义的界限

---

[1] 北京大学哲学系外国哲学史教研室编译:《古希腊罗马哲学》,生活·读书·新知三联书店1957年版,第7页。
[2] [希腊] 柏拉图:《理想国》,郭斌和、张竹明译,商务印书馆1986年版,第129页。
[3] [希腊] 亚里士多德:《政治学》,吴寿彭译,商务印书馆2009年版,第152页。
[4] [希腊] 亚里士多德:《政治学》,吴寿彭译,商务印书馆2009年版,第148页。
[5] 北京大学哲学系外国哲学史教研室编译:《古希腊罗马哲学》,生活·读书·新知三联书店1957年版,第347页。

只能由自然法来判定，不能由人们的立法、决议来决定，君主的意志、法官的判决乃至人民的投票，都不是公平正义与否的真正标准。到了中世纪，当时基督教伦理思想家甚至提出，所谓的公平正义不是门第、不是血统，也非一个人的贡献，而是一个人的肉体是否归顺上帝，归顺上帝就是正义，反之就是不正义。在反对中世纪神学思想中，近代欧洲的启蒙思想家还原了公平正义的本来含义，讴歌公平正义，疾呼自由平等。英国哲学家休谟就把公平正义视作"人为地（虽是必然地）由教育和人类社会习惯发生的，虽然是人类的发明，可是和人性一样不可改变。他还把利益看做是正义的自然约束力"①。近代资产阶级的公平正义理念以反对神权，追求人权为旨归，凸显了抽象人性意义上的普遍理性，以资产阶级的道德标准代替人类的道德标准，符合资产阶级利益的就视为正义行为，否则就是不正义的。正如马克思在《关于林木盗窃法的辩论》中对普鲁士法律所做的批判，把贫苦人捡拾枯枝败叶的行为视为盗窃，其法律本身的公平正义性就值得怀疑，这样的法律只是以法——这样一种普遍理性——体现资产阶级的利益。

二 马克思的公平正义话语

可见，从西方历史发展看，公平正义（Justice）在学理上，涉及了好几个学科，主要是政治学、社会学、伦理学的基本范畴。正如上文所述，"在古希腊语中，正义一词最初是从'置于直线上的东西'这个意义中引申出来的"。"在伦理学中，公平正义通常指一定社会条件下的人们根据一定的道德标准做'应当'做的事，同时也指社会对人们的道德行为和不道德行为所做的一种评价。在这种意义上，正义又被称为'公正'。"② 正义可以划分为伦理正义、政治正义、经济正义、社会（狭义的）正义和环境正义等。

上述对西方公平正义思想的演变历程分析表明，社会的公平正义一直是人类社会伊始就孜孜以求的社会状态，但究竟什么是公平正义？公平正义的内涵是什么？社会公平正义如何实现？对这些问题的争论与探究，自古以来是仁者见仁、智者见智，由此也形成了关于公平正义问题

---

① 谭鑫田、龚兴、李武林主编：《西方哲学辞典》，山东人民出版社1991年版，第597页。
② 谭鑫田、龚兴、李武林主编：《西方哲学辞典》，山东人民出版社1991年版，第597页。

的诸多观点与思想，譬如先验制度论、比较正义论、大同社会等。但从最初含义看，公平正义是人们渴望与追求尊严的表达，马克思进一步在社会公平正义的视角下考察和研究了人的尊严，他认为正是由于资本主义不公正的制度，才使无产阶级丧失了作为人的尊严，必须"推翻那些使人成为被侮辱、被奴役、被遗弃和被蔑视的东西的一切关系"①，这里马克思的公平正义理想，就是要破除资本主义生产关系，消灭资本主义制度，从而恢复人的尊严，使人免受人格上的侮辱和尊严上的侵害，进而实现社会公平正义。因而，对公平正义话语的表述，马克思与前人有极大的不同，他用了人的异化、剥削等个体微观话语，也创造了无产阶级解放、消灭资本主义制度等追求阶级解放和平等的宏观斗争话语，同时，马克思为了解决社会公正问题，还用了科学社会主义、共产主义、自由人联合体等未来社会的构想话语，今天，当我们面对中国社会发展进程中面临的诸多不公平正义现象和损害尊严问题，我们该秉持怎样的公平正义理念、何种尊严观？这些都是值得我们深入思考和探究的。一百多年前，马克思批判了资本主义制度非正义，同时，也构建公平正义美好的未来蓝图，为人类公平正义事业的发展指明了正确的方向，马克思倡导要立足于实践状况，而不是寄希望于悬空的理论，要深刻理解当时人类社会的公平正义状况，要坚信未来的公平正义社会，并提出了实现人类社会公平正义的可行路径。因此，我们要依据马克思的观点，而不是新自由主义或制度主义的观点，立足于中国特色社会主义发展的实践状况，而不是资本主义现实，尝试探索一种适应当前阶段的公平正义理论，而不是以资产阶级为标准的公平正义理论，力图为实现马克思所倡导的最高公平正义价值追求探寻现实路径。

第二节　公正的内涵原则与限度②

一　公正的内涵原则

恰如上文的分析，马克思恩格斯继承了西方思想史上的公平正义观

---

①　《马克思恩格斯选集》第 1 卷，人民出版社 2012 年版，第 10 页。
②　该部分内容以《正义视域下尊严的深刻意蕴与实现路径》为题，发表于《中州学刊》2018 年第 5 期。

念，认为公平正义是自有社会以来，人类孜孜以求的目标，是人类社会的崇高境界，当然也是社会主义和共产主义的首要价值之所在。在马克思恩格斯看来，公平正义应当成为工人阶级最为重要的价值观念。1871年，马克思在为国际工人协会起草的《共同章程》中明确地指出："加入协会的一切团体和个人，承认真理、正义和道德是他们彼此间和对一切人的关系的基础，而不分肤色、信仰或民族……"①

作为社会主义首要价值的公平正义，通过平等与自由表现出来。"平等是正义的表现，是完善的政治制度或社会制度的原则，这一观念完全是历史地产生的。"②"为了得出'平等＝正义'这个命题，几乎用了以往的全部历史，而这只有在有了资产阶级和无产阶级的时候才能做到。"③ 平等和自由是一个历史概念，随着历史的发展而体现出不同的内容。"平等的观念，无论以资产阶级的形式出现，还是以无产阶级的形式出现，本身都是一种历史的产物，这一观念的形成，需要一定的历史条件，而这种历史条件本身有一长期的以往的历史为前提。"④ 恩格斯在《反杜林论》中指出：平等是历史发展的产物，不存在抽象的平等。一是古代和宗教的平等观：在人类分化为阶级之前，强调一切人都应当平等；而在希腊、罗马的奴隶制，不平等比平等更受重视。基督教的平等只是原罪的平等。二是资产阶级的平等观有了很大进步：体现为劳动平等、交换平等和劳动力买卖平等上，但实质上代表资产阶级的利益，体现了资产阶级的特权。三是无产阶级的平等观的实际内容是消灭阶级的要求。杜林平等观的错误在于，一是从观念出发的先验论方法，二是脱离现实人们关系的抽象平等观，三是替以私有制为基础的奴隶制辩护。

恩格斯认为对于现代意义上的平等理念，应这样解释："一切人，作为人来说，都有某些共同点，在这些共同点所及的范围内，他们是平等的，这样的观念自然是非常古老的。但是现代的平等要求与此完全不同；这种平等要求更应当是从人的这种共同特性中，从人就他们是人而言的这种平等中引申出这样的要求：一切人，或至少是一个国家的一切

---

① 《马克思恩格斯选集》第 2 卷，人民出版社 1995 年版，第 610 页。
② 《马克思恩格斯文集》第 9 卷，人民出版社 2009 年版，第 352 页。
③ 《马克思恩格斯文集》第 9 卷，人民出版社 2009 年版，第 353 页。
④ 《马克思恩格斯选集》第 3 卷，人民出版社 2012 年版，第 484—485 页。

公民，或一个社会的一切成员，都应当有平等的政治地位和社会地位。"① 真正的、充分的自由，马克思恩格斯认为只有在高级的社会形态中才能实现。"随着社会生产的无政府状态的消失，国家的政治权威也将消失。人终于成为自己的社会结合的主人，从而也就成为自然界的主人，成为自身的主人——自由的人。"② "真正的自由和真正的平等只有在公社制度下才可能实现；要向他们表明，这样的制度是正义所要求的。"③

在当代社会如何来衡量什么是公平，什么又是不公平呢？马克思在《哥达纲领批判》中，针对哥达纲领的第 3 条 "集体调节总劳动并公平分配劳动所得"，批判了拉萨尔的 "分配决定论" 和 "不折不扣的劳动所得" 的观点，集中分析了公平分配问题。

第一，分配是由生产决定的，是由生产资料所有制的性质决定的，不触及资本主义制度而空谈 "公平的分配" "平等的权利" 是错误的。第二，"不折不扣的劳动所得" 的观点也是错误的，它需扣除生产资料成本、扩大再生产、风险基金、公共服务等费用。第三，"公平的分配" "平等的权利" 在共产主义的第一阶段是无法实现的，在此阶段，个人消费品分配实行 "按劳分配" 原则。因此在马克思看来。衡量公平和实现公平的尺度与基石只能是劳动。"平等就在于以同一尺度——劳动——来计量。但是，一个人在体力或智力上胜过另一个人，因此在同一时间内提供较多的劳动，或者能够劳动较长的时间；而劳动，要当作尺度来用，就必须按照它的时间或强度来确定，不然它就不成其为尺度了。"④ 显然，马克思恩格斯的公平正义观在价值取向上与以往迥然相异，它是建立在唯物史观的基础上，它以科学和价值的双重视角审视着社会，以消灭阶级、消灭剥削，最终用社会主义制度代替资本主义制度作为自己的目标，体现了人类公平正义的历史要求。

在现代意义上，公平正义概念有三个层次：最上层即思想理论层面的是伦理学和价值观；中间层面的是权利和制度；微观层面的是社会政策。作为社会的一种基本价值观念与准则，公平正义是与一定的社会基

---

① 《马克思恩格斯选集》第 3 卷，人民出版社 2012 年版，第 480 页。
② 《马克思恩格斯文集》第 3 卷，人民出版社 2009 年版，第 566 页。
③ 《马克思恩格斯全集》第 3 卷，人民出版社 2002 年版，第 482 页。
④ 《马克思恩格斯全集》第 25 卷，人民出版社 2001 年版，第 19 页。

本制度相连，并以此为基准，规定着社会成员具体的基本权利和义务，规定着资源与利益在社会群体之间、在社会成员之间的适当安排和合理分配。如罗尔斯所言："作为公平的正义将社会的基本结构当做政治正义的主题，也就是说，将它的主要政治制度和社会制度以及他们如何融为一个统一的合作体系当做政治正义主题。"[1]

近年来，中国学者在评介、梳理西方公平正义理论的基础上，从哲学、伦理学、政治学、经济学、社会学等多学科、多角度研究了公平正义问题，并开始建构当代中国社会的公平正义理论及原则体系。有学者提出，公正原则包括贡献原则、品德原则、才能原则、需要原则和平等原则。[2] 也有学者认为，公正（即正义）是由基本权利的保证规则、机会平等的规则、按贡献分配的规则以及社会调剂的规则共同组成的理念体系。[3] 要而言之，在当代要保证当代人的公平正义，其基本原则：一是保证基本权利，亦即保证的原则；二是机会平等，亦即事前的原则；三是按照贡献进行分配，亦即事后的原则；四是进行必要的一次分配后的再调剂，亦即调剂的原则。[4]

二　公正的限度

大多数的公平正义理论建构者，都会在尝试设定完美的公平正义制度或正义构想等问题上陷入挣扎和纠结，但是很少有人会把公平正义的实现纳入过程性的视角下，用历史的观点和发展的观点看待公平正义问题。而马克思无疑是其中之一，关注当下不正义的现状，从发展的眼光和唯物史观的立场出发理解公平正义问题，给我们理解公平正义问题带来了全新视角，那么如何认识公平正义的历史性和阶段性呢？可以从以下两点窥探一二。

---

[1] ［美］罗尔斯：《作为公平的正义——正义新论》，姚大志译，上海三联书店2002年版，第66页。

[2] 吴忠民：《社会公正研究的现状及趋向——近年来国内学术界社会公正研究述评》（2010年4月9日），2014年11月20日，中国社会学网（http://www.sociology.cass.cn/shxw/zxwz/t20071230_14973.htm）。

[3] 参见吴忠民《走向公正的中国社会》，山东人民出版社2008年版。

[4] 田翠琴：《公平正义的内涵与历史演变》（2010年4月9日），2014年10月20日，数字中国网站（http://www.china001.com/show_hdr.php?xname=PPDDMV0&dname=LRH-GF41&xpos=11）。

(一) 马克思为人类社会的公平正义追寻设立了最高价值追求

正如麦克莱伦指出的："马克思主义已成为这样一种语言，数百万人用它来表达他们对一个更公正的社会的希望。"① 不错，马克思为人类社会发展所构建的公平正义图景，勾勒出的关于公平正义社会的远景规划，给我们在从事历史实践活动中追寻社会公平正义指明了方向、确立了终极价值追求。马克思在从事其批判事业的生涯中，曾经对资本主义社会的剥削与不平等状况展开了深入、彻底的批判，尤其是对资本剥削秘密的揭露与批判直击资本主义的内脏和要害，在批判和从事革命实践中，马克思为人类社会走向共产主义指明了方向。在从事理论研究和实践工作中，马克思还阐明了无产阶级的公平正义观和公平正义追求，勾勒出了未来共产主义社会的公平正义宏图，描绘了未来公平正义社会的状况。马克思所阐述的公平正义构想是人类社会关于公平正义的终极价值追求，把人类关于公平正义的讨论和追寻纳入了科学社会主义的视野下，使其成为可实现的价值追求。那么，马克思究竟是如何描绘共产主义社会的公平正义图景呢？通过对马克思著作的研究分析我们可以发现，马克思是从以下几个方面来描绘未来社会的公平正义状况的。首先，在生产资料分配上，公平正义的最高价值追求是"随着个人的全面发展，……社会才能在自己的旗帜上写上：各尽所能，按需分配！"② 在马克思看来，共产主义社会里，人们会按照各自能力的大小和兴趣所在，各司其职，进行社会分工与合作，劳动已然成为人们的第一内在需求，成为人们实现自身价值以及丰富和完善自身的手段，而社会产品和物质生产资料在生产力的大发展下已经极大丰富，物质资料的分配也会依照按需分配的原则进行，从而满足每一个人的物质需求。其次，关于人的发展方面，公平正义社会的追求是"在那里，每个人的自由发展是一切人的自由发展的条件"③。马克思把实现每个人的自由全面发展纳入了公平正义的价值追求，这也是社会公平正义理论在人的发展方面的最高价值追求。最后，在人的相互交往、社会关系和共同生活上，马克思多次强调要建立共同体社会，即建立一个自由人联合体社会，在这

---

① ［英］戴维·麦克莱伦：《卡尔·马克思传》（第4版），王珍译，中国人民大学出版社2010年版，第445页。
② 《马克思恩格斯文集》第3卷，人民出版社2009年版，第436页。
③ 《马克思恩格斯文集》第2卷，人民出版社2009年版，第53页。

个社会里，人们之间的关系不再是剥削和压迫的不平等关系，每个人都是自由发展和自我实现的个体，个人与共同体中的其他人之间则构成了相互信赖、相互支撑的平等友爱关系，"在真正的共同体的条件下，各个人在自己的联合中并通过这种联合获得自己的自由"①"那个共同体是生活本身，是物质生活和精神生活、人的道德、人的活动、人的享受、人的本质。"② 共同体的生活方式和交往形态是社会公平正义在社会组织形式方面的最高价值追寻。可见，马克思为人类社会公平正义的追寻勾勒出了美好的价值愿景，也阐明了公平正义的最高的价值追求，马克思所阐明的公平正义图景是人类社会的终极价值目标，也是我们在中国特色社会主义实践中努力探寻并不懈奋斗的目标，但任何价值目标的实现都是具有历史性和实践性的，需要经历长期的历史过程，这也要求我们立足当下，抓住当前社会的公平正义诉求，一步一步去完成这个目标。

（二）公平正义的最低限度是维护人的尊严

公平正义的实现不可能是一蹴而就的，虽然马克思为人类公平正义的社会状况描绘了美丽的蓝图，但是根据实践的观点和历史的观点来看，公平正义的实现理应是过程性的，在社会公平正义问题上，我们应当秉持多元的观点和过程的观点。正如印度著名学者阿玛蒂亚·森在分析先验制度主义公平正义理论时提出的质疑，"是否一定要把对于正义的思考局限于追求完美的制度？难道我们不应该考虑一下现实的社会，包括在既定的制度和规则下，人们实际能过上什么样的生活吗？"③ 阿玛蒂亚·森认为，马克思为公平正义理论开创了与众不同的思路，他致力于对现实的或可能出现的社会进行比较，而并非局限于先验地去寻找绝对公正的社会，这种"着眼于现实"的比较方法通常主要着眼于消灭所见到的这个世界上明显的不公正。④ 可见，在阿玛蒂亚·森看来，我们不应当执着于追求完美的公正制度和公平正义社会，而应当着眼于当下实践中的具体不公平正义状况，着力解决现实生活中的不公正问

---

① 《马克思恩格斯文集》第 1 卷，人民出版社 2009 年版，第 571 页。
② 《马克思恩格斯全集》第 3 卷，人民出版社 2002 年版，第 394 页。
③ ［印］阿玛蒂亚·森：《正义的理念》，林宏涛译，中国人民大学出版社 2013 年版，第 8 页。
④ ［印］阿玛蒂亚·森：《正义的理念》，林宏涛译，中国人民大学出版社 2013 年版，第 6 页。

题，从过程的和比较的视角而不是先验主义的视角来建构公平正义理论。我们可以从阿玛蒂亚·森的观点中得到某些启示，即首先要对公平正义的最低限度或公平正义的底线加以考量和判断，也就是说，在什么样的社会状况下，我们可以说这个社会实现了最低限度的公平正义，可以初步把这个社会定义为一个正义的社会，而我们要做的就是首先实现这种最低限度的社会正义。在此基础上，把正义的实现看作一个动态的发展过程，以马克思关于人类社会公平正义状况的美好蓝图为价值目标，不断探索实现共产主义社会的现实路径。

那么，社会公平正义的最低限度是什么？或许我们可以从米勒和纳斯鲍姆那里得到相关的启示，他们在阐释和构建各自不同的正义理论时，都涉及人类的尊严问题，他们都强调在建构正义理论时一定要充分考虑人类的尊严。英国著名学者戴维·米勒在阐述其多元正义理论的时候曾就程序正义与尊严维护问题做出了探讨，"也许有些程序原则上会产生正义的结果，但是为了达到这些结果，接受者的人格尊严就会受到侵害"。"于是我们就能够说，一种公平的程序是这样一种程序，它并不要求人们以一种有损尊严的方式行动，或者有人对他们做了通常被认为是无礼的或可耻的事情。"[1] 可见，在米勒看来，一个正义的程序至少应当首先保证在采取现实行动中维护人的尊严，而不是去损害人的尊严来达到结果的正义，人的尊严在他的多元正义理论中被当作一个关键的要素加以考虑。而美国的纳斯鲍姆秉持着相似的观点，她在阐述其能力进路的正义理论时强调指出，能力进路不打算提供一种对社会正义的全部解释，而是要尝试把十种能力作为有尊严的人生的核心必要条件加以辩护，从而构建一种关于最低限度的社会公平正义的解释，她认为，一个社会如果不能在某一个恰当的门槛层次，对其所有公民保证这些能力（即她所倡导的维护人类最基本尊严的十种能力），这个社会就不是一个完全公平正义的社会。[2] 可见，在纳斯鲍姆看来，尊严的维护是人类社会公平正义的底线和最低限度，而在能力进路公平正义理论中，保证人类能够自由地发展其最基本的十种能力，从而维护人类最基本的尊

---

[1] ［英］戴维·米勒：《社会正义原则》，应奇译，江苏人民出版社 2008 年版，第 125 页。
[2] ［美］玛莎·C. 纳斯鲍姆：《正义的前沿》，朱慧玲等译，中国人民大学出版社 2016 年版，第 53 页。

严，这是最低限度的社会公平正义。从以上两位学者的观点中可以发现，尊严对于公平正义理论的建构来说具有重要的意义，是公平正义理论建构时需要考察的重要维度，而纳斯鲍姆更是把尊严的实现看成其能力进路公平正义理论的关键概念和考察因素。在某种层面上，我们同意这样的观点，公平正义社会的实现是个历时性的过程，因而公平正义理论在构建中要充分考虑到这一点，立足于当前的实践状况，首先设定公平正义的最低限度，即维护和实现人的尊严，努力实现公平正义的最低限度，再以马克思关于公平正义社会的最高价值追求为终极目标，不断实现新的突破和发展，才是公平正义实现的恰当之路。

第三节　公正话语中的人类尊严①

人类对尊严的渴望和对公平正义的诉求似乎是与生俱来的，渴望被社会其他成员尊重，维护自己的尊严，希望能够有公正、平等的社会环境并被公正地对待，这些都是人类社会所期冀和追求的，那么，在公平正义话语中，尊严的内涵又是什么？

一　尊严的内涵

（一）尊严的丰富内涵

关于人类尊严的探讨和研究从来都是哲学家们孜孜不倦的兴趣和追求，形成了关于尊严的不同视角和层次的内涵阐释，这些关于尊严内涵的探究和挖掘，推动了现实生活中人类关于尊严的实践诉求，从而为人类尊严的维护与实现提供了帮助。

正如纳斯鲍姆指出的："尊严是一种直觉观念，绝对不是完全明确的。如果论述者只是就尊严论尊严，好像此概念是全然不证自明的，尊严就可能是变化无常、前后矛盾的。"② 当我们要给尊严界定含义时，似乎有种无法界说的感觉，你无法真正地给尊严明确地下定义，但尊严是理解人类社会的重要概念，我们又不得不对其进行深入分析并试图弄

---

① 该部分内容以《正义视域下尊严的深刻意蕴与实现路径》为题，发表于《中州学刊》2018 年第 5 期。

② ［美］玛莎·C. 纳斯鲍姆：《寻求有尊严的生活——正义的能力理论》，田雷译，中国人民大学出版社 2016 年版，第 21 页。

清楚其内涵。国外一些学者对尊严进行了详尽的研究，也从不同角度对其概念进行了阐释，英国学者迈克尔·罗森在阐述尊严时，对康德的尊严观进行了介绍，他认为对康德来说，尊严是一种在于我们内部的道德律令所具有的内在价值，我们是这种道德律令的肉身承载者，我们必须要尊重内在于我们的道德律令所带来的尊严。在此基础上，他总结指出，尊严是一种内在价值，就是被予以尊重地对待。同时，尊严又是人类所具有的一种状态，不是基于他们在特定社会中所具有的地位，而仅仅是因为他们拥有的普遍人性。① 可见，在罗森看来，尊严是每个人本身具有的内在价值，要求一个人能够被尊重地对待。同时，他还归纳了构成尊严概念的四条线索，即作为社会阶层和地位的尊严；尊严是一种内在的价值；尊严是一种自我评判，携带于自身的行为；人应该被予以尊严地对待，也就是说，被予以尊重地对待。② 这四条线索可以为进一步理解尊严的含义提供某些启示。美国的唐娜·希克斯则认为，尊严是伴随着对所有生命的价值和弱点进行认同和接纳的过程，所获得的一种内在平和宁静的状态。③ 在此基础上，她提出了与尊严相关的十大基本要素，即接受身份、包容、安全、了解、认同、公正、无罪推定、理解、独立、责任十个方面，她认为我们只有充分意识到尊严的这些要素，才能在生活中敬重他人的尊严，从而维护自身的尊严。④ 上述的梳理尚未穷尽尊严的所有概念，显见，尊严蕴含着丰富的内容，必须从多维度和多层视角去考察其内涵。最后，我们要从马克思主义的观点来考察尊严的概念和历史内涵。马克思曾指出："尊严是最能使人高尚、使他的活动和他的一切努力具有更加崇高品质的东西，是使他无可非议、受到众人钦佩并高出于众人之上的东西。"⑤ 在这里，马克思把尊严同人的努力联系起来，也就是说，尊严是人通过自己的不懈努力和奋斗而得到的他人的尊重，这是一种关于尊严的社会性的观点，即尊严是在社会交往中产生的。其实，马克思主义的尊严观蕴含着多重维度的要义，

---

① ［英］迈克尔·罗森：《尊严：历史和意义》，石可译，法律出版社 2014 年版，第 50—51 页。
② ［英］迈克尔·罗森：《尊严：历史和意义》，石可译，法律出版社 2014 年版，第 92 页。
③ ［美］唐娜·希克斯：《尊严》，叶继英译，中国人民大学出版社 2016 年版，第 1 页。
④ ［美］唐娜·希克斯：《尊严》，叶继英译，中国人民大学出版社 2016 年版，第 38—39 页。
⑤ 《马克思恩格斯全集》第 1 卷，人民出版社 1995 年版，第 458 页。

包括尊严的历史维度、阶级维度和社会维度以及个体维度。马克思更多的是从权利的角度阐释尊严的内涵，即从人的基本权利的保护方面来阐释如何维护人类的尊严，包括平等、自由、人的发展等方面。综上可以看出，尊严的内涵十分丰富而难以界定，如果不把尊严纳入某个范围内，而是就尊严论尊严，我们似乎得不到任何有用的结论，在此，我们试图把尊严的维护与实现纳入公平正义的考察范围，从而进一步以尊严为切入点，探索社会公平正义的实现方式。

(二) 公平正义话语中尊严内涵考察

尊严的内涵丰富而难以清晰界定，而一旦把尊严纳入公平正义的视域中，尊严又具有哪些具体的内涵？这正是我们试图在本文中加以阐释的。

首先让我们假设这样一种情况，当我们遭受不公正对待时，你的第一反应是什么？对于大多数人来说，第一反应可能是一种被羞辱、被蔑视的感觉，而这正是由于我们的尊严在这一刻受到了侵害，让我们形成了一种羞愧感和耻辱感，而这些往往会成为社会冲突和社会矛盾产生的重要根源。可见，尊严是与公平正义紧密相连的，当我们遭受不正义的对待时，第一反应往往是尊严受到损害。美国著名学者纳斯鲍姆在阐释其能力进路的公平正义理论时，就充分考量了人类的尊严问题，她从道德层面谈及人类的社会性和共同生活时，提出了三个关于人类共同生活的重要事实：第一，人类作为伦理性存在所具有的尊严，无论人身处何处，这种尊严都是完全平等的；第二，人类的社会性意味着，具有人类尊严的生活的一部分，是一种与他人组织起来以尊重那些平等而有尊严的人共同生活；第三，人类需要的多重事实意味着，这种共同生活必须为我们每一个人做些什么，满足我们的一些需要，以使人类尊严不会因为饥饿、暴力袭击或政治领域中的不平等对待而遭到破坏。在此基础上，纳斯鲍姆得出这样的观点：我们自身利益的核心部分是，我们每一个人——只要我们同意说我们希望与他人一起过得体面且受尊重——都要去创造一个并生活在一个道德上比较体面的世界，在这个世界里，所有人都拥有所需要的一切以过一种与人类尊严相匹配的生活。① 在这里，纳斯鲍姆指出了尊严的普适性、尊严的交互性和尊严的物质基础

---

① [美] 玛莎·C. 纳斯鲍姆：《正义的前沿》，朱慧玲等译，中国人民大学出版社2016年版，第192页。

性，即每个人的尊严都是平等的，公平正义理论的构建需要内在地包含对所有人的同等尊重，去维护和实现所有人的尊严。同时，由于人的社会属性以及从事实践交往活动必要性，每个人尊严的实现又是交互式的，是相互给予的，这就需要人类在共同生活中相互尊重，以实现人类整体的尊严。另外，尊严的实现又内在地包含着需要的维度，如果人之为人的基本需求得不到满足，人类的尊严也无法实现。纳斯鲍姆认为，在公平正义的视域考察范围内，尊严具有普适性、交互性和物质基础性三个特征。我们赞同纳斯鲍姆的观点，在公平正义的视域下，每个人的尊严是平等的，尊严是实践交往中相互给予的，而且尊严的实现要求满足人的基本物质需求。同时，我们认为，在公平正义的视域下，尊严应当包括对基本人权的保障，如自由、平等和发展权等，这些基本的人权是体现人的尊严的重要方面，如果这些人权遭受侵害和剥夺，那么尊严的维护也就无从谈起。

二 公正话语中尊严的实现

在公平正义的话语中，尊严的内涵也包含着不同维度的内容，对不同维度的尊严进行考察有助于我们更加深刻地理解尊严的内涵以及尊严在公平正义谱系中的重要地位。

（一）基于能力进路的尊严考察

纳斯鲍姆在阐述其能力进路公平正义理论时指出，这一社会公平正义的理论方法会做如下设问，在民众行动于其中的人类生活的诸多领域，人性尊严所要求的应当是一种什么样的生活？在最低限度的意义上，十种核心能力的充裕是必须实现的。政府有责任让民众有能力追求一种有尊严，并且在最低限度意义上丰富的生活。[①] 在她看来，能力进路的公平正义理论是以尊严的实现为基础要义和最低标准的，一个公平正义的社会必须保证她所强调的十种核心能力能够得以维护和实现，而十种能力是彰显人的尊严的最基础和最直接的方面。这十种能力分别包括：第一，生命，正常的长度的人类预期寿命。第二，身体健康，拥有良好的健康水平和体面的居所。第三，身体健全，可以自由迁徙，免予

---

① ［美］玛莎·C. 纳斯鲍姆：《寻求有尊严的生活——正义的能力理论》，田雷译，中国人民大学出版社 2016 年版，第 23—24 页。

暴力攻击。第四，能够感觉、想象和思考，以一种真正人之本性的方式运用感官进行想象、思考和推理等活动。第五，情感，有爱的能力并体验爱。第六，实践理性，有能力形成一种关于现实生活批判性反思的人生观。第七，归属，能够与他人共同生活，参与社会互动；享有自尊和禁止羞辱的社会基础，作为一个有尊严存在的人而得到对待。第八，其他物种，可以关注动植物和自然界。第九，娱乐，有能力去欢笑、游戏，享受现实生活。第十，对外在环境的控制，有政治参与权；有物质拥有权。① 在纳斯鲍姆看来，这十种能力是关乎人的尊严的最基本和最核心的能力，如果这十种能力无法得到保障，那么人的尊严将遭受损害，公平正义社会也无从谈起。阿玛蒂亚·森在阐释其公平正义理论时也曾对人的可行能力加以关注，他认为保障人的可行能力的实现是公平正义理论所要考虑的重要方面，他认为可行能力视角指出了能力不平等在社会不平等评估中的核心作用，可行能力方法通过对一个人做他有理由珍视的事情的可行能力来评价其优势。② 在阿玛蒂亚·森看来，可行能力的视角更加关注实际生活中的机会和过程，关注人们是否拥有进行自由选择的机会和能力，这是一个社会实现公平正义需要考察和关注的重要方面。在我们看来，这种进行自由选择的机会和能力是否拥有会涉及尊严问题，如果一个人无法拥有去做他认为有理由珍视的事情的机会和可行能力，无法拥有自由选择不同类型生活的可行能力，那么他的尊严必然遭受损害，因而对于人类实现其基本能力的保障和维护是公平正义理论构建需要关注的重要方面。

（二）基于权利角度的尊严考察

有些学者倡导把尊严作为一般性权利主张的基础，正如迈克尔·罗森指出的："在法庭文献里，尊严被表述成隐藏在基本法那些保护基本人权主张背后的价值。"③ 尊严的维护与人的基本权利相联系，把抽象的尊严现实化为具体的基本人权主张，一方面便于界定尊严的概念，另一方面对公平正义理论的建构具有重要意义。同时，迈克尔·罗森还以

---

① ［美］玛莎·C. 纳斯鲍姆：《寻求有尊严的生活——正义的能力理论》，田雷译，中国人民大学出版社2016年版，第24—25页。
② ［印］阿玛蒂亚·森：《正义的理念》，林宏涛译，中国人民大学出版社2013年版，第214—215页。
③ ［英］迈克尔·罗森：《尊严：历史和意义》，石可译，法律出版社2014年版，第94页。

德国的法律为例来探讨尊严是如何被看作人的基本权利背后的价值基础，他指出："基本法认为尊严是权利的基础……认为尊严是一种给予人类价值的内在核心。……显然德国法庭不把尊严仅仅视为权利的来源。宪法法庭通常把对尊严的侵犯本身当作是单独的危害，分离于对从之产生的权利的危害。"① 在罗森看来，尊严作为人类本身的内在价值，一系列的基本人权都是在尊严诉求的基础上导出的。中国学者也有类似的观点，认为所谓人的尊严，就是每个人拥有应有的权利并得到尊重，在现代社会，人的尊严首先表现为每个公民都享有宪法和法律赋予的自由和权利，国家要保护每个人的自由和人权，这是人的尊严的核心内容。而人权最核心的部分则是生存权和发展权。② 这一观点把尊严的维护与人的基本权利联系起来，指出现代社会人类公平正义诉求中一个重要体现就是对于尊严的渴求，而尊严又被具体化为现实生活中的基本权利主张。美国学者托马斯·博格同样秉持这种观点，他在对《世界人权宣言》中关于人权的界定和定义进行分析后指出，说这些权利（包括生命、自由和人身安全等权利）是维护人的尊严所必不可少的，其含义是指，任何人如果缺乏这些权利，就同样缺乏尊严。③ 在博格看来，尊严是与这些基本人权紧密相连的，权利的丧失同样意味着尊严的缺乏。综上所述，我们认为，这些基本的人权应当包括生命权、自由权、平等权、发展权、追求幸福权利等内容，人类社会对于基本人权的界定和选择正是基于人类对尊严的强调和渴求，这些基本人权衍生于尊严的内涵和尊严的现实诉求，而公平正义理论的建构必须充分考虑对人类尊严的维护，进而考虑这些基本人权的保障和维护，这正是对尊严进行权利维度考察的内在要义。

第四节　构建公正价值观话语的举措

　　上述对公平正义的缘起、内涵、原则、限度的考察，明晰了公平正义观念萌芽于原始社会人的平等感情，而正义与非正义则是私有财产出

---

　　① ［英］迈克尔·罗森：《尊严：历史和意义》，石可译，法律出版社 2014 年版，第 88 页。
　　② 张三元：《论人的尊严的当代意蕴——基于马克思主义人学的视角》，《江汉论坛》2011 年第 6 期。
　　③ ［美］托马斯·博格：《阐明尊严：发展一种最低限度的全球正义观念》，《马克思主义与现实》2011 年第 2 期。

现后才有的观念；内含着伦理正义、政治正义、经济正义、社会（狭义的）正义和环境正义等多方面的正义，分为伦理学和价值观、权利和制度、社会政策三个层次的正义；其基本原则包括基本权利的保障、机会平等、按照贡献进行分配、必要的一次分配后的再调剂四个原则；其最低限度是维护人的尊严，尊严是公平正义内蕴的话语，甚至是最重要的话语。在此基础上，马克思恩格斯提出了自己的公平正义观：一是在生产资料分配上，公平正义的最高价值追求是"各尽所能，按需分配"；二是每个人的自由全面发展是社会公平正义理论在人的发展方面的最高价值追求；三是在人的相互交往、社会关系和共同生活上，建立"一个自由人联合体社会"是人类社会公平正义的终极价值目标。为实现这一目标，中国采取了多方面措施，取得了巨大成就。

一 公正话语的制度保障

马克思恩格斯在《共产党宣言》中就资本主义社会向共产主义社会的过渡提出了许多具体的措施。其中的许多内容，我们可将之视为实现社会公平正义的具体措施，如"剥夺地产，把地租用于国家支出"；"征收高额累进税"；"把农业和工业结合起来，促使城乡对立逐步消灭"；"对所有儿童实行公共的和免费的教育。取消现在这种形式的儿童的工厂劳动。把教育同物质生产结合起来，等等"。[①]马克思恩格斯第一次把公平和正义的实现建立在科学的基础之上，指明了社会不公的根源在于资本主义的剥削制度。只有在实现基本制度变革的基础上，才能实现社会的真正公平，维护社会公平正义。在这样观念的指引下，中国共产党经过长期的浴血奋战，终于建立了实现真正公平正义的社会制度，即社会主义制度。新中国 70 年来，中国共产党致力于推进社会在政治、经济、文化、教育等各方面的公平正义，形成了相应的话语。

2006 年 10 月 11 日，在中国共产党第十六届中央委员会第六次全体会议上通过了《中共中央关于构建社会主义和谐社会若干重大问题的决定》（以下简称《决定》）。《决议》专门阐述了公平正义问题，明确指出"社会公平正义是社会和谐的基本条件，制度是社会公平正义的根本保证。要'加强制度建设，保障社会公平正义'，加紧建设对保

[①] 《马克思恩格斯选集》第 1 卷，人民出版社 2012 年版，第 422 页。

障社会公平正义具有重大作用的制度，保障人民在政治、经济、文化、社会等方面的权利和利益，引导公民依法行使权利、履行义务。"社会公平正义的制度建设包括六个方面：（1）完善民主权利保障制度，巩固人民当家做主的政治地位。（2）完善法律制度，夯实社会和谐的法治基础。（3）完善司法体制机制，加强社会和谐的司法保障。（4）完善公共财政制度，逐步实现基本公共服务均等化。（5）完善收入分配制度，规范收入分配秩序。（6）完善社会保障制度，保障群众基本生活。《决定》强调"更加注重社会公平……促进共同富裕"，要"更加注重解决发展不平衡问题"，要"坚持教育优先发展，促进教育公平"等。可见，党中央对社会公平正义的论述更加系统完善，并且把工作重点放在了"对保障社会公平正义具有重大作用的制度"的建设上，"逐步形成社会公平保障体系，促进社会公平正义"。① 在 2010 年 3 月 14 日十一届全国人大三次会议的中外记者会上，温家宝在回答新加坡《联合早报》记者关于"政府工作报告里说要分好社会财富这块'蛋糕'，促进社会公正和谐，让人民更幸福、更有尊严地活着。……"的问题时，更是满怀深情地说："我们国家的发展不仅是要搞好经济建设，而且要推进社会的公平正义，促进人的全面和自由的发展，这三者不可偏废。集中精力发展生产，其根本目的是满足人们日益增长的物质文化需求。而社会公平正义，是社会稳定的基础。我认为，公平正义比太阳还要有光辉。"② 在温总理蕴含希望和感动话语中，"让我们拥抱正义，拥抱公平，每一个共和国的公民，都要为此付诸自己的行动。千万缕的光芒，千万份的热量，汇聚起来就会胜过太阳的量能。将正义铺满神州大地，用公平根治一切失衡……"③ 习近平总书记在关于司法公正、民生保障、深化改革等多次讲话中，始终把公平正义摆在第一位，国际峰会上也一以贯之强调公平正义，如 2018 年 9 月在《携手共命运同心促发展：在 2018 年中非合作论坛北京峰会开幕式上的主旨讲话》

---

① 《中共中央关于构建社会主义和谐社会若干重大问题的决定》，人民出版社 2006 年版，第 16—21 页。

② 《在十一届全国人大三次会议记者会上温家宝总理答记者问》，《人民日报》2010 年 3 月 15 日。

③ 雨田：《拥抱公平正义的太阳》，http：//blog.sina.com.cn/s/blog_533893f80100hjd7.html。

强调:"中国愿同世界各国携手构建人类命运共同体,发展全球伙伴关系,拓展友好合作,走出一条相互尊重、公平正义、合作共赢的国与国交往新路,让世界更加和平安宁,让人类生活更加幸福美好。"[①] 随后,中国出台了一系列保障公平正义的举措,中非将共同实施"八大行动",推动中非合作换挡提速,加快实现非洲各国的可持续发展。

二 公正话语中对人民尊严的维护[②]

对于中国特色社会主义的改革和发展来说,对社会正义的追求从未停止,这也是马克思主义指导下社会主义国家发展的必然趋向和应有之义。当前状况下,我们要继续以马克思关于人类公平正义社会的未来构想为理想目标,立足于中国特色社会主义改革发展的实践状况,首先实现以尊严维护为核心取向的最低限度的社会公平正义。

(一) 物质分配方面,在共同参与中有尊严地共享改革发展的成果

正如纳斯鲍姆所阐释的,满足人的基本物质需求是保障人的尊严的重要方面,基本物质需求的满足是一个人尊严地生活的最基础条件,如果达不到这个要求,那么维护人的尊严、实现公平正义社会也是不可能实现的。对于当前中国来说,就是要让所有公民在共同参与中,有尊严地共享改革发展带来的成果与红利,实现全面建设小康社会的目标。第一,有尊严地共享改革发展的成果。中共十八届五中全会强调,要坚持共享发展,使全体人民在共建共享发展中有更多获得感,这里的共享发展是人人参与、人人尽力、人人享有的共享发展。[③] 这是一种有尊严的共享发展,每个人在改革发展中都积极参与、贡献自己的智慧和力量,从而体现自身的价值和意义,在参与和贡献中得到社会和他人的尊重与认可,以一种有尊严的方式共享改革发展的成果,获取自身的物质需求。第二,坚持按劳分配为主体,多种分配方式并存的分配理念不动摇。按需分配是马克思主义对于共产主义社会的美好价值理想,然而在当前阶段,生产力水平远未达到共产主义社会的要求,在这种情况下,

---

① 习近平:《携手共命运 同心促发展——在2018年中非合作论坛北京峰会开幕式上的主旨讲话》,人民出版社2018年版,第5页。

② 该部分内容以《正义视域下尊严的深刻意蕴与实现路径》为题,发表于《中州学刊》2018年第5期。

③ 《中共十八届五中全会在京举行》,《人民日报》2015年10月30日第1版。

按劳分配是对尊严的最起码的维护，人们通过自身的劳动获取物质报酬和经济收入，本身就是人对自身价值的肯定和确认，自身尊严也因此而得以实现。第三，实施精准扶贫和精准脱贫战略，保障公民基本物质需求的满足，从而维护作为公平正义最低限度的人的尊严。在现实生活中，部分群众因为各种不可抗逆的原因导致生活处于贫困状态，维系基本生活的物质需求得不到满足，威胁到其尊严的实现，因而要实施精准扶贫战略，对这些贫困家庭予以人文关怀和物质帮助，帮助其实现有尊严地生活，这也是维护公平正义和彰显社会主义本质的应然之举。

(二) 在政治层面，保障以尊严为基础衍生的基本人权

按照权利维度的尊严考察思路我们可以得出这样的结论，即一个社会必须保障其公民的基本人权，这是实现和维护人的尊严的重要方面，反之，如果一个社会不能保障其公民的基本人权，那么公民的尊严也是不完整的和缺乏的，进而这个社会的公平正义状况也是堪忧的。对于当前中国社会来说，这就需要从法律制度制定、政府保障和公民相互支持等多个层面去保护以尊严为基础衍生的基本人权。第一，在法律制度的制定层面，以尊严为价值基础，明确哪些权利属于基本人权，哪些是需要全社会共同努力维护的体现人之尊严的根本性权利，是在任何情况下都不容磨灭的权利。而在具体的制定过程中，可以参考《世界人权宣言》中的相关规定和世界上其他国家的法律规定，如德国的宪法等，再联系中国的实际状况，加以细化和具体化，形成中国特色的法律制度体系，把尊严相关的基本人权融入法律体系中，从法律的层面为人的尊严的实现奠定制度基础。第二，发挥政府在公民尊严实现方面的建设性作用。政府作为公共政策的制定者和公共生活的引导者，在公民权利维护和尊严实现方面起着重要的调节作用和保障作用，政府应当以法律制度为依据和准绳，切实维护公民的生命权、自由权、发展权等基本人权，在具体操作层面切实维护人的尊严，促进社会和谐发展，形成社会范围内人与人之间友爱、相互尊重的和谐关系。第三，在生产、生活实践活动中，公民应当树立基本人权意识和尊严意识，树立对他人权利和他人尊严的自觉意识，自觉尊重和维护他人的权利和尊严，这同时也是对自身权利和尊严的维护，形成社会成员之间互相尊重良好的互动互促局面。正如社会主义核心价值观里的友善价值观所倡导的，推进人与人之间友善与和睦相处，正确地处理相互交往中的人际关系，这也内在地

蕴含着自尊和尊重他人的要求,即在相互尊重中实现人的尊严,从而实现社会的和谐发展与友善氛围。

(三) 在人的发展方面,为每个人实现其基于尊严的基本能力创造良好的环境

尊严是一种以它自身为目的的道德价值,尊严并不为达到任何其他目的服务,更不能为其他目的而被牺牲掉。[①] 为了维护人的尊严,就应当保障人能够选择和实现以自己能力为基础的事情,并受到应有的尊重。在纳斯鲍姆的能力进路公平正义理论中,她所设定的十种核心能力是实现和维护人的尊严的关键要素,如果一个社会不能保障其公民实现这十种基本能力,那么人的尊严就会缺失,进而这个社会也就没有在最低限度上实现社会公平正义。从她的观点中我们可以得到某些启示,一个最低限度的公平正义社会应当首先保障其社会成员的尊严实现,而尊严的实现则具体体现在以尊严为基础的一些基本能力的实现和维护上。因而,中国在推进共同富裕社会建设过程中,要以此为参考,着力按照马克思主义的公平正义要求,不断为实现人的自由全面发展创造条件,而首先就是要按照实现尊严的要求,为人发展自己的核心能力创造良好的社会环境和公正的机会。在党的十八届五中全会的报告中就明确指出:"注重机会公平,保障基本民生……提高公共服务共建能力和共享水平……推动义务教育均衡发展……建立更加公平更可持续的社会保障制度……推进健康中国建设。"[②] 这一系列的举措都体现了我们党对促进人的基本能力发展的重视和保障,一方面,为人的基本能力的发展创造良好的环境,为人发展自己的基本能力提供基础支撑条件,如强调机会平等、重视教育公平等;另一方面,直接为公民实现其基本能力提供基础性保障,如医疗保障、社会保障等。可见,着力保障中国公民基于尊严意义上的基本能力的实现和发展,是实现社会公平正义的重要内容,需要政府在推进共同富裕社会建设的过程中毫不余力地加以保障和维护。

从坚持按劳分配为主体,多种分配方式并存的分配制度、实施精准扶贫和精准脱贫战略,到共享改革发展的成果、保障人民群众的基本人

[①] 徐贲:《通往尊严的公共生活》序言,中央编译出版社 2016 年版,第 17 页。
[②] 《中共十八届五中全会在京举行》,《人民日报》2015 年 10 月 30 日第 1 版。

权和发展的基本能力，再到中非合作战略、合作共赢的"一带一路"倡议，无不体现了公正价值观念的生根、开花、结果，体现了公正话语的多种表达。今天，以构建"人类命运共同体""中非命运共同体"为引领，将有效实施和传播公正价值观念。

第五章　当代中国爱国价值观念的话语表达及其实现

与富强、民主、公正价值观念一样，爱国是属于个人层面的社会主义核心价值观范畴。爱国既是中华优秀文化传统又是社会主义核心价值观的重要组成部分。自古以来，对爱国的价值追求从未间断，近年来对爱国的研究成果较为丰硕，但是爱国的话语体系建构和传播是当前学界研究的热点和难点，即在对公民开展爱国主义教育时用什么样的话语来表达和阐释，爱国话语的恰当传播载体，科学界定爱国话语内涵等问题的研究迫在眉睫。因此，需要全面梳理不同时期爱国话语的经典表述，探索爱国话语变迁发展的内在规律，客观分析爱国话语传播过程中面临的理论上的分歧，譬如虚无主义、"普世价值"、全球爱国主义等，剖析爱国话语传播实践过程面临的挑战，坚定爱国话语自信，积极面对爱国话语传播过程的各种难题。当代中国爱国价值观念及其话语表达对公民自觉践行社会主义核心价值观、凝聚民族力量、达成民族共识，实现中国特色社会主义共同理想，推进中华民族伟大复兴具有重大而深远的意义。

第一节　爱国与敬业、诚信、友善的关系

社会主义核心价值观包括三个方面的倡导，体现在国家层面、社会层面和公民个人层面。"爱国、敬业、诚信、友善"是国家在公民个人层面的核心价值观，是新时代中国公民应该遵循的基本价值准则，也是对公民价值观念的核心要求。这四个方面的价值观念具有内在的统分逻辑关系：爱国规定的是个人与国家民族的关系，是个人价值观念的核心，追求的是国家认同；敬业规定的是个人与工作职业的关系，是个人

价值观念在实际工作岗位上的要求，追求的是职业操守；诚信规定的是个人与自我的关系，是个人价值观念在内心深处的自我约束，追求的是个人品行；友善规定的是个人与他人的关系，是个人对他人、社会、自然的基本态度，追求的是人际和谐、社会和谐、人与自然和谐。"爱国、敬业"反映的是社会公德层面的要求；"诚信、友善"反映的是个人私德方面的要求，社会主义核心价值观公民个人层面的四个方面要求体现了社会公德和个人私德的结合，能够全面体现公民在不同生活领域的基本行为准则。

一　爱国塑造敬业环境

敬业不仅是社会主义核心价值观的价值准则之一，也是古今中外讴歌的对象，更是新时代中国公民最基本的职业要求。"敬业"包括以下三层含义。一是热爱劳动，忠于职守。每个公民都清楚热爱劳动对自己、对社会、对国家的重要意义，没有劳动就没有人类社会的发展，经典作家对此是如此表述："劳动是整个人类生活的第一个基本条件，而且达到这样的程度，以致我们在某种意义上不得不说：劳动创造了人本身。"[①] 因此，热爱劳动对人的生存、社会发展、国家富强、民族振兴的重要性是不言而喻的。忠于职守既包括对自己所从事工作的献身精神，明确自己工作岗位的岗位职责，内心充满强烈的职业责任感，勤恳付出，任劳任怨；又包括爱岗爱业的职业情怀，对自己从事的工作和岗位充满热情，在劳动中体味人生价值，将实现个人价值与职业岗位紧密结合起来。二是精湛的业务技能。敬业不仅仅要求有职业态度和职业情怀，更要求有精湛的职业素养和业务技能。对待工作的热爱和奉献最终要落实到把工作做好，通过自身业务能力提升工作实效，推动社会发展，在本职岗位上为社会发展做出贡献。三是奉献精神。奉献精神是敬业的根本要求。敬业不仅要求劳动者要热爱劳动、忠于职守和精湛的业务技能，更要有乐于奉献、甘于奉献、敢于奉献的职业品质，正如诸葛亮所言的"鞠躬尽瘁，死而后已"。

勤劳是中华民族的传统美德，正是中华民族的勤劳、敬业才创造了悠久灿烂的文明。党的十八大以后，习近平总书记提出"国家富强、

[①] 《马克思恩格斯文集》第9卷，人民出版社2009年版，第550页。

民族复兴、人民幸福"的"中国梦"。实现"中国梦"需要唤起每一个劳动者脚踏实地、积极投身中国特色社会主义伟大实践,用心做好每一项工作,爱岗敬业、乐于奉献,正如李大钊所言:"不驰于空想,不骛于虚声,而惟以求真的态度作踏实的工夫。"[1] 历史经验证明,只有国民敬业才能实现国家富强、社会进步;反之,则国家落后,民族衰落。新时代通向中华民族伟大复兴的征程上,全国各族人民、全体劳动者需要秉持敬业精神,敢于奉献、甘于奉献,共同致力于中国特色社会主义现代化建设实践。关于爱国与敬业的关系,我们可以从以下两个方面加以认识。

其一,爱国需要敬业。爱国是中华民族的优良传统,"位卑未敢忘忧国""天下兴亡,匹夫有责"表达了对国家的热爱。在战争时期,冲锋陷阵是爱国,在和平时期边疆站岗放哨是爱国,在平凡的岗位,普通的劳动者兢兢业业、尽职尽责也是爱国。新时代的爱国需要敬业,需要劳动者在平凡的岗位上做好自己的本职工作,通过自己的敬业工作体现对集体的贡献,而集体又连着国家,国家是集体的集合体。爱国情怀需要落实在实际工作中,否则爱国就是无源之水、无本之木。周恩来总理为共和国的缔造和新中国建设发展鞠躬尽瘁、尽职尽责、日理万机,用自己忘我的工作精神表达对国家和人民的热爱。原兰考县委书记焦裕禄身患绝症、坚守工作岗位、尽职尽责、恪尽职守。2019 年感动中国十大人物王继才、王仕花坚守自己工作岗位,守岛 32 年,以海岛为家,与孤独相伴,用他们的敬业诠释了新时代普通军人的爱国精神。"魔芋大王"何家庆教授潜心科研,穿梭中国 8 个省份,行程 31600 公里,徒步 400 公里,奔走在科技扶贫道路上,展现了一名科技工作者和教育工作者的敬业精神和爱国情怀。

其二,敬业就是爱国。"天下兴亡、匹夫有责",兢兢业业做好本职工作,是每个劳动者对单位的责任、对民族和国家的责任,忠于职守扎实做好本职工作就是爱国。爱国不仅仅是口号,更是一种实际行动。2008 年汶川地震,医生、护士、军人、党员、干部、群众等无数普通劳动者志愿奔赴灾区、抗震救灾,履行一名普通劳动者的责任,践行普通劳动者的敬业精神,危难时刻用各自的敬业精神诠释各自对祖国母亲

---

[1] 《李大钊全集》第 4 卷,人民出版社 2006 年版,第 443 页。

的热爱。2018年10月11日，南部战区杜富国中士用军人的铁骨铮铮演绎了新时代革命军人的使命担当，表达了和平时期普通革命军人的爱国情。当然，在教育、科技、医疗等各个领域的千千万万的普通劳动者都爱岗敬业、无私奉献地做好本职工作，用自己的实际行动去爱国。纵观中华历史，爱国与敬业是辩证统一的，爱国为公民敬业营造了安全的工作环境，敬业为爱国提供了有效载体，劳动者用自身的实际工作表达对国家和民族的热爱。

二 爱国培育诚信风尚

诚信是中华传统优良的道德品质，孔子在《论语·为政》强调："人而无信，不知其可也"，《周子全书·通书·诚下》中表述："诚，五常之本，百行之源也。"诚信是现代社会公民个人道德的基石，更是公民个体立身处世的金律。诚信无论是过去还是现在，无论是在中国还是在国外，诚信都是做人做事的最基本的道德底线。正如路德所言："我觉得在尘世中没有什么比分裂整个人类社会的谎言和背信弃义更为有害的恶行；当人心被分裂之后，它又会分裂人的手，而当人们的合作之手也被分离了的时候，我们还能做些什么呢？"① 当诚信融入个体和社会生活后，人与人之间相处融洽，整个社会安定有序。

"诚信"的含义丰富，就其话语而言是由"诚"和"信"两部分组成，并且这两个部分是辩证统一的。所谓的"诚"，其含义体现在两个维度，一个维度是诚实的反映客观事物，不歪曲客观事物原貌；另外一个维度是主体对客观存在的事物能够按照自己主观加工的原貌进行描绘或表述，不歪曲自己主观意图。简言之，"诚"就是能够真实和真诚地反映客观事物和精神世界。所谓的"信"，是守信、信任、信用，个体对自己的承诺负责。中国谚语"一言既出，驷马难追"，强调的就是言必信、行必果。"诚"与"信"的关系是，"诚"反映了尊重客观事实和主观加工表述，体现在静态状态；"信"是外在表现，体现在动态的坚守。"诚"和"信"是辩证统一的，"诚"是"信"的内在依据，"信"是"诚"的外在表现，体现为内容和形式的辩证统一关系，正所

---

① ［德］包尔生：《伦理学体系》，何怀宏、廖申白译，中国社会科学出版社1998年版，第579页。

谓："诚，信也，从言从声"，"信，诚也，从人从言"。①

社会主义"诚信"价值观主要源于中华诚信传统文化和现代社会市场经济的契约精神。在中国传统文化中，对天道和自然的忠诚是中国人的精神支柱，忠诚成为中国人品行的生命之根。早在《礼记》记载："诚者，天之道也"，强调诚信在中国传统文化中的重要价值，对自然的忠实内化为个人的道德品质。社会主义市场经济的契约精神是建立在诚信基础之上的，其涵盖了个人道德修养、社会公德和公共交往等各个领域。在个人道德修养方面，诚信是做人之本，每个个体都是相互独立的，个体之间的交往需要通过契约约定彼此的权利和义务，而权利和义务最终的落实也需要建立在诚信基础之上。在社会公共领域方面，诚信是为政之道，政府要得到老百姓的拥护和支持，需要树立良好的政府形象，而良好政府形象的树立需要诚信，政府对群众的承诺应该兑现。"民无信不立"，诚信是维系社会公共系统的纽带。

爱国与诚信是辩证统一的关系。首先，爱国培育诚信的风尚。社会主义核心价值观公民个人层面核心价值"爱国、敬业、诚信、友善"，其中爱国位居第一。爱国为敬业、诚信、友善设置个人道德价值范围，也为公民个人价值设置了基本价值目标。在爱国的价值指引下，公民个体、社会组织等自觉遵照客观事实，真诚描述主观感受，自觉维护个人、社会、国家利益，诚信律己，表里如一。真诚待人，既能考虑个人利益又能兼顾他人利益。诚信履职，所有社会成员都能把诚信贯穿个人履职始终，自觉承担社会责任。国家公务人员，要求做到真诚对待人民群众，不忘初心，不谋私利，全心全意为人民服务。各类市场主体，要求做到诚信经营，遵守市场规则和契约精神，履行社会责任。科研工作者，遵守科学研究规律，秉承求真精神，实事求是，反对弄虚作假。普通劳动者，要求做到遵纪守法，不浮夸、不造假，脚踏实地做好本职工作。爱国的价值观统领公民价值方向，培育诚信风尚。

其次，诚信是爱国的根基。爱国对公民个人层面是首要的价值要求，但是爱国不是口号，爱国是需要落实在日常的生活实践中。每个人在各自的工作岗位上都能够真诚相见诚恳相待，扎实做好自己的本职工作，自觉履行各自的社会责任，用实际行动表达爱国情怀。2014年感

---

① 郭建宁：《社会主义核心价值观基本内容释义》，人民出版社2014年版，第135页。

动中国十大人物：信义兄弟——孙水林、孙东林，孙水林抢在大雪封路前赶回武汉发放农民工工资，在返回武汉路上出现重大交通事故后，孙东林第一时间接力送薪，重诚信，保障农民工权益，履行企业家社会责任，用生命演绎出现代传奇，用承诺诠释普通劳动者的家国情怀。习近平总书记在出席中法全球治理论坛闭幕式上发表《为建设更加美好的地球家园贡献智慧和力量》指出："信任是国际关系中最好的黏合剂。"[①] 面对国际竞争和地缘博弈，国际社会面临"四个赤字"，即治理赤字、信任赤字、和平赤字、发展赤字。当国际社会信任受到侵蚀时，我们要把互尊互信挺在前面，开展对话沟通，增进战略互信。因此，诚信也是国家关系的基础，各国人民互信互敬、相知相亲，自觉维护国家形象，增进国际交往，发展共同利益都是践行爱国价值观。

三 爱国营造友善氛围

友善是人的社会性存在最基本的道德要求，在古希腊，亚里士多德把友善作为城邦连接的纽带。在中国传统文化中，《礼记》记载"不独亲其亲，不独子其子"，《周易》记载"地势坤，君子以厚德载物"，《论语·学而第一》记载"礼之用，和为贵"，《论语·颜渊篇第二章》记载"己所不欲勿施于人"，均强调和睦友善的道德情操。友善包括"友"和"善"，"友"是指友好、友爱，"善"指善待、和善，友善指友爱、善待，追求友谊和谐、讲爱存善。具体包括三个方面：一是人与人之间友善，包括善待自己、善待他人，求得人的自我和谐及人际关系和谐；二是人与自然友善，善待自然、尊重自然、爱护自然，求得人与自然和谐；三是人与社会友善，谦敬礼让、开明包容、相互扶助，求得人与社会和谐。

马克思指出：人的本质"是一切社会关系的总和"。[②] 人类社会的发展是从低级到高级发展的过程，在人类原始共同体中，人与人之间的关系主要靠血缘为纽带。在人类社会进入现代社会后，人类的交往突破原来的血缘范围进入陌生领域，在陌生空间需要每个成员都以友善的方式交往，共同维护陌生领域人与人之间的和谐。随着社会生产力的快速

---

① 何毅亭：《新时代·新思想》（二），人民出版社2021年版，第54页。
② 《马克思恩格斯文集》第1卷，人民出版社2009年版，第501页。

发展，人类的生产生活节奏加快，社会成员之间的自由交往逐渐被理性计算代替，社会伦理秩序受到挑战，友善维系着公民之间的真诚、互助，对构建社会和谐起到至关重要的作用。人类在实现自我发展的过程中需要不断地向自然界索取，随着社会生产力的快速发展，自然界承受的压力已经达到极限，给自然环境造成了巨大压力和创伤，正如恩格斯所言："我们不要过分陶醉于我们人类对自然界的胜利，对于每一次这样的胜利，自然界都对我们进行报复。"① 为了人类自身的可持续发展，也为了人与自然和谐，人类需要善待自然，遵守自然规律，与自然和谐共生。

爱国与友善之间是辩证统一的关系。其一，爱国的结构规定了友善的对象。爱国是公民社会公德的目标和价值准则，也是中华民族的光荣传统。爱国、敬业、诚信、友善四重个人核心价值，爱国位于首位不仅仅是公民个人首要的核心价值观，更是因为爱国价值观规定了后面三重核心价值观的范围和对象。爱国价值观的结构应该包括四个方面。一是爱祖国人民。热爱中国人民，炎黄子孙创造的辉煌灿烂的中华文明。二是爱祖国大好河山，祖国的大好河山、优美的自然生态环境是我们美好生活的根基。三是爱祖国的悠久历史文化，上下五千年，中华民族能够立于世界民族之林得益于优秀传统文化，优秀传统文化是中华文化自信的根基。四是爱祖国的政治制度，当前中国的基本政治制度是中国特色社会主义制度，爱国包含对中国政治制度和中国道路的认同，中国改革开放四十余年来，中国取得举世瞩目的成就，人民生活水平和生活质量得到显著提升，根本原因在于中国特色社会主义制度的优越性，并能够成功地将优越的制度转化成治理效能。在各种社会思潮的碰撞下，勇于坚定制度自信，坚定走中国特色社会主义道路，努力实现中华民族伟大复兴的"中国梦"。因此，爱国的四个结构规定了友善的对象，为友善界定了范围和方向。

其二，友善的内涵诠释爱国情怀。友善包含了对人的友善、对自然的友善、对社会的友善。对人的友善就是爱人民，正确处理自己与国人之间的关系。要求公民谦敬礼让、相期以善、以友辅仁、助人为乐。《论语·卫灵公》记载"躬自厚而薄责于人"，表达的就是人与人相处

---

① 《马克思恩格斯文集》第 9 卷，人民出版社 2009 年版，第 559—560 页。

时的价值态度，即公民个人要严格要求自己，对他人采用宽厚包容的态度，在批评时尽量做到语言不必太尖刻，追求人际和谐。对自然的友善就是爱祖国的大好河山和生态环境，要求热爱自然、尊重自然、遵守自然规律、合理利用自然资源，追求人与自然和谐相处、天人合一。在后工业化时代，自觉保持对自然的友善态度，尊重自然价值，践行社会主义生态文明即是践行爱国价值观。对社会的友善包含对社会政治制度的热爱。要求公民在社会领域内平等、真诚、互助。平等、真诚、互助的实现需要社会政治制度做保障。有优越的社会制度做保障，社会成员才能够敢于见义勇为、助人为乐、扶贫济困，才能敢于向社会献出一点爱，只有人人都向社会献出友善，社会才不会冷漠，面对摔倒的老人不至于纠结扶不扶。反之，如果没有优越的社会政治制度做保障，公民出于自保对社会的友善就会变得"矜持"，和谐社会建设便难以为继。因此，友善的内涵诠释爱国情怀，明确爱国的着力点。

第二节　爱国话语的内涵及表达

爱国在社会主义核心价值观个人行为准则中位列第一，是公民个人行为准则的首要要求。爱国话语研究对公民个人践行社会主义核心价值观具有导向作用。因此，对爱国话语逻辑、爱国话语受众、爱国话语客体进行理论阐释，对爱国话语的经典表述进行梳理，对社会主义爱国话语的基本指向进行分析，不断加深公民对新时代爱国话语的理解，对坚定公民的爱国情报国行将起到奠基性作用，促使公民更加坚定道路自信、理论自信、制度自信、文化自信。

一　爱国话语的基本内涵

（一）爱国话语逻辑

爱国是中华文化得以延绵不绝的思想根基，也是中华民族生生不息的精神支柱。传统文化的爱国话语主要集中在忧国、忧民、修身。从《周易·系辞下》的"作《易》者，其忧患乎"到范仲淹"先天下之忧而忧，后天下之乐而乐"；从陆游《病起书怀》的诗："位卑未敢忘忧国"到梁启超的"天下兴亡匹夫有责"；从孟子的"天下之本在国，国之本在家，家之本在身"到唐太宗的，"若安天下，必须先正其身"，其话语表达了先贤的爱国情怀。到了近代，英国通过鸦片战争打开了中国国门，挑起了侵华战争，通过暴力的手段"使东方从属于西方"，[①]从此，中国走上了半殖民地半封建社会道路，中华民族面临着国家独立和民族生存的外在压力，中华民族必须紧密团结起来，共同抵抗外敌入侵，国内矛盾转移到中华民族和西方列强的民族矛盾。爱国话语集中在激发民族感情，引导国民投身爱国行动中，其爱国话语逻辑是"情感—行动"，即通过动员宣传鼓动国民爱国热情，积极参与爱国行动，维护国家核心利益。后来的辛亥革命、五四运动、新民主主义革命都是爱国行动的实践。新中国成立后，尤其是1956年完成三大改造以后，中国正式进入社会主义社会，爱国转变成执政党的意识形态内容，爱国话语的逻辑是"公民—国家"与"情感—行动"的辩证统一。作为社会公民是社会主义国家的建设主体，在国家建设和发展过程中每个社会公民享有哪些权利和履行哪些义务，通过责任明确、权利明确、角色明确，实现对国家建设发展做贡献，通过立足工作岗位表达爱国情怀，实现国家认同、制度认同。爱国与爱党爱社会主义本质上是统一的，这是由中国近代以来国情所决定的。一是在中国近代救亡图存的历史中，只有社会主义救了中国，辛亥革命的资本主义道路在中国行不通。二是只有社会主义才能发展中国，中国进入社会主义社会后，尤其是改革开放以后，中国经济社会发展取得举世瞩目的成就，改变了长期以来贫穷落后的面貌，中国实现从"站起来"到"富起来"再到"强起来"，日益走近世界舞台的中央。三是只有中国共产党才能领导社会主义现代化建设，中国共产党始终秉承以人民为中心的发展理念，致力于中国人民的解放和发展。在新中国同样需要激发国民对国家制度国家政权国家哲学的情感认同，实现从对国家的爱国情到落实到实际工作中的报国行。爱国是意识形态领域的价值观念，意识形态又属于上层建筑的一部分，按照历史唯物主义观点，经济基础决定上层建筑，上层建筑对经济基础具有反作用，爱国核心价值观念对国民自觉开展中国特色社会主义实践，实现中华民族伟大复兴的中国梦具有积极作用。

（二）爱国话语受众

诚如第二章所阐述，话语包括三个组成部分，即话语主体、话语客

[①] 《马克思恩格斯文集》第2卷，人民出版社2009年版，第36页。

体、话语受众。话语受众是指对谁说的，爱国话语受众指的是爱国话语的接收者。前文指出在新中国成立以后，爱国话语逻辑是"情感—行动"和"公民—国家"的辩证统一，其话语逻辑起点包括国民情感和公民，逻辑归宿是参与到爱国行动和公民对国家的义务，在和平时期公民的爱国落实到各自工作岗位上。"如果要配得上'爱国者'的光荣品格，那我们必须要为国家的福祉做些什么，而不仅仅只是祈祷。"① 每一个真正的爱国者要在自己的实际工作中为国家发展做贡献，尽到公民的义务。2019 年，中共中央国务院印发《新时代爱国主义教育实施纲要》明确提出爱国主义教育要"坚持把实现中华民族伟大复兴的中国梦作为鲜明主题。"② 中华民族的伟大复兴需要全国各族人民的共同努力，需要全体公民履行各自义务，厚植爱国主义情怀，在各自工作岗位上兢兢业业、恪尽职守。中国梦是由每个中华儿女的梦想汇聚而成，每个公民实现各自的梦想就是为实现中国梦做贡献，中国梦的实现离不开每个公民梦想的实现。因此，新时代的爱国话语是基于中华民族伟大复兴的中国梦，爱国话语受众应该是全体中华人民共和国公民。

（三）爱国话语客体

话语的客体指的是话语的具体内容，学界对爱国的话语客体研究主要集中在两层次论、三层次论、四层次论、六层次论四种观点，③ 结合《新时代爱国主义教育实施纲要》，我们认为爱国话语客体主要分四层次，即爱祖国大好河山、爱祖国历史文化、爱祖国同胞、爱祖国的政治制度。

爱祖国大好河山，主要体现在对祖国自然环境、自然资源的热爱和国家领土完整、国家独立的捍卫。无论是中国近代还是新中国成立后的社会主义建设时期，爱国的话语都表达了对国家领土完整、国家独立的捍卫，中国近现代史本质上就是维护祖国统一和领土完整的爱国史，因此，新时代爱国主义话语要"广泛开展党史、国史、改革开放史教育"，④ 反对历史虚无主义，弘扬革命传统，用中国声音讲好中国故事。

---

① 何芊：《反〈印花税法〉风波与北美殖民地"爱国"话语的初步转变》，《史学月刊》2015 年第 9 期。
② 《新时代爱国主义教育实施纲要》，人民出版社 2019 年版，第 2 页。
③ 参见朱红霞《社会主义核心价值观内容结构研究》，《法制与社会》2016 年第 12 期。
④ 《新时代爱国主义教育实施纲要》，人民出版社 2019 年版，第 7 页。

爱祖国还体现在热爱祖国的自然环境，自觉践行生态文明，树立人与自然生命共同体思想，追求人与自然和谐共生。

爱祖国历史文化，主要包含对祖国的传统文化、时代精神和基本国情的认同，进一步坚定文化自信。中华传统文化博大精深，蕴藏了丰富的爱国主义思想，譬如，"先天下之忧而忧，后天下之乐而乐""位卑未敢忘忧国""天下兴亡，匹夫有责"。纵观中国历史，爱国主义如同一根红线贯穿着中华民族的发展过程，凝聚着中华民族传统文化的精华，构成了中华民族的立国之本。[①] 新时代的爱国话语包括对传统文化认同。爱国话语同时包含社会公民凝心聚力弘扬改革创新的时代精神，攻坚克难，聚焦培养担当民族复兴大任的时代新人，不断培育中国人民的伟大的创造精神，不断展示中华儿女新时代的新作为。爱国话语包括社会主义初级阶段基本国情的认同，改革开放四十余年取得历史性成就，综合国力、人民生活水平、国际话语权都有显著提升，虽然社会主要矛盾发生了变化，但是对中国的基本国情仍然要有清醒的认识，即中国仍然处于社会主义初级阶段，面对"中国威胁论""中国崩溃论"等资本主义话语体系，我们准确判断基本国情，引导国民立足国情，做好本职工作，理性爱国。

爱祖国同胞，主要指公民能够全心全意为人民服务，切实维护各民族大团结。中华人民共和国是由56个民族14亿人组成的共同体，爱国话语集中要求维护56个民族团结和全心全意为人民服务。维护民族大团结铸牢中华民族共同体意识，在共同体内各民族平等交流交融，形成你中有我我中有你的命运共同体。同时，共同体成员能够秉承友善、诚信的价值观和谐相处，每个人都能从人民的整体利益出发，摒弃单纯追逐个人利益的资产阶级价值观，向人民学习对人民负责全心全意为人民服务。

爱祖国的政治制度，主要指对祖国的政治理论、政治道路的认同。新时代爱国话语包含对国家哲学、政治理论的赞同，在当前，主要是对马克思主义、马克思主义中国化理论成果，尤其是习近平新时代中国特色社会主义思想的认同，承认中国特色社会主义理论在中华民族伟大复

[①] 参见李萍《当代中国经济与社会主义意识形态互动发展研究》，人民出版社2010年版，第151页。

兴实践活动中的指导地位,学懂弄通做实习近平新时代中国特色社会主义思想核心要义,树立"四个意识",坚决维护习近平总书记在党中央的核心地位、在全党的核心地位,维护中央权威和集中统一领导。① 爱国话语同样包括对祖国发展道路的认同,当前,中国走的是中国特色社会主义道路,改革开放取得的成就举世瞩目,人民群众满满的获得感,中国综合国力显著提升,日益走近世界舞台的中央,国际话语权和影响力日益剧增,进一步坚定了道路自信。

二 爱国话语的经典表述

对于爱国话语的研究有利于增强中国人民和中华民族投身新时代中国特色社会主义建设,更好地维护民族独立和国家尊严,明白爱国和爱社会主义在本质上是一致的事实,让人民群众更好地理解坚持党的领导的极端重要性。纵观历史长河,按照话语产生时间和性质,可以将爱国话语分为四类:中华传统文化中的爱国话语、革命战争时期的爱国话语、和平建设时期的爱国话语和新时代中国特色社会主义时期的爱国话语。

(一) 中华传统文化中的爱国话语

首先,儒家思想中充盈质朴爱国情感。儒家思想中的爱国话语集中体现为强调维护祖国统一、反对国家分裂,重视维护国家的责任感。第一,"大一统"思想坚定维护祖国统一,《春秋公羊传·隐公元年》记载"何言乎王正月?大一统也",将"大一统"比喻为封建王朝的"正月",强调其第一性;同时,《汉书·王吉传》记载"《春秋》所以大一统者,六合同风,九州共贯也。"强调"大一统"不仅仅是国家领土的统一,还有思想文化、经济制度等方面的统一。② 第二,"忠孝"观强调"忠君爱国"反对诸侯割据。儒家创始人孔子多次强调"忠君爱国",孔子指出"天下有道,则礼乐征伐自天子出;天下无道,则礼乐征伐自诸侯出",③ 表达出孔子赞成中央集权、反对地方分裂的想法。第三,儒家强调"仁爱"思想和集体责任感,进而强调个体对国家的

---

① 参见《新时代爱国主义教育实施纲要》,人民出版社2019年版,第5页。
② 参见李河水《简论儒家文化对"爱国敬业诚信友善"价值观的涵育》,《学校党建与思想教育》2016年第15期。
③ 孔子:《论语》,王超译,北京联合出版公司2015年版,第132页。

责任。以孔子为代表的儒家思想核心是"仁",而"仁者爱人",正如孔子在《论语·颜渊》中指出"己所不欲勿施于人",儒家正是通过"仁"使自身和他者统一起来,让自身和社会、国家联系起来,主张个人通过"修身"来实现"齐家、治国和平天下",这种由"仁"出发的思想经过"爱人"的中介最终演化为"天下兴亡,匹夫有责"的家国责任感。

儒家思想中质朴的爱国情感是当代爱国话语的重要理论渊源之一,但是儒家思想中的"爱国"强调的是"爱"封建地主阶级为代表的统治阶级所统治的国家,其"爱国"话语是与"忠君"同义,甚至有时是盲目忠君,忽视人民群众创造历史的伟大作用,因此有必要加以鉴别。

其次,法家思想中贯穿着爱国的"红线"。法家是"诸子百家"中的重要流派,其主要代表人物有管仲、李悝、申不害、韩非子等,法家思想主张通过法律这一社会规范来实现公平正义的"强国"夙愿,"爱国"也是贯穿法家思想的一根"红线"。具体说来,法家思想中蕴含的"爱国"理念:一是法家主张通过"一断于法"锻造正义国家;二是主张崇尚法律权威,进而崇尚国家权威;三是借助法这一工具实现"天下治乱,强国富民"主张。① 但是,有必要将法家思想中爱国话语和法家"弱民""愚民"倾向分隔开来。

再次,道家思想中隐含着爱国的旨向。爱国主义精神在道家思想中一以贯之,一是"助国",道家经典《太平经》有言"助国得天心""天乃与德君独厚,故为其制作,可以自安而保国者也",② 强调要付诸实际行动促进国家治理体系完善和维护国家主权的行为是符合道家真精神的。二是"护国",实际上有相当多的道家典籍的名称出现"护国"二字,如《太上护国祈雨消灾经》《碧霞元君护国庇民普济保生真经》《太上大圣朗灵上将护国妙经》《正一法文经护国醮海品》《护国嘉济江东王灵签》等,道家话语中的护国不仅鼓励协助军队国防的行动,也强调爱国主义的精神力量的重要性。三是"大道化生"说,强调为了

---

① 参见胥仕元《先秦法家政治哲学的价值取向》,《河北师范大学学报》(社会科学版) 2019 年第 4 期。
② 洞幽法师元妙宗:《太上助国救民总真秘要》卷之一,2020 年 1 月 20 日,道教之音 (http：//www. daoisms. org/article/sort011/info-10034. html)。

让"大道"早日行于人间,每个人都应该尽忠报国。四是"性命双修"说,强调个人与国家之间紧密联系,爱护个人身体更好地保卫国家。[①] 但是,道家爱国话语中唯心主义倾向则需要警惕。

最后,释家文化中包含着爱国的底蕴。"三教合流"以来,佛教文化在中国传统文化中扮演着越来越重要的角色。释家文化中有着"不作国贼,拥护国王,不漏国税,不犯国制"思想,意为佛教徒不能够为了功名利禄而通敌卖国、不能做出偷税漏税这些损害国家的行为。此外,《大乘本生心地观经》指出佛教徒蒙受四种恩惠,其中之一就是"国王恩",封建时代国王是国家的代表,因此这句话在现在看来就是说佛教徒们受到了国家的恩惠,需要报答。但是,佛教中的宿命轮回等唯心主义倾向也需要警惕。

上述分析表明,上下五千年的中华文明孕育的丰富的爱国思想、爱国话语和爱国行动虽然难免有一些封建糟粕,但其中的优秀爱国思想、爱国话语仍然成为中国人的精神食粮。

(二)革命与战争时期的爱国话语

在内忧外患的近代中国,无数的仁人志士、爱国人士以自己的言行深刻诠释中国传统文化中的爱国情怀。该阶段的爱国话语又可细分为旧民主主义革命时期、大革命时期、土地革命时期、抗日战争时期、解放战争时期等阶段。

第一,旧民主主义革命时期的爱国话语。洋务运动时期,开明的地主绅士目睹西方先进科技的巨大作用,主张"师夷长技""实业救国",在维护固有统治地位的同时也展现出爱国精神。太平天国运动时期,农民阶级在话语层面也开展了一系列爱国图存的尝试,如洪秀全《原道救世歌》中的"天父上帝人人共,君王私自专""普天之下皆兄弟,上帝视之皆赤子"等话语展现了农民阶级的朴素家国情怀。

第二,大革命时期和五四时期的爱国话语。辛亥革命时期,三民主义中的"民族主义","打倒列强除军阀"等话语展现了资产阶级的爱国主张。同时,新文化运动强调"争人权",通过科学与民主等方式重塑民族自信,五四运动精神强调"争国权",通过"外争国权,内惩国贼"等口号表达出反抗帝国主义侵略建立独立国家的强烈的爱国主义

[①] 参见詹石窗《身国共治——〈道德经〉第十章解读》,《老子学刊》2018年第1期。

情感。①

第三，土地革命时期。1928—1935 年，流行的爱国话语：一是实行土地革命纲领，通过"打土豪、分田地、团结贫下中农"等方式来打倒国民党反动派统治，建立各阶级联合专政的新政府。二是坚决反帝国主义侵略，如"（长征也是）北上抗日""（中华苏维埃共和国临时中央政府）公开对日宣战"。三是发动人民群众爱国热情，如将反帝话语进行符合农民思维的话语转换，"联合世界之农民兄弟，来打倒我们的敌人"，② 同时也分析群众的爱国主义必须要有党的领导和科学理论指引才能实现彻底性。

第四，抗日战争时期。这一时期爱国话语的突出特点是"抗日成为衡量爱国程度的主要标准"，这一时期，一是通过口号、歌谣、标语等方式宣传各阶级联合抗日共度国难，推动第二次国共合作和抗日民族统一战线建立，如"中华民族到了最危险时候""从反蒋抗日到逼蒋抗日"等；二是展现视死如归、宁死不屈的民族气节，不畏强暴、血战到底的英雄气概，百折不挠、坚忍不拔的必胜信念；③ 三是推动中华民族意识完全觉醒，中国是一个多民族国家，但在抗战中多民族开始凝聚成"中华民族"意识，诸如鼓舞少数民族自发为中国军队和抗日武装提供协助、少数民族兴起抗战捐献活动、少数民族的文化形态抗战等。④

第五，解放战争时期。众所周知，在解放战争时期产生了国共军事斗争、国统区人民反蒋爱国运动和国民党将领率部起义三条战线，而在这三条战线中也产生了三种爱国话语。在国共军事斗争战线，爱国话语主要表现为指战员努力战斗，人民群众努力支援前线，早日"打倒国民党反动派，解放全中国"；在国统区，爱国话语表现为"反内战"、抗议美军暴行、以民主爱国运动反抗国民党反动派；在国军内部，爱国话语表现为率部起义、投诚，掀起三次起义高潮。

---

① 参见王小蓉《五四运动于新文化运动：腰斩还是硕果？》，《四川大学学报》（哲学社会科学版）2019 年第 6 期。
② 《中国现代革命史资料丛刊·广东农民运动资料选编》，人民出版社 1986 年版，第 235—236 页。
③ 参见李树泉《抗日战争升华了伟大的爱国主义精神》，《湖北日报》2017 年 2 月 8 日。
④ 参见赵亮《从国家到文化：国家认同的史证与申张——中国少数民族抗战的研究和展望》，《现代哲学》2017 年第 5 期。

（三）和平建设时期的爱国话语

新中国成立后，以毛泽东、邓小平、江泽民和胡锦涛等人为代表的中国共产党人阐述了一系列新的爱国话语。

毛泽东不仅在土地革命、抗日战争时期创新了爱国主义话语，新中国成立后也建构了爱国话语，具体包括：一是以社会主义改造理论建设美好国家，通过对农业、手工业和工商业进行社会主义改造为社会主义基本制度打下坚实基础；二是阐述人民内部矛盾理论推动社会主义国家发展；三是领导抗美援朝胜利，提升中国国际威望，解除了以美国为首的外部势力对新中国的武装威胁，稳固了国防。

邓小平爱国话语突出了爱国主义与社会主义、民族主义和国际主义的统一。一是将爱国与社会主义统一起来，明确指出只有社会主义才能救中国，只有社会主义才能发展中国；二是将爱国与民族主义统一起来，坚定一国两制推动国家稳定，坚持经济建设促进民族振兴；三是将爱国与国际主义结合起来，坚持独立自主维护主权独立，坚持改革开放面向世界吸收先进科技、资金与经验。除此之外，他还提出社会主义本质论、"三个有利于"标准、"三步走"战略等观点推动马克思主义理论的创新。

江泽民在前人基础上对于爱国话语和爱国主义又做出了创新性建设。一是对爱国的价值创新性定位，指出爱国主义是中华民族精神核心，是鼓舞人民奋斗旗帜，是搞好改革开放和现代化建设关键所在；二是对爱国主义内涵和特征进行创新性概括，特别指出爱国主义根本任务是建设中国特色社会主义，阐发了新时期爱国主义的基本特征，强调"热爱祖国与热爱社会主义的统一，热爱祖国与热爱中国共产党的统一，热爱祖国与坚持人民民主专政的统一，热爱祖国与自觉以马克思主义为指导的统一"[1]。

胡锦涛的爱国话语在社会主义荣辱观中得到了集中体现，"八荣八耻"中第一条就是"以热爱祖国为荣，以危害祖国为耻"，强调爱国是"荣耻"的第一标准；第二条"以服务人民为荣，以背离人民为耻"强调了社会主义国家中爱国家和爱人民的内在统一；第三条到第八条则具体到个人，强调个人如何更好地提升自身素质为社会主义国家建设

---

[1] 参见杨业华《江泽民爱国主义思想探析》，《思想理论教育导刊》2007年第5期。

服务。

(四) 新时代中国特色社会主义时期的爱国话语

中国社会主义进入新时代，习近平总书记在一系列重要讲话中既重温了经典的爱国话语，也阐述新时代情况下爱国话语的新特点，突出表现在以下方面。

第一，爱国的主题要实现中华民族伟大复兴。不同时代有着不同的爱国主题，习近平总书记强调在新时代"实现中华民族伟大复兴的中国梦，是当代中国爱国主义的鲜明主题"[①]。习近平总书记形象地将爱国阐释为"历史的接力棒"，深刻阐释新时代爱国主义鲜明主题的本质内涵就是实现国家富强、民族复兴和人民幸福的中国梦，同时习近平总书记还强调实现中国梦的关键是弘扬中国精神。

第二，爱国主义是民族精神核心。习近平总书记在纪念五四运动100周年大会上指出："爱国主义是我们民族精神的核心，是中华民族团结奋斗、自强不息的精神纽带。"[②] 习近平总书记认为爱国主义的精神基因始终是中华民族得以区别于其他民族的重要标志，也是中华民族建构自身的身份认同的重要因素。从这里出发，习近平总书记又进一步指出推动爱国主义和爱国话语建设要尊重和保护优秀传统文化，在新时代新的历史条件下不断继承和创新优秀传统文化，在优秀传统文化中注意弘扬爱国主义热情，坚定文化自信。

第三，加强爱国主义教育。习近平总书记的"四个结合"方针集中概括了爱国主义教育的精髓，要将爱国主义教育同精神文明建设、理论和实践研究、广泛运用新媒体和多种场合仪式、青少年爱国主义教育四个方面结合起来。同时，习近平总书记还明确指出了爱国话语传播的目的旨向，即一是要帮助受众形成正确的历史观、民族观、国家观和文化观四观；二是要培养受众的爱国主义情怀；三是要将吸收的爱国主义话语付诸实践。

第四，统筹爱国、爱党、爱社会主义三者统一。习近平总书记明确指出："弘扬爱国主义精神，必须坚持爱国主义和社会主义相统一……

---

① 习近平：《习近平关于全面建成小康社会论述摘编》，中央文献出版社2016年版，第123页。

② 习近平：《在纪念五四运动100周年大会上的讲话》，人民出版社2019年版，第3页。

只有坚持爱国和爱党、爱社会主义相统一，爱国主义才是鲜活的、真实的，这是当代中国爱国主义精神最重要的体现。"① 从中我们可以解读到三点信息，一是爱国主义推动了中国特色社会主义事业的发展；二是当代爱国主义话语的本质是爱国、爱党和爱社会主义的统一；三是"三爱"是爱国主义话语具有生命力和感染力的源泉所在，也是同其他话语的根本区别所在。

第五，爱国要坚持人类命运共同体意识。习近平总书记认为当前中国特色社会主义的爱国主义话语也要具有世界视野，具有人类命运共同体的意识。在中国内部，爱国话语要注重宣扬国家统一和民族团结，坚定受众对"一国两制"的支持，坚决批判分裂主义、极端民族主义等话语。在世界舞台，爱国主义话语要注重宣扬世界和平、和谐、平等、互助、合作，建构世界新秩序打造人类命运共同体。习近平总书记还特别强调在建构人类命运共同体过程中，我们要积极贡献中国智慧、中国力量和中国方案。

总之，通过对传统文化中的爱国话语、革命与建设时期爱国话语和新时代的爱国话语的分析，我们可以总结出中国社会主义爱国话语的基本指向。在指导思想上，坚持马克思主义指导，高举中国特色社会主义伟大旗帜；在话语创造传播主体上，全体国民都是创造和传播的主体，其中党政、媒体、高校发挥着至关重要的作用。在受众上，世界人民都可以是社会主义爱国话语的受众，其中主要受众是中国的青少年、学生、工农等群体。在爱国话语目标上，以帮助受众塑造正确"四观"，激发受众养成爱国情怀。在途径上，理论层面注重继承和创新，保护传承创新中国传统文化；实践层面上，展现国家发展进步成果，利用重大活动、塑造教育基地、重大节假日、国家仪式等多种场合渠道传播爱国主义话语，进行爱国主义教育；同时，注重应用新媒体和艺术。

---

① 《只有坚持爱国爱党爱社会主义相统一 爱国主义才是真实的》，2020年1月20日，央视网（http://www.szhgh.com/Article/news/leaders/2015-12-31/104537.html）。

第三节　当前爱国话语传播与教育过程中的困难与对策

社会主义爱国话语引领着受众塑造正确的历史观、民族观、国家观和文化观，激发和厚植受众的爱国情怀，在推动人们参与中国特色社会主义伟大事业和伟大复兴征程上发挥重要作用。但是，近些年爱国话语在研究、继承创新、传播发展等方面遇到一系列困难，这些困难有理论上的分歧，也有实践上的挑战，既有国际舞台上其他话语的挑战，也有国内"微时代"传播媒介发展带来的挑战。深入推动爱国话语的传播与教育，需要积极面对其挑战，化解其困难，研究其对策。

一　虚无主义与"普世价值"对爱国话语造成理论歧见

虚无主义和"普世价值"这两对思潮，虽然表面上看起来两者大相径庭，虚无主义消解爱国话语的崇高性，"普世价值"用一种貌似更加崇高的理念覆盖爱国话语权威性。但是，从本质上看两者都是当代资本主义发展到一定程度的意识形态话语，外在地形成了对社会主义爱国话语的理论歧见。

（一）虚无主义对爱国话语造成的理论歧见

哲学家尼采指出虚无主义是对于"最高价值"的"自行贬黜"，这种思潮没有目的，因而同样没有对目的的回答。[①] 从尼采的表述中可以看出虚无主义主要观点，即认为不承认人类存在的意义、最终目的以及可理解的真相及最高价值。

虚无主义从总体上消解了理想信念的崇高性，贬抑了爱国话语的历史使命感与崇高感。当前虚无主义"日渐成为中国社会非主流思潮中的重要力量，对马克思主义在意识形态中的指导地位形成巨大挑战"。[②] 虚无主义在造成最高价值消逝的同时，也将信仰、道德规范的意义消解，使得个人、社会处于一种"精神失范"和纷争不息的状态。虚无

[①] 参见［德］尼采《权力意志——重估一切价值的尝试》，张念东、凌素心译，商务印书馆1991年版，第280页。

[②] 张灿：《虚无主义的中国样态及其批判》，《思想教育研究》2018年第9期。

主义有多重表现形式，如历史虚无主义、民族虚无主义、文化虚无主义、价值虚无主义和政治虚无主义等，这些具体的虚无主义形式则从各个方面对社会主义爱国话语产生不同程度的影响。

第一，历史虚无主义歪曲和否定中国革命进步性和党的执政领导地位，对于爱国话语中革命叙事和党的领导等方面构成了分歧。历史虚无主义的方法论"以历史选择论为指导，以历史假设为前提，进行主观臆想和推断，最后得出所谓'新结论'"①，历史虚无主义满足和停留于现象的层面，不去追究历史的本质，有选择性地呈现历史的一个侧面，拼凑出所谓历史的"原貌"。例如有的将殖民美化成文明进步，有的对资产阶级改良方法进行美化，夸大革命带来的破坏，将中国近现代革命史污蔑为"流血破坏"史，否认阶级斗争和革命带来的进步，肆意抹黑历史上的进步人士和英雄人物，实质上是历史相对主义和历史观上的唯心主义。

第二，民族虚无主义否定本民族传统，鼓吹民族同化，试图消解爱国话语的中华民族根基。民族虚无主义认为传统的中华民族和传统中国文化只不过是一种"静止的农业社会的文化"，这样的存在无法得到发展，只能被"现代化"或者"资本主义化"②，讴歌所谓的"海洋文明"，抨击以中华民族为代表的"黄土文明"，打击中华民族的民族自信心和自豪感。此外，民族虚无主义还主张与中国传统民族观彻底"决裂"，所有民族都应该走"西化"道路、走资本主义道路，落后民族应该放弃自身特点全面学习，以便"同化"到西方所谓的"先进民族"。近年来浮现的"精日""哈韩""拜美"等群体就是民族虚无主义的典型体现，如果放任民族虚无主义的发展会动摇社会主义爱国话语的民族根基。

第三，文化虚无主义抹黑和歪曲革命文化、中华优秀传统文化和社会主义先进文化，污染了爱国话语的文化底蕴。对于革命文化，文化虚无主义非议革命领袖们，通过一些未经考证的资料来煞有介事地评判革命领袖的品行，片面夸大革命领袖们的过失和时代局限来全盘否定革命

---

① 参见杨金华《当代中国虚无主义思潮的多元透视》，《马克思主义研究》2011年第4期。

② 参见李振刚《民族虚无主义及其理论误区》，《东岳论丛》1992年第2期。

领袖们功绩。对于中国传统文化，通过恶搞传统文化作品和经典，故意调侃、抹黑历史人物，达到影响社会群体的文化观、历史观、价值观的目的。对于社会主义先进文化，他们经常通过制造"热点"话题和虚无榜样人物。总而言之，"对社会主义核心价值观的公然挑衅和蓄意背叛，这是文化虚无主义的惯常表现和真正意图"[1]。

第四，价值虚无主义解构爱国话语描绘的"中国梦""共产主义"等价值指向，若放任不管会动摇爱国话语的道德制高点地位。在市场经济中，由于异化、物化和"拜物教"意识遮蔽，人与人的传统人伦关系被物与物的外在功利关系遮蔽，正是由于物化的"现代性伦理危机"和现实情况，党中央及时提出社会主义核心价值体系和社会主义核心价值观，以期矫正市场带来的负面效应。从深层次上看，价值虚无主义无视社会主义制度的道义崇高性和高尚的价值追求，鼓吹资本主义价值体系，又渲染发展过程中的诸如伦理道德危机、贫富差距过大、法治建设不健全等问题，从而最终否定中国特色社会主义核心价值体系，虚无爱国这一核心价值观。

第五，政治虚无主义蔑视党史、国史学习，否认党中央权威和为人民服务宗旨，影响爱国话语的传播力和信任力。政治虚无主义是虚无主义新近演化的一种表现形态，在中国产生恶劣影响，例如有的党员干部放弃了为人民服务的宗旨观念、走向人民对立面，有的党员干部公然嘲讽道德模范、英雄人物，漠视革命传统和优良作风，忽视对马克思主义理论的学习[2]。

（二）"普世价值"对爱国话语造成的理论误识

"普世价值"又称"普世价值观"，它自认为所谓的"自由、平等、博爱"等观念是全人类的"普世价值"，也是所有国家、民族都应遵循的价值观，它本质上是一种基于抽象人性论基础上，为以资产阶级为代表的特定阶级利益服务的思想观念体系，是当代西方发达国家的主流价值观，它能够消解国家认同和爱国主义。马克思指出："资产者的假仁假义的虚伪的意识形态用歪曲的形式把自己的特殊利益冒充为普遍的利

---

[1] 孙丽珍、李泽泉：《文化虚无主义的表现、本质及治理》，《红旗文稿》2018年第9期。
[2] 参见丁俊萍、李磊《旗帜鲜明地反对政治虚无主义》，《红旗文稿》2018年第8期。

益",① 所以,"普世价值"理论本质的抽象性、价值标准的双重性和实践逻辑的扩张性将对社会主义爱国话语造成一定理论误识。②

第一,"普世价值"理论本质上的抽象性与爱国话语的理论根基针锋相对。社会主义爱国话语以马克思主义理论为指导的,观照"现实的人""处于一定社会关系中的人"和处于一定社会历史条件下的人,而"普世价值"从抽象人性论出发忽视社会主体的历史性和阶级性,将历史进程中资本主义制度的历史阶段合理性绝对化为永恒合理性。同时,由于西方发达工业社会中私有制主导的生产方式,物化和"拜物教"意识占据主导地位,资本家丧失了自身主体性,沦为"人格化的资本",工人也被贬低为一种"劳动力的活载体"。因此,"普世价值"所鼓吹的自由不过是出卖自身劳动力的自由,即自由的选择被剥削;平等也不过是物化后的平等,即"等价交换"。"普世价值"是基于抽象人性论产生于被资本逻辑扭曲的社会现实的产物,但是在发达工业社会中由于抽象化的表达、外表的光鲜亮丽,实则遮蔽了内在的虚伪性,从而在全世界得以广泛传播。社会主义爱国话语所描绘的自由平等与"普世价值"描绘的自由平等有本质上的区别,但是由于受众自身知识限制和一些学者的故意扭曲,两种不同理论基础的话语却看似一样,容易让受众产生迷茫和混淆,进而影响了爱国话语的表达。

第二,"普世价值"价值标准的双重性成为"批判"爱国话语的方式。"普世价值观"的典型特点是双重标准,骨子里利益优先,鼓吹"民主""自由"的话语让西方国家既可以抨击对手也能为自身行为辩护。实际上,"普世价值"的双重标准背后有一个不变的标准,就是用利益衡量事物、行为,利益标准是由于资本增值本性所决定的。社会主义爱国话语主张爱国、爱党和爱社会主义三者协调一致,但是以美国为代表的西方国家一方面自身人权建设和保障堪忧,另一方面却打着"人权高于主权"的幌子肆意对他国内政指手画脚,试图将自身的"两党制"、票选民主、轮流坐庄、资本主导的政治生态复制到他国。

第三,"普世价值"实践逻辑的扩张性挤占爱国话语的空间。综观

---

① 本书编写组:《马克思、恩格斯、列宁论意识形态》,人民出版社2009年版,第6页。
② 参见李健、吴波《当代西方主流价值观的三重特性》,《社会主义核心价值观研究》2018年第5期。

当今世界，凡是和西方社会价值观不一致的国家或地区，特别是有重大利益关切的，西方社会总是试图将"普世价值"扩张到这一国家或地区，将其"颜色革命"和意识形态同化，以便更好地重塑当地政治、经济、文化、社会等，为资本扩张和资本增值服务。"普世价值"不断寻求扩张是由资本主义不断寻求空间扩展、寻求空间生产和价值增值所决定的，"普世价值"传播到的地方会自然而然挤占非资本主义话语的空间。

二 "微时代"对爱国话语造成实践挑战

对于当今我们所处的时代，丹尼尔·贝尔从农业时代、工业时代的生产方式出发，认为这是后工业时代，詹明信认为这是晚期资本主义，在一定程度上由于世界资本主义进入晚期更加注重意识形态控制，同时后工业时代生产力进步，从传播媒介上看当今话语传播进入"微时代"，即很多时候话语通过去中心化、去主体化的方式传播开来，如微博、微信、Facebook等方式。当前"微时代"的爱国话语传播面临着多重实践挑战。

第一，话语主体上，发声主体混乱和责任不明，爱国话语的权威削弱。"微时代"的名称来源于众多"微媒介"的出现，打破了话语主体和话语受众之间无形的壁垒，使得双方可以相互转换，一个主体可以即刻变为话语受众，这样的结果虽然让话语创造方式更加灵活、多元，但是也带来了发声主体混乱和责任不明的弊端。一方面，观点表达较为随意，自我角色认同削弱。"微时代"的虚拟角色扮演和虚拟化社交让很多主体丧失了"实在感"，忽视了伦理道德规范，话语表达倾向碎片化，"微时代"让自我认同感降低，与爱国话语致力于提升受众的国家身份认同产生了一对矛盾。另一方面，"微媒体"中情绪化话语较多，忽视自身责任担当。很多参与者在工作、学习和生活上倍感压力，于是在"微媒体"这个"法外之地"选择"百无禁忌"，面对社会热点问题，特别是涉及爱国话语时候，选择情绪化批评、泄愤式评论、无根据妄评、盲从式转发的态度。

第二，话语传播过程上，传统的爱国话语传播方式受到冲击。传统意义上爱国话语传播方式主要通过学校课堂教学、纸媒、电视广播乃至讲座讲学，这些传播方式存在着明显的中心——边缘格局，即话语的传播是从中心传播到每一个受众的周边，而且各个中心之间还从高到低等级分明。"微时代"中受众有着丰富的选择，可以自由选择接受的话语内容，因此传统"灌输—接受"式传播方法受到了冲击，必须更加提升话语的简易度、趣味性和方式多样化。

第三，话语受众状态上，少数极端思想经过"沉默的螺旋"得以放大影响了爱国话语的表达。传播学中"沉默的螺旋"理论认为由于大多数个人会力图避免由于单独持有某些态度和信念而产生的孤立，因此在一个话语场域中当某一话语、观点受到欢迎时候将会产生增力，不欢迎时候产生斥力，因此随着时间发展会形成受欢迎观点、话语越来越受欢迎，不受欢迎观点越来越不受欢迎的螺旋。一方面，持有少数极端思想者由于有组织、有计划、经过话术培训，容易在一个"微媒体"场域中抢得先机，形成表面上的话语优势现象，而大多数人们由于不知道自身观点是否占多数优势，便倾向于保持沉默，让某些"微场域"成为某种极端思想的"自留地"，这些"自留地"中爱国话语的阳光难以照射进来。另一方面，由于"意见气候"形成，广大受众也被刺激起来，开始自发产生极端话语。

第四，话语价值上，价值观念纷繁复杂，爱国话语内容导向不清。例如有党员干部在网上牢骚漫天，有的承担爱国话语的单位、机构对于微信公众号、微博公众号建设不甚上心，相关负责人思想觉悟和虚拟社交水平有待提高，发出的一系列话语漏洞较多、引喻失义等。再例如极端网络民族主义也甚嚣尘上，崇尚武力解决国际争端、看待国家发展时"唯我独尊""盲目排外"、看待社会发展问题时悲观主义，这些纷繁复杂的不同价值观念的话语会对"微时代"的受众产生潜移默化的影响，妨碍了爱国话语的入脑和入心。

三　坚定爱国话语自信，积极面对挑战

对于爱国话语面临的理论分歧和实践挑战，需要积极面对、分析和化解，以便更好地促进爱国价值观念和话语表达。

其一，应对理论分歧。首先，加强马克思主义理论教育，深入批判虚无主义、"普世价值"。虚无主义致力于抹黑、歪曲爱国话语，致力于让历史、价值、文化、政治、民族虚无化，从而扰乱中国社会主义意识形态，对此要坚定马克思主义指导，坚定唯物史观，学习和传承中华

民族优秀传统文化、革命文化和社会主义先进文化，坚定文化自信，激发人民群众的文化自信，坚决依靠人民群众来反对虚无主义。其次，加强人类命运共同体意识，超越"普世价值"。"普世价值"无视人的现实性、阶级性和历史性，以抽象人性论为方法论、以唯心史观为哲学根基，鼓吹西方价值观"放诸四海而皆准"，但是实际上西方发达资本主义国家自身都做不到他们所鼓吹的"普世价值"，例如美国肆意践踏各种条约、制造各种摩擦，是对其资本主义"契约精神"的公然违背。习近平提出的人类命运共同体则更具有实效性、适用性和实用性，人类命运共同体思想立足于马克思主义科学理论，从现实的人出发，指出共同价值的主体是现实生活中的人类整体，它不仅包括现在的世界居民，还包括未来的子孙后代，致力于寻找人类共同利益交汇点，寻找共同价值追求，解决面临的诸如全球气候变化、恐怖主义、网络安全等共同问题，从而实现对"普世价值"的超越。

其二，应对实践挑战。首先，加强网络监管与学术监督。对于公然违背爱国话语、发布"恨国"言论的主体，要发挥国家机器的力量和作用，适当予以警告和惩戒，同时对于学术研究也要加强监督，特别是在人文社会科学领域树立正确的学术研究风向。其次，牢固话语权和积极引导舆论。要积极利用"微场域"和"微平台"等新方式、新渠道传播爱国话语，弘扬正能量和增强受众理想信念教育，勇敢地与错误社会思潮做斗争。最后，更新观念和增加话语"吸引力"和话语实效性。寻找受众的"兴趣"，吸引受众主动"靠近"爱国话语，同时"微时代"中不仅是文字和语言，图片、音乐和视频等也都是信息传播的有效形式。可以借鉴一些重大热点焦点舆论事件中的成功案例来丰富自身的教育形式。同时，利用丰富、鲜活、活泼的素材，鼓励受众自己参与到爱国话语的创造中去，如各种网络征文比赛，以爱国为主题的微电影、微话剧、微小说征集，让爱国话语在受众中自发形成。

第六章　扫描海外中国学，细察中国价值观念国际传播

海外的中国学研究实际上是直接反映了当代中国价值观念在国外的影响。海外中国学研究开始于二战后新中国成立以来，其研究基础是16世纪以来国外逐渐形成的"汉学"研究，汉学研究主要关注具有中华民族特色的文学、历史、艺术、哲学、宗教、语言等内容，研究的重心是中国的历史和文化问题，偏重于具有中华民族特色的文化内容，并积极向其他国家进行介绍，这其中西方的传教士发挥了重要的作用。而中国学则与汉学研究不同，它侧重于从综合和系统的角度对中国现当代现实问题进行研究，但无论是从历史、文化还是社会心理等角度进行研究，其关注点大多放在当下中国的社会现实，"'中国学'所关心的不完全是中国的传统文化，更多的是中国的政治、经济、军事、教育、社会生活、社会心理等各个层面的问题。'中国学'以现实为中心，以实用为原则，以国家战略利益为考量，以非文化或者泛文化为特征"。① 当前海外中国学研究在研究出版书目、出版机构、外文文献数据库、研究机构、中国典籍的外文翻译、研究学者等方面都呈现出新的特征和状况，关注的领域由汉学的历史与文化转向当代中国的现实问题，并涵盖当代社会生活的方方面面，研究方法也由汉学的文献研究法为主转向当代社会科学的研究方法，包括定量和定性等研究方法，特别是广泛运用实证法和经验法。所以，海外中国学在学术研究中实际上掺杂着各种政治因素和现实利益的考量，是以西方的视角和各种理论为基础对中国政治、经济、文化、军事、教育、社会生活等内容进行全方位、系统深入

---

① 施雪华：《国外中国学的历史、特色、问题与走向》，《上海行政学院学报》2013年第3期。

的研究。对此进行深入分析可以发现数据背后反映出来的问题，包括研究地域方面的不均衡问题、研究内容方面的失衡问题以及研究语言方面的英语主导性问题等。为解决这些问题，进一步推动国外中国学的研究和发展，可以尝试从推动汉语走向世界，创造中国学研究的语言条件；引导海外中国学研究内容的时代转换；并借助海外中国学研究，拓展中国的国际影响力等方面发力，最终提升中国的文化软实力。本章将对海外的中国学研究内容、主题、研究专家、研究学派以及研究机构进行逐一的梳理和介绍。

第一节 海外中国学的研究内容和主题

国外的中国学研究涵盖内容十分宽泛，涉及现当代中国历史、经济、政治、社会生活、文化、军事、对外关系等诸多领域和主题，研究的理论成果也相当丰富，在西欧发达国家、美国、苏联及后来的俄罗斯、亚洲一些国家，都形成了一批关于中国学的研究成果，在这里，我们试图从更宽泛的层面概括其研究的主题，每一个方面有选择性地介绍一些有代表性的内容。从其研究的主题和内容看，不得不说，国外的中国学研究重心和研究主题越来越多地关注当代中国现实问题，特别是关注当代中国的经济社会发展和政府政策制定等。

一 海外中国学出版书目和研究内容

海外中国学出版书目。据中国文化海外传播动态数据库统计，海外中国学研究的出版书目主要集中于世界上主要的资本主义发达国家，占据了全部总数的三分之二。另外，还有中国的一些邻国也是中国学书目出版的重要国家，如韩国、日本、印度等国家，也有相当数量的中国学研究书目出版。从总体数据上来看，世界上多数国家都有出版相关中国学研究的书目，总共有 88 个国家被统计。海外中国学研究的外文书目总数方面，统计数据显示，到 21 世纪初，美国出版的书籍总数最多，占据海外中国学研究书目总数的近三分之一，共出版书籍 11808 本。其次则是法国、英国、德国、俄罗斯等欧洲发达国家，一共占据了海外中国学研究书目的仅三分之一，分别为 3729 本、3324 本、2294 本和 1961 本。从研究的语种使用上来看，英语是最主要的语种，占据着研究书目的60%多，而法语书目则次之，占比11%，再次则是德语和俄语。这和研究中国学出版书籍的国家分布呈现出相同的特征，即海外中国学研究的主阵地是发达资本主义国家，其原因，一是取决于本国的经济发展条件和中国学研究的资料收集难度等；二是出于本国发展的战略需要，这些发达国家更加注重对中国的研究，进而为本国的发展提供各方面的信息和资料；三是发达资本主义国家在经济条件的保障方面显然优于发展中国家，可以为研究者提供充裕的资金保障和丰富的文献材料；四是中国周边的国家由于历史上受到中国的经济、文化影响较深，再加上现实中的经济、政治、文化联系更为紧密，因而对中国的研究也较多。相对而言，世界范围内的发展中国家，如非洲地区国家和南美洲地区国家则由于地理位置较远、本国经济发展条件限制或是与中国的经济、文化交往较少等原因对中国的关注较少，研究成果也较少或没有。

海外中国学研究的一个直接体现和重要资料来源，就是对中国书籍的翻译和出版，这些是海外中国学研究的重要材料和文本依据，在对中国典籍书目的翻译中，首先，按语种划分来看，最多的是英文翻译，占据了外文翻译书目的将近一半，然后是朝语，占据了三分之一多，二者合在一起占据了外文翻译书目的80%多，其他的语种则包括德语、法语、俄语和日语，这也和海外中国学研究的主要国家分布相对应，英语作为世界范围的通用语言，其受众广、掌握和运用范围广，必然占据着主导地位，同时对中国的研究相对较多的各国，在翻译书目上也必然较多。其次，按照翻译的国家分布来看，则呈现出与语种分布相似的特征。朝语的主要使用者韩国，在国家的翻译数量上排名第一，占比37%多，而英语由于是不同国家的使用语言，导致翻译书籍分布在不同的国家，其中主要由美国、英国等国家进行，值得注意的是，近年来政府在推动中国典籍的外文翻译上也做出了重要的努力，占据了翻译书目总数的近四分之一数量，而其中大部分则是以英语的形式进行翻译。其他的居翻译数量前列的国家亦是海外中国学研究的主要发达国家，如德国、法国、日本、俄罗斯等国家。再次，按照典籍外译的书目种类来看，文学类的书籍占据了翻译书目的半壁江山还多，占据总数的近60%，共1036本，而哲学宗教类和历史地理类书籍的翻译也占据了翻译总数的10%以上，分别占比15%和12%。可见，海外学者对中国最感兴趣的研究领域还是中国的文学作品，在文学领域，中国在古代和当代都取得了重要的成就，如中国古代的四大名著，对世界文学发展产生了重要的影响。在当代，莫言于2012年获得了诺贝尔文学奖，也体现了当代中国文学发展的世界影响。对于哲学、宗教类书目的翻译，体现了中国传统哲学和宗教文化对世界的影响，中国传统哲学有着和西方传统哲学迥然相异的思维方式和研究领域，有着独特的智慧贡献，因而也引起了海外研究者的关注和兴趣。而对于历史和地理领域书籍的翻译，则主要是由于中华民族绵延几千年而未中断的历史发展，再加上中国先人注重对历史的记载和保存，留下了丰富的历史方面的文本资料和可研究的材料。最后，从中国典籍外译的年份来看，总体上呈现出不断增长的趋势，这也体现了随着中国发展强大和世界影响力的不断提升，国际社会对中国的关注不断增强，海外中国学研究也随之不断趋热，这恰恰印证了我们要利用海外中国学研究，传播当代中国价值观念。

对世界上其他国家而言，他们对中国的关注和研究主要集中在中国的历史、地理、政治、经济和文学等方面，这也是由中国自身的特点决定的，中华民族有着悠久的历史和广袤的国土，并且有着丰富的历史文化资源、大量的历史档案资料以及丰富的文学成就，这些都是中华民族的重要精神文化财富，成为民族的标志和特征，是他国人民对中国的兴趣点和关注点。同时，对中国政治、经济的研究得益于改革开放以来中国特色社会主义的繁荣发展，并取得了举世瞩目的成就。从统计数据中，还可以看出，海外中国学研究书目中不乏对中国医药卫生方面的研究，这也是缘于中华民族在长期历史发展中形成的博大精深的中医文化。总之，海外中国学研究主题和内容，主要取决于本国的现实需要和中国自身的特征，一方面，在经济全球化时代，中国日益融入世界，凭借着迅速发展的经济，中国对世界的政治、经济、文化影响力也不断加深，促使世界各国的学者根据本国政府的现实需要，对中国的政治、经济、文化、军事、法律等方面进行深入的研究，进而为本国与中国的交往提供信息和资料支撑；另一方面，中华民族绵延5000年的文明发展历程中，为人类社会留下了丰富的物质、精神和文化财富，深深地吸引着世界各国的人民和研究者，因而对中国历史文化、地理特征、文学和医药进行研究，彰显了中华文化的博大精深和独具特色，因此世界上大多数国家对中国都保持着较高的关注和研究兴趣，而且，从统计数据上可以看出，随着时代的发展，海外中国学研究出版的书目呈现出不断增长的趋势，这主要得益于中国的国际领域的影响力不断增强。

二 海外中国学研究主题

关于中国近现代历史与人物的介绍与研究。国外学者对于中国历史的研究，包括对于近现代通史的研究、具体历史事件的研究和历史人物的研究等内容。

第一，关于中国近现代史的研究。美国学者魏斐德代表作之一的《洪业——清朝开国史》是对清朝开国史的专题研究；俄罗斯加列诺维奇研究员则通过对中国历史人物的研究，揭示中国近现代历史发展进程，他出版的丛书有《20世纪的中国领袖们》，该书通过对蒋介石、毛泽东、刘少奇和邓小平等四位人物的介绍，从一个侧面展示了中国近现代历史的发展进程。

第二，对中国历史人物和历史事件的介绍与研究。国外中国学研究有许多人对中国封建社会著名人物比较感兴趣，如美国耶鲁大学教授史景迁就出版了《康熙皇帝自画像》《上帝之子——洪秀全的太平天国》《雍正皇帝之大义觉迷》等著作；还有国外学者试图把中国封建社会的著名思想家与国外思想家进行比较研究，如图宾根大学"大中华研究"教授贡特·舒伯特就创作了《在孔夫子与康德之间》一书。在国外中国学研究中，值得特别关注的是，他们对中国当代风云人物和历史事件进行介绍和研究的著作颇为丰硕，如德国的克劳斯·梅纳特创作的《毛的第二次革命》《风暴之后的中国》《为毛的遗产而奋斗》等，这些研究展现了国外中国学的研究动向，尤其是站在西方立场的研究，值得我们认真对待。

第三，对本国与中国的交往史的研究。如美国的中国学家就强调从历史中寻找经验，傅高义、哈里·哈丁等人对此都有很深入的研究论著，他们试图从历史中探索中、美两国的关系和走向；再如日本学者古川万太郎的《日中战后关系史》则是对二战后中国和日本关系走向进行综合论述的著作。

第四，对中国通史的研究，如英国中国学专家李约瑟的《中国科学技术史》是从科学技术发展的角度，对中国历史进程中的科学技术成就进行了概述和研究的力作，提出了著名的"李约瑟之问"。剑桥大学的《剑桥中国史》则是对中国的通史进行了概述性研究；还有2016年刚刚在美国哈佛大学出版社出版的《哈佛中国史》，这套书由著名的中国学研究专家卜正民、陆威仪、迪特·库恩以及罗威廉等人合作完成。

国外中国学关注中国的近代史、中国科技史、中国通史、中国的历史人物和历史事件，尤其是近现代历史人物和中国共产党领袖人物的研究，从他们的部分研究成果中可以看出，旧中国守旧封闭和丑陋的观念时常出现，而当代中国文明开放、民主富强的理念，并未得到他们的认同。

关于现当代中国国内政治状况和对外政治交往的研究和探索。国外中国学研究最为关注的一个主题就是中国政治问题，由于中国实行的是社会主义制度，与资本主义国家在制度体制上存在着根本的差别，而意识形态的对立与鸿沟使得国外学者较多地关注中国现实政治状况，一方面，从学术的角度对中国政治制度和体系进行研究和分析，比较社会主义制度与资本主义制度的差别和中国特色社会主义政治制度的特征；另一方面，为本国的现实政治服务，研究中国的对外政治策略，为本国政府制定合适的对华政策提供咨询。其研究主题主要包括以下方面。

第一，对中国政治发展状况的研究。国外有中国学专家对中国的基层民主政治发展状况进行了研究，如由美国学者柯丹青所著的《中国农民力量：1978—1989年农村改革时期》一书，聚焦改革开放的第一个十年，对中国农村政治改革状况进行具体分析，并指出在社会与国家的双重作用下，中国农村开启了政治改革的历程。同时，还有一些学者对中国政治的未来发展方向进行了预测，如美国哈佛大学费正清研究中心主任裴宜理就认为中国政治的未来发展难以预测，官僚腐败、地方与中央的分离倾向等因素都能导致中国政治的崩溃发生，甚至发生比这更为险恶的事情。

第二，关于中国政治体制构建的研究。如德国中国学学者塞巴斯蒂安·海尔曼则对中国的政治制度变迁保持关注，其写作的《中国的政治制度》一书，把政治学的理论分析与社会史、文化史以及思想史等角度的探讨结合起来，研究中国政治制度的发展与变迁。美国学者奥森伯格在《中国政治体制：21世纪的挑战》一书中，则认为中国的政治变迁是在经济、社会发展的基础上逐步发生的。

第三，关于中国政党制度的研究。有国外学者对中国共产党的发展历程进行研究的，如法国学者纪亚马的《中国共产党史》一书，而更多的国外中国学专家则是关注当下中国共产党的治国理政方针策略和领导人的治国方略，如对习近平一系列重要讲话的关注，对党的领导人提出的一系列治国政策的关注与研究，对中国梦的研究、党的群众路线的研究以及当前"四个全面"战略布局和五大发展理念的动态关注。

第四，关于中国国际政治和外交政策的研究。如由欧洲学者基耶德·埃里克·布罗德伽德和贝尔塔·霍林编著的《中国在全球地缘政治中的地位——国内、区域和国际挑战》，这本论文集对当前中国在全球中的地位、作用和影响以及国际社会如何应对日趋强大的中国进行了探讨。德国特里尔大学政治学教授托马斯·海贝勒的《中国在国际政治中的角色：内政和外交发展以及行动潜力》一书则探讨了中国在国际领域的角色和定位。

关于现当代中国经济发展得失以及改革开放成功经验的研究。中华人民共和国成立后，中国经济发展迅速从战争的阴影中走出来，实现了经济社会的全面复苏，特别是改革开放后，中国经济发展创造了世界经济发展史上的奇迹，中国的经济总量和国际影响力不断增强，国外对中国经济发展的关注越来越高，各研究机构也不断加强对中国经济社会发展的研究，主要体现在以下几个方面。

第一，关于中国经济发展经验的总结与研究。如美国哈佛大学教授傅高义的《领先一步——改革开放的广东》则是对广东改革开放经验的总结与介绍，这本书是傅高义在广东进行实地考察后写作的，广东改革的成功经验为中国的改革开放提供了指导，他认为："广东的改革开放所取得的成就，不仅仅是属于广东的，也是属于中国的。我觉得自己有责任把这种变化，介绍给更多的美国普通民众知道。"再如俄罗斯科学院远东研究所在20世纪90年代末进行了"中华人民共和国经济改革的战略技术：俄罗斯利用中国改革经验的可能性"重大课题的研究，试图对中国的经济改革经验进行深度分析和总结，从而进一步探讨俄罗斯借鉴中国经验的可能性。[①]

第二，关于中国经济的国际竞争力和世界影响的研究。瑞士洛桑国

---

① 何培忠编：《当代国外中国学研究》，商务印书馆2006年版，第331页。

际管理发展学院每年都要发布《国际竞争力年度报告》，其中包括对中国内地经济竞争力的评价和排名。同时，还有很多机构会对城市竞争力进行评价和研究，也包括中国的主要城市。这些对中国经济竞争力的研究有助于帮助中国政府客观公正地认识中国社会经济发展状况。同样，一部分国外学者也有认为中国经济发展对世界产生了负面影响，极力鼓吹"中国威胁论"，从不同方面和各个角度指责中国经济发展对其他国家的威胁与负面影响。国外还有学者把中国经济发展与印度经济发展做比较研究，如印度的诺贝尔经济学奖获得者阿玛蒂亚·森就认为不应该单纯地从竞争的角度看待中印经济发展，而是应该相互借鉴和学习。

第三，关于中国发展模式和发展方向的探索。近年来，随着中国经济总量的不断增长以及经济竞争力的不断增强，国外学者热衷于探讨中国经济社会发展的"中国模式"，致力于探索和发掘中国成功的经验，并寻找可供借鉴的一般模式。还有学者对中国所走的中国特色的社会主义市场经济发展模式进行深入的研究，试图找到中国改革开放成功的原因和经验，并尝试预测中国未来的经济发展走向以及与世界经济体系的互动。

第四，关于中国经济发展的未来前景和制约"瓶颈"的研究。国外中国学专家对中国的未来发展前景持不同的态度：一种是乐观的态度，即中国经济依然能够保持高速发展，而另一种则是悲观态度，认为中国经济会在某个瞬间轰然倒塌，还有一种则是认为中国经济依然能够持续发展，但是不可能像当前这样维持高速增长。同时，有很多专家对中国经济发展的制约"瓶颈"进行了研究，如环境问题、贫富分化问题和能源问题等，都是制约中国经济可持续发展的关键因素。

这四个方面的主题研究，集中反映了海外中国学对当代中国经济发展得失以及改革开放成功经验的看法，中国的富强、文明、诚信、友善、敬业等价值观念，也随之远播海外；但同时也传播了"中国威胁论""中国不负责任论""中国崩溃论"等极端不符合事实的观念，凸显的是西方意识形态的偏见。

关于现当代中国社会生活状况的介绍和研究。由于改革开放以前中国对外交流较少，国外学者对中国社会状况的了解渠道匮乏，中国人民的现实生活对国外人民来说带着浓厚的神秘感，而改革开放后，随着交流渠道的增加，给国外人民了解中国提供了便利的渠道，再加上中国的社会面貌也随着经济的迅速发展而发生了翻天覆地的变化，人们的社会生活状况发生了巨大的改变，使得国外学者对中国社会的关注和研究日益增多，成为热门话题，国外中国学专家的研究主题主要包括以下几个方面。

第一，对中国社会转型时期状况的关注与研究。中国实行改革开放政策后，国外学者对中国改革后社会转型的关注和研究也日益加强，如从1989年倪志伟在《美国社会学评论》上发表的《市场转型理论：国家社会主义从再分配向市场的过渡》一文开始，西方国家学术界开启了关于社会主义中国市场经济转型的研究和争论。而杜克大学的林南等人则从社会资本的视角分析了中国的社会经济转型，把研究的视角从政治层面转向了社会层面。

第二，对中国改革中出现的各类社会问题的发现与研究。如美国学者裴宜理就对中国单位问题进行研究、对当今中国城市社团问题进行研究等。而维维尼·苏则对中国国家权力和社会问题保持关注和研究。

第三，对中国底层人民生活状况的调研与研究。如在1986—1989年日本综合研究开发机构在中国江苏等地进行有关小城镇建设的实地调研，并撰写了《关于中国建设"小城镇"的研究报告》，对中国小城镇发展中的问题进行了研究和分析。报告认为中国农民问题将会演变成全中国的问题，同时还对中国农村地区干部特权、社会腐败问题进行了研究，指出其是影响中国社会稳定的重要因素。[①]

第四，以西方学术视野为基础，创立新的研究范式，对中国社会整体进行研究。如日本应庆大学教授小岛朋之的《中国学实况》一书指出，从世界的视角看中国，它既普通又特殊，普通在于它与世界其他国家一样，遵循历史规律，特殊在于它有自身的国情。因此，研究、观察和分析中国问题不能从单一角度出发，而应采用多种视角，只有将中国的历史与现实结合起来才能理解中国。

关于中国传统文化与现当代文化发展的介绍与研究。中国源远流长且博大精深的传统文化，深深地打动着世界各国的研究者们，它拥有着不可阻挡的神奇魅力，吸引着各界人士的关注，很多国外学者对中国的传统文化兴趣浓厚，特别是对儒学有着深厚的研究兴趣，并在研究中取

---

① 何培忠编：《当代国外中国学研究》，商务印书馆2006年版，第35页。

得了一系列成果。他们的研究主要从以下几个方面展开。

第一，关于儒家哲学思想和儒家文化研究。如隶属于新加坡国立大学的新加坡东亚研究所，其最初研究的重点就是中国的儒家思想，后来慢慢拓展为中国政治、经济和社会发展各领域的问题研究；瑞典中国学研究专家罗多弼的《重新发现儒学：东亚的人生哲学》一书则是通过对儒学进行概述和评价，分析了儒学拥有强大生命力的根源所在，把儒学当作一种意识形态来理解；再如俄罗斯著名中国学研究专家季塔连科在《墨翟及其学派对中国哲学和社会政治思想的影响》一书，就研究了中国古代思想家墨翟及其追随者的哲学和社会政治观点，以及墨翟学派产生与发展的历史。

第二，关于中国传统宗教文化的研究。国外一些中国学专家对中国的传统宗教文化兴趣浓厚，如法国远东学院的道教研究专家劳格文策划的课题《客家传统社会结构与原动力》（1994—2004年），便组织中文专家和学者在闽、粤、赣三地实施细致的田野考察，编成"客家传统社会丛书"20部。美国学者艾克曼还对基督教在中国的发展情况进行了研究，其《耶稣在北京：基督教如何改变中国及全球力量平衡》一书介绍了基督教在中国的传播历程，并研究了基督教在中国的迅速发展之势，对其原因进行了分析等等。

第三，关于中国历史文化和书籍的研究。国外学者对中国传统思想文化和一些书籍较为关注，并在翻译相关书目的同时进行深入研究，如对儒家学说相关经典著作的翻译与研究等，英国牛津大学的戴维·霍克斯教授则是研究中国的楚辞和杜甫的诗而出名，他的代表作有《楚辞：南方之歌——中国古代诗歌选》，还有《杜诗初阶》，还同另一位学者闵福德合作翻译了《红楼梦》。关于历史古迹的研究，如法国的敦煌学研究、藏学研究和蒙古学研究则是法国中国学研究的重要组成部分。

第四，对于中国当代文化影响力的研究。如美国的小约瑟夫·S.奈在《中国软实力的崛起》一文中，就指出美国对中国发展的注意力主要集中于中国经济与军事实力的崛起，而忽视了中国文化软实力的发展。

第二节 海外中国学的研究机构、专家和学派

上一节对海外中国学研究内容和主题的梳理中，已经涉及了相关的机构、人物专家和学派，从中可以发现，二战后，随着中国经济的迅速发展和综合国力的上升以及中国国际地位和国际影响力的提升，许多国家和地区都加强了对新中国的研究和了解，特别是在一些发达国家，一系列关于中国问题研究的研究机构相继设立，一些著名的中国问题研究学者也随着出现。在美国、俄罗斯、欧洲、日本、加拿大等发达国家，很多大学都设立了中国学研究机构，这些研究机构虽然研究的侧重点不同，但大多都热衷于关注当前中国的现实状况，对中国现实问题展开研究和探讨。从中也可以发现，具有世界性影响的国外中国学研究专家主要集聚在欧美日等发达国家，这些中国学研究专家的研究方向各有差异，大都是沿着自己熟知的某个专业领域对中国展开深入研究，专注于某方面的研究，如关于中国近现代历史的研究，关于中国国家政治关系的研究、关于中国社会现实状况和问题的研究等，他们在长期的历史发展中，因在研究方法、内容和研究模式等方面的不同，形成了蜚声世界相应的研究学派。不同的学派往往有着较为稳定的研究思路、研究方法和研究内容，因此不同的学派之间存在着较大的差异。本节将选择几个主要国家的一些具有代表性的研究机构、学派、专家和学者进行简要的介绍。

一　海外中国学研究机构的分布状况

海外中国学研究在出版机构方面，同样呈现出较多集中于发达资本主义国家的状况。首先，从海外中国学主题出版机构的语种方面来看，依旧是英语占据着主导地位，占总出版机构数量的近30%，其次则是俄语出版机构，占比10%，再次则是法语、德语、日语、西班牙语和韩语等。这再次体现了海外中国学研究的主要语种是英语，彰显了英语作为世界范围通用语种的优势。其次，从海外中国主题出版机构的国家分布来看，主要发达资本主义国家依然占据着主导地位，其中美国占比最高，共19个出版机构，占比18%，德国次之，占比13%，为14个，日本、法国和俄罗斯都有11个中国主题出版机构，各自占比10%。可

见，海外中国学研究的出版机构主要分布美国、欧洲和日本等资本主义发达国家。从前文数据分析也可看出，这些国家同样是海外中国学研究书目出版数量上、中国典籍翻译数量上的主要领跑者。再次，从海外中国主题出版机构的出版内容来看，文学和历史学占据了主导地位，分别为 61 本和 60 本，共占比 38%，其次则是哲学、政治学、语言学、社会学，共占据总量的近三分之一。这与前文的数据分析呈现出相似的特征，即对中国的文学、政治、哲学、历史等方面的研究较多，这也是我们今天要实施中华学术外译工程的原因之一。

海外中国学研究机构的国家分布、研究领域等也呈现出与前文所述相似的特征，首先，在海外中国学研究机构的国家分布方面，最多的依然是美国，共有 51 个，占据研究机构总数的 28%，其次则是日本，有 29 家中国学研究机构，占比 16%，再次则是俄罗斯、印度和加拿大、英国等国家，值得注意的是，在南非和越南亦分别有 7 家和 6 家中国学研究机构，这在前文所述的中国学出版书目、中国学研究外文文献数据库、中国典籍翻译书目和中国学出版机构等方面并没有直接体现，也就是说，这些国家保持着对中国的较高关注，拥有着较多数量的研究机构，但是并没有体现在文本出版、书籍翻译和数据库建设方面，可能展现在其他方面。南非作为非洲经济发展状况最好的国家，由于同中国的合作较多，加强对中国的研究是其现实需要；对于越南来说，作为社会主义国家，越南在多个方面学习和借鉴中国的发展经验，加强对中国的研究可以更好地帮助本国学习中国经验，推动本国发展。其次，从海外中国学研究机构的研究内容来看，则呈现出与中国学外文出版书目、外文翻译书目略有差异的特征，政治学、经济学和社会学占据了研究机构研究内容的前三位，分别占比 34%、22% 和 12%，总共占比 68%。如前文所述的在出版和翻译书目方面历史和地理、政治和法律以及文学排名靠前略有差异。这是因为，海外中国学研究机构大多数都是由政府支持建立的，在资金来源方面依赖于政府的支持，因而在研究内容方面也呈现出为政府服务的特征，政府出于国际政治、经济交往的需要，对中国的政治、经济和社会状况较为关注，引导着中国学研究机构的研究方向和内容。再次，从海外中国学研究机构的创建年份来看，呈现出较为平稳的发展趋势，但是自 21 世纪以来，则出现稳中有增的发展势头，体现了国际社会对中国的关注和研究不断加强。

北美的研究机构。美国是当前国外对中国研究最为发达的国家，其中国学研究机构主要分为三类。第一类是大学里设置的专门进行中国学研究的机构，如哈佛大学就设立了费正清东亚研究中心和燕京学社两个在世界范围都具有重要影响的中国学研究机构，燕京学社成立于1928年，主要研究中国的人文学术，而费正清东亚研究所主要研究的是近现代中国。同样，在美国其他大学也设立了相关的中国学研究机构，如耶鲁大学的雅礼协会、普林斯顿大学的东亚系、哥伦比亚大学的东亚研究所、康奈尔大学的"东亚研究计划"组织、加州大学的伯克利分校、洛杉矶分校和圣地亚哥分校都成立了中国学研究中心、斯坦福大学胡佛战争、革命与和平研究所等。同时，不得不提的是美国中东部的密歇根大学的中国研究中心，它对当代美国政府的对华决策产生了重要的影响，美国国务院的中国顾问很多都来自该校。[1] 第二类则是美国社会上存在的一些研究协会，如美国亚洲协会、当代中国研究委员会、美中关系全国委员会等，都是美国从事中国学研究的重要组织机构，其中，美国亚洲协会是世界上最有影响的研究亚洲问题的协会，同时也是美国最大的研究亚洲问题的机构，这些协会通过开展专题研究和学术会议的形式进行中国学研究。第三类则是政府和国会的智库部门，他们为政府的对华关系和决策提供咨询、参考和建议，如布鲁金斯学会、兰德公司、对外关系委员会、国际战略研究中心，等等，这些机构研究的中国问题主要侧重于政治领域，涉及国家政治和战略安全、中美关系、中国军事等方面。

加拿大的中国学研究主要开始于20世纪八九十年代，当时大批中国移民进入加拿大，很多高校都设置了关于中国文化历史介绍的课程，蒙特利尔大学和麦吉尔大学就相继设立了东亚研究中心，多伦多大学和约克大学则是共建了联合亚洲研究所，这些机构都对中国展开研究。而加拿大亚洲协会则是加拿大最为重要的中国学研究机构。[2] 这些机构和组织在各方的支持下，取得了一系列研究成果，研究领域则涉及人文和社会科学的多个学科内容。

---

[1] 王荣华、黄仁伟：《中国学研究：现状、趋势与意义》，学林出版社2007年版，第5页。

[2] 王荣华、黄仁伟：《中国学研究：现状、趋势与意义》，学林出版社2007年版，第8页。

欧洲的研究机构。欧洲各国自中世纪以来就对中国有强烈的兴趣和关注，并对中国文化进行了相关的介绍和研究，二战结束以来，欧洲各国学者和专家依然对中国保持着较为强烈的研究兴趣，特别是改革开放以来，随着中国的对内改革和对外开放，以及与欧洲相关国家建立正式外交关系，大大推动了中国学研究的进程。在英国、法国、德国以及北欧诸国都相继设立了中国学研究机构，一方面，以学术研究为己任，对中国政治、经济、文化等相关内容进行学术研究；另一方面，为本国的政府对华决策提供咨询和服务。其中，作为欧洲统一体的欧盟还设立了"欧洲亚洲研究所"，并出版《欧亚简报》，为欧盟范围内的其他研究机构提供信息和资料。

英国没有官方出资建立的中国学研究机构，大多数中国学研究都散落于各大学的东亚系或研究中心里。其中，伦敦大学亚非研究院是对当代中国进行研究的最有影响、最为重要的学术机构之一。同时，还有伦敦经济学院亚洲研究中心、利兹大学的当代中国研究所、爱丁堡大学的亚洲研究学院以及诺丁汉大学的当代中国研究所也具有重要影响。20世纪80年代后，英国社会上也先后出现了一批研究现当代中国问题为主的机构，如英国社会学家中国研究小组、中国法律学会、加的夫大学中国研究中心、中国研究小组和曼彻斯特商业学校中国研究组。

法国最为出名的三个中国学研究所：第一个是纪亚马将军创办的当代中国研究与资料中心，其主要学术贡献是对中国经济社会史、上海史和中国共产党政治史的研究。第二个是白吉尔女士率领建立的中国研究中心，附属于东方语言文化研究所，以中华人民共和国史为主要研究领域。第三个是法国近现代中国研究中心。1996年，这个中心由法国科研中心下属的"现代中国研究和文献中心"和"中国比较研究中心"合并而成。另外，还有一些研究中国的机构，较为出名的还有法国远东学院、国立东方语言文化学院、东亚学院、法国现代中国研究中心等机构。

德国最为出名的中国学研究机构是德国的亚洲研究所，它成立于1956年，位于汉堡市，属于政府机构，其主要任务就是观察和研究当代中国，为德国的对华政策提供咨询服务，它与汉堡大学的汉学系也有着重要的合作关系，也是德国除大学之外的唯一的一个亚洲研究机构，其研究重点是中国。1972年该所还创办了《中国动态》杂志，一直对当代中国的政治、经济和社会发展进行连续系统的报道，并进行理论分析和深度研究。德国中国学的其他研究机构主要在大学里，如汉堡大学的汉学系、特里尔大学的汉学系、科隆大学的现代中国所、柏林大学奥托——苏尔研究所、海德堡大学的东亚艺术史所，等等。

在欧洲的其他发达国家均有相关的中国学研究机构。在荷兰，其中国学的研究力量主要集中于莱顿大学，莱顿大学设有汉学研究院，培育了大批中国学研究的专门人才，还有莱顿大学的现代中国文献研究中心以及汉学研究院图书馆。荷兰其他大学也有一些中国学研究机构，如阿姆斯特丹大学的亚洲研究中心，还有阿姆斯特丹亚洲研究院、国际亚洲研究所、社会研究院和马斯特里赫特理工学院的东方语言和传播系等。在北欧国家也有一些中国学研究机构，如瑞典斯德哥尔摩大学的亚洲及太平洋研究中心和隆德大学东亚语言系以及哥德堡大学的东方语言系；丹麦哥本哈根大学的亚洲研究系，奥胡斯大学的东亚研究学院；挪威奥斯陆大学的东欧与东方研究系；芬兰赫尔辛基大学东亚研究系等，另外，北欧诸国还共同组建了北欧亚洲研究院，随后还成立了北欧中国学协会。

日韩的研究机构。中国和日本之间特殊的历史关系与现实依存关系使得中国学在日本一直是热门专业，日本的中国学研究机构主要集中于大学、政府部门、具有官方背景的组织和民间社团中。其中，日本爱知大学就设立了日本各大学中唯一的"现代中国"学部，成为国外大学中第一个以培养当代中国学人才为目的的学部，其宗旨就是要从语言、政治、经济、文化、国际关系等各个角度去学习和了解中国，从而培育联结中日关系的人才。日本的大学主要研究的是中国的历史与传统文化，如东京大学设立了"中文研究室"，还有早稻田大学和京都大学文学部也都设立了中国学研究的机构。而日本政府部门中研究中国的机构一般设在其对外政策部门中，为制定符合本国利益的对华政策提供咨询和服务，如外交部门就有外务省亚洲大洋洲局中国课，通商产业部门就有经济产业省通商政策局东北亚课等。20世纪90年代，日本还出现了上海研究的热潮，以日本上海史研究会为中心，集聚了一批上海研究的优秀学者，并取得了一系列研究成果。除此之外，日本还有大量致力于中国问题研究的学会，其中，时间较长的有中国研究所、日本现代中国学会、日本中国学会、日本中国语学会、东方学会等，20世纪80年代后涌现的新学会有中国社会文化学会、日本日中关系学会、中国经营管理学会、日本台湾学会、中国经济学会等。

韩国的中国学研究兴起于20世纪60年代，其研究机构主要设立在大学里，高丽大学的亚洲问题研究所是韩国最早的中国研究机构，随后，韩国外国语大学于1972年成立了中国研究所、庆南大学1973年设立了远东问题研究所，汉阳大学的亚太地区研究所和西江大学的东亚研究所。[①] 而汉语的教学与研究在韩国各大学中也十分兴盛，首尔大学、韩国外国语大学、成均馆大学的中文系历史最为悠久，影响也最为广泛。此外，还有很多大学都设有中文系。韩国的中国学研究机构也包括一系列学术团体和协会，其中，韩国中国学会历史最为悠久，其研究内容主要包括中国的文学、历史和哲学等，中国语文学会则是韩国最大的全国性中文学会，各高校的中文系均隶属于其，该学会每年都会举行学术研讨会，并出版论文集《中语中文学》。

俄罗斯的研究机构。俄罗斯的中国学研究机构主要集中于著名的高等院校系统和一些以"远东"和"东方"命名的科学院系统里，另外还有一些图书馆和博物馆系统也存在一些中国学研究机构。如俄罗斯科学院远东研究所主要从事当代中国研究、俄罗斯科学院东方学研究所则主要研究中国古代和现代历史、俄罗斯科学院东方学研究所圣彼得堡分所的东方文献研究所；大学里的研究机构如国立莫斯科大学亚非国家学院、国立圣彼得堡大学东方系和国立远东大学东方学院等；图书馆和博物馆系统的研究机构如俄罗斯科学院远东研究所图书馆、俄罗斯科学院东方学研究所图书馆、俄罗斯科学院东方学研究所圣彼得堡分所图书馆等。

澳大利亚的研究机构。澳大利亚的中国学研究机构主要分散于各大学的相关院系和研究亚洲问题的机构，这种机构有五六十家，分布于20多个大学内。如国立澳大利亚大学的当代中国中心，新南威尔士大学和悉尼理工大学合办的中国省份研究中心，麦考利大学的中国政治经济中心，阿德莱德大学的中国经济研究小组等机构。还有很多大学都设有相关的中国学研究机构，如昆士兰大学、塔斯马尼亚大学、麦克里大学、默多克大学、新英格兰大学等。而在澳大利亚中国学研究中起到桥

---

① 王荣华、黄仁伟：《中国学研究：现状、趋势与意义》，学林出版社2007年版，第85页。

梁和纽带作用的则是澳大利亚亚洲研究协会和澳大利亚中国研究协会，它们会定期举办全体大会，组织相关学术研究活动，并有相关的研究杂志进行研究成果的报道，介绍中国学研究的现状、成果和特点等。

二　海外中国学研究学者的分布状况

海外中国学院研究专家的分布亦呈现出主要分布于发达资本主义国家的特征，其中美国的中国学专家最多，共 481 人，占据总人数的 31%；而日本则占据了总人数的 17%，共 270 人；俄罗斯排名次之，占比 11%，共 176 人；其他超过 100 人的国家还包括德国、英国、法国等国家，而韩国、加拿大和意大利也存在一定规模的中国学研究专家。

而按照研究的领域来划分，这些中国学研究专家主要研究领域包括政治学、历史学、文学、经济学、语言学、哲学和社会学等方面，其中政治学和历史学分别占比 30% 多和 20% 多，人数分别为 526 人和 375 人，合起来超过了研究者总数的一半。而文学和经济学的专家人数占比都超过了 10%，也占据着重要地位。但是按照研究领域划分亦存在一些问题，因为大多数专家并不仅仅专注于一个研究领域，可能会涉及更多的研究领域，这是数据无法统计出来的。总之，海外中国学研究专家主要分布在发达资本主义国家，因为这些国家有着充裕的资金保障和政府支持，有着丰富的文献材料和较好的研究条件，主要研究领域一方面受制于本国政府的现实需要，另一方面也受到本人的研究兴趣和研究专长，如对中国的历史、文化、文学等方面的研究，则体现了研究者的兴趣和爱好，另一方面也体现了中华文明的强大吸引力。

北美的研究专家。与此相应，美国的中国学研究专家主要集中于各个大学的研究机构中，也有一部分在政府服务部门中。如哈佛大学、加州大学伯克利分校和洛杉矶分校、耶鲁大学、哥伦比亚大学、普林斯顿大学等都有一批研究中国问题的专家和学者，同时在一些政府和国会的智库部门也有着大量的中国问题专家。其中，费正清在哈佛大学建立了费正清东亚研究中心，并创立中国研究的"冲击—反应"学说。柯文则在《在中国发现历史》一书中提出了要以中国为中心进行中国学研究，其"中国中心观"的中国学研究取向在世界范围内引起了强烈的反响。魏斐德是当代美国最著名的中国学研究专家之一，他曾担任美国历史学会主席和加州大学伯克利分校东亚研究所所长，代表作有《洪业——清朝开国史》《上海警察》等。孔飞力则是哈佛大学历史系教授，他是今天享有盛誉的中国学研究专家之一，主要研究中国的近现代历史，尤其关注太平天国历史。史景迁则是耶鲁大学教授，也是当代著名的中国学研究专家。杜维明是哈佛大学中国历史和哲学教授，哈佛燕京学社社长，研究的主要内容是中国儒家的现代转型，是当代新儒家的代表。裴宜理则是哈佛政治学系教授，曾经任费正清东亚研究中心的主任。同时，还有如韩书瑞、罗斯基、罗威廉、艾尔曼、杜赞奇等近现代史的研究专家；施坚雅等社会学和人类学研究专家；费侠莉等女性主义研究专家；还有当代中国问题研究专家美国约翰·霍普金斯大学中国研究中心主任大卫·兰普顿教授、密歇根大学政治系教授李侃如、美中关系研究的泰斗式人物斯卡拉皮诺、乔治·华盛顿大学艾略特国际事务学院院长哈里·哈丁、乔治·华盛顿大学国际事务学院教授沈大卫等专家和学者。

  加拿大的中国问题专家主要集中在大学里，如蒙特利尔大学的白光华、龙功端、王大为和玛丽—克莱尔·薇德等人，虽然各自研究的领域不同，但是都专注于中国学研究，其中，白光华侧重于中国传统哲学研究，龙功端侧重于中国地理研究，王大为侧重于中国清史研究，薇德则注重于中国文学与艺术；麦吉尔大学的迪安教授则对中国东南地区民间信仰较为感兴趣，罗宾·D·S. 耶特斯教授则对中国科技史研究比较深入，格蕾斯·冯则关注中国的古代文学；不列颠哥伦比亚大学亚洲研究系的蒲立本教授则主要从事汉语方面的研究，在中国历史研究方面也颇有建树，同校的欧大年教授则更多关注中国的宗教和历史研究；加拿大约克大学人文系的裴玄德教授则关注中国古代和当代宗教研究；维克多利亚大学的胡永年教授的研究则集中于中国经济领域；维多利亚大学亚太研究系的白润德教授则对中国文学研究得比较深入。

  欧洲的研究专家。欧洲是汉学的发源地，而汉学是中国学的研究基础，因而欧洲的中国学研究有着深厚的学术积累和经验基础，其研究队伍十分庞大，研究成果也相当丰硕，形成了一批具有世界级影响的中国学研究专家。其中，英国有伦敦大学的沃克，牛津大学东方学院当代中国研究教授维维尼·苏、牛津大学中文系教授戴维·霍克斯，谢菲尔大学东亚系教授蒂姆·莱特等人，还有两个未在大学担任教职的中国通亚瑟·韦利和李约瑟；法国的谢和耐则是 20 世纪下半叶法国著名的汉学家、历史学家、社会学家，是法国中国学研究的代表人物之一，法国索邦大学（即巴黎大学）的夏尔·贝特兰也是有重要影响的中国学研究学者，还有萨班、魏丕信、巴斯蒂夫人、贾永吉和鲁林等人；德国则有特里尔大学政治学教授托马斯·海贝勒和塞巴斯蒂安·海尔曼，图宾根大学"大中华研究"教授贡特·舒伯特，亚洲学研究所的奥斯卡·韦格勒；荷兰有莱顿大学的阿历克斯·施耐德、戴闻达、何四维、许理和、伊维德、柯雷、赛奇和施舟人等；瑞典有毕汉思、斯文·布罗曼、林西莉女士、马悦然、罗多弼、郝德馨等人；丹麦有易家乐、李来福和柏思德；挪威有韩恒乐、何莫邪、易德波女士；芬兰的盖玛雅；等等。这些新一代的中国学研究学者在对中国问题研究上进行了各方面的突破与创新，特别是在跨学科研究、研究视野和研究分析方法上，都推动了中国学研究的创新，并形成新成果。

　　日韩的研究专家。日本因地理位置毗邻中国，自古以来就是对中国关注和研究比较密切的国家，其中国研究历史也颇为悠久，在当代依然是国外中国学研究的重要基地，其中最负盛名的是东京大学的沟口雄三，他是中国思想文化史的研究专家，京都大学的滨下武志也是日本著名的中国学研究专家，他研究的主要内容是中国的近现代史。另外，京都大学的夫马进、东京大学的岸本美绪、早稻田大学的毛里和子、爱知大学的荒川清秀、东京都立大学的渡边欣雄等都是当代日本中国学研究的知名专家。同时，还有一批研究上海学的专家和学者，如曾担任日本上海史研究会会长的古厩忠夫、日本大学的高纲博文教授、日本大学的小浜正子等人。

　　韩国的中国学研究兴起于 20 世纪 60 年代，主要是韩国赴欧美等国留学生开始提倡的，1957 年韩国高丽大学成立亚洲问题研究所，开始研究中国问题，随后金俊烨等教授组织成立中国学会，创办了《中国学报》。韩国著名的中国学专家主要有：车柱环是中国文学研究方面的代表人物之一，其研究的领域是中国文学，特别是中国古典文学；韩国国立首尔大学哲学系教授宋荣培则是中国哲学研究领域的著名学者；金俊烨则是中国历史研究方面的著名专家，在中国近现代史研究方面硕果累累；宋永祐、李映周等人则在中国政治研究方面颇有建树；朴正东、朴月罗、李昌在和徐锡兴等人则在中国经济研究方面取得了一定的成果；高丽大学的李充阳教授在推进韩国的汉语教学与研究方面贡献较大。

俄罗斯的研究专家。俄罗斯的前身是苏联，苏联时期由于中国和苏联同属于社会主义国家，相互之间的扶持与合作也十分密切，因而苏联学者对中国的研究也十分热情，许多研究机构和高校都开辟了中国学研究的方向，如研究中俄贸易经济史的著名学者斯拉德科夫斯基，研究中俄关系史的米亚斯尼科夫院士，研究中共党史和革命运动史的尤里耶夫教授，研究中国语文学和考古学以及民族学和文化史的阿列克谢耶夫院士，研究中国文学和语言学的专家费多连科等等。

俄罗斯是原苏联的重要组成部分，继承了大量苏联时期的中国研究专家，因而俄罗斯研究中国的专家和学者群体依然十分庞大。其中，米哈伊尔·L．蒂塔轮科是俄罗斯社会科学院远东研究所所长，担任着俄罗斯汉学研究协会的主席，是俄罗斯著名的汉学家和中国学家。在中国近现代史、中俄关系史等方面的著名中国学专家还有齐赫文斯基，他是二战后俄罗斯中国学界最著名的学者，他在中国的维新运动、辛亥革命研究方面取得了大量成果。在中国文学研究方面，俄罗斯科学院院士李福清院士则颇有建树，其在中国民间文学、中国古典小说、中国神话学等方面都取得了一系列研究成果。季塔连科则在中国哲学史、中国政治与现实问题等方面成就卓著。

澳大利亚的研究专家。1972年中国和澳大利亚正式建交，澳大利亚的中国学研究逐步开始，20世纪80—90年代中国经济的迅速发展引起了澳大利亚学者对中国的关注，国际政治因素和经济因素是澳大利亚学者研究中国的最主要原因。在中国政治研究方面，悉尼大学的费雷德·泰韦斯教授以研究农业合作化运动、大跃进运动、庐山会议和毛泽东思想而著称。而悉尼大学的戴维·古德曼教授则主要研究邓小平的生平和事迹。在中国经济研究方面，阿德莱德大学的安德鲁·沃森教授取得了颇为丰硕的成果，澳大利亚默多克大学的蒂姆·赖特教授则撰写了《20世纪初的中国经济》等众多著作。在中国的少数民族研究方面，国立澳大利亚大学的斯蒂芬·沃姆教授取得了一定的研究成果。在中国历史研究方面，国立澳大利亚大学的约翰教授是这方面的权威，由北京三联书店出版，李恭忠翻译的《唤醒中国：国民革命中的政治、文化与阶级》一书，深度挖掘了中国国民革命社会动员的历史。[①] 国立澳大利亚大学的陈佩华则专注于中国社会史研究，悉尼大学的冯兆基教授的专长则是中国的辛亥革命史，澳大利亚国立大学远东历史系王赓武教授则擅长中国的古代史研究，主要是唐和五代史。在中国文学研究方面，柳存仁教授是最有影响的学者之一，其主要研究兴趣是清代文学。其他著名的教授还有如费思芬、马克林、费约翰、白杰明、安戈、陈佩华、雷金庆、杭智科、黄宇和、安妮·麦克拉伦等，但是并没有形成相应的研究学派。

三 海外中国学的研究学派

北美的研究学派。美国中国学研究的哈佛学派由美国哈佛大学费正清教授创立，他被称为"美国当代中国学之父"，他为美国培育了大批中国学研究的人才。他的主要贡献体现在以下几个方面。第一，突破传统汉学的束缚，建设崭新的中国学研究。以往的汉学研究往往重历史轻当代、重人文科学轻社会科学和中国现实，费正清改变了这一研究取向，倡导建立全新的中国研究模式。第二，加强中国学研究的基础资料建设，他编撰了大量中国学研究的基础性工具书，为后来的中国学研究奠定基础。第三，培育大量中国学研究人才，他的很多学生成为后来中国学研究的中坚力量。如孔复礼（孔飞力）、孔宝荣（柯文）、珀金斯、黎安友、谢文孙、史华慈、费莱彻、伍赛德、入江昭等。第四，推动建立中国学研究的基地和组织。1955 年，费正清还推动哈佛大学建立了东亚研究中心，通过中心的建设，他确立了一套以西方为中心的中国学研究模式，实际上建立了现代中国学研究的学术标准，建构了中国学研究的"冲击—回应"学说，这种研究模式强调从外部因素和外部力量着手对中国进行研究，认为外部力量是中国社会变革和发展的主导力量。总之，哈佛学派研究中国学的主要特点在于："其研究方法与传统汉学相比表现出高度社会科学化的特征，其研究目标旨在改变美国的外交政策，解释模式主要采用冲击—回应模式。其核心假设是：'中国社会已经失去自我发展的动力，必须经过西方文明的冲击并作出有效的回

[①] 王荣华、黄仁伟：《中国学研究：现状、趋势与意义》，学林出版社 2007 年版，第 131 页。

应之后，中国才能实现西方式的现代化。'"① 今天美国针对中国的很多外交政策，皆与该学派的研究成果和研究结论密切相关。

美国中国学研究的加州学派也是研究中国问题，尤其是中国经济史的重镇。以美国加州大学尔湾分校的王国斌、彭慕兰、杰克·戈德斯通、康文林、丹尼斯·弗莱恩等十多人为代表。② 不同于哈佛大学和英国剑桥大学对中国研究的传统，他们依据新古典经济学和新制度经济学，创新研究视角，运用计量分析方法，研究中国经济史，由此质疑西方现代化道路是否具有普遍意义。③ 加州学派的学术特点可以概述为以下四点：一是认为最初建立和推动世界经济体系和全球化的并不是欧洲；二是反思以欧洲为原点西方中心主义研究范式，质疑西方中心主义学术理论和方法；三是建议从以往的文化差异角度转向中西经济发展道路的比较研究；四是探究中国与外部世界的联系，将中国纳入世界历史中，既凸显中国历史的重要性，也检验基于西方历史发展的观点与理论。④

欧洲的研究学派。一是德国中国学研究的莱比锡学派。从学派的角度看，莱比锡学派的建立要追溯到1878年格奥尔格·冯·德尔·加贝伦茨出任东亚语言副教授。对内，该学派在研究对象、方法以及研究人员方面都有很好的延续性；对外，该学派在与其他学派的论争中划清了自身与他人的界限。该学派的主要代表人物有加贝伦茨、孔好古、埃尔克。加贝伦茨的《汉语书面语语法》是其代表作，他是第一个从语言学的角度对汉语语法进行研究的人，也是莱比锡学派的创始人。莱比锡学派的传人孔好古在对中国历史的研究中继承了普拉特的思想路线，其代表作是《施泰因世界史》第三卷。⑤

二是法国中国学研究的军事学派、极左派和社会科学派等三大学

---

① 余江、马兰州：《从汉学到中国学：研究范式的转型》，《国外理论动态》2014年第10期。

② 周琳：《书写什么样的历史？——"加州学派"中国经济史研究述评》，《清华大学学报》（哲学社会科学版）2009年第1期。

③ 瞿商：《加州学派的中国经济史研究特色与创新述评》，《国外社会科学》2008年第6期。

④ 龙登高：《中西经济史比较的新探索：兼谈加州学派在研究范式上的创新》，《江西师范大学学报》2004年第1期。

⑤ 何培忠编：《当代国外中国学研究》，商务印书馆2006年版，第133页。

派。第一，军事学派。在戴高乐时期，为了协助政府了解中国现状和制定对华政策，一批有军方背景的中国学研究队伍被培养出来，其中，最出名的是法国的军事外交家和中国学家纪亚马，撰写了《人民中国》《一生为中国》《执政的中国共产党（1949—1979）》《中国共产党历史（1921—1949）》等著作。他于1950年创立的"当代中国研究文献中心"，既是当代中国研究的最重要的机构，也培养了一批研究中国问题的专家。第二，极左派。这个学派是在1968年学生运动中产生的。是受中国"文化大革命"影响产生的一些对中国感兴趣的学者。第三，社会科学学派。以比昂科、贝热尔、多梅纳克等人为主要代表的这批人，受法国社会科学，尤其是历史学的影响，提出研究中国要用历史的、综合的观点，为此，一方面，他们从较长时段出发研究中国历史现象；另一方面，他们又结合经济学、政治学、社会学、历史学等学科，综合运用人文社会科学的一切手段与方法，进行分析研究，以期得出较整体的观念。①

日韩的研究学派。日本中国学研究主要有京都学派和东京学派，前者产生于19世纪90年代初京都大学的成立，京都大学的成立就是为了打破东京大学一家独大的学术垄断地位，从而促进日本的学术繁荣和发展。从时间上来说，京都学派是从1906年成立京都大学算起，而以此开始到第一代学者退休的20年代中后叶是其发展的黄金时期。在地域上说，日本中国学的京都学派是以京都大学文学部的中国学师生为大本营。当时京都大学的中国学研究机构主要有：京都大学文学部，支那学会与支那学社，东方文化学院京都研究所、东方文化研究所、人文科学研究所等，并创办有支那学会与支那学社的学会杂志《支那学》，京都学派的主要研究方向有哲学、史学、文学、人文地理学和考古学等。中国学京都学派的学术特征主要体现在以下方面。第一，把中国作为中国来理解。即承认中国历史发展的主体性，依据中国文化发展的内在理路来认识和理解中国。第二，实证主义的治学方法。即注重文献收集与考证，以确凿的史料来证实历史事实。②

---

① 黄长著、孙越生、王祖望编：《欧洲中国学》，社会科学文献出版社2005年版，第67页。

② 钱婉约：《日本中国学京都学派刍议》，《北京大学学报》（哲学社会科学版）2000年第5期。

与京都学派相对应的则是东京学派,与京都学派处于同一时期,以东京大学为中心形成的中国学研究学派,也指以白鸟库吉为代表的以东京大学为主的"东洋史学派"。该学派的研究方法主要使用德国兰克学派的实证主义研究方法,主张对文献进行去粗取精、去伪存真的考证。东京学派内部也可以分为:以"脱亚论"为文化语境的"批判主义学派"和以"亚细亚主义一体论"为文化语境的"新儒学派"。批判主义学派以白鸟库吉、津田左右吉等为代表,对中国古史与古文化持强烈批判态度。新儒学派以井上哲次郎为代表,主张以中国哲学研究成果为本国的国家体制服务。[1]

俄罗斯的研究学派。俄罗斯中国学研究学派主要有三个,即列宁格勒学派、莫斯科中国学学派和远东(以符拉迪沃斯托克为中心)中国学派。列宁格勒学派是十月革命后以阿列克谢耶夫院士、康拉德院士为代表形成的以研究中国古汉语和现代汉语而著称的学派。它建立在列宁格勒东方语言学院和国立列宁格勒大学基础之上,学派代表人物有研究中国图书版本的弗卢格,研究敦煌写本和中国古典文学的孟列夫,研究中国古典文学的菲什曼和齐佩罗维奇,研究中国古代政治史佩列洛莫夫,研究中国古代哲学的彼德洛夫,等等。莫斯科学派主要是以莫斯科东方学院和苏联科学院远东研究所为中心,研究的主要内容是中国的国情、现代文学和诗歌、革命和传统文化问题。代表人物是研究中国文学史的艾德林,研究中国近代史的格卢宁,研究汉语的鄂山荫,研究中国史的维亚特金,等等。远东中国学派主要依托于国家远东大学东方学院,它是一个大型中国学研究和教育中心。东方学院始建于1899年,远东大学是从东方学院基础上建立和发展起来的。东方学院的创始人主要包括波兹涅耶夫、鲁达科夫、斯帕利温、阿尔谢尼耶夫,著名中国学家波兹涅耶娃还曾在这里任教过,学院员工和教师从一开始就实际从事中国学研究,并且为苏联中国学研究做出重要贡献,开辟了一系列研究中国的新概念和新方式。[2]

从上述对海外的中国学研究主题、研究专家、研究学派、研究机构

---

[1] 赵志群:《近代"日本中国学"与日本侵华战争》,硕士学位论文,福建师范大学,2006年。

[2] 白云飞:《苏联中国学研究综述》,《呼伦贝尔学院学报》2009年第4期。

的梳理中，我们可以大致了解当代中国价值观念通过中国学研究，在欧美各国、澳大利亚、俄罗斯、日韩等西方主要发达国家的基本情况，关注的焦点、存在的问题等，下面通过国内对海外中国学的研究、数说海外中国学研究的分析，可以让我们更清晰把握。

第三节 精准判断国外"中国学"研究

上面的分析显示，进入 21 世纪以来，随着中国经济发展的加速，综合国力的增强，硬实力的提升带来软实力的诉求，在世界范围内的经济、政治和文化影响力的整体提升，国外的中国学研究在世界各国呈现出欣欣向荣之势，世界各国人民对中国进一步了解的渴望助推了国外中国学的研究。而国外的中国学研究直接或间接地传播了中国思想和文化，帮助世界上其他国家的人民进一步地了解了中国，中国为世界上越来越多国家的人民所熟知，而附加在国外的中国学研究中的当代中国的价值观念，也得以在全世界范围内传播，虽然有时候这种传播会被歪曲和误解，但是从总体层面上看，当代中国的价值观念被推向了世界的舞台，中国价值观念的话语也在潜移默化中被世界人民认知和接受。正缘于此，国内对国外中国学的研究，也愈来愈重视，下文将从几个重要方面对近年来国内关于国外的中国学研究进行一个概述，并对其中蕴含的当代中国价值观念的传播维度进行阐述。

一 对中国民主和政治发展的研究和分析

由于中国是世界上为数不多的几个社会主义国家之一，而且是社会主义国家中经济社会各方面发展最好的国家，在世界范围内都产生了重要的影响，因此，国外学者对中国与本国不同的特殊的政治制度兴趣一直不减，进行了较为广泛的研究。

在中国民主和政治发展的问题上，刘杉、刘晓玉、胡丹菲等人就对改革开放以来国外的学者和专家有关中国人民代表大会制度的研究做了评价，认为改革开放至今，海外对中国人大的研究，从一开始大多以西方视角进行民主化研究，关注中国人大改革与发展蕴含的民主化可能，后转变为以中国经验和人大实践为核心的，对中国道路制度韧性进行考察和对具体制度进行描述，内容广泛，涉及人大选举、人大职权与功能、人大代表行为和作用、人大制度建设及政治发展等方面，开始逐渐摒弃先入为主的民主化期待与价值判断。近年来，海外对中国人大的研究力求以人大制度发展的事实为切入点观察与解释中国道路。① 国晓光和王彩波则从当代中国国家能力的视角对国外学者的相关研究进行了评析，认为国外的专家和学者对中国国家能力的社会经济资源、组织制度资源和思想意识形态资源进行了深入分析。在中国国家能力的增强或削弱问题上，他们的研究成果呈现出不同的学术立场，其争论主要是关于民主转型以及危机与改革赛跑等，这些争论揭示了中国国家能力变迁的复杂性和深刻性，但是海外学者基于"西方中心主义"立场的研究具有很强的价值负载。② 而西方学者关于中国民主政治发展问题，徐浩然在《解读中国民主：西方中国学家的视角》一书中进行了归纳、梳理和阐释，并对以下几个问题进行了探讨。第一，西方对当代中国民主政治的看法，在不同时期形成了不同视角和不同观点。第二，怎么认识和评价西方关于当代中国民主政治的研究发展？徐浩然将此分为四个阶段。第一阶段，即50年代中期至60年代中期，这个阶段西方中国学家的研究包括三个方面。一是官僚体制的研究，包括中国共产党的组织。二是精英政治的研究，包括毛泽东等早期中共领导人。三是意识形态研究，包括中国的社会主义意识形态研究。第二个阶段是60年代中期至70年代中后期，这一时期西方中国学研究专家和学者关于中国政治的主要研究内容为，一是精英政治与派系斗争研究；二是政策形成过程研究，包括政策的制定和执行；三是政治运动研究，如"文化大革命"；四是政治文化研究，涉及意识形态和文化心理研究。第三个阶段是70年代末到90年代初，国外的中国学关于中国政治方面的研究主要包括，一是官僚体制研究；二是精英政治与政策过程研究；三是利益集团与政治参与研究；四是国家与社会关系研究；五是中央和地方关系研究；六是经济改革与政治变迁研究。第四个阶段是90年代初期以来，国外的中国学关于中国政治方面的研究主要包括五个方面：一是政治转型的研究；二是政治民主化研究；三是市民社会与治理研究；四是精英政治和

---

① 刘杉、刘晓玉、胡丹菲：《海外中国人民代表大会研究新动态》，《国外社会科学》2016年第5期。
② 国晓光、王彩波：《海外对当代中国国家能力的研究》，《国外社会科学》2016年第3期。

政策过程研究；五是政治文化研究。① 国外的中国学专家和学者还对中国共产党进行了深入的研究，吕增奎在《执政的转型：海外学者论中国共产党的建设》一书中对此进行了梳理和介绍。西方学者主要从三个方面对中国共产党进行了研究：一是中国共产党的积极调适和主动变革；二是中国共产党的执政挑战和执政合法性；三是中国共产党的未来与中国政治发展的前景。② 这些研究既有对中国政治制度和中国共产党的肯定，但也有批判，甚至恶意的诋毁，值得我们倍加警惕。

二　对中国经济发展状况和前景的分析和预测

近年来，由于中国的经济体量增加，成为世界上第二大经济体，而且在全球经济总量中所占的份额越来越大，对世界经济发展的贡献和影响也越来越大，因而，国外的学者和专家对中国经济发展、中国经济结构转型的研究也越来越关注，取得了一系列的研究成果。对此，中国学者杨莉认为，海外主要智库与学界，一方面研判当前中国经济整体状况，并预测未来走势；另一方面又将观察的重点锁定在了如何以科技全面创新推动经济结构转型、如何处理好经济可持续发展与环境的和谐共存之上，其研究涉及中国经济特点及发展趋势、经济增长的制约因素与挑战、城镇化与人口问题、经济增长的动力源泉、科技创新与研发活动的政策支持、环境问题对中国经济的拖累、企业所有制改革等。③ 这些问题吸引了国外学者和专家注意力。"一带一路"作为新时期中国经济发展的新倡议，也吸引国外学者的目光，仇华飞指出，"一带一路"一经问世便引起国际舆论巨大反响，其中美国学者对此尤为关注，各种观点、评论层出不穷。一些学者把"丝绸之路经济带"构想看作中国在欧亚大陆与日俱增的战略陆权的组成部分，强调它对中国的重大意义并将其提升到"战略"高度。也有美国智库专家从地区安全视角出发，认为它是一个有着"间接外交、安全和军事意义的经济项目"。此外，

---

① 徐浩然：《解读中国民主：西方中国学家的视角》，中国社会科学出版社 2013 年版，第 8—28 页。

② 吕增奎：《执政的转型：海外学者论中国共产党的建设》，中央编译出版社 2011 年版，第 5—10 页。

③ 杨莉：《国外中国研究中的中国经济结构转型》，《国外社会科学》2016 年第 1 期。

美国学者还着重分析了中国"一带一路"建设面临的机遇和挑战。① 同时，21世纪以来，国外学界还热衷于探索中国得以快速发展的模式和根本方式，由此提出了"中国模式"的概念，中国学者王新颖主编的《奇迹的建构：海外学者论中国模式》一书，对国外专家和学者的看法和观点进行了较为全面的收集和整合，这本书基于国外学者的一些观点，对学者们关注的重点问题进行了归纳和整理，分别从以下四个角度分类梳理国外学者的观点和看法。一是国外专家和学者关于中国模式的内涵的看法和解读，中国模式是北京共识的成果，但不是对华盛顿共识的挑战，也不是对正统经济学的挑战，更不是对全球治理体系改革发起挑战。二是中国模式的经济维度的深刻解析。中国模式在经济发展中具有与众不同的地方，但也造成一系列问题。三是中国模式的政治维度解读。国外学者主要是对中国特色的政治制度体制进行了研究和分析。四是比较视野下的中国模式。主要是将中国模式与俄罗斯、印度、越南和日本等国的发展模式进行了比较研究。②

三　对中国社会治理和社会发展的研究和分析

中国经济社会发展在中国共产党的领导下呈现出欣欣向荣的姿态，中国经济社会的发展有条不紊地进行着，这也吸引了国外学者的广泛关注和深入研究。张劲松就对国外学者关于中国国家治理现代化方面的研究进行了综述，他指出，在西方学者的研究中，中国享受现代化的成就，却拒绝进入西方现代化体系；西方学者研究中国治理现代化的方法与中国学者迥异，但结论却相似和接近。在西方的视域下，中国国家治理现代化的根源在于，清末拒绝西化前提下的国家治理权力结构向乡村的延伸；20世纪上半叶不断更替的政权加快控制乡村社会；20世纪共产党人在乡村社会的动员及国家治理现代化。同时西方的专家和学者还提出中国实现国家现代化的"秘密"，这一"秘密"包括：实现国家治理现代化的中国范式；实现国家治理现代化的中国政治；实现国家治理现代化的中国权力。③ 刘霓评析了国外视角下的中国社会民生发展与社

---

① 仇华飞：《美国学者视角下的中国"一带一路"构想》，《国外社会科学》2015年第6期。
② 王新颖编：《奇迹的建构：海外学者论中国模式》，中央编译出版社2011年版，第5—11页。
③ 张劲松：《西方视域中的中国国家治理现代化》，《国外社会科学》2015年第1期。

会治理,她指出,国外学者的研究侧重点主要集中在以下方面:社会保障与医疗改革;消除不平等,实现社会公平;人口政策和妇女问题;环境问题与治理对策;互联网发展带来的社会治理新挑战。同时,她还认为,无论是境外智库的研究报告,还是研究型机构的工作论文,几乎都有一个共同的特点,即多是在扎实的田野调查基础上完成的,既显示出其严谨的学风,也提供了诸多第一手的数据和可信的访谈资料,为国内的相关研究提供了重要的补充,特别是不少研究引进了新的思路和理念,针对相关问题提出若干具有政策相关性的建议,丰富了国内决策层的政策选择,[1] 其中的问题意识及一些具有建设性的政策建议值得我们重视,但总体看来其研究多基于自身的标准和价值准则。

四 对中国文化软实力的研究

21 世纪以来,随着中国在经济、军事等方面硬实力的增长,中国谋求全球范围内文化软实力提升的诉求也在不断增强,而且也通过不同的形式展现出来,譬如前面几章研究已经表明,中国的对外宣传建设和文化"走出去"已经初显成效,而国外专家学者对此也有相当的兴趣,形成了一批研究成果,崔玉军关注了近年来的这一现象,提出中国软实力是最近 10 年来全球关注的热门话题,海外对这一专题研究中的基本面,包括中国政策界和学界如何理解软实力、中国软实力的主要来源、中国实施软实力战略的原因及制约因素、以孔子学院为主的公共外交在推动中国软实力"走出去"中存在的问题,以及海外学者对自身研究的反思等。[2] 芬兰学者安雅·拉赫蒂宁还以孔子学院为切入点,对中国的软实力进行了研究。基于赫尔辛基的孔子学院,她从战略、结构、制度、风格、人员、技能、共同价值观七个方面来考察该机构的基本情况,得出结论,孔子学院是中国软实力建设的一部分,其目标在于提高中国的国家形象、赢取人心,并通过这个平台,试图在全球建立伙伴关系和多边合作关系,这也是中国政府建立孔子学院的初衷。但她通过对孔子学院战略、结构、制度、风格、人员、技能、共同价值观分析,得出一部分孔子学院并没有达到预期的提升软实力的效果,相反目前孔子

---

[1] 刘霓:《国外中国研究中的民生视角与社会治理》,《国外社会科学》2016 年第 1 期。
[2] 崔玉军:《近年来海外中国软实力研究述评》,《国外社会科学》2016 年第 5 期。

学院发展面临着一些冲突和挑战。[①] 有的学者则从国外中国学研究者对中国软实力增加的动力和阻力两个方面因素的研究进行了评析，认为在国外中国学研究者看来，中国的软实力增长主要得益于中国的经济发展；中国的传统文化和当代文化建设助推了中国软实力的提升；中国当前的外交政策成为中国软实力增长的得力武器；但也有相当一些因素阻碍了中国软实力提升。

近年来，面对海外中国学研究方兴未艾，热情持续高涨的现状，中国学者，敏锐关注到了这一现象并及时跟进，深入认识并了解到国外的中国学专家学者对传统中国及当代中国政治、经济、文化、社会等方面的问题研究，一方面，帮助了世界人民了解和认识中国，让他们可以通过媒体或者纸质的文本从各个角度对中国的现实状况进行了解，也间接地帮助了中国进行国际的宣传，增加了中国被世界了解的途径。另一方面，无论是在政治、经济研究，还是文化、社会的研究，当代中国价值观念的因素都会蕴含其中，当代中国的价值观念也会贯穿于国外专家和学者的研究过程、研究内容中，因而必然会间接地推动当代中国价值观念的国际传播，这也提醒学术工作者和每个中国公民，承担起当代中国价值观念国际传播的重任，协助其传播和宣传，把它贯穿于中国人民现实生活的方方面面，从而向世界传达中国的价值话语，增强中国的软实力。

五 海外中国学研究存在问题和原因分析

上节对当代海外中国学研究在出版书目、翻译书目、出版机构、研究机构、研究学者、研究内容等方面都呈现出一系列总体性的特征，在对现状和特征的分析中，可以总结出当前海外中国学研究中存在的系列问题，主要表现在以下几个方面。

地域分布不平衡。从前文的数据分析中可以看出，在研究机构、研究学者、出版机构、外文文献数据库、外文书目翻译、中国学出版书目等方面都呈现出主要集中于世界上的发达国家，而其他国家的研究则较少或者没有，以中国学研究书目的出版为例，虽然有88个国家被统计

[①] 安雅·拉赫蒂宁：《中国软实力：对儒学和孔子学院的挑战》，崔玉军编译，《国外社会科学》2016年第2期。

进来，但是主要的中国学研究书目出版机构和出版书目都集中于美国、欧洲以及日本等资本主义发达国家，而发展中国家除了中国周边的一些国家由于地理位置靠近等原因而对中国有所研究，其他的国家则几乎没有研究，如非洲、南美洲的国家对中国的研究几乎为零。从原因上来看，首先是客观经济条件方面的原因。发展中国家由于自身经济发展水平的限制，本身在学术研究方面的投入就不多，而对于中国学的研究则是更加缺乏资金的支持，本国的研究者也就缺乏可靠的资金支持来展开研究；其次是现实需要层面的原因。一些国家的经济发展较为落后，或者融入全球化发展的水平并不高，与中国的经济、政治交往较少，对中国了解的渴望也就不强烈，因而也就缺乏足够的动力进行中国学研究；再次则是中国自身的影响力和吸引力不够的原因，也就是说，中国并未引起他国研究者的研究兴趣和认知渴望，中国的吸引力不足以让其展开中国学研究。这也反映了一个重要问题，说明中国的国际影响力和吸引力还有待进一步提升，中华文明源远流长，留给人类社会丰富的物质、精神和文化财富，但是由于宣传、传播、地域以及其他一些原因，致使目前的海外中国学研究还仅限于发达资本主义国家，发展中国家对中国的研究兴趣和认知了解程度还不够。

研究内容重实用轻学术。目前，海外中国学研究的内容和领域虽然各个方面都有涉及，但是从总体数量的分析中可以看出，依然存在着两个方面的问题。第一，当代海外中国学研究的内容侧重于对中国历史的研究而轻当代研究。从对中国学出版书目、中国学研究学者的研究领域、外文书目翻译等数据的分析中可以看出，中国学研究的内容倾向于对中国历史发展中取得的精神文化成就进行深入研究，如对历史和地理、文学、哲学和宗教以及对医药的研究等，而对当代中国的研究则主要集中于政治学和经济学方面，这些主要是基于本国政府的现实需要，而不是基于学术研究兴趣，如对中国外交政策的研究和中国共产党的研究，对中国经济发展形势的预测和研究等。而对当代中国的精神文化成果研究和哲学社会科学方面的研究成果则较少，也间接地体现了当代中国哲学社会科学领域在国际范围话语权不够有力。第二，当代海外中国学研究的内容实用性强于学术性。主要表现在大多数的研究都是取决于本国政府的现实需要，对中国的研究主要目的是加强对中国的认知和了解，以便本国政府制定合适的对中国的外交政策，为本国的现实利益服务，如对中国的政治状况研究和经济学研究都主要是服务于本国政府对中国经济、政治方面政策制定的现实需要。而完全出于学术兴趣的研究并不多见，而且越来越少，同早期的汉学研究不同，当代中国学研究呈现出明显的功利性取向。总之，这些方面存在的问题对当代中国国际影响力和吸引力的提升不利，不利于世界上其他国家人民全面、正确地认知和理解中国。

语言方面英语为主。众所周知，语言是沟通的桥梁和中介，也是不同民族之间相互理解的最大障碍，海外中国学研究中也存在着语言方面的问题，从前文的数据中可以看出，海外中国学研究的主要语种是英语，研究的书目出版和外文翻译的书目语言中英语也占据首要位置，这也进一步印证了英语作为世界范围通用语言的强大优势。但是，同时体现了海外中国学研究存在的两个问题。其一，如何保障和加强其他非英语国家的中国学研究，对于发展中国家而言，受制于经济条件的限制和语言的障碍，即使有部分学者想从事中国学研究，可能也无法实现，如何让中国的成果翻译成更多的语言，被更多语种的使用者接受和研究，是当代中国学研究存在的重要问题，这就需要更多语种的翻译者和翻译队伍的壮大。其二，对于中国学研究而言，语言翻译都会存在偏差和不完整性，最可靠的研究是基于汉语的研究，而推动汉语走向世界也是当代海外中国学研究的重要任务和使命，虽然孔子学院在世界范围的推广已经大大促进了国际汉语教学，但依然有待提升，上一章已分析了孔子学院在全球的分布及国际汉语传播中国价值观念的情况。总之，语言差异问题也是当代海外中国学研究领域存在的关键性问题，只有解决这一问题，才能更好地促进国际范围内中国学的研究，推动中国更好地走向世界，被世界人民认知、了解和接受。

第四节　国内"中国学"研究促进中国价值观念传播

通过上文的论述，我们可以发现，无论是汉学研究还是现当代的中国学研究，在国外都形成了一定的规模，并且取得了相当的理论成果，这些成果不仅在学术研究领域，一方面帮助国外学者了解和理解中国，另一方面帮助中国学者了解不同理论视角和研究方法下的中国，而且在日常生活领域，帮助世界各国人民了解和认识中国，虽然有时候这种研究存在片面性和主观性，但是对于世界各国人民初步认识中国，了解中国的语言、文化和习惯等方面还是大有裨益的。与此同时，国外学者对中国政治、经济、文化、环境以及社会生活各个方面进行研究，形成了系列的理论成果，并以文本和数字化信息形式呈现出来，间接推动了中国文化和思想的国际传播，对于中国文化中蕴含的内在价值观念起到了间接传播和弘扬的作用。在国外学者对中国进行研究的过程中，会涉及传统中国和当代中国的实践生活状况和思想理论发展状况的研究，形成的一系列成果中，会间接地向本国哲学社会科学领域的学者以及普通民众传播中国的思想和价值观念，因而这些研究从某种意义上说是中国价值观念传播的有效载体。

一　间接促进中国价值观念国际传播

前面的分析证明，国外的中国学研究涉及的内容十分丰富，从时间的维度来看，涉及了中国古代、近代、现代和当代不同时期的研究，在新中国成立之前，主要研究的内容大多是中国古代和封建时代的政治、经济、文化和社会生活等方面，侧重于对中国封建时代的辉煌成就和文明进行研究，而自新中国成立后，国外中国学的研究渐渐转向现当代中国的政治、经济、文化和社会生活各方面。但是，无论是侧重于对中国古代社会的研究，还是转向集中于当代中国研究，其都具有两个层面的意义和影响，即消极层面和积极层面的意义。

从消极的层面来看，国外的中国学研究学者和专家，从本国的视角和自身的理论背景对中国政治、经济、文化和社会生活进行研究和解读，必然会掺杂各种主观的因素并受到自身知识文化背景的影响，从而导致在对中国进行研究时出现片面、负面和主观解读等情况，导致对中国的国际形象的污损和贬谪。正如有学者指出的："中外学者，因为历史文化的差异、研究范式和方法的差异、观察问题的角度、掌握资料源的准确和丰富程度，都可能导致同一问题出现不同结论，甚至截然相反的观点。在错误思想观点的引导下，国外民众认识和了解中国便会有失公允，形成偏见和错误认知，从而使得世界上其他国家的民众对中国产生误解和负面了解，中国的国家形象和国际影响力也遭到攻击。"例如作为世界上最发达的资本主义国家，出于利益的考量和意识形态对立的

第六章　扫描海外中国学，细察中国价值观念国际传播　｜　205

需要，美国的主流媒体和部分研究机构，对中国的报道和研究几乎都是负面的内容，其中包含对中国民主政治制度的贬低，对中国人权和自由状况的污蔑和恶意夸大消极内容，对中国经济发展的轻视，扩大消极面，对中国文化传统的刻意诋毁等，都是在意识形态控制下的非中立性研究，这些研究严重损害了中国在国际社会的形象，影响了中国在世界人民心目中的地位。国内中国学研究应及时有力地做出回应，厘清事实，彰显真理。即便如此，我们也要看到，他们对中国的研究视角不同、研究的方法不同，对于中国学者进行本土中国学研究则具有一定程度上的启示意义。

　　从积极的层面来说，国外专家和学者对中国的研究和著书立说，可以直接促进中国政治、经济、文化和社会生活等各方面发展状况的世界传播和国际交流，间接推动世界各国人民了解和认知中国，帮助其他国家的人民至少在某个方面对中国有所认识，而且，在国外学者的研究中，不乏客观公正、实事求是介绍和研究中国的内容，其对中国的介绍和宣传作用不容忽视，对中国国际形象的塑造和国际影响力的提升也毋庸置疑。其中，国外的中国学研究对中国文化的传播和"走出去"具有关键意义，对中国文化的国际传播影响则是最为深刻，更为重要的是，在研究和传播中国文化的过程中，国外学者也在承担着中国价值观念传播使者的任务，虽然他们可能是无意识的，但是在对中国文化研究和呈现理论成果的过程中，必然会蕴含着中国价值观念的内容，如对中国传统文化的研究，在对中国传统社会的经典文本进行研究和阐释的过程中，必然会间接地蕴含着中国传统社会的伦理价值观念，当研究成果以理论文本或数字化信息形式呈现在本国人民面前时，在阅读和学习过程中，人们就会对中国的价值观念有所了解，甚至是产生认同并与自己的价值观念进行比较、融合发展。可见，从积极的层面来说，国外的中国学研究在推动中国文化"走出去"，传播中国价值观念方面具有重要的意义。

二　搭建国际传播新平台

　　当代中国的文化软实力的提升，其核心实力就是传播当代中国的价值观念，扩大中国的国际影响力，提升中国在世界范围内的话语权，使得来自中国的声音得到世界人民的认可，使得中国的价值观念被世界人民认知和接受。习近平总书记强调指出："提高国家文化软实力，要努力传播当代中国价值观念。当代中国价值观念，就是中国特色社会主义价值观念，……要加强提炼和阐释，拓展对外传播平台和载体，把当代中国价值观念贯穿于国际交流和传播方方面面。"[①] 因此，要努力创造各种条件，善于利用各种传播载体和传播平台，推动中国文化走上国际舞台，使当代中国价值观念作为中国的独有声音在世界范围内传递与回响。而国外的中国学研究作为国外的专家和学者直接对中国的政治、经济、文化等各个方面问题，所进行的深入研究，能够直接反映当代中国的政治、经济、文化和社会状况，从而起到传播当代中国的价值观念的作用。当代中国价值观念并不是以独立的形式而存在的，必然会渗透和贯穿于当代中国政治、经济、文化、历史、社会生活的方方面面，附着于各种物质载体和精神载体上，因此，国外的中国学研究学者和专家在对当代中国进行研究的过程中，一方面，自己会首先接触并了解当代中国的价值观念，在自身的研究中或接纳，或受到中国价值观念的影响，这也是当代中国价值观念国际传播的一种方式，是增加国际影响力的一种因素。另一方面，通过他们的研究，必然会形成以文本形式或者是其他形式的成果，这些成果中都会蕴含着当代中国价值观念的内容，或以原貌的形式存在，或以经过研究者加工，与研究者自身的价值观念交相融合后的独特形式存在，而这些成果的呈现将会进一步促进当代中国价值观念的国际传播。

三　推动国内"中国学"研究新举措

既然国外的中国学研究能够直接或间接地传播当代中国价值观念，当代中国价值观念的国际传播和话语权获得也需要通过国外的中国学研究加以促进，为此，要推动当代中国价值观念的国际传播，提升中国价值观念话语的国际影响力，就需要通过各种途径推动当前世界范围内的中国学研究，从而在国外专家和学者对中国的主动研究中传播当代中国价值观念，这种传播的实效性和持久性都将会是简单的宣传难以达到的。那么，应当如何采取有效措施，推动当代国外的中国学研究？国外的中国学研究主动权取决于国外的专家和学者，取决于国外政府的资金

---

① 《习近平谈治国理政》第 1 卷，外文出版社 2018 年版，第 161 页。

和政策支持程度，因而对于我国政府和学术界来说，可以做也能够做到的，体现在以下几个方面。第一，推动中国的语言，即汉语的"走出去"。语言是基础，只有国外的专家和学者对中国的语言掌握了，才能对中国的政治、经济、历史文化和社会生活做进一步深入的研究。语言"走出去"战略则有两条途径。一方面，是吸收大量的国外留学生来华学习，为国外的学生提供接受汉语学习和培训的机会，政府可以通过提供奖学金等措施，资助世界各国的学生来中国留学和学习，并且提供良好的师资力量帮助留学生的汉语学习，推动汉语被世界更多国家的人民了解和掌握，从而为国外中国学的研究提供基础性支撑。另一方面，直接推动汉语走向世界各处，在世界上友好的国家设立孔子学院，帮助当地国家的人民了解中国，学习汉语，提供可靠的师资力量帮助当地国家的人民学习并掌握汉语，为其中一些专家和学者对中国的研究创造机会和条件。第二，主动以各种语言翻译当代中国的文化产品和理论成果，通过中国学者的翻译，并以不同国家的语言呈现给当地国家的人民，让他们以自己熟悉的语言形式了解和认知中国，提高当地国家专家和学者对中国的研究兴趣，为他们提供第一手的研究资料。如《习近平谈治国理政》一书就曾以多种语言的形式出版，并且在国际范围内得以广泛传播，不仅推动了当代中国领导人在治国理政中形成的新思想和新理念的国际传播，更是带动了世界范围内各国对中国的研究热潮，以这本书为蓝本和资料，各国专家和学者对当代中国的政治、经济、文化进行了研究和解读，可见，中国书籍的翻译可以在一定程度上推动当代国外的中国学研究，进而推动当代中国价值观念的传播和宣传。第三，可以在学术研究中通过引进国外学者来中国工作或者推动国际学术交流的形式来促进国外的中国学研究，引进国外的著名专家和学者来中国工作，一方面可以促进不同国家间的文化交流与学术交流，另一方面则是可以提升国外学者对中国政治、经济和历史文化等方面的研究兴趣，只有在中国生活，真真切切地感受中国人的日常生活实践和历史文化风俗，才会产生对中国的研究兴趣。通过邀请国外学者来中国参加学术交流的方式也是如此，通过与中国的专家和学者进行学术的交流和思想的碰撞，才能感受中国的学术文化和思想魅力，才会提高对中国的研究兴趣，在交流和学习中同样能接触当代中国的价值观念，因此，在随后可能出现的中国研究中，就会协助当代中国价值观念的传播。

总之，当代中国价值观念的传播与当代国外的中国学研究之间存在着交相呼应的关系，二者交相融合、互相促进，通过推动当代国外的中国学研究，从而促进当代中国价值观念的广泛传播，提升我国的文化实力和国际话语权，增强世界影响力。

四 当代海外中国学研究的进一步思考

从当代海外中国学研究的现状和问题的分析中可以看出，当代海外中国学研究在语言、研究的区域分布以及研究的内容等方面都存在一定的问题，为推动海外中国学朝向更好的方向发展，进而帮助世界人民更加全面、深刻地认知和了解中国，推动中国国际影响力和吸引力的提升，要着重从以下几个方面进行努力。

推动汉语走向世界，为海外中国学研究创造语言条件。从前文的分析中可以看出，语言作为世界上其他国家进行中国学研究的最大障碍，在中国学研究书籍的出版、中国典籍的外文翻译中，英语都占据着主导地位，这一方面体现了英语在世界范围的广泛应用，另一方面也暴露了海外中国学研究的局限性，即仅限于少数发达国家的研究，而对于其他发展中国家而言则研究得较少。因此，要以推动汉语走向世界为基础，推动世界上更多的国家加强中国学研究，进而进一步促进中国的国际影响力和话语权的提升。首先，要推动中国典籍和文本文献以更多的语言形式翻译和出版，为发展中国家进行中国学研究提供便利和材料支撑。这就要求中国在语言教育方面更加注重小语种的教学和人才培养，这不仅是推动海外中国学研究的需要，也是当前中国着力推进"一带一路"建设的现实需要，在国内的语言人才培养方面，政府要加大力度提供全方位支持，为小语种教育提供资金保障、大学专业设置和人才支撑。同时，培育一批翻译人才，着手推动中国典籍的主动翻译，为他国的研究，特别是缺少材料和资金支持的发展中国家的学者进行中国学研究提供更好的研究条件。其次，加强与发展中国家的留学生交流活动，为汉语的国际化推广开辟人才交流途径。一方面，要接收更多的发展中国家留学生来中国学习，为其提供基本生活保障和奖学金支持，帮助他们了解中国、学习汉语，增强他们对中国的兴趣和研究热情，进而回国后成为汉语的传递者和中国的研究者。另一方面，要推动中国的留学生更多地走向发展中国家，做中华文明的传播者和汉语的国际教学者。帮助发展中国家人民了解和认知中国，激发其本国研究者对中国进行研究的兴趣。再次，通过各种驻外机构和教学机构传播汉语，进行国际汉语教学。众所周知，无论翻译的水平多高，在翻译的过程中都会出现理解偏差和误译的情况，要想实现更好的中国学研究，就必须掌握汉语，运用母语进行研究，当前，一些海外的中国学研究者就是通过学习汉语的方式，开展中国学研究活动的，因而要借助驻外国际机构和教学机构帮助他国人民学习汉语，在这方面，孔子学院发挥了一定的作用，但还远远不够，依旧要通过各种教学途径，推动国际范围内汉语的学习，特别是针对发展中国家，中国方案为其提供可供借鉴的发展模式和发展经验，要想更好地学习中国成功经验就要首先解决语言问题。

推动和引导当代海外中国学研究领域的时代转换。在对数据的分析中可以看出，海外中国学研究者的主要研究领域包括两个方面：一方面是对中国的历史和地理、文学、语言以及医药的研究，这主要是基于对中华民族历史传承下来的丰富物质文化和精神文明遗产的研究兴趣；另一方面则是对中国的政治和经济的研究，这主要是基于本国政府制定外交政策的现实需要。而从总体上看，海外中国学研究存在着厚古薄今和重文本轻实践的双重取向，也就是说，其一，海外中国学重视对中华优秀文明传承进行研究，而对当代中国的研究不足，如对中国历史和传统文化、古代文学的研究都取得了较为丰富的成果，而对当代中国的研究则停留于政治需要层面，如对中国共产党的政党政治和中国经济发展状况的研究等。其二，海外中国学的研究较多地依赖于文献资料，而较少地深入中国的现实社会，在方法运用上也主要运用西方为主的策略，以西方为中心对中国进行所谓的科学研究，而忽略了进行中国研究的最根本遵循应当是深入中国社会。为此，要积极推动和应对海外中国学研究领域的时代转换。首先，要构建中国哲学社会科学领域的国际话语权，进而引导海外中国学研究的领域从关注中国古代的文明成就转向新时代中国特色社会主义的发展，从历史向现实的视域转换。同时，要推动各国中国学研究者的研究方法的转换，不仅仅以西方的视角看中国，而是倡导多重视角，立足中国视角来研究和分析中国问题。其次，要改变以文本为中心的研究取向，走向中国社会的现实，把文本研究与现实生活结合起来；加强中国学者与他国学者之间的交流与交往，让海外中国学研究者更多地走进中国，深入中国人民群众的日常生活中发现真问题，分析和研究真实的中国，而不是仅仅停留于文本理解。

借助当代海外中国学研究，提升中国的软实力。海外中国学的研究是他国人民了解和认知中国的重要方式，也是推动中国走向世界，拓展国际影响力的重要途径。对于当代中国来说，要借助海外中国学研究，推动中国文化"走出去"，提升中国的国际影响力和文化软实力。首先，要引导海外中国学的研究内容和研究价值取向。通过各国的中国学研究，力求把全面客观真实的中国展现给他国人民，防止片面地理解其至是污蔑和妖魔化地理解中国，造成他国人民对中国人民的错误印象。不仅要展现中华文化的博大精深，吸引更多的世界人民关注中国，激发他们对中国的友好态度和兴趣；更重要的是展现当代中国人民的精神面貌和积极价值追求，为世界人民同中国人民的友好交往奠定思想基础。其次，要通过中国主动"走出去"，借力当代中国价值观念对外传播的话语体系，推动海外中国学研究的繁荣和发展。海外中国学研究的繁荣和发展与否一方面取决于中国文化的内涵和深度，会不会引起他国人民的研究兴趣；另一方面则取决于当代中国经济社会发展对世界的影响程度，只有伴随着中国经济社会的繁荣发展，中国主动走出国门，与世界人民展开经济、政治、文化和人员的交往活动，才能把中华文化带向世界，才能引起他国人民的关注，推动海外中国学研究的繁荣发展。也就是说，海外中国学研究的发展和中国文化软实力的提升是相互促进和双向互动的过程，共同形成和作用于当代中国走向世界、融入世界的发展进程中。

第七章　西方媒体妄用"普世价值"妖魔化中国形象[*]

前一章基于海外"中国学"的发展，从一个侧面分析了当代中国价值观念在海外的状况，那么西方媒体如何看待中国？如果说海外"中国学"的影响还局限于少数学者、智库成员，那么媒体的影响力则更深，影响面更广，不仅有专家学者，还有普通群众，甚至一般学生。一段时期，西方媒体以所谓"普世价值"观，肆意妖魔化他国形象，并实现其长期霸权目的。他们关于当代中国国家形象的话语就有一条比较清晰的主题演变线索，改革开放以来，美国媒体话语中的当代中国国家形象的变迁可概括为：转型、发展、崛起。"中国威胁论""中国崩溃论"贯穿始终。近年来"大国责任论""大国领导论""替代论"种种新论调亦纷纷出现。总的来看，美国媒体关于中国国家形象的话语多是负面的，具有较强的先入为主的价值判断和批评性。这种现象的主要原因无疑是中、美两国经济制度及其意识形态的差异，而中国综合国力的增强，致使美国感到"威胁"。但中国经济实力的迅速增强是不可改变、不可忽视的事实，因此，当前国际舆论环境总体上是朝着倾向于我国的方向发展的。中国要"和平崛起"，就应该及时采取有效措施来应对这一现象，让世界读懂中国。

第一节　西方媒体话语中的当代中国国家形象

什么是国家形象？从学界的既有研究来看，国家形象是"国际社

---

[*] 该章内容以《美国媒体话语中的当代中国国家形象变迁审视——以〈基督教科学箴言报〉为例》发表于《安徽大学学报》2017年第5期。

会公众对一国的基本印象与总体评价"①。它是国家文化软实力的重要标志,而"新闻媒体的报道是影响国家形象的重要因素"②。

一 《基督教科学箴言报》对当代中国的报道情况

随着改革开放国策在中国的推行,中国进入了一个较大的社会转型期,其最为显著的特征便是经济体制从社会主义计划经济转变为社会主义市场经济。这里所说的"当代中国"即为改革开放至今的中国。由于经济体制的转型,当代中国社会的整体形象面貌与改革开放之前的中国社会形成了一个强烈反差,表现出不少明显的差别,国人认识到改革开放前后的中国处于两个不同的时代,这一点西方人也认识到了。对于当代中国,他们基于其固有的价值观念和思想立场来描述与评论。从他们的描述与评论中,我们可以梳理出一条西方人视野中的当代中国形象演变的轨迹。这里主要以《基督教科学箴言报》③作为西方媒体的代表。《基督教科学箴言报》是美国的一份国际性日报,虽然报纸名称中包含"基督教"的字样,但是它并不是纯宗教性的报纸,而是一份普通的面向"世俗"的报纸,风格严肃,有"灰色女士"之称。和美国其他知名报纸相比较,该报纸最大特点在于它所面向的读者是以美国中上层知识分子和国际问题研究人员为主,在国会、政府部门中受到广泛重视。它对国际问题的话语和分析尤负盛名,对一些国际问题(包括中国问题)的分析都比较客观、公正,因此,这份报纸不仅受到美国中上层知识分子的欢迎,而且还为美国国会、政府部门以及海外研究国际问题的人士所广泛重视。因此本章选取该报纸作为代表,对美国媒体报道中的中国国家形象变迁进行分析,由此审视西方媒体话语中的当代中国形象,梳理西方媒体话语中的当代中国形象及其演变,总结西方媒体话语中当代中国形象的基本特征,分析西方媒体话语关于当代中国国家形象的原因及其危害,以

---

① 金正昆、徐庆超:《国家形象的塑造:中国外交新课题》,《中国人民大学学报》2010年第2期。
② 范红:《国家形象的多维塑造与传播策略》,《清华大学学报》(哲学社会科学版)2013年第2期。
③ 《基督教科学箴言报》是美国的一份国际性日报,议题广泛而不限于宗教,宗教只是其非常有限内容。

期有助于当代中国价值观念对外话语体系的建构与传播。

二 西方媒体话语中的中国形象

"改革开放的现代化乃西方化。"中国的改革开放，在他们看来，是中国向世界打开了大门，曾经被视为"可恶的"外国投资，现在在中国受到了欢迎，而且"知识交换"为中国人所追求。① 杰姆斯·尼克姆认为，中国要寻求成为一个现代化的国家，必须首先承认落后，尤其必须首先承认落后于西方发达国家和日本，赶上西方需要学习西方，而这意味着中国要变得越来越像外面。② 中国要成为一个现代化的国家，就"必须能够创新"，摆脱计划经济体制的束缚，允许企业之间的自由竞争，③ 积极与西方国家和日本合作，全力以赴地为实现"经济现代化"的目标而奋斗。他们很有远见地认为，邓小平的务实政策能够使中国实现跨越式的发展。④ 对于中国的改革开放，发展经济，向西方靠拢，西方人表示认同与欢迎，提出中国的现代化，不可能只向西方学习科学技术，而不学习西方文化。

"中国政治缺乏民主。"20世纪80年代中后期，西方对中国的聚焦点出现了多元化的趋势，逐步由集中关注改革开放转向经济、政治、文化等众多领域。相较于80年代初的中国经济改革是西方人关注的焦点，80年代中后期，政治则成为其关注的焦点。西方人认为，中国在探索"经济改革"的过程中，虽然有"不良倾向"，但是中国保持其经济发展上了轨道。⑤ 随着中国改革开放的推进，经济实力的增强，西方开始承认中国是一个大国。卡耐基国际和平基金会高级研究员马尔文·奥特说："将来人们就会明白，随着这个十年的到来，中国终于来到了它作

---

① 参见 James Nickum, "Will ingenuity enable China to play catch-up?", *Christian Science Monitor*, May 23, 1980。
② 参见 James Nickum, "Will ingenuity enable China to play catch-up?", *Christian Science Monitor*, May 23, 1980。
③ 参见 James Nickum, "Will ingenuity enable China to play catch-up?" *Christian Science Monitor*, May 23, 1980。
④ 参见 Takashi Oka, "Deng's pragmatic line makes great leap forward in China", *Christian Science Monitor*, September 8, 1982。
⑤ 参见 Julian Baum, "Two communist states grope with economic reform; China keeps its economic development on track despite 'unhealthy tendencies'", *Christian Science Monitor*, March 28, 1985。

为当今世界一个大国的时代。"① 但是他同时强调,"中国仍然是一个一党专政体制下的共产主义国家"②。对中国改革开放的头一个十年,朱利安·鲍姆认为在美国媒体话语中的形象可以被概括为"转型中的中国",③ "改革""开放""现代化""集权""邓小平"是其媒体关于中国报道的常见内容。由此看出,最近 10 年来,经济已经不再成为其关注的中心,相反,政治则吸引了他们大多数人眼球,在西方媒体话语中,政治话语主要集中在集权、民主等问题,老调重弹,批评中国民主制度,这种言论显然是片面的。

"中国威胁论。"进入 21 世纪的第一个十年,尤其是中国加入世贸组织之后,随着中国经济实力的显著增强,以美国为首的西方发达国家视中国为一个有力的竞争对手,感到其霸权地位受到了中国的威胁,于是酝酿和抛出了"中国威胁论",试图遏阻中国的"和平崛起"。对此,罗伯特·W. 瑞克作了中肯的分析,他说:"解决问题的方法不是为了试图遏制中国或抑制其和平进步。相反,它是重新参与亚洲关注的问题——经济繁荣、政治稳定和在全球化世界中的公平发展。"④ 为了避免西方人误解中国的"和平崛起",中国政府积极努力提升文化软实力,采取的一项最为引人注目的举措便是在海外开办孔子学院,教授外国人学习中国优秀文化。西方人也承认中国政府努力的确提升了中国的文化软实力,⑤但是他们又认为,其文化软实力并未对西方人产生较大吸引力。由此,他们认为,今天中国虽然在经济上已经成为一个大国,由于文化软实力的欠缺,未能得到西方足够的尊重。⑥ 不过,也有西方

---

① Marvin Ott, "The challenge of reorienting China", *Christian Science Monitor*, March 4, 1985.

② Marvin Ott, "The challenge of reorienting China", *Christian Science Monitor*, March 4, 1985.

③ Douglas MacArthur Ⅱ, "Impressions of a China in transformation", *Christian Science Monitor*, September 10.

④ Robert W. Radtke, "China's 'Peaceful Rise' overshadowing US influence in Asia?", *Christian Science Monitor*, December 8, 2003.

⑤ 参见 Robert Marquand, "China's banner year felt abroad ——Economic dynamism and other recent successes are expanding China's influence, particularly in Asia", *Christian Science Monitor*, January 27, 2004。

⑥ The Monitor Editorial Board, "China gets its 'rise' – but not the world's respect", *Christian Science Monitor*, August 22, 2008.

人认为，中国不是美国的威胁，而是美国发展经济的一个机会。① 质言之，这个时期，在西方媒体话语中，中国主要是一个经济实力强大、威胁着西方的东方大国。总体看来，这个十年的中国吸引了更多来自世界各地的关注，所以它的形象是复杂的，我们可以将她概括为"崛起中的中国"②。这一时期的媒体报道中主要关注的内容是 WTO、台湾、和平崛起、贸易、孔子学院、温室气体的排放、奥运会等热点。

在西方媒体话语中，当代中国的国家形象有一个演变过程。在 20 世纪 80 年代初期，由于中国推行改革开放的国策，西方人对中国持欢迎态度；而自 20 世纪 80 年代后期以来，西方媒体对中国的报道则主要是负面的，它们集中批评了中国政治的不民主、没有人权、没有思想自由；20 世纪 90 年代，西方媒体认为中国意识形态混乱，共产主义价值观逐步衰落；而到了 21 世纪，由于中国经济的强大，西方人则认为中国是一个威胁到其霸权地位的东方大国，大肆鼓吹"中国威胁论"，试图遏制中国的"和平崛起"。由此判断，改革开放以来，美国媒体话语中的当代中国国家形象的变迁可概括为：转型、发展、崛起。值得注意的是，美国人所使用的"转型"或者"发展"，指的是中国经济的"转型"、经济的"发展"，即中国的自由市场；转型与发展从来不包括中国的政治与意识形态方面。他们一方面对中国的各种经济改革表示欢迎，另一方面则对中国缺乏民主的批评越来越多，与之直接相联系的是他们常诋毁中国没有言论自由、进行思想灌输；"崛起"在中文中虽然含有褒义，但在英文中，作为美国媒体频频用来修饰和形容中国的词，它表达的却是美国对中国的警惕态度，我们借媒体报道中的这样一段话可以对他们所使用的"崛起"做诠释，"去年五角大楼报告指出大量开支用于武器系统，其唯一用途就是针对美军，但中国宣称的预算远低于（美国）独立的预测，中国形象战略家早前创造了'和平崛起'一词来形容该国在亚洲的快速发展，但正如一位美国官员所说，中国正在发展某些（军事）力量，因此。在听到一个更好的解释之前，我们是不会

---

① Michael J. Silverstein, "China isn't a threat to America. It's an opportunity", *Christian Science Monitor*, October 30, 2012.

② Dan Southerland, "When China Rules the World", *Christian Science Monitor*, January 11, 2010.

用和平来说崛起。"① 美国有评论家指出，中国是一个正在崛起的力量，这个力量是危险的。这是在美国媒体中普遍流行的一个观点。② 所以，美国人所标签的中国崛起，实际上讲的就是中国威胁；另外，美国人使用的"崛起"，并非承认中国在国际上的全方位提升，而多用于形容随着中国的经济与军事实力的壮大而带来的威胁；对于中国的政治、文化等方面，美国人则坚持认为，中国崛起了，但却得不到世界的认可。③ 新世纪以来的头十年，西方媒体话语中始终贯穿"中国威胁论""中国崩溃论"。近年来，"大国责任论"又作为一种新论断出现，这种论调的核心是认为中国的影响力上升但并未履行应尽责任，其话语中消极负面的报道多于积极正面的。（"转型""发展""崛起"三个词在汉语中是褒义词，但所对应的"transformation""development""rise"在英文中则是中性词，只是描述一种状态而已。）令人欣喜的是，2012 年以来，随着中美两个大国各领域、全方位合作的展开，两国领导人的友好互动频频，中国对于提升本国国际话语权问题的重视与努力，中国经济实力的不断增强，中国的国际影响力不断地提升，美国媒体报道中关于中国的正面话语也多了起来。

第二节　西方媒体关于当代中国国家形象话语的基本特征

梳理和总结西方媒体对当代中国国家形象的报道，可以发现，西方媒体关于当代中国国家形象所采用的话语主要是批评性的，其话语的基本特征主要表现如下三个方面：其一，关于中国国家形象的话语主要是负面，简言之，即以负面报道为主；其二，基于西方固有的价值标准来衡量中国；其三，写作手法随意而煽情。下面对这三个基本特征一一加以阐述。

---

① Robert Marquand, "China's Hu: well liked, little known-During US visit, Hu Jintao will promote trade and stronger diplomatic ties", *Christian Science Monitor*, April 19, 2006.

② Xu Wu, "The real US deficit with China-knowledge", *Christian Science Monitor*, Thursday, May 1, 2008.

③ The Monitor Editorial Board, "China gets its 'rise'——but not the world's respect", *Christian Science Monitor*, August 22, 2008.

一 以负面报道为主

改革开放之后的当代中国呈现出了良好的发展态势,她越来越吸引西方世界的目光。随着中美两国的建交,双方在各领域中的合作与交流日益加深。但在美国媒体的话语中,作为一个传统的共产主义大国,各种关于中国发展道路的批评倾向性议论不仅从来没有停息,而且随着作为世界上最大的经济实体之一——中国的快速崛起,她的国际地位与影响力的随之提升,使得美国人感到自身霸权地位受到威胁,势必要"抹黑"中国,因此这些批评倾向性议论体现在对中国的政治、经济、思想文化、军事、社会、环境等各个方面的评价上。另外,中国经济实力的快速崛起,也迫使美国人对中国的态度向理性及现实主义回归。

二 以"双重"价值标准衡量中国

马克思主义认为,作为上层建筑的价值观念建基于经济基础。也就是说,有什么样的经济基础就会有什么样的价值观念。改革开放之后,以公有制为主体、多种经济成分并存的社会主义市场经济制度,与西方以私有制为主的资本主义市场经济制度存在着本质区别。这就决定了中国人的价值观念必然与西方人的价值观念不同。西方人始终认为他们的"普世价值"观念是世界上最好的价值观念,并以所谓的"普世价值"作为价值标准来衡量中国;始终视马克思主义与共产主义为洪水猛兽,不忘除之而后快。因此,在经济上,他们认为私有制经济才值得人类追求,才能给人带来幸福的生活,而公有制经济则是违背人的本性的。在政治上,他们认为只有资本主义民主才是民主的典范,否定中国的社会主义民主。在文化上,他们自大地以为西方文化才是人类文化的精华,是符合科学精神的现代文化,而中国文化则是反科学的。正因为如此,西方人认为当代中国的经济与政治和文化等上层建筑是彼此分离的。[①]也就是说,在西方人看来,中国的经济是资本主义经济,而政治和文化还不符合资本主义的本质要求。不管中国发生什么事件,西方人总是将之与政治挂钩。采取"双标",对内一套标准,对外又是一套,忽视本

---

① 参见 James Nickum, "Will ingenuity enable China to play catch-up?", *Christian Science Monitor*, May 23, 1980。

国国内内存在的大量种族歧视事件,甚至并不认为其行为侵犯了人权,而中国的计划生育政策,却被看作人权未得到保障,从这份所谓"客观"报道的报纸看,始终存在选择性失明,是非不辨、曲直不分,满纸荒唐言。

近年来,中国政府在海外开办孔子学院,积极努力提升文化软实力,美国人也承认中国政府的努力,[1] 但是他们认为,中国的文化软实力由于缺乏核心的东西即民主,对美国人并不具备多少吸引力,相反,美国则以"普世价值"观为思想基础建立了大众认同的文化软实力,值得中国学习与效仿。[2] 意识形态问题、人权问题都是他们经常关注的重点,借此以表达他们对于中国民主的批评性看法,这意味着,在他们看来,中国谈不上自由,相反,西方则是自由的乐土,值得中国人羡慕与追求。媒体话语的双重标准毫不掩饰,尤其在中国反对"藏独""疆独"与"台独"的问题上,以美国为首的西方发达国家坚持一贯的双重标准。按理这本是中国的内政,是中国维护国家统一、民族团结的正当权益,西方人却认为这表现出中国独裁专政、侵犯人权。西方人的这种言行,正合了中国古语说:"只许州官放火,不许百姓点灯。"这显然是一种典型的霸权逻辑甚或强盗逻辑。由此可见,西方的固有价值标准并非世界的价值圭臬,它实则充满着西方人的偏见与敌意。

三 写作手法随意煽情

21世纪以来,西方媒体话语也有不乏理智而公正之见。比如,他们对中国环境污染问题的报道,虽然有片面夸大之辞,但是中国环境一段时期遭到污染也是不争的事实。另外,在中国改革开放40多年取得巨大成绩面前,同样也有美国人不无卓识地提出,"中国不是美国的威胁,而是美国发展经济的一个机会"[3]。杰弗里·瓦瑟斯托姆认为,"中国的威胁被美国人夸大了",他提醒美国人:"不要让对中国的炒作烦

---

[1] Robert Marquand, "China's banner year felt abroad ——Economic dynamism and other recent successes are expanding China's influence, particularly in Asia", *Christian Science Monitor*, January 27, 2004.

[2] Peter Ford, "On eve of Shanghai Expo 2010, China finds 'soft power' an elusive goal", *Christian Science Monitor*, April 29, 2010.

[3] Michael J. Silverstein, "China isn't a threat to America. It's an opportunity", *Christian Science Monitor*, October 30, 2012.

恼您①"。对于中国的经济社会的发展及各项改革的显著成效，他们密切关注，例如就中国国家主席习近平和美国总统奥巴马的双方会谈，他们发表评论："奥巴马和习近平制定了一个全新的游戏，合作意味着胜利，而冲突意味着双方都输了。"② 近年来，这些正面的话语越来越多地出现，究其根本，在于中国经济实力快速崛起的客观事实，迫使美国人对中国的态度向理性及现实主义回归。2008 年，一项在美国公民中的调查显示：52% 的美国人对中国有好感。③ 这项调查经过分析指出：越来越多的美国人正在接受建立起良好的中美关系的重要性。很多美国人认为，中国不会对西方造成意识形态的挑战，并且两国已经形成了强大的经济关系纽带，可能的军事冲突也是完全可以避免的。④

可惜的是，西方媒体这类话语在这份报纸的报道中并不占主流，其描述当代中国国家形象的话语随意而煽情，并未做到其报纸秉持的"客观原则"，相反，言而无据、缺乏科学精神，不去深入了解中国推行改革开放政策，实行以经济建设为中心的战略实质，也罔顾改革开放后中国公有制经济的主体地位并未改变的事实，便轻易地论断这是中国走资本主义道路的标志。西方媒体很随意地描述以一个修理钢笔的工人和西北山区的一个农民来暗示中国的工人与农民也欢迎资本主义在中国的复兴。改革开放以来，西方人不得不承认中国综合实力得到极大增强，他们却由此感到霸权地位受到了中国的威胁，于是精心策划了"中国威胁论"甚至"黄祸"说。西方人无视中国马克思主义在中国意识形态上的统治地位，却别有用心地论断共产主义在中国已经"死"了。但今天的事实有力证明，中国改革开放、发展经济，并没有抛弃共产主义思想，在意识形态上坚守的仍然是马克思主义。西方媒体写作手法上的随意与煽情，充分暴露了以美国为首的西方国家为追逐自身固有的利益和价值观念，无视客观事实，试图分解中国的阴谋，表现出西方

---

① Jeffrey, "Wasserstrom. Fear of China is overblown", *Christian Science Monitor*, July 5, 2010.

② Monitor's Editorial Board, "Why this China-US summit must succeed", *Christian Science Monitor*, June 5, 2013.

③ Cheng Li and Frank Wu, "An Olympic lift to U. S. -China relations", *Christian Science Monitor*, August 5, 2008.

④ Cheng Li and Frank Wu, "An Olympic lift to U. S. -China relations", *Christian Science Monitor*, August 5, 2008.

固有的傲慢,反理性甚至非理性的本质。

第三节　减少负面话语　提升话语权

西方媒体关于当代中国国家形象的话语基本上是批评性的,而这种批评性的话语并非毫无根据,而是有其原因的。而不管西方媒体的主观意图如何,它们的这种以负面报道为主的话语事实上已给中国造成了危害。唯有首先分析西方媒体话语关于当代中国国家形象的原因及其危害,才能找到应对的策略与措施。

一　西方媒体话语妖魔化中国国家形象的原因

西方媒体话语妖魔化中国国家形象,虽然也与其新闻的制作理念及其建构过程中,由于缺乏中国语言和文化知识等方面因素有关,但其主要原因则是如下三点。

其一,经济制度及其意识形态的本质区别。中国是以公有制经济为主体的社会主义国家,以马克思主义及中国化马克思主义为指导;而西方国家是以私有制经济为主体地位的资本主义国家,其主流意识形态是资本主义价值观念。在西方媒体话语中,中国始终是一个"他者",即不属于资本主义国家的行列。德国前总理施密特曾经说过,中国的国家形象有两个基本特征:一是共产党国家;二是神秘莫测。说中国是共产党国家,其意自明。而说中国神秘莫测,则是说中国的政策缺乏透明度和连贯性,掌握不到可靠的信息数据来判断。[1] 正因为中国在西方人眼里始终是一个共产党领导的"他者",所以不管中国在政治上如何改进,西方人始终认为中国是一个不民主的共产党集权专制的国家。

其二,中国综合国力的增强。改革开放后,中国的综合国力得到了逐步增强,中国不再是一个贫穷落后的国家。而中国的崛起不可避免地削弱了西方国家主宰世界的统治力量,西方国家因此而感到了其主宰世界的霸权地位受到了威胁,于是精心策划了"中国威胁论",认为中国是对世界其他国家尤其是西方发达国家的一大威胁。他们构想中国将要

---

[1]　参见刘康《全球传媒与中国国家形象》,《新闻与传播研究》2009 年第 6 期。

统治世界的种种情景，预测中国将取代美国成为新的世界超级大国。[1]尽管中国强调是"和平崛起"，并积极推行了诸如在西方国家开办孔子学院等措施，亮明中国走和平发展道路的立场，西方国家还是视中国的崛起为威胁。这种世界利益格局的激烈争夺与重新划分，驱使着西方媒体对中国不会有好感，势必要"抹黑"中国。

其三，中西文化主导理念的差异。中国传统文化的主流是集体主义文化，重家国而轻个人。这种思想观念在中国人的心中可谓根深蒂固，成为中国人的思想基调，而马克思主义也强调阶级的整体利益而非个人的私利，认为阶级利益和国家利益至上，两者相互契合。不言而喻，当代中国的主流文化是一种以集体主义理念主导的文化。但是西方发达国家的主流文化却是一种个人主义文化，其主导理念论是与集体主义相对的个人主义。其文化重视个人的利益而轻视集体的利益，认为个人利益至上。[2] 这种文化主导理念上的差异乃至对立，势必影响西方媒体的价值观念和价值标准，从而影响其对中国及其国家形象的评判。

二 西方媒体话语妖魔化中国国家形象的危害

西方媒体话语关于当代中国国家形象的危害无疑是多方面的，其主要危害表现在如下三个方面。

其一，阻碍中国的"和平崛起"。虽然事物的性质主要是由内因决定的，但是也不可忽视外因的作用，因此，一个事物的发展有赖于内外因的有机结合。中国要实现中华民族伟大复兴的目标，不仅要精心图治、奋力图强，也要与西方发达国家和平共处。因此，中国的"和平崛起"不只取决于中国自身的强大，还需要妥善处理周边国际关系，尤其是与西方发达国家的关系。而建构一个良好的国际关系无疑是助力于中国的"和平崛起"。然而，西方媒体关于中国的报道大多以负面新闻为主，而且世界各国媒体报道中国所引用的新闻稿主要来自美英的几大通讯社，中国新华社虽然在规模上排名世界第一，但是在国际传播体系中的影响却甚微，[3] 这样的舆论环境显然不利于中国的"和平崛起"。

---

[1] Dan Southerland, "When China Rules the World", *Christian Science Monitor*, January 11, 2010.
[2] Clarissa Sebag, "What's Xi Jinping's Chinese Dream", *New York Times*, May 3, 2013.
[3] 参见刘康《全球传媒与中国国家形象》，《新闻与传播研究》2009年第6期。

其二，影响外国人接受中国的意识形态和价值观。众所周知，马克思主义是无产阶级的世界观和方法论。"马克思正是作为工人阶级的代表，在实现哲学社会科学领域伟大革命变革的同时，获得了思想上的话语权，从而奠立了学术话语权的基础。"① 而获得话语权的路径一般有两种：一是凭借经济上政治上的统治权获得话语支配权；二是凭借思想上的先进性获得话语权。② 这启示我们，要坚守马克思主义的科学性和先进性，否则就会丧失马克思主义在意识形态上的领导权，从而丧失话语权。如果任凭西方媒体质疑和污蔑马克思主义或共产主义，那么马克思主义在意识形态领域领导权就不会建立起来，也就无法屹立世界之巅。中国以马克思主义和中国化马克思主义为指导。如果马克思主义被西方媒体"唱衰"了，世界各国人民也跟着认为马克思主义过时了，不是科学的思想学说，那么，中国的意识形态和价值观也就不可能得到他国人民认可和接受，从而也谈不上获得话语权，影响外国人。

其三，导致世界各国人民误解中国。尽管西方媒体对中国也有比较客观和公正的报道，但是其报道主要是负面的，这样就会导致世界各国人民无法了解一个真实的中国。经济上，中国推行改革开放这一国策，打开国门发展经济，并不是要放弃公有制经济的主导地位，走资本主义道路，而是要实现中国的现代化。但是西方媒体却认为中国此举是向西方靠拢，中国在经济上逐步变成了一个资本主义国家。政治上，西方媒体不厌其烦地批评中国缺乏民主、共产党独裁专制，但是它们标榜的所谓民主只不过是资产阶级专政，而真正的民主是人民当家做主，中国在政治上实行的人民代表大会制度恰恰体现了人民当家做主。文化上，中国有着五千多年的文明，是世界上唯一一个未曾中断文明的国家，有着丰富的哲学、文学、艺术、历史学等思想文化资源。西方媒体不去报道中国的传统文化，却津津乐道于西方文化在中国的流行，③ 这便会给世人造成中国缺失文化、出现了文化危机的印象，而事实上，中国传统文

---

① 侯惠勤：《论马克思主义学术话语的方法论基础》，《安徽大学学报》（哲学社会科学版）2014年第6期。

② 侯惠勤：《论马克思主义学术话语的方法论基础》，《安徽大学学报》（哲学社会科学版）2014年第6期。

③ Sheila Tefft, "China loses its passion for the Peking Opera——a national treasure——Western entertainment lures many talented youngsters away from the traditional art form", *Christian Science Monitor*, November 2, 1994.

化在实现了创造性转化后在当代中国正方兴未艾。

从总体上看,西方媒体关于当代中国国家形象的话语有一条主题比较清晰的演变线索。它们关于中国国家形象的话语主要是负面的,具有较强的批评性。这种关于当代中国国家形象的话语是有其原因和危害的。对于西方媒体妖魔化当代中国国家形象话语的原因和危害,我们应该予以高度关注。在分析其原因和危害时,我们应该抓住其主要原因和主要危害,这样才能把握问题的实质,并及时采取有效措施来加以应对。

三 加强中国国家形象的话语权建设

美国媒体报道中有关中国的批评性话语居多,给中国造成了实质性的危害,不利于中国在国际上树立一个令人尊重的大国形象。针对这一问题,从媒体话语的角度,我们提出的应对措施是大力提升中国的国际话语权建设。

首先,"谁来说"?构建一个具有全球性特点的媒体。在经济全球化的背景下,全球性媒体视野更加广阔,有更开阔的视角报道国际政治、经济、文化、科技、生活等信息,相应地也有着更广泛的传播,世界各地受众将越来越关注全球性媒体,在这样的背景下,中国的国家形象被接受和认知,理所当然依靠传播媒介,依赖国际传媒环境。[①] 但是,综观世界全球性媒体,西方国家占主导,且西方几大主流通讯社发出的新闻占了每日国际信息流通量的80%,中国则缺少一个有着世界性话语权的全球性媒体。使得中国在对外传播的级别上尚且不能与西方国家抗衡。因此,构建一个具有全球性特点的媒体对于中国树立一个良好的国家形象至关重要。同时,应将目光投向各种非政府组织、企业、教育部门、文化机构等。须知,中国的对外传播在长久以来过于依靠官方媒体,各种官方媒体又尚不具备全球性特点,在全球化的背景下,官方或者民间的各种合作、会议、比赛、文化交流活动中折射的该国"元素"都有可能给他国民众留下深刻印象,成为在他国民众眼中的该国"国家形象标签"。另外,在网络化时代,我们还应多关注与利用互

---

① 强月新:《西方媒体对中国国家形象塑造的转变及其启示》,《湖北大学学报》(哲学社会科学版) 2013 年第 3 期。

联网。互联网使得人与人之间的信息交流变得无比快捷与简便，比如陌陌、脸书等社交工具的大热。这些各式各样的文化交流形式及新媒体正在逐渐成为传播国家形象的重要手段，是不容忽视的新生力量。

其次，"怎样说"？国际话语权很大程度上取决于一国对外传播话语体系的吸引力、感染力、传播力以及影响力。在当今世界，谁能拥有国际话语权，最终要看谁的意识形态体系特别是价值观能够正确回答世界性的时代课题，推动人类文明的发展进步。中国特色社会主义反映了以人为本、追求公平正义、实现人与自然和谐发展的人类社会进步方向，其提出的关于中国发展问题的解决方略，对于各个国家特别是发展中国家皆具有借鉴意义，中国具有掌握国际话语权的内在优势。然而，不同的话语表达对于知识体系尤其思想理论体系增强吸引力、感染力、传播力以及影响力的效果大不相同，在国际传播中尤其如此。因此，要提升国际话语权，仅有科学的思想理论体系还不充分，必须在构建话语体系上发力，在对外传播方式与方法上与时俱进。要研究对外传播艺术，运用国外受众易于理解和接受的话语、形式、手段，避免传统的对内宣传时惯用的说教式、歌功颂德式、单一式、框架式的表达。同时，我们也要把握好尺度，不能完全用外国的标准来衡量中国的国家形象传播。所谓"中国声音"应当是"国际表达"，更应当是"现代表达"。

最后，"说什么"？一个国家的对外形象一定要能够反映该国的客观现实，他国公众对一个国家总体印象的好坏，主要取决于它做了什么，然后才是它说了什么。中国的对外形象宣传长久以来主要是从历史、文化的角度出发，比如，"功夫""孔子""京剧""四大发明""兵马俑"等。这些话语所塑造的国家形象是一个"神秘的东方文明古国"，它早已为世界人民所承认。我们在对外宣传中缺少对改革开放过程中所形成的社会主义意识形态新观念、新理念的表述，缺少对当代中国的基本国情、发展道路、发展理念、内外政策、核心价值观的表述，缺少对中国未来社会主义前进方向及发展趋势的表述。这些才应是当代他国民众更为感兴趣、关心并时常感到"困惑"的"中国故事"，更是能够挖掘出新意、充分展示中国的民族新气质、国家新特质、时代新特点的"中国故事"。

综上所述，自改革开放以来，美国媒体报道中关于当代中国国家形象的话语有一条清晰的、主题突出的变迁线索。通过对该变迁线索的分析，我们可以发现，由于中美双方国家经济制度及其意识形态的巨大差异、中美文化主导理念的差异以及近年来中国综合国力的不断增强，致使美国感到了"威胁"，所以，始终站在己方价值观的立场上去分析和看待他方，导致美国关于中国国家形象的媒体话语主要是负面的，具有较强的批评性与扭曲性。美国媒体在国际舆论中的地位是举足轻重的，故此，这种情况导致了其他国家的普通民众对于中国社会的误解，直接影响了中国的崛起。也因此，必须着力构建新兴传播媒介和传播体系，着力解决西方国家的媒体偏见、谬见和误识，向世界呈现更加客观、具体、符合中国实际的国家形象，这项工作任重道远。

第八章 好莱坞误读价值观念，虚构"中国人"形象[*]

对中国形象的认知和刻画，不仅见诸西方各大媒体，还见诸各类影视剧中，其中好莱坞就有不少"中国人"题材影片，"中国人"是好莱坞影片中经常出现的人物角色，无论在超级大片还是低成本、小制作的不知名电影中，我们也能够从中发现"中国人"的身影。那么，他们是如何刻画"中国人"的？事实上，"中国人"这个特别的身影在好莱坞影片中被赋予了意识形态内涵，因而成为西方国家意识形态表达不可或缺的重要组成部分。应该如何看待西方电影中的"中国人"；它包含了什么样的价值观念；它的意识形态表现方式是什么；针对西方电影的意识形态"入侵"，我们又能做些什么。对这些问题进行探讨，有利于我们认清西方电影在意识形态宣传方面的真实面目，也有利于我国积极吸收国外利用电影宣传意识形态方面的优势，对我国国家意识形态建设有所裨益。

第一节 "中国人"形象的变迁

意识形态是对社会生活的反映，意识形态话语则是对社会生活的逻辑表达。电影和上章论述的媒体一样，都是把价值观嵌入人物形象和语言，并表现其意识形态倾向。1970 年，法国结构主义者阿尔都塞认为，作为国家意识形态工具的重要组成部分，电影不是纯粹的艺术，它具有鲜明的意识形态性。所谓"意识形态"是指"表现了个体与其实际生

---

[*] 该部分在刘婷婷的论文《西方电影中的"中国人"的意识形态性分析》基础上修改而成。

存状况的想象关系",这种关系是建立在"误识"基础之上。

一 何谓西方电影中"中国人"

电影作为一种权利话语,代表着一种意识形态,一种政治宣传。作为电影中重要一支的好莱坞影片同样遵循这一理论,西方电影中的"中国人"在这其中也扮演着重要角色。由于电影具有自己鲜明的特色:发达的科技、广泛的题材、鲜明的诉求、特殊的政治元素,在世界电影市场占有了较大份额。数量众多、分布广泛的电影受众使西方电影能够触及世界各个地区、各个层面的人,并向其进行意识形态渗透,其嵌入的价值观念更具长久的影响,我国也不例外。自我国改革开放以来,从各种渠道进入中国市场的西方电影越来越多,受到西方电影"熏陶"的人越来越多,中国的年青一代尤甚,可以毫不夸张地说,西方电影伴随着中国年青一代成长。

自19世纪末电影诞生以来,"中国人"在西方电影中崭露头角,人们对西方电影中的"中国人"的关注度也日渐高涨。这里论及的西方电影中的"中国人",主要是指在西方电影中出现的,具有明确的人物形象和角色的"中国人",即"中国人"在西方电影中的银屏形象。这其中既包括一些大名鼎鼎的中国明星,也包含了在电影中籍籍无名的普通群众演员;既包括西方电影中镜头掠过的身影,也包括电影中有大段特写的角色;既包括拥有中国国籍的中国演员,也包括非中国籍的表演者扮演的"中国人"。电影诞生之初的默片时期,电影中的"中国人"是西方国家了解中国的重要途径,西方电影中出现的"中国人"形象是西方世界对中国浓厚的猎奇心理作用下的一种产物,与"中国人"有关的电影几乎都在强调东西方文化的巨大差异。

二 西方电影中"中国人"形象的变迁

"中国人"在西方电影中的演变经历了一段漫长复杂的历史。1898年爱迪生公司执行拍摄计划期间诞生了一系列电影,其中《中国仪仗队》《跳舞的"中国人",傀儡戏》和《上海警察》呈现了当时西方世界视野中的"中国人"形象,这些"中国人"表现了西方国家对异域中国的想象。19世纪末20世纪初中国正艰难被动地走向世界,中国在西方国家眼中不再是辉煌灿烂的东方大国,而是落后愚昧的"东亚病夫"。这个阶段的"中国人"形象比较鲜明，带有明显的漫画特征。在外形塑造方面，"中国人"形象常常愚昧可笑，长辫子、长指甲是西方电影中"中国人"的标配；角色扮演方面，"中国人"几乎全部都是恶棍、歹徒或是罪犯。美国无声电影《华人洗衣铺》就塑造了一名为非作歹的"中国人"是如何想方设法摆脱白人警察的追捕，最终被逮捕的故事。

从20世纪20年代末开始，以"傅满洲博士"为代表的电影开始在西方国家盛行。时至今日，任何力图丑化"中国人"形象的西方电影，都能在"傅满洲"身上找到原型，西方电影在刻画"中国人"时也不断回到这个人物身上。"傅满洲"成为西方电影史中最重要的、最有影响力的东方"他者"形象。可以说，"傅满洲"是恶魔撒旦的化身，集中了西方国家对"中国人"恶劣的想象。[①] 陈查理则是这一阶段的又一典型代表，这名来自美国作家比格斯笔下的华人侦探智力非凡、能力出众、办案老练，是法律与正义的化身。这是西方电影中很少见的以正面形象出现的"中国人"，但是令人奇怪的是这个"中国人"竟是白人演员扮演的，仍然具有西方人想象中的"中国人"的怪异荒谬特性：像女人走路似的轻步伐、像婴儿一样丰满的脸、浓密的黑发以及斜吊着眼睛。这些特性表明西方电影的"中国人"仍是他们想象中并不断加以虚构的角色，挣脱不掉他们的偏见。

世界经济发展大潮加强了东西方交流，西方国家对中国的了解也越来越多，电影中的"中国人"开始日益复杂。越来越多的"中国人"进入西方电影世界，既包括中国演员，也包括一些中国电影制作人，他们利用各种方式参与影片的拍摄或制作，力图打破西方旧式电影呈现"中国人"的方式。这一举措在一定程度上改变了西方电影在呈现"中国人"时的思维定式，影片中的"中国人"形象开始变得多元化。但是，在西方电影中的"中国人"出现改变时，仍有一部分西方电影制作出一些傅满洲、陈查理式的"中国人"角色。西方电影里的"中国人"是西方化的"中国人"，无论"中国人"怎样变化，始终摆脱不了西方文化想象中的模样，这种虚构的形象并不能反映出真实的"中国人"，却能映射其背后的价值观念和意识形态秘密。

[①] 姜智芹：《欲望化他者：西方文学中的中国形象》，《国外文学》2004年第1期。

第二节 "中国人"形象的类型和价值观念指向

一 "中国人"形象的类型①

"中国人"的帮派成员形象：社会秩序的扰乱者。中国人移民西方始于 19 世纪，除了修筑铁路外，大部分中国人都从事一些底层工作，例如洗衣这样的"贱活儿"。随着中国移民的增加和经济衰退，中国人似乎成为威胁白人生存的邪恶势力。西方国家开始逐渐减少中国人的工作机会，并表现出相当大的敌意，相应地，好莱坞影片中的"中国人"被设定为黑帮组织成员，如《龙年》中的黑社会头目乔义泰、《致命武器 4》中由李连杰扮演的黑帮老大，《尖峰时刻 2》里章子怡饰演的黑帮女打手胡莉，《蜂鸟特工》中斯坦森扮演的乔伊，《环游地球 80 天》中莫文蔚扮演的黑蝎集团首领，《古墓丽影》中任达华饰演的中国籍犯罪团伙头领，喜剧电影《憨豆特工 2》中白发苍苍的中国老奶奶杀手等。这些"中国人"均被刻画为黑帮头目或打手，他们游走在国家法律边缘，行动诡异，犯罪活动猖獗，从而无形中反衬西方白人的优越，似乎只有西方白人才是现代文明的代表，是现代"普世"价值观念的化身，典型体现西方歧视华人的价值观念。在黑帮电影对"中国人"的反复描述中，一方面，从男人到女人，从老人到小孩统统都可以化身成为黑帮势力的"中国人"。他们大部分身材健硕、形象猥琐，成群结派，是罪恶与暴力的代表；他们藐视法律、野心勃勃、为扫除异己，扩充势力范围，能够心狠手辣、不择手段；他们与勒索、暗杀、抢劫、斗殴、毒品、武器等众多犯罪因素纠缠不清。另一方面，为了突出"中国人"的帮派成员形象，往往在电影中增加以西方白种人为主的对比要素，以其正面形象反衬"中国人"的黑帮形象。"中国人"是帮派成员，那么负责抓捕他们的就是白人警察。电影中的"中国人"的结局往往也是设定好的，其无法无天的犯罪事实以及难以想象的犯罪网络最终将被象征正义的白种人消灭。由此可见，这些"中国人"毫无疑问受到了以"傅满洲博士"为代表的撒旦、"黄祸论"的影响，意识形态

---

① 三种类型的"中国人"及价值观念指向以《好莱坞虚构的"中国人"》为题发表在 2021 年 1 月 28 日的《中国社会科学报》。

的种族歧视和西方价值观念在电影中若隐若现。

"中国人"的商人形象：无良奸诈的敛财者。商人是好莱坞影片中经常使用的一种社会身份，但影片赋予中国商人的却常常是毫无诚信或非法经营的奸商形象，如《迈阿密风云》中，巩俐扮演的负责金融事务的贩毒团伙首领伊莎贝拉，又如青春喜剧片《纽约姐妹双行》中豢养杀手、掌控盗版集团的女华裔，其为了保护盗版芯片，不惜向宠物伸出毒手。这样的"凶手"必然招致西方世界的群情激愤。一个非法追求经济利益，不顾国家安全和社会良知，不顾风俗习惯，连西方人宠爱的动物也敢虐待的中国商人就炮制出来了。《异能》则从小商人角度呈现"中国人"的奸诈，其主人公尼克藏身于中国的一个破落的居民区内，在这个居民区内就有各式各样的小商贩，有许多卖鱼的鱼贩，他们一直在鱼市里忙碌着，还有为尼克提供食物的小吃店老板。这些商人一直忙于自己的生意，对身边"英雄"的遭遇视若无睹，对国家大事和世界形势漠不关心，整天沉浸在自己的金钱世界中。他们虽然衣着光鲜、养尊处优，但为了牟取利益，不惜与帮派相互勾结，从事悖于法律、违反道德的非法经济活动；他们唯利是图，把经济利益作为自己人生的唯一追求，甚至触犯法律，谋财害命，全然是奸诈冷血、缺乏诚信的群象，而传统中国商人的勤劳勇敢、诚实守信的品质却荡然无存。改革开放以来，伴随着中国经济的飞速发展，中国与西方国家交流日益频繁，但是许多西方人对中国经济崛起持担忧态度，唯恐中国在经济上超过他们。这种"中国威胁论"意识形态在架构中国商人形象框架中也有所体现。西方影片一味渲染中国商人唯利是图，把经济利益作为自己人生的唯一追求，不知晓金钱以外的东西。他们触犯法律，涉及犯罪活动，无情压榨员工，谋财害命。奸诈冷血、缺乏诚信这样一种中国商人形象，虽然在近年的影片中有所收敛，但细细揣摩，仍能发现其采用更为隐蔽的方式，通过增加"中国人"的积极因素，渲染"中国威胁论"。

"中国人"的平民形象：需要拯救的异国国民。一如上面对中国帮派成员和中国商人的刻画，中国平民也常常被塑造成"东亚病夫"，如《致命武器4》中，当警察罗杰打开偷渡船甲板的隔板时，一群衣衫褴褛、面黄肌瘦的中国偷渡客极具震撼地展现在我们面前。他们面无表情，眼神却充满了对西方的无限向往和渴望救助的热盼，他们宁可

第八章 好莱坞误读价值观念，虚构"中国人"形象

"偷渡"也要踏上西方国家"自由之土"。而当平民"中国人"遭遇巨大危机或灾难时，影片总是展现西方国家出手解救那些"掩埋"在黑暗里的平民"中国人"。这样的画面在好莱坞影片中频频出现，西方"救世主"的形象跃然屏幕，从而撕下了其宣扬的所谓"平等"价值观念的面纱。众多的中国平民形象在西方电影中出现的概率，远高于其他几类人物形象，"中国人"被边缘化、异类化、无名化。中国平民角色的年龄、职业、性别分布范围广泛，数量虽多、范围虽广，但是正面形象较少，多数都是作为背景下的无名化的"中国人"，在电影中起到消极负面作用，始终带有浓烈的中国文化和地域特色，被排斥在外，无法真正融入西方主流文化体系。这样的"中国人"角色具有几个共同特点：一是在人物形象设计方面，"中国人"平民形象比较一致，没有过多的言语表达，表情麻木，目光呆滞；穿着普通甚至有些过时；行动迟缓，对周围事物漠不关心；当面临危机时又呈现出贪生怕死的心理，乞求获得别人帮助，不求自助。二是表现了一群受到压迫，主动去他国寻求自由的普通人。三是表现了那些处于"水深火热"中的平民需要西方国家主动解救。两者的结局都是在西方国家政府主动或被动、有意或无意的帮助之下，成功地解救了"中国人"，使其获得解放，获得自由，征服和拯救双重意识形态话语体现得淋漓尽致。

上述好莱坞虚构的三种"中国人"，无疑将西方的意识形态输入其想象的帮派"中国人"、商人"中国人"和平民"中国人"中去，营造了残暴冷血，沉浸于追求金钱，需要被征服和拯救的"中国人"整体形象。这种想象的"中国人"无疑宣扬了西方白人种族优越论、"中国威胁论"和资本主义制度优越性，让观众在不知不觉中对"中国人"产生认同，进而对西方价值观念产生认同。在外国电影观众沉浸在精彩纷呈的故事主线中时，虚假的"中国人"在银幕上以声音、色彩等各种符号生动地展现在观众面前，并将观众带入电影中去，让他们产生这种电影观感：原来中国人是这样的。电影观众被"询唤"到电影中去，不知不觉中对电影中表达的"中国人"产生认同，对西方价值观念产生认同。另外，中国电影观众经历了同样的过程，虽然中国电影观众本身对中国人十分了解，对西方电影歪曲"中国人"也有所警觉，但是西方电影中的"中国人"蕴含的一些比较隐蔽的意识形态内容也会在不知不觉中对其造成影响。中国受众在观看电影的时候，大部分都是出

于娱乐消遣目的,当西方电影以某种滑稽、取巧的方式将"丑恶"的"中国人"搬上荧屏,我们或许在不知不觉中点头赞同其中的某部分内容,在头脑中留下烙印,这种"共鸣"恰好迎合了西方国家制造这一角色的企图。

影片对"帮派""商人"和"平民"中国人的丑化,除了是西方价值观的自然流露,更主要是资本的逻辑使然,是消费主义的必然发展。在现代社会,消费被视为拉动经济增长的重要手段,西方国家将消费主义糅进电影之中,希望通过这种方式促进经济发展,因而电影中宣扬物质至上的情形随处可见,电影充斥着琳琅满目的商品和主人公奢侈浪漫的物质生活,频频露面的奢侈品、豪车甚至是最新高科技产品都成为享乐主义的代言。在消费主义的影响下,电影中的"中国人"成为一种快餐式消费品,电影制作人根据自身认知进行表述,还要考量观众的既定观念,"中国人"终难逃脱"消费主义"的魔掌。为迎合西方影片观众胃口或是增加影片元素的多样性以达到奇特的视觉体验吸引观众,电影制作商将电影中的"中国人"改头换面,变成西方电影观众喜爱的小丑式的角色或个人英雄主义衬托下的配角和炮灰,这种"中国人"拉近了影片与电影受众之间的距离,但是实质上包含的精神依然是西方价值观念。"中国人"成为电影制作者手中的消费品,人们在津津有味地观看电影的时候,并不看重"中国人"背后的精神实质,只是将"中国人"所象征的愚昧无知、贫穷落后、滑稽搞笑等要素作为娱乐自己的一种廉价消费品;点缀这样"中国人"的西方电影本身,为资本所驱动,为利润所驱使,再次成为其观众的消费品,这已然颠倒了马克思生产决定消费的观点,马克思认为:"消费直接也是生产,正如在自然界中元素和化学物质的消费是植物的生产一样。例如,在吃喝这一种消费形式中,人生产自己的身体。"[1] 消费超越了为满足生存需要的基本目的,它变成了满足欲望的符号,"一个人的服饰、家居、汽车等,都是他自己的或者说消费者的品位、个性与风格的认同指标"[2]。西方电影中的"中国人"展现出物质至上的特点。中国人崇尚的节俭

---

[1] 《马克思恩格斯文集》第 8 卷,人民出版社 2009 版,第 14 页。
[2] [英]麦克·费瑟斯通:《消费主义与后现代文化》,刘景明译,泽林出版社 2000 年版,第 121 页。

勤奋等中华传统美德，在他们眼中变成了节俭成性、吝啬刻薄，不懂得享受生活，只知道工作的劳力。它们认为中国人浪费资源、污染环境、破坏生态，恶化了人与人、人与自然之间的关系。

二 "中国人"形象的价值观念指向

"中国人"的价值观指向之一："黄祸论"。好莱坞影片一般坚持白人至上、白人优越的观点，常常视中国人为"东亚病夫"，歧视华人种族，如影片《李鸿章和他的随从们》《中国洗衣店》《神秘的傅满洲博士》《诺博士》《变形金刚4：绝迹重生》等，甚至《阿凡达》中兼具人类和Na'vi人的DNA的主人公杰克·萨利，也被故意设计成脑袋极小，身材极长，身体比例极不相称的奇怪形象，以此影射中国人。好莱坞刻意臆造的这些"中国人"，又会借西方人之口，宣称"中国人"是上帝创造出来的"最劣等"种族，脑容量小、冷酷自私、缺乏权利平等和独立意识，也缺乏对个人奋斗和成功的追求。他们大都叽叽喳喳喜欢询问别人隐私，干预他人私生活，喜欢投机取巧，碌碌无为。为了避免被这样"低等劣质"的"中国佬"降低自己的血统，"高等民族"必须与他们严格分离，不再接触，类似的种种言论，使"中国人"屈辱地"活在"西方电影中，也因此，直接导致"黄祸论"的盛行。

"中国人"的价值观指向之二："中国威胁论"。20世纪20年代以来，西方电影中的"中国人"被涂上了一种狡猾、邪恶和诡异的色彩。如《神秘的傅满洲博士》中，把傅满洲刻画为又高又瘦，穿着清朝官服，留有两撮下垂胡子的邪恶博士，用狡诈的聪明，与白人警探对抗。而李小龙、成龙、李连杰、周润发等中国演员虽然凭着中国功夫成功在西方世界闯出自己的天地，但基本上是依靠类似暴力的功夫"扬名立万"，"中国人"被视为只知用蛮力、毫无智慧的"野蛮人"；如此众多的野蛮"中国人"，在《红潮激浪》（Crimson Tide）中，又被演绎成占领了整个世界，消耗巨大能量，给地球带来沉重负担的种族，影片因而表达出中国人具有无所顾忌的破坏欲和力图征服世界的野心，这里"中国威胁论"的隐喻十分明显。《碟中谍3》（Mission：Impossible Ⅲ）《鬼镇》《非常人贩》《碟中谍3》《无间行者》《007诺博士》《朱诺》等电影也都表现了对中国人口众多的担忧及中国人素质低下的讽刺，刻意制造"中国威胁论"，进而成为美国多数人的"共识"。奥巴马执政时期放言，为了保护地球，在石油、水资源等方面，因为中国人口众多就不能与美国民众享有同样的人均消费量，显而易见，就是这种观点的政治表达。

"中国人"的价值观指向之三：反衬所谓的"资本主义的美好"。在经过数百年的历史发展和积累的情况下，西方国家在物质财富和精神财富方面获得了长足的发展，资本主义给西方国家带来了前所未有的巨大财富，使得西方国家坚信资本主义是最优越的社会制度。强大的经济实力和优渥的生活条件以及与生俱来的优越感，使西方国家极力向中国甚至世界宣扬资本主义优越论，进行资本主义意识形态渗透。西方电影中，这种优越感和宣传随处可见。正因为电影是属于大众的，电影在宣传、复制意识形态方面的功能是卓越的。电影一直与西方国家的现代化历程关系密切，西方国家每一次发展，电影这种在制作过程中不断吸收现代技术的工业也在发展，在国家形象宣传中举足轻重。"每一次放映的过程就是一次给受众价值观重塑的过程。"[1] 无论出于什么样的国家意识形态，单个个体在难以察觉的情形下就完成了意识形态的建立。"当我们说，一个意识形态具有阶级职能时，应该被理解为：占统治地位的意识形态是统治阶级的意识形态，它不仅帮助统治阶级统治被剥削阶级，而且使统治阶级把它与世界之间的活生生的关系作为真实的和合理的关系加以接受，从而构成统治阶级本身。"[2] 西方电影承担了西方资本主义国家意识形态阶级统治的重任，西方电影中的"中国人"同样也被赋予"天职"。在国家意识形态有意为之之下，'中国人"从侧面向影众反衬了资本主义的"优越性"，同时也将霸权主义和强权政治隐藏在其中，春风细雨般"滋润"着观众。

西方电影经常有意无意地将中国和美国城市街景的对比、将中国人和美国市民日常生活的差别拉入镜头：肮脏拥堵、类似贫民窟的中国街道和现代文明干净繁华的西方大道；衣着褴褛、生活贫困的中国百姓和穿着讲究、生活富足的西方成功人士，都是《黑衣人3》《白宫陷落》《007：大破天幕危机》等影片最常见的镜头。如此编排，自然让观众们对西方国家产生错觉：那是一个绝对自由的美好世界，其他国家都应

---

[1] 彭砚淼：《电影的意识形态与意识形态国家机器》，《电影文学》2008年第16期。
[2] 俞吾金：《阿尔都塞的意识形态学说》，《江苏社会科学》1992年第4期。

该效仿他们。一旦出现挑战质疑西方国家的这种文明，提出与其相左的观点，西方国家就会认为这种举动是不可容忍的。相反，"中国人"只是西方美好世界统治下的一介百姓，必须服从和追随西方大国的统治和权威，观众也在不知不觉中认同了这种论调。

第三节 电影中意识形态话语建设

西方电影本身具有独特的魅力、高知名度、广覆盖面，这就使得西方电影中的"中国人"携带的宣传意识形态的力量比其他渠道要大得多，意识形态以价值观的形式对西方电影中的"中国人"角色的塑造也格外明显。阿尔都塞认为意识形态一如神话，对现实世界的反映，是以颠倒的、幻想的方式实现的，要认识真实的世界，"必须把这面镜子打破"。① 当电影中的画面、颜色、声音和情节等元素将客观现实以虚幻迷离的方式演绎出来，观众在享受这种"光怪陆离"带来的娱乐享受的同时，自己的意识也被深深地吸引住了，甚至很多时候会不由自主地跟着电影情节的发展而跌宕起伏。影片通常将个体询唤为主体，从而实现意识形态传达，在这个过程中，意识形态发挥了自己的独特功能，它剔除了主体对社会的不满，并使主体依附于意识形态，对意识形态产生归属感，主体在依附过程中又产生安全感和荣誉感，从而完成对主体意识形态"询唤"。电影作为国家意识形态机器是完成这一"询唤"过程的最佳工具。"作为一种工业媒介，电影在实现消费增值的过程中是按照国家意识形态的规则虚构现实的，电影的不同叙事也是由不同历史阶段的不同意识形态决定的，观众认同电影中所反映的世界，便是把个人询唤为主体的臣民。从本质上讲，就是要让观众臣服于主流意识形态。"② 依靠不同的艺术手段有策略地利用各种荧幕形象和隐喻，规避了直接说教或灌输意识给观众带来的反感，可见，电影毫无疑问是意识形态宣传的最佳工具。作为意识形态宣传工具，从最初默片时代，为满足西方国家猎奇心理的"傅满洲"所代表的"黄祸论"，到以"陈查理博士"为代表的过渡性正面"中国人"，再到今天的以《变形金刚4：

---

① [法] 阿尔都塞：《保卫马克思》，顾良译，商务印书馆2006年版，第136页。
② 韦森：《文化与制序》，上海人民出版2003年版，第136页。

绝迹重生》中的李冰冰为代表的正面"中国人"苏明寻的出现，西方电影中的"中国人"经历了漫长的转型历程。西方电影一直在孜孜不倦地宣传自己的意识形态、价值观念，"中国人"这一中国元素是其打开中国市场的一块敲门砖。电影塑造的"中国人"总是从充满优越感的西方中心视野出发，具有较大的思维模式限制，不仅容易成为国际社会的心理表征，而且会日益制约着中西文化交流、和平发展道路。中国人只有按照自己的理解来表述自己，才会对人类文明的丰富多样有所贡献。①

一 辩证看待电影中的"中国人"

意识形态是以想象的形式反映人们实际生存条件，但并不是他们真实的生存条件，而是他们与真实的生存条件的关系。② 好莱坞电影中的"中国人"是西方国家对中国人的一种"误识"，这种"误识"虽然有西方国家虚构想象的成分，但也是建立在一定社会存在的基础之上的。"中国人"本身具有的一些特性赋予西方人想象虚构的材料。这应该引起我们的反思。另外，电影中的"中国人"也是我们了解西方的一个途径。电影作为意识形态宣传的有力武器，可以鲜明地表现主创人员对"中国人"的认知，从这一角色形象中分析了解西方人如何认识了解中国人，如何在电影中表达这种认知；在电影中西方人又希望达到什么样的目的。前文论述的西方电影中的"中国人"传达的"黄祸论""中国威胁论"就是西方国家借"中国人"陈述的意识形态倾向。通过分析探讨，我们就可以把握这一意识形态倾向，提出解决问题的相应措施，以达到维护中国人形象和自身意识形态安全的目的。

二 提高安全意识，加强社会主义意识形态灌输

从目前的国际形势看，以英美为首的西方资本主义国家电影长期占据着电影市场的主导地位。就中国电影领域来说，我们看到英美电影为代表的西方电影正在对中国电影市场进行意识形态渗透和扩张。随着中国市场经济的进一步发展和开放，这种渗透会越来越严重。计算机和互

---

① 王言正：《美国往事》，生活·读书·新知三联书店 2010 年版，第 239 页。
② 朱晓慧：《阿尔都塞论意识形态的多重特征》，《兰州学刊》2006 年第 1 期。

联网的普及使西方电影的受众面迅猛扩大，普及面急剧扩张，尤其是好莱坞大片在中国电影市场占据的份额日益攀升之后，为满足中国电影市场的需求，为中国影众量身定做的充满中国元素的西方电影充斥了大街小巷。我们应该清醒地看到，西方意识形态的强力渗透在短时间内不会停止和改变，身为社会主义发展中国家的中国在宣扬社会主义意识形态时，必然会遭到资本主义国家的反抗。我们应该对西方电影保持清醒的头脑、高度的警惕性和强烈的危机感。

三 积极吸收西方电影传播优势，转变意识形态表现形式

阿尔都塞认为作为国家意识形态机器之一的电影是传播、复制意识形态的重要工具。电影在意识形态方面具有其他类型的传播载体无可比拟的优势。爱因斯坦曾经说过，电影是强有力的宣传武器，能将电影预先构建的图像、观念、语言等烙进人们的心中，电影引导人们走向电影构架的思想、观念。[1] 西方电影之所以广受欢迎，与其自身的优势脱不了干系，为发展这一视听产业，西方电影几乎踏足了所有的科技行业，积极利用现代化数字技术，对传媒产业进行整合，并将自己的触角延伸到网络、新媒体等产业，并在这些产业内占据十分重要的地位，形成巨大的影响力。商业性与艺术性兼容的特性也使西方电影直接拥有了广泛的群众基础，通过群众形成热点关注，扩大文化市场，进而影响全球各国的文化产业和其他与电影相关的国民经济部门。西方国家积极发展电影意识形态宣传的优势，将意识形态与科技、信息融合到一起。

四 讲述中国故事，制作自己的"中国人"

随着改革开放和市场经济建设，商品经济在中国迅速发展，中国文化逐渐背离了业已形成的思想、文化和传统，走向大众化。[2] 中国电影产业不断借助现代传播技术和复制手段为人们提供消遣娱乐，很多电影放弃了对人生价值、生命本质的探求。这种转变使中国电影无法承担或是简单复述国家意识形态。面对西方电影铺天盖地的强大攻势，我们不

---

[1] 强丽：《电影文化中的意识形态问题研究——以美国好莱坞电影意识形态输出为视角》，《重庆科技学院学报》（社会科学版）2014年第7期。

[2] 薛梅：《国产大片应该成为捍卫意识形态话语权的武器——国内外电影意识形态比较研究》，《电影评介》2007年第18期。

能仅仅被动接受，更应该主动出击。既然电影是宣传意识形态的强大武器，我们应该将这种武器抓到自己手中，变成自己的意识形态宣传工具。西方电影毫无疑问已经掌握了这个威力巨大的工具，我们要迎头而上，挑战困难，把握机遇。西方电影中的"中国人"是西方人自己眼中的"中国人"，掺杂了自己的意识形态色彩，因此，要塑造积极正面的中国银屏形象，真正发挥作用的还要靠中国电影本身，改变自身对外传播中国形象上失语的状态，塑造传播及改善中国银屏"中国人"。[①] 要想扭转形势，最重要的是继承发扬中华民族优秀文化，让国产电影走出中国国门，加强电影产业的市场监管和法制建设，创立自己的电影品牌，制作自己的中国人。可喜的是，这一局面正在形成，如《战狼》系列、《红海行动》等国产大片，尤其值得一书的是，2019年春节档大片《流浪地球》不仅票房稳居榜首，创纪录地达到近60亿元，而且以中国人为主角，以科幻形式讲述了太阳即将毁灭，已经不适合人类生存，而面对绝境，人类将开启"流浪地球"计划，试图带着地球一起逃离太阳系，寻找人类新家园的故事，体现了中国人的集体主义价值观念。

[①] 周文萍：《当今美国电影里的中国资源与中国形象》，硕士学位论文，暨南大学，2009年，第152页。

第九章　英国广播公司（BBC）报道"中国梦"臆构中国价值观念*

美国媒体以《基督教箴言报》这份相对客观的报纸为例，在改革开放40年来关于中国的报道、中国的评价中，并不能做到实事求是客观公正，负面消息显然多于正面报道，核心的原因乃价值观不同。我们再把视角转向大洋彼岸的英国，那里的情况又是怎样的呢？我们以"英国广播公司"（BBC）为个案、以该机构报道的"中国梦"为关键词进行研究。英国广播公司（BBC）是英国最大的新闻广播机构和全球最具影响力的主流媒体之一，是英国乃至全世界公众了解中国的重要媒体平台。因此，对英国广播公司（BBC）关于"中国梦"报道的研究，具有重要的理论价值和现实意义。从英国广播公司（BBC）入手，以"中国梦"为关键词，在英国广播公司（BBC）新闻网站的数据库中，搜索自2012年11月29日"中国梦"的提出至2015年11月29日三年间与"中国梦"相关的报道的文本资料，然后对这些资料进行综合的定量和定性分析，研究其呈现的数量、内容与频率，得出以BBC为代表的国外媒体对"中国梦"报道话语的字面意义和深层含义，从中发现西方媒体话语在中立客观性基础上的意识形态倾向。

---

* 该部分在周千论文《英国广播公司（BBC）报道"中国梦"的话语研究》的基础上修改而成。

第一节　BBC 报道"中国梦"与《人民日报》及海外版的差异

英国广播公司（British Broadcasting Corporation）是世界上最大的公共广播公司，也是长时间以来在国际社会广受好评的公共媒体的代表，在全球具有较高的知名度。一直到今天，它仍然是全球传媒界的龙头老大，傲居群雄。从它的内设机构看，英国广播公司（BBC）主要由监管委员会负责，常设 16 个部门分别管理公司日常事务。公司运营经费收入主要有两部分：一部分接受着来自公众的执照费，另一部分接受政府资助，现在还有广告费和其他的赞助费，但实际上公司宣称其广播理念是"公正、客观"，尤其标榜"不依附于政府"的口号，这样一个理念在资本的运作和冲击下，也难全其身。

一　BBC 报道"中国梦"情况

执着于"公正、客观"的英国广播公司（BBC）。成立于 1922 年的英国广播公司（BBC），初期是一个私营电台，其经费来源于两部分：一是收听执照税，二是收音机牌照税。经过几年的发展扩张，成为一个广播垄断组织，1927 年元旦，国会经过认真讨论和审定该组织的职能，一致同意英王颁布"皇家约章"，并将其改组为公营的"英国广播协会"（British Broadcasting Corporation）；改组后的英国广播公司（BBC）管理更加规范，朝着现代企业的方向经营，它以收取执照费为主要收入，不准播放广告。此时的英国广播公司（BBC）承担着启发民众，传播社会信息的功能。[1] 在英国广播公司（BBC）的发展历史中，"公正、客观"一直是其宗旨，正是基于公正客观的理念，英国广播公司（BBC）赢得了世界媒体界的较高声誉。1998 年，英国广播公司（BBC）重新表述了它的使命："我们的目标是成为世界上最具创造力、最值得信任的广播组织和节目制作人。我们希望通过提供新闻、教育和娱乐等服务来满足所有英国观众的需求，并以在完全依靠市场的条

---

[1] 霍黎敏：《论公共领域理论视野下的 BBC》，硕士学位论文，中央民族大学，2006 年。

第九章　英国广播公司（BBC）报道"中国梦"臆构中国价值观念 | 241

件下无法做到的方式来丰富英国观众的生活。"① 目前，英国广播公司（BBC）广播网拥有 10 个广播电台，每年播出节目 35000 小时以上，听众达 2700 万。在英国广播公司（BBC）10 个广播电台中，国际台是世界上影响较大的电台之一，播报的主要内容话题广泛，包括时事新闻、体育、戏剧、政治评论、听众参与、娱乐等，以英语为主，同时还用 43 种其他语言广播，它的英语广播每日 24 小时不间断，并在高峰时段增加对非洲、亚洲、欧洲、加勒比地区的其他语种进行广播，每周广播 870 小时以上，全球合作转播的电台有 630 家，涉及 90 多个国家，听众大约 2.5 亿万以上。在 2006 年 5 月 15 日，英国广播公司（BBC）对外 33 个语种广播节目的听众，达到平均每周 1.63 亿人。②英国广播公司（BBC）下属的电视网，8 个国内电视频道的年播出节目总量，突破了 17200 小时。从英国广播公司（BBC）目前的规模、发展前景看，无疑是广播业的巨头之一。

关于"中国梦"的报道数量。这样一个国际影响力巨大的媒体，当然不会放过中国这个巨大市场，所以英国广播公司（BBC）尤其关注中国及其对中国的报道。2012 年 11 月 29 日，习近平总书记在参观《复兴之路》展览时，第一次公开提出"中国梦"的概念："这条正确的道路多么不容易，我们必须坚定不移走下去。展望未来，全党同志必须牢记，要把蓝图变为现实，还有很长的路要走，需要我们付出长期艰苦的努力。个人都有理想和追求，都有自己的梦想。现在，大家都在讨论中国梦，我以为，实现中华民族伟大复兴，就是中华民族近代以来最伟大的梦想。这个梦想，凝聚了几代中国人的夙愿，体现了中华民族和中国人民的整体利益，是每一个中华儿女的共同期盼。历史告诉我们，每个人的前途命运都与国家和民族的前途命运紧密相连。国家好、民族好，大家才会好。实现中华民族伟大复兴是一项光荣而艰巨的事业，需要一代又一代中国人共同为之努力。"③ 其后，在多个场合，习近平总书记对"中国梦"的内涵、意义以及实现途径等进行了进一步的阐述。

---

① ［英］露西·金·尚克尔曼：《透视 BBC 与 CNN》，彭泰权译，清华大学出版社 2004 年版，第 1—7 页。

② 参见唐世鼎、黎斌《世界电视台与传媒机构》，中国传媒大学出版社 2005 年版，第 163—164 页。

③ 《习近平谈治国理政》第 1 卷，外文出版社 2018 年版，第 36 页。

一时间,"中国梦"成为中国媒体报道中应时而生的主流政治热词。

关于"中国梦"的报道内容。自 2012 年 11 月 29 日"中国梦"这个政治热点词被提出以来,英国广播公司(BBC)中与之相关的报道涵盖了"中国梦"的多个方面,展现和诠释了外国媒体对于"中国梦"的理解,关于习近平主席提出的"中国梦"在英国 BBC 广播电台呈现的篇目看,主要有以下一些内容。

第一,关于"中国梦"概念和内涵的理解。在此类报道中,媒体重点是对"中国梦"的内容和概念进行报道,这类报道一个很重要的特点是:大部分报道并没有公司所标榜的"客观公正"态度,而是站在记者立场,偏于一隅,从某一个特定的角度理解"中国梦"。英国广播公司(BBC)对"中国梦"内涵的把握主要集中在三点:一是与"美国梦"进行的比较;二是建立军事强国的目标;三是经济振兴的愿望。因此也引导读者认同他们建构出来的中国,其价值导向是"中国威胁论"(经济振兴和强军)、"中国崩溃论"(腐败和极权统治)。

第二,关于"中国梦"实现方式的思考。此类报道主要是对"中国梦"的实现方式进行思考,其中提到了要实现"中国梦"须进行政治经济体制改革,打造自主品牌,缩小城乡差距,实现社会公平,实行对外开放与外国进行交流合作,治理贪污腐败,打击恐怖主义。这类报道有褒有贬,有赞同也有质疑。总体观点是在实现"中国梦"上中国面临很大的挑战,有很长一段艰辛的路要走。

第三,"中国梦"含义的拓展与曲解。随着"中国梦"这个政治热点词的提出和在国际上的传播与影响,越来越多的与"中国梦"有关的新词在外媒上出现,涉及政治、经济、文化和军事等不同的领域,在英国广播公司(BBC)新闻里出现了"中国创业梦""中国网络梦""中国足球梦""中国电影梦"等。这些由"中国梦"衍生出来的新词广泛地散布在外媒有关中国的报道之中。

可见,一方面,"中国梦"这个热点词汇在外媒新闻报道中宣传之广泛和使用频率之高;另一方面,也可以看出,由于对"中国梦"这个概念缺乏足够的理解而导致对其通俗化地曲解和滥用。

二 BBC 与《人民日报》及海外版同期报道的差异

《人民日报》作为中国共产党中央委员会机关报,它的定位始终是

第九章 英国广播公司（BBC）报道"中国梦"臆构中国价值观念 | 243

党和人民的喉舌，作为中国官方话语体系的代表，毫无疑问，其承担着宣传党的主流理论，引导社会主义核心价值观的重要使命。其在一定时期对"中国梦"的阐释和报道体现了中国官方话语的宣传力度和宣传倾向。

《人民日报海外版》更注重在文化领域和外交领域对"中国梦"进行报道，数量最多，占全部报道的一半以上。这与《人民日报海外版》的定位有关，它是中国面向海外传播的报纸，其定位就是对外传播中国声音与服务世界同胞，而提高国家文化软实力是党和国家的一项重大战略任务，关系到中华民族伟大复兴中国梦的实现。提高国家文化软实力，要努力向展示中华文化独特魅力和当代中国文化创新成果。因此，《人民日报海外版》在进行新闻报道时，较侧重于外交和外事领域的相关报道，文化领域的报道篇幅较多，正好符合了当前媒体对外传播工作的形势和需要。

显然，《人民日报》在对"中国梦"进行相关报道时较为注重报道理论和阐释思考方面的内容。这些数据表明，《人民日报海外版》偏重于对"中国梦"的实现方式和实践成果的报道。这在一定程度上向国际传达了我们的"中国梦"不是空头的口号，而是实干的"中国梦"，将"中国梦"的内涵真正落到了实处。

BBC与《人民日报》的报道内容和特点比较。英国广播公司（BBC）和《人民日报》《人民日报海外版》是分别属于两个不同制度体系下的新闻传播机构，代表不同的国家，体现不同的利益，因而两者显示出较大区别，上述对"中国梦"报道的数据分析也证明了这一点。

一是两者的价值立场不同。《人民日报》是中国共产党中央委员会机关报，始终是人民和政府的喉舌，是中国文化对外交流的窗口，是宣传中国共产党和中国政府方针政策的主阵地，也是向世界展现蓬勃发展的社会主义新中国的重要舞台。《人民日报》的报道是正面积极、昂扬向上的，且报道的分类涉及内容十分细致，有政治、经济、文化、社会、外交、军事、民生等方面。在众多正面报道的题材中，大多是以令人振奋语言表达，在以《人民日报》为代表的官方话语体系中，"中国梦"被阐述为发展、团结、强大等积极正面的词汇。这些充满正能量的报道，对于增强民族的自信心和凝聚力起了很重要的作用。

英国广播公司是西方传媒界的龙头老大，是英国政府和资本主义世界的新闻传播机构，传递的是资产阶级的理念，通过新闻、教育和娱乐等服务来满足所有英国观众的需要，丰富英国观众的生活，它传递的是资产阶级的价值观和生活方式。虽然英国广播公司（BBC）也有一些客观正面报道，尤其是随着中国国际地位的提高，且在经济领域赢得世界肯定以后，对中国的报道的正面内容也在逐步增加，但是代表着资本主义意识形态和价值体系的新闻传播机构的报道，不可能完全做到客观公正，对我国新闻报道的曲解和诋毁仍然还在继续，从上文的分析看，更多的是负面的报道或不客观的分析。

二是从报道特点来看，《人民日报》偏重于政治方面的新闻报道，较为注重报道有关理论阐释与思考方面的内容，而《人民日报海外版》这一部分的报道却少得多，BBC 的报道几乎不太关注；海外版报道的侧重点则是文化和外交方面，较为注重展现"中国梦"实践的一面，讲述发生在中国大地上实践"中国梦"的辉煌成就和感人故事，排在第二的是 BBC，而《人民日报》的报道排在第三位。英国广播公司（BBC）聚焦在政治层面，尤其关注领导人个人的政治言行，而不是对一个国家整体形象的报道，相应地，《人民日报》和《人民日报海外版》就少了很多。从这些特点可以看出，《人民日报海外版》是《人民日报》对外交流的重要窗口和平台，在报道"中国梦"时，采取了更加灵活、丰富多样的形式，将《人民日报》中有关"中国梦"的内涵概念、理论观点与政策解读转换为国际受众愿意接受的表达方式，而不仅仅是政治的介绍宣传。BBC 由于其立场和价值观念的不同，更侧重于政治，关注领导人的风格特点。

第二节　BBC 报道"中国梦"秉持的价值观念

伴随经济发展全球化、贸易和金融国际化以及信息交流的加强，世界各种力量组合和利益分配正在发生新的深刻变化。经济基础的巨大变化势必影响上层建筑，影响社会意识，社会意识服务于经济基础，并反作用于社会意识。虽然英国广播公司（BBC）宣称秉持中立、客观的立场从事新闻事件的报道，然而由于受媒体特定的读者群和报道者的政治倾向等诸多因素的影响，会产生一定的文化特色和价值偏向。那么，导致这种报道差异及其背后的原因是什么呢？这就需要从报道特点，探

第九章　英国广播公司（BBC）报道"中国梦"臆构中国价值观念 | 245

究其语言及其背后深层次的利益和价值观念。

一　BBC 的报道体现英国文化特色

1871 年，英国文化学家泰勒在《原始文化》一书中给文化下的定义是"包括知识、信仰、艺术、法律、习俗和任何作为一名社会成员而获得的能力和习惯在内的复杂整体"，[1] 由于地理、历史、文化以及社会风俗的原因，不同地域的文化都有着很大的不同，而不同的文化背景和文化传统，又形成不同的思维方式、价值观念、行为准则和生活方式。在中国先秦时代，百花齐放，百家争鸣，产生"百家"政治学说；汉武帝时"罢黜百家，独尊儒术"，以儒家思想为基础，吸收改造其他学派的思想精华，确立了以"仁""礼""天"的一套封建意识形态。在之后 2000 多年的封建社会中，中国社会的主导价值观念便是儒家思想，它的深刻而久远的影响，融进了中国社会的骨髓之中。中国传统文化的精粹是追求统一性和一致性，向来注重人与环境的协调统一，即"天人合一"，个人的自我价值要服从群体和国家的共同利益，国家利益和社会利益优先于个人利益，所谓家国情怀是也，从而体现出群体文化特征。而西方追求自由、崇尚冒险、信奉个人主义，"天赋人权""言论自由"等观念深入人心，因而西方文化主张突出个性、倡导个性的自由和个人权利，把个人价值凌驾于群体利益之上，体现出个体文化特征。

当今世界，全球化的进程加快，政治、经济、文化、社会等方面的交流越来越频繁，跨区域文化交际已经成为人们生活中的一部分。但在思想大交融和观念大碰撞的时代背景下，中西文化中深层次的价值观念，仍旧在潜移默化地影响着人们认识问题、思考问题的方式和方法。西方文化价值观深刻影响了媒体的新闻写作，影响了新闻报道的性质、原则、功能和手段等，实质上反映出人们对事实的选择和加工过程中的价值取向和思维模式。资产阶级的启蒙思想，也对西方的新闻工作者的工作方式和行文方式产生了深远的影响，因此，西方的新闻工作者在报道中比较自由和个性化，新闻的报道和行文方式较为随意，习惯于将报道的重点集中在个人所处的环境与个人的描述上，由此延展开来。因

---

[1]　［英］泰勒：《原始文化》，连树声译，上海文艺出版社 1992 年版，第 8 页。

此，西方媒体多使用逻辑思维和实证分析，往往以具体的个例推理普遍的社会问题，由感性的披露升华至理性的思考。

西方媒体认为罪恶、卑鄙、腐败最怕媒体，任何法律、伦理、规章制度功能也无法与媒体相比。这诚然是对的，但任何新闻活动都是在客观内容的基础上形成的主观创造性的活动，它与事实是有区别的。由于新闻工作者自身的生活经验和价值观的不同，新闻报道有时会有主观臆断，出现失真的情况。新闻天天发生，视角各有不同，国家和民族的文化特性对其群体成员具有相当的制约性，生活在特定文化语境中的人，其思想、行为和情感都会受到该文化体系的影响和制约。西方文化价值观注重个体价值、注重展示"客观性"，从"客观性"角度实现主观的意图，这一点也显示在 BBC 对"中国梦"的新闻报道中。在 2014 年 11 月 11 日的《中国和美国：精彩的较量在上演》一文中比较了中美两国在文化和制度上的异同，在此基础上构筑起的中国梦与"美国梦"的差异性。报道描述了象征中国的文化元素与象征美国生活方式的文化元素的差异性，提出中国梦与"美国梦"，是一个传统古国与一个年轻国家的较量。此篇报道显示，生活在西方文化价值体系中的英国广播公司（BBC）报道主题，总是自觉或不自觉地受到西方文化价值观的影响，在没有深入具体地了解报道对象背景的情况下，贸然从自己的视角出发，写自己臆想的东西，从而使英国广播公司（BBC）的新闻写作呈现出英国广播公司（BBC）特有的文化特征，并表现出其特定的价值倾向。通过分析比较可以看出，英国广播公司（BBC）新闻报道和西方文化价值观有着天然的联系，它反映了英国资产阶级政治和经济利益，也体现了英国民众的生活方式和价值观念，迎合了英国资产阶级的心理期望。

二　BBC 的报道反映英国国家利益

国家利益是国家的基本需求，决定着国家的政策取向与主流价值，也决定国家的具体目标。由之，国家利益是外交活动中的中轴线，是广大国民的核心关切，也是国际关系中驱动国家互动的最基本的要素。国家在对外政策行为中会将国家利益转化为国家目标，而国家目标最终会变为国家的具体行动，正是由于这样的逻辑关系，国家在对相关利益做出准确判断基础上，才能更好地预测和分析其对外政策行为，并正确地制定自己的对外战略。①

　　资本主义与社会主义意识形态有着本质的区别，这两种不同的意识形态代表着不同国家和阶级的利益，进而产生激烈的矛盾冲突，这一矛盾有时甚至具有一定的对抗性，会对社会主义意识形态及其制度产生破坏作用。从苏联到冷战结束，乃至 21 世纪的今天，发达资本主义工业国家一直不遗余力地利用其经济发展和科学技术的优势，不惜利用各种途径和手段向社会主义国家传播、输入西方的个人主义、自由主义、民主人权等价值观念及其生活方式，对社会主义国家实行"和平演变"，这种灌输和较量直接体现在主流媒体的报道中。我们知道，国家的主流媒体是本国政府和民众的喉舌，是表达各国的利益和需求的渠道，也是各国的价值取向和文化意义的体现，因而，在国际新闻交流和文化传播纷繁复杂的体系之中，维护好本国的核心利益和信息的安全，是各国的主流媒体必须做到的，也是一种重大的责任。国外媒体的形象代表着西方国家的形象，媒体的表现大多直接维护西方国家的利益。在全球一体化、信息化和资本主义的政治经济体系下，西方的媒体拥有着更多的传播网络，也就意味着拥有更大话语权。在外国媒体的新闻报道中，只要是触及了资本主义世界的国家利益，国外主流媒体的报道就会带有一些倾向性和主观论断。这种倾向性的误读，也是一种误导，对被报道的国家来说是不公平的。英国广播公司（BBC）代表着资本主义国家利益，反映的是英国资产阶级的价值观和文化理念，是英国民众生活方式的展现，其中的新闻报道都是以自身利益为出发点的，这也就决定了英国广播公司（BBC）在报道重大国际新闻事件时，其说辞和做法都会以本国的国家利益为立足点，前文收集的《中国和美国：精彩的较量在上演》《中国媒体：军事力量》《中国能从英国那里学到什么？》《中国媒体：核峰会》《英国是中国在西方世界中最佳拍档吗？》《中国周刊：碳排放，死刑，破灭的梦想》《中国媒体：阿里巴巴的全球野心》等十几篇报道，莫不如此，所以，尽管在西方国家里，媒体也具有一定的独立性，有自己的新闻报道的自主权，政府不能够轻易地干涉媒体正常的新闻报道活动，但在关乎国家利益的问题上，显然，政府、党派以及媒体三者都是一致意见和同一个声音。

---

① 李少军：《论国家利益》，《世界经济与政治》2003 年第 1 期。

三 BBC 的报道宣扬西方价值观念

在新闻报道中，不同国家不同性质的媒体，在不同时期不同社会背景的影响下，都潜移默化地使用某一个框架来"支配"媒体导向。在媒体研究领域，框架理论被广泛用来分析新闻报道及其倾向性。框架理论认为媒体不是随意地选择其要报道的事件，也不是简单地提供一些信息，事实上它是在用自己的框架来引导新闻的报道。媒体框架受到广泛因素的影响，比如文化、意识形态、态度、兴趣等，新闻媒体将所有新的要素用框架框起来，赋予这些媒体特殊的价值观、以偏概全的事实和其他方面的要求。按照框架理论，看似客观的报道，实则蕴含着意识形态和价值观念的差异。中外媒体在新闻报道时，由于国家意识形态、文化差异和国家利益等方面的不同，会使得它们在报道新闻时，常常会包含本民族的文化特点和本阶级的价值导向，从而影响新闻报道的客观性。

西方主流社会中，诸如民主主义、法西斯主义、无政府主义、民主社会主义、保守主义、新自由主义、"普世价值"观念等社会思潮反映了资本主义意识形态的要求，并服务于资本主义经济基础，其中以个人主义为核心的民主主义意识形态，在西方社会意识形态中占主导地位，起着价值引导作用。这种以私有制关系为基础的意识形态，主旨是以保障私有财产不可侵犯为目的，它调节西方社会政治、经济的观念和行为，引导着整个社会生活舆论方向。除此之外，在英国资本主义社会和经济的发展过程中，还存在一些社会观念和意识，如追求思想自由的自由主义、利己排他的个人主义、保守主义等，这些思潮影响着英国人的思维方式和生活方式，也影响着媒体的价值取向与新闻报道的内容和方式。英国广播公司（BBC）是英国大资本主导的传媒机构，因此，它在对"中国梦"的报道，必然会带有自身国家和阶级的评价标准，在语气和措辞上难免会体现固有的偏见，表现出对中国的曲解甚至诋毁。在英国广播公司（BBC）对中国政治热词"中国梦"的报道中不难看出，报道有积极肯定的正面内容，有中立的新闻报道，更多的是消极、质疑甚至诋毁的言论，由于意识形态和上层建筑的不同，由此造成了英国媒体在报道"中国梦"时，常站在西方资本主义世界的立场和价值观的角度上，将自身的价值标准强加于他国之上，导致对华报道的偏见与曲解。

第三节　增强中国媒体国际传播力

国际传播是一种在国家控制之下以民族、国家为主体而进行的有选择的跨国信息的输出，它以政府形象和国家利益为核心，代表了一个国家的软实力，关系到一个国家的各方面形象传播及塑造，一定程度上代表了党和政府的执政能力。近年来，中国政府国际传播意识不断提高，在多方面的努力之下，中国对外传播水平和范围都得到有效提高和扩大，国际传播力进一步得到提升，并逐步形成了对外传播的基本框架和体系。但是，在对英国广播公司（BBC）新闻报道的"中国梦"这个中国政治热词及其相关的新闻报道深入研究，分析比较英国广播公司（BBC）与《人民日报》中呈现的"中国梦"话语，可以看出，我们国际传播能力依旧存在不足，影响国际舆论的能力还有待提高。

一　提高中国主流媒体影响力

近些年来，随着中国媒体的传播能力的显著提升，国际传播体系初步形成，在传播中国声音、树立中国形象、扩大中国影响方面发挥了重要作用。但在激烈的国际媒体竞争中，尤其是与国际一流媒体相比较，中国的主流媒体对国际舆论的影响力偏低。以"中国梦"的传播为例，"中国梦"是中华民族伟大复兴的梦想，是国家富强、民族复兴、人民幸福的梦想，体现的是社会主义核心价值观。然而，这一体现中国整体价值体系内涵的话语，在国际上却得不到有效的传播，外媒对于中国文化的认识，往往聚焦于单个文化元素和物品，如茶叶、丝绸、汉服、古筝、唐诗等。在与国外主流媒体的对比过程中，可以发现，中国主流媒体国际传播体系不完善，力量也较为薄弱，缺乏运作机制良好的、有国际竞争力的跨国传媒集团，中国对外传媒体系在国际上没有较强竞争力，这让我们在争夺国际话语权的时候，不能占据有利的位置。我们现有的传播机制，无法适应中国日益发展的经济和社会要求，也无法满足中国民众自我表达与展示的需要。面对现代迅猛发展的信息技术和传播手段，我们落后的运作机制已经限制了我们在新闻传播领域的发展空间。国际媒体之间的竞争日趋激烈，增强中国主流媒体的影响力，是中国当前构建媒体力量急需解决的问题。为此，首先，要向国外媒体学习他们的成功经验。经历了上百年的竞争发展，国外发达国家的媒体早已构建出成熟的传播体系，并逐步向跨国传媒集团方向发展。其次，强大影响力的背后代表了先进的软、硬件配套设施。政府和企业应该加大研究投入，研发出传媒需要的优质的硬件设施，不断创新。开发出先进的传媒技术，为打造通达全球的国际传播体系提供硬件和技术保障。最后，要组建一支业务精通、素质良好、具有国际视角与传媒洞察力，拥有先进的思想理念和积极的价值取向的国际传播队伍，为中国的对外传播提供智力支持。

二 提高媒体报道内容质量和传播力

目前，中国国际化媒体在提升中国国际传播力上起了一定作用，但大部分报道还是以中国的语言和思维表达习惯为主，有的仅仅是将中文的报道简单地直译，忽略了国外受众的思维和语言表达习惯以及文化背景，这种生硬的传播与交流不可能获得有效的结果。因此，在报道内容和传播质量上，一是需要考虑国际传播的文化差异性，要刻苦钻研，做好跨文化研究的功课，力争让对外的新闻报道的语言表达方式与外国当地的文化相合。二是在报道的制作上下功夫，增强报道的可读性并对报道的内容进行深层次的分析。三是要多角度深入报道新闻。作为中国的主流新闻媒体，除了惯例性地进行政治、经济领域报道外，还要从多个方面，用不同的方式以及不同的来源增加新闻报道的素材，让新闻报道丰富多样，有趣味性。四是研究媒体受众的特点，并对他们进行分类，尽量满足不同读者的阅读需求。

在对英国广播公司（BBC）报道"中国梦"的研究中可以得出，以BBC为代表的西方媒体在报道"中国梦"时，经常从对一个新闻事件或一个新闻个体入手来叙述，这是西方个体价值观念在新闻媒体报道的反映，习惯从人物和事件入手，小处着眼，化抽象为具体，这也是BBC新闻报道的重要特征。"中国梦"是中华民族伟大复兴的梦想，它的主体是十分广泛的，可以借鉴BBC的报道方式，描述不同地区、领域、职业的个体的梦想和圆梦的故事，以个体的小故事来体现国家和民族的大梦想，也可以挖掘一些外国人在中国实现梦想的经历，用讲这些普通人实现梦想故事的方式对"中国梦"进行生动有效的传播。同时，外界对"中国梦"的了解也尚处在初步阶段,我们对"中国梦"的对外传播策略也需要一个深化研究的过程。要多渠道采集新闻事件,从不同的地方搜集新闻报道素材;吸取各国官方的主流机构和媒体、民间组织、国外专家的观点;探讨"中国梦"的传播重点、受众群体和传播策略,以期形成一套简明易懂,符合对外传播要求的内容、故事和话语,全面、生动、立体的对外传播,更加全面有效地输出中国媒体的新闻,为中国新闻传播力和国际形象的构造助力。

三 融入中国文化元素,增强文化软实力

软实力代表的是一个国家所拥有的观念思想文化等无形力量。主要由三部分构成:文化传统及文化素质、社会主流的意识形态、体现两者之价值的社会制度或国家发展模式。在中华上下五千年的文明发展过程中,中华民族创造了博大精深的璀璨文化,中国优秀的传统文化就是中国文化软实力重要力量之一,但这种软实力并没有得到很好的开发,如何把我们现有的优秀文化融入媒体宣传中,是每个中国媒体从业者首要思考的问题。融入中国文化元素,增强文化软实力,注重中国文化软实力建设,理性有效地向世界介绍一个真实客观的中国,使中国在世界上"形成与中国经济社会发展水平和国际地位相适应的对外舆论力量",一方面可以提高国家形象,另一方面也可以增加互动性与探究性。[1] 从BBC对"中国梦"的新闻报道来看,其中大量的篇幅中都提到了文化的复兴,但这种报道不够深入透彻,有些甚至是诋毁和曲解的。在一些新闻报道的文章中,外媒认为"中国梦"是对中国传统落后的古代文化和体制的复归。从这点来审视我们的对外传播,需要我们做的工作还很多,如何创作生产出无愧于我们这个伟大民族、伟大时代的优秀作品,创作生产更多传播当代中国价值观念、体现中华文化精神、反映中国人审美追求,思想性、艺术性、观赏性有机统一的优秀作品,[2] 无疑是当今媒体的共同任务。因此,在我们媒体对外传播的过程中,要提高国家的文化软实力,展示中华文化的独特魅力,一要不断地进行研究和

---

[1] 外宣办:《形成与中国地位相适应的对外舆论力量》,2010 年 1 月 5 日,http://news.163.com/10/0105/22/5SA1C9UN0001124J.html。

[2] 颜晓峰:《弘扬和建设中华文化是提高国家文化软实力的根本》,《光明日报》2015 年 11 月 4 日第 13 版。

创新，使中华民族的文化基因与当代文化相适应，创造人们喜闻乐见并愿意广泛参与的新型文化模式；二要采取先进的媒体技术手段，在全球网络信息发达的今天，需要对我们的外宣产品进行精心的文化策划和包装，不断推广对外传播的新成果，将我们的文化价值观念以一种更加国际化和现代化的方式传播出去，从而不仅为中华民族提供丰厚滋养，而且为世界文明贡献华彩篇章。

四 构建有效应对机制

面对国外媒体对中国了解不够、了解不深，有意无意曲解的状况，我们要学会多角度审视国外媒体的报道，构建回应与互动相统一的应对机制。

首先，理性地看待外媒的"声音"：因为意识形态、文化传统和价值取向上的差异，英国媒体在报道中国时，常常会用自身的价值标准来看待中国发生的新闻事件，因此，基于新闻报道的客观性和真实性，我们要对新闻报道进行客观理性的认识，分析其中的深层次原因，理智地去应对，不能对待"不好"的声音我们就屏蔽他，"好"的声音我们就大力宣传。

其次，合理发声：展示大国风范，敢于纠正外媒的错误，也要敢于接受合理的意见与批评。对于原则性错误报道、恶意中伤中国的言论，要建立一定的外交回应机制，据理力争，及时有力地表达我们的态度。这一点已经在中国的外交新闻发言人制度中得到了重视，但是还远远不够，尤其是对各种媒体的质疑之声，要加强对类似英国广播公司（BBC）这样国际影响力巨大的跨国垄断集团的关注，对它们报道的内容予以重视，合理利用外交手段，一旦发现侵犯中国主权的报道，要求外媒必须更正错误性报道。

最后，有效互动，增加媒体好感度。加强中外媒体合作来扩大本土影响力，用世界主流媒体的强大影响力来带动中国媒体的影响力。要与英国的新闻传播机构和电视媒体建立良性的互动，尝试多种合作交流，加快中国对外信息进入全球新闻流动渠道的速度。

在英国广播公司的新闻报道中，我们不难发现，西方国家虽然在政治上敌视和诋毁中国，在经济上却拉拢中国，一些国家把与中国在经济领域的合作看作机遇，而在意识形态和安全领域，又视中国为威胁。例如，在2015年9月23日《英国是中国在西方世界中最佳拍档吗？》一文中提到，英国财政大臣奥斯本一方面迫不及待地签署加入以中国为首的亚洲基础设施投资银行，另一方面对敌视中国的政治制度，这其中既存在着意识形态的差异，也有国家之间利益的冲突。从国际传播上看，反映出中国对外交往过程中的国际传播能力较弱，我们并没有很好地向世界展示自己的国际形象、政治主张和社会理念，也并没有很好地跟外国公众做一些增信释疑的工作，没有很好地向世界展示一个自信自强、公开透明的中国。

五 构建多样化宣传平台

世界舞台上的国际受众是指传播对象国的政府、人民以及各种媒体，有生活在中国的外国公民，也有居住在国外的中国公民和华人华侨。这些人员在频繁地跨国流动和跨文化交流中，促进了新闻的二次传播，这两类人应纳入中国国际传播重点关注范围。而这两部分人因为其自身的性别、年龄、职业、宗教、教育背景及文化背景的不同，秉承的价值观念也不同。对这两部分人的宣传，我们要充分认识到：一是针对中西方文化差异突出报道客观性。国外受众受国家政治经济文化的熏陶，早已形成一种成熟稳定的价值体系，并且是有别于本国受众群体的价值观念。所以，在国际传播中，要注重淡化意识形态差异，强调报道客观性。二是加强媒体接触。媒体接触是指媒体能够有效地到达受众视觉与听觉范围内。国际传播在客观距离、意识形态观念差异等因素影响下，跨国媒体受众在接触国际媒体时存在着一些不可避免的障碍，因此有效的媒体接触是国际传播的第一步。

在当代国际传播竞争日趋激烈的形势下，中国媒体还没有真正形成一个具有强大传播力和有中国特色的国际传播体系，加之落后的传播理念支配，中国媒体国际影响力还没有完全发挥潜力。对此，首先，构建中国新媒体的移动化、融合化和社会化的融平台，大力发展微平台，扩大中国数亿网民的正面影响。其次，发展跨媒体、跨行业的国际传播企业，进行多元化经营、多元化发展，扩大中国对外媒体的影响力。从国际上看，许多跨国媒体公司同时拥有电影电视产品、互联网、交互式节目、有线节目，大部分还拥有图书出版、音乐盒、电视台、电台、杂志、电话和无线电话。近些年来，随着传播载体的创新，这种趋势越发明显，展示出强劲发展的势头。媒体产业的蓬勃发展，吸引了跨国公司的关注，这些行业巨头以自身雄厚的资金优势，投资、并购媒体产业，形成了跨国媒体和媒体巨头，产生极强的媒体效应。反观国内新媒体，经营从单一的新闻传播到多元化的综合经营各种形式的节目，仍需经历较长的时间，对此，政府需要加大扶持培育力度。再者，优秀传统纸媒转型。改变传统的传播思维，体现"互联网＋"在国际媒体竞争中的优势地位，这是新媒体时代每一个从业者需要思考的问题。

第十章　当代西方价值观念以课程为载体的传播*

　　前面的九章着重考察的是当代中国价值观念的内涵、话语体系、话语表达方式；当代中国价值观念对外传播中政府和民间的工作成效及其存在问题；当代中国价值观念在国外传播情况三个方面的问题，那么，反过来我们在建构当代中国价值观念对外传播话语体系的过程中，能否借鉴国外的经验、国外的做法呢？只要我们详加考察，我们就会发现，西方主流价值观念历来以自由主义为其突出特征，通过各种话语方式和载体传播，其中高校课程的设置是其重要的载体之一，他们把价值观念内置于课程中、撰写在教科书内，烙印在学生头脑中。

第一节　美国教育中的价值观念解读

　　作为世界第一教育强国，美国一直吸引着各国学子包括中国学子的目光，是众多家长和孩子心中的教育圣地。那么，为什么美国教育对各国学子有着如此强大的吸引力呢？无疑是由于其拥有世界顶尖的科学人才和最好的实验室，拥有一流的高校管理。但美国教育也并非如我们想象中的那么完美无缺，其课程本身的严谨性和民主性，其意识形态倾向却是值得我们反思的。作为当代国际著名的课程理论专家、教育学家阿普尔曾立足于美国本土教育对学校课程进行了深入的分析，并揭示出当前美国课程存在的一系列意识形态问题，包括阶层分化、教材观念、教师功能的丧失以及课程冲突等问题。

---

* 该部分在张胜男论文《阿普尔课程意识形态性研究》基础上修改而成。

一 教育中的阶层分化问题

曾经谈及美国教育，大多数人都羡慕不已，无不认为其是自由、民主的象征。与中国的应试教育比起来，美国所谓的开放式教育、自由教育、素质教育显得极具魅力，似乎在那样的教育中孩子就能得到充分的解放从而成为具有创新意识的人才。然而事实并非如此，看似民主、自由、公平的美国教育普遍存在着一定的阶层分化。在美国，对于不同阶层的孩子，学校的功能和意义是不同的，甚至学校课程的目标与内容因学生的家庭背景不同而大相径庭。

美国是一个阶层分化极其严重的国家，并不是所有的阶层都享有平等的教育机会。在美国，不同社区根据房价不同而区分开来，这其实是一种贫富的划分，而学校的经费又主要由当地社区的房产税收决定，这就意味着富人集中的社区往往拥有更完善的教育，这直接导致孩子其实是在跟自己同一阶层的人上学。如果说在中国，好学区和差学区的区别是在于考试成绩高一点儿或者低一点儿、考上重点中学的学生多一些或者少一些，这些"量"的差距的话，那么美国不同社区的教育带来的却是"质"的差异。美国教育研究者 Jean Anyon 在其发表的经典论文中，曾这样说道："在不同社会背景条件下的学校，采用不同的课程实施方式，强调的是不同的认知和行为技能，使不同社会背景的学生形成不同的价值观，获得不同的知识和工作技能。"[1] 这句话实际上揭露了美国教育体制的本质。当前，美国社会主要存在着分化明显的三个阶层，工人阶级、中产阶级以及统治阶级，其中工人阶级主要由非裔、移民等群体构成，属于工人阶层。不同阶层的孩子接受的教育也不尽相同，首先，底层孩子接受的往往是一种简单的教育，类似于传统的应试教育，这种教育下的课程目标旨在使学生快速获取生存技能以脱离原有的贫困社区，最终培养出来的多为技术型人才，这些技术型人才构成了美国的主要劳动力。其次，中产阶级是美国最大的社会群体，处在这一阶层的孩子接受着良好的素质教育。这类学校注重培养学生的创造性、独立性，其课程目标旨在使学生拥有独立思考、语言表达、社会交往、

---

[1] Jean Anyon, "Social Class and the Hidden Curriculum of Work", *Journal of Education*, Vol. 1, 1980, p. 72.

组织领导以及探索问题的能力，最终培养出来的是能够成为像医生、教师、专业技师等收入不菲、地位较高的社会人才，我们通常说的美式教育就是这一阶层的教育。最后，统治阶级作为国家的主要统治阶层，其子女接受的多为精英教育，培养"决策能力"是这类教育的核心理念。在这种教育下，学校会给学生绝对的自由，培养出来的学生不仅自主而且自治，且最终成为下一任的国家统治者和财富拥有者。我们知道，美国非常重视学校与家庭、社区的关系，这就决定了生长在良好社区、富裕家庭的孩子能获取到更丰富的校外资源，反之，贫困社区出生的孩子只能进入普通公立学校接受传统教育，因为素质教育、精英教育大多存在于私立学校。这种社会阶层分化现象直接导致"谁会"甚至"谁该"接受教育，而非我们看到的公平、民主、科学的"人人教育"。相比之下，中国的九年义务教育制，均衡教育资源的普通高中教育，显示了中国教育制度的最大公平，让所有的孩子都能上学，都能上好学，最大的公平还来自中国的高考制度，在每年近千万的考生中，没有一个学生能够不参加高考，不凭借自己的考试分数，能够上自己心仪的高校，这就是最公平的教育制度，虽然它还有待进一步完善。

所以，如果说美国社会阶层分化问题根本上是由社会制度带来的，那么教育则再生产了阶层分化，阿普尔对教育、课程再生产问题的研究就揭示这一本质。在这种阶层分化的教育之下，社会阶层只会持续固化，只会持续带来不民主、不公平。

二 植入教科书的价值观念问题

教科书作为一种官方知识的代表，本身具备一定的科学性、权威性，其内容不是普通的社会文化的堆积，更不是普遍的大众文化，用英国曼彻斯特学派著名文化批判理论家雷蒙德·威廉姆斯的"选择性传统"来解释，就是进入校园的知识，尤其是教科书的内容，往往是特定群体对社会文化进行选择性的提炼形成的，这些内容基本构成了学生在学校的必学知识体系。美国教育学教授迈克尔·阿普尔十分赞同这一观点，在他看来，通常以教科书的方式呈现的课程知识本身就具有一定的意识形态性，因为课程知识体现了一定社会群体的文化、价值观和意志。研究课程知识其实是研究意识形态，意识形态在课程中的运作恰是通过显性课程中的教科书来实现。这是美国课程中意识形态运行的第一步，首先对教科书进行价值观念的植入，就像阿普尔在《教科书政治学》一书中所言：被选用的教科书中所有的知识仅表现了主流文化，或者说仅包括了统治阶级的文化知识，反映着这种文化统治的关系或统治集团的意识，[①] 这种教科书带有明显的政治属性，对学生进行着潜移默化的意识形态渗透，改变着他们的价值观念。美国著名学者詹姆斯·洛温在其经典著作《老师的谎言》中，也曾深入揭示美国历史教科书在种族歧视、美化国家统治、欧美中心论等价值观问题上存在的一系列问题。在种族歧视这一问题上，美国长久以来就广受非议，除了受"白人高贵"这一社会传统观念影响外，教科书也要为这一问题负责，因为教科书中的内容存在扭曲史实、丑化黑人、美化欧美国家的现象。洛温在《老师的谎言》一书中曾披露，美国大量的历史教科书都存在白种人对印第安人、黑人进行殖民掠夺这类史实的抹杀，比如在通用的教科书中印第安人往往是以野蛮、嗜血好战形象出现的，黑人则被塑造成理智薄弱、无法控制自身行为的原始形象，对亚裔则进行选择性忽略，几乎不见踪影。这就是美国历史教科书呈现给学生的土著居民印第安人、非洲黑奴和亚裔人的面貌，这种"真实"恰是按照美国主流价值观剪裁的结果，其意识形态性显而易见。其历史教科书不仅存在种族歧视，还极力美化国家统治，对有利于国家统治的那部分史实过分理想化，对不利于国家统治的部分加以剔除，把白种人对其他种族奴役的事实加以合理化，以便保持本国在种族和宗教上的优越感，这一行径如同日本教科书美化侵华史实一般恶劣。曾有学者指出美国历史教科书为了美化"国父们"的形象，刻意抹去了"国父们"与奴隶制的联系，比如美国总统华盛顿生前的庄园曾拥有上百个奴隶，但部分教科书为了美化其形象，竟将其塑造成虽为奴隶主却心系奴隶的人物形象，这些都足以说明教科书掩盖了许多史实。[②] 那么，为什么教科书会刻意神化"国父们"的形象呢？其最终目的还是加强公民对美利坚的认同感与归属感，维护美国的现行统治秩序，这已然是白宫执政者掌控意识形态的惯常手法。第三种观点是在历史教科书中突出"欧美中心论"。这是美国

---

① 参见［美］迈克尔·W. 阿普尔《教科书政治学》，侯定凯译，华东师范大学出版社2001年版，第2页。
② 参见［美］洛温《老师的谎言——美国历史教科书中的错误》，马万利译，中央编译出版社2009年版，第155页。

教科书中凸显的又一价值观念，在很多教科书中，美国是世界的中心、整个世界的救世主，这种"普世价值"观念不仅对美国公民影响深远，甚至对其他国家也影响颇深。不只是教科书，其实我们可以在很多欧美电影中看到这种过分宣扬"美国梦""个人英雄主义"的场景。譬如《黑衣人3》《白宫陷落》《007：大破天幕危机》等电影都生动地刻画了这一主题。第四种观点则是宣扬所谓的"历史进步"论。美国的历史教科书对史实的歪曲，除了上述问题，还以更隐晦的观点呈现，譬如内容上一味宣扬"进步观念"，不提片面发展导致的危机；过度宣扬单一增长带来的乐观主义，而增长中的"能源问题"却被忽略；对百年工业化进程造成的气候环境问题，教科书却轻描淡写，甚至只字不提，却大肆渲染当今的碳排放大国是气候问题的主要成因，把环境污染物转移到其他国家，逃避本该承担的历史责任，甚至将其行为美化为对输入国的支援，[①] 从而有效地传播了本国的价值观。在这里，教科书既是社会主流意识形态的集中体现，又是课程意识形态发挥作用的中介。

这一中介作用，还突出表现在教师围绕教科书进行的课程讲授和课程设置中。虽然学生层次不一，受众群体不同，其学习的教科书也有所差异，但是，教师围绕教科书开展课程讲授和课程设置，这一原则是必须坚持的，当然，为了使课程更具针对性和实效性，在授课的具体方式方法、讲课的风格、内容细节的取舍上，要针对不同层次学生，要有所不同。今天，随着教育的发展、课程改革的展开，美国教科书的编写逐渐走向公正化和多元化，在内容上也逐渐趋于真实，但由于立场问题，上述现象依然存在，因为教科书仍然承担着体现统治阶级这一主流价值观的作用，影响着千万学生乃至整个社会群体思想观念。我们会发现，不只是在美国，教科书的确定在大多数国家都是教育的中心，更是意识形态的重心。

三 教师功能的丧失问题

正如上面分析的，教师在课程实施的整个环节中，处于主导地位。阿普尔特别关注教师群体，他认为作为教育活动的主要参与者，教师在

---

① 参见［美］洛温《老师的谎言——美国历史教科书中的错误》，马万利译，中央编译出版社2009年版，第273页。

参与课程实践时应当首先思考一个问题，也是最重要的问题就是立场问题。"我们必须面对要回答甚至是不断地问自己一个问题：'我的立场是什么'"①，然而恰恰相反，大部分的教育工作者似乎都没有思考过这个立场问题。教育工作者在社会上往往属于特殊的"知识分子"，他们拥有一定的专业学识，又担任着教育学生的重要角色，无论是教授专业知识还是培育学生，他们的言行举止都时刻影响着学生。所以，不管是有意还是无意，教育工作者其实已经参与到课程的意识形态教育之中。为什么在课程讲授过程中教育工作者的立场问题如此重要？阿普尔认为，是因为当教育工作者思考立场问题时，就会发现课程里传授的文化知识与经济因素、社会控制之间存在密切关系，由此就能够发现现存的教育制度、课程设置是否对某些特定群体有益，对另一些群体不利。要做到这一点，没有其他办法，唯一的途径就是需要我们的教育工作者必须站在中立立场，从这一角度去审视、分析课程及其知识体系。

就美国的教师群体来看，虽然美国非常重视教育，对教师尤其是中小学教师能力和素质的要求很高，但能力强、素质高的教师们并没有因此换来社会的高地位、高福利。美国一份调查数据就显示，在中小学教师群体中，有近五分之一的教师工作三年就离职，且有近一半的教师工作五年就会跳槽。② 可见，教师在美国这个发达的国家里并不算是理想的职业，甚至属于高危行业。据多项数据调查统计，美国教师的福利待遇大致与英国相当，但不及德国、瑞士、日本、加拿大等发达国家，这与其作为发达国家的国情并不匹配。同时，在美国，教师工作量大、责任大、风险也大，与从事医疗卫生行业的工作者一样，教师被投诉率极高且代价极大，一不小心就可能被吊销从业资格证。但即便如此，美国对教师群体的要求非常高，从事教育行业的教师不仅需要获取本科及以上的学历，有些中小学甚至要求获得博士学位，且必须具备所有从业资格证，基本每年都要接受考核。正因如此，教师在课程教学中实际上并不拥有其宣称的所谓言论自由和学术自由，相反，其教学过程是严格按照课程标准来实施，尤其是中小学教师的课程教学。那么，在这种境遇

---

① [美] 迈克尔·W. 阿普尔：《意识形态与课程》，黄忠敬译，华东师范大学出版社2001年版，第11页。
② 2017美国门户开放（Open Door）报告数据详解，2018年5月20日，http://go-abroad.xdf.cn/201711/10727334.html。

下，教师群体会发生什么变化呢？其变化之一就是教师探索科学、传播真知、培育人才这一功能的丧失。作为教师，不仅需要引导、教授学生学习知识的能力，更需要设计课程、教学的能力，但彼时的教师看起来更像资产阶级意识形态的传播者、灌输者，而非课程的设计者。由于教师缺乏立场观念、缺少批判意识，必然导致课程中的意识形态霸权，因为所谓的"知识分子"（大部分指教师群体，作者注）使这些意识形态形式看起来是中立的。[1] 这一点下面还会分析。因此，阿普尔指出，教育者首先就要思考一个问题，即"我的立场是什么"，因为只有当教育者关注自己在课程教学过程中的角色立场问题时，就说明他已经关注学校课程与社会控制的问题，也就能够察觉到在教育中"哪些经济群体和阶级可能受益，而哪些群体不能"[2]。这是每个从事教育行业的老师都需要思考的问题，即"作为教育者我现在能做什么，应该做什么"，[3] 思考这些问题就需要学会批判性地审视课程中的一切，包括教科书、教学设置、课程目标等，而这种批判意识在现有的教师群体中却逐渐丧失了。因此，重塑批判意识对于教师至关重要，要把批判性反思贯穿于教学过程中。有时，教师在教学过程中有意或无意地提及或诠释政治、经济、文化、社会等各项制度，无形中会帮制度代言，成为制度的帮凶，而这些制度又能够对学生或其他人产生重要影响，有些制度甚至是为特定集团服务的，[4] 因此作为教育者，教师必须有足够的警惕，反思并充分意识到为什么教科书把这部分内容传递给学生？其理由和意图又是什么？教师采取的某种教育方式是否能够承担起指导学生、培养人才的作用？"既然作为机构的学校与支配着集体的其他政治、经济机构有相互联系，既然学校实实在在通过支持这些相同机构的显在和潜在课程发挥了分配知识和价值的作用，那么对于教育者来说，就必须对他们允许价

---

[1] 参见［美］迈克尔·W. 阿普尔《意识形态与课程》，黄忠敬译，华东师范大学出版社 2001 年版，第 10 页。
[2] ［美］迈克尔·W. 阿普尔：《意识形态与课程》，黄忠敬译，华东师范大学出版社 2001 年版，第 11 页。
[3] ［美］迈克尔·W. 阿普尔：《意识形态与课程》，黄忠敬译，华东师范大学出版社 2001 年版，第 11 页。
[4] 2019 年 6 月至 9 月在香港发生的青年学生的游行、暴力事件，足以说明教材问题的重要性，教材承担的价值观的塑造和意识形态传达功能。

值和责任无意中对他们产生影响的方式进行仔细分析"①，这就是说教师要批判性地审视课程过程，审视教学方式，对课程中隐含的价值观念做出自主判断，而非盲目地灌输给学生，进而充当资产阶级进行意识形态渗透的"中立性"工具。显然，很多教育者缺少批判性意识，认为自己是传播科学的知识，以科学赋予知识合法性，把自己从事的教学活动始终定位于中立地位，殊不知，他们却实实在在地支持着官僚化的假设与制度，否定个体和人们群体的尊严。在阿普尔看来，"'中立的科学'实则成了掩盖意识形态霸权的粉饰，甚至比帮助性更加意识形态化"②。

阿普尔在这里要求教师群体站在中立立场审视课程及其知识体系，那么什么样的立场是中立的？在我看来，阿普尔在这一点上既不清晰也无法实现。任何一个人都有其所属的阶级阶层，都有其所接受的历史传统，都处在某一个特定的历史阶段，正如马克思所言，人的本质是社会关系的总和，任何一个人都处在特定的社会关系中，都代表着一定阶级或集团的利益，一个人是无法站在历史和阶级之外，审视课程和知识体系是否具有意识形态性的，正像曼海姆区分总体意识形态和特殊意识形态，试图解决知识体系的真理性和客观性一样，都是徒劳的。那么，这一问题如何解决？一个人如何才能保持中立的立场、科学的立场？无他，只有坚持人民立场，从人民关心的利益出发，才是公正的立场、科学的立场，因为人民立场摈弃狭隘阶级、集团利益所导致意识形态的虚假性；保证了人类全面自由发展的目标与社会客观发展方向的一致性。

第二节　美国课程的价值观念解读

美国教育的价值观念直接表现在作为传播知识的课程中，所谓课程，一般涉及教材、教师和学生三个主要要素，教师依据教材传授知识，学生则毫无疑问地接受知识。在此，课程似乎是无关意识形态的对纯粹客观知识的传递。但阿普尔在分析这一问题时，发现了学校课程存

---

① ［美］迈克尔·W. 阿普尔：《意识形态与课程》，黄忠敬译，华东师范大学出版社2001年版，第149页。
② ［美］迈克尔·W. 阿普尔：《意识形态与课程》，黄忠敬译，华东师范大学出版社2001年版，第150页。

在的权力控制关系,这种权力控制逐渐演化为不易为人所发现的意识形态控制,这种控制存在于课程的内外:一方面,学校课程被置于统治阶级意识形态控制之下,统治阶级将其思想、文化、价值观等改造成所谓的主流意识形态渗透在学校之中;另一方面,这种意识形态管控还出现在课程中,当主流思想和非主流思想在课程中发生冲突时,主流的资产阶级的意识形态霸权往往会消解冲突,使其代表的主流意识形态合法化,而课程中的意识形态运行机制在教育过程中充当着使其合法性的推手。所以,阿普尔认为,资本主义社会教育的根本问题在于课程中的意识形态霸权问题,想要真正推动课程改革,实现走向教育的民主之路目标,需要从课程的价值观念入手,破除课程中资产阶级的意识形态霸权,再建课程的价值观念。

一 课程理论与价值观念的关系

提及课程,人们的认知通常停留在教学过程、课程本身,包括教科书、教学设置以及课程设置等。但如果只就课程本身研究分析,自然会认为课程具有中立性、科学性,中立和科学被视为天然的。但课程不可能脱离社会,它与社会紧密联系,随社会的发展而不断修订,因此课程本身并非完全中立。阿普尔曾深刻分析,揭示出课程与意识形态之间的内在联系,指出课程背后隐藏着意识形态,即课程本身内蕴着不同的意识形态观。阿普尔表示,"校园的学科知识已不是客观、中立性的知识,实质上是伦理与政治方面的问题,是已印上了特殊历史阶段、特殊社会体制、特殊社会阶层的思维形态的烙印,是经过统治阶层严格审核同时认定满足本身效益,而且以广泛合规的名义向外宣传的知识"[①],指出学科中的一切必然受到社会各种意识形态因素的影响,因此课程做不到公平与中立。阿普尔指出课程的意识形态性体现在社会主流价值观即国家意识形态对学校的影响上,无论是教育改革还是课程改革都受到国家意识形态的影响,这种影响通常表现为经济、政治以及文化发展的显性方面。而国家意识形态对课程的影响会直接体现在教育政策、教学理念以及课程目标上。因此,在研究课程理论、推动课程改革进程中要

---

① [美]迈克尔·W. 阿普尔:《意识形态与课程》,黄忠敬译,华东师范大学出版社 2001 年版,第 8 页。

审视课程背后的社会意识形态问题。

那么,价值观念是如何渗透到课程之中以及用何种方式渗透进去的?正如我们熟知的一样,学校课程是无法避免与社会政治、经济、文化影响的,甚至有较密切的关系,很多课程直接就体现社会政治、经济、文化等方面的成果,因而价值观念不可避免地以各种形式渗透到学校中。通常情况下,西方社会以文化资本的形式实现课程的价值观念输入,进入学校的知识以一种文化资本的形式体现出来,它往往代表的是社会特定群体的价值观念和信仰。在这一过程中,学校已然代表着社会,而课程同样趋于社会化。因此社会和经济的价值开始渗透到教育工作的机构设置、渗透到作为"学校知识的形式主体"的课程里,甚至渗透到课程模式和课程评估和标准之中,并且这一渗透过程通常是潜移默化的,这些价值观念也无意识地作用在学生甚至教育工作者身上。那么价值观念又是如何进入学生头脑中的呢?阿普尔指出学校的意识形态渗透一般通过显性课程和隐性课程两种途径,这两种途径的实现通常需要"一些机构、常识性的规则和知识被看作优先给定的、中立的,从根源上讲是没有改变的,由于其经过'达成一致共识'而合理存在"[①],换言之,教育工作者常常将一些意识形态预设通过显性课程和隐性课程转化为看似中立且科学的常识性知识、标签等。就这样,意识形态的内容转变成课程里的常识性知识,而常识性知识在进入学生的头脑中后被其内化为自我认知、自我意识,然而他们不知道自己接收的常识性知识实则是受到一定意识形态限制的。这种意识形态假设转化的常识性标签、常识性知识等在学校内部普遍存在,不仅存在于课程教学过程中,还存在于学校的日常生活中,通过显性或隐性的方式影响着学生以及教育工作者,在这个过程中,学生是接受者,而教师则充当着灌输者角色。可以说,在社会上占统治地位的阶级正是利用课程的意识形态化过程以达到维持现存社会秩序、社会制度的目的,因为这种课程带来的结果恰恰是符合最初的意识形态假设。

针对意识形态在校园的渗透问题,阿普尔曾经在《意识形态与课程》一书中,以幼儿园为案例进行分析,他指出从幼儿园开始,这种

---

① [美]迈克尔·W. 阿普尔:《意识形态与课程》,黄忠敬译,华东师范大学出版社2001年版,第96页。

意识形态的渗透就已经开始并对儿童的发展产生影响，而意识形态预设转化为学校中的常识性知识也在幼儿园就已然存在。比如在幼儿园，儿童常常通过一些情景演绎来理解生活常识以及社会规范，这些生活常识以及社会规范往往是预设好的，不管是儿童感兴趣的、不感兴趣的，重要的抑或是不重要的内容。也是在这个过程中，儿童开始接受社会各种文化、价值观念的影响，这种事先预设带来的影响初步建构了儿童的思维和行为模式，这种模式将一直伴随着儿童以后的成长和发展。

二 教学过程中的意识形态运行机制

上述分析表明，作为课程中的两大重要因素教科书和教师，已经被意识形态化了，教学过程又如何呢？与人们通常对课程的认知停留在教学过程，包括教材、教学设置以及课程设置等不同，阿普尔认为，课程并非中立性知识的代名词，恰恰相反，它与社会紧密联系，课程背后隐藏着内在的意识形态问题，即课程问题实则反映的是一种意识形态，阿普尔表示，校园的学科知识已不是客观、中立性的知识，实质上是伦理与政治方面的问题，是已印上了特殊历史阶段、特殊社会体制、特殊社会阶层的思维形态的烙印，是经过统治阶级严格审核同时认定满足本身效益，而且以广泛合规的名义向外宣传的知识，[1] 显见，学科中的一切知识必然受到社会各种意识形态因素的影响，因此课程是做不到所谓的公平与中立，无论是教育改革还是课程改革都受到国家意识形态的影响，这种意识形态的影响常常表现为经济、政治以及文化发展的显性影响上，经济、政治以及文化发展对课程的显性影响则直接体现在教育政策、教学理念以及课程目标上，课程理论、课程改革无疑也受到意识形态制约。所以，课程教学过程实则是意识形态运行、发挥作用的过程，在这一过程中，学校是作为一个选择、保存、分配文化的教育机构而存在，而课程则承担着意识形态发挥作用的工具，课程中涉及的一切知识和过程都具有一定的意识形态性，包括教育工作者、课程知识、课程设置标准、课程常识性标签甚至教学过程中的多媒体技术等因素，都能够作为意识形态运行的因素，被植入特定阶级或集团的意识形态。

---

[1] ［美］迈克尔·W. 阿普尔：《意识形态与课程》，黄忠敬译，华东师范大学出版社 2001 年版，第 8 页。

那么，意识形态是如何渗透到课程之中以及用何种方式渗透进去的？阿普尔认为，学校课程无法摆脱与社会政治、经济、文化相关联，意识形态也就不可避免以各种形式渗透到学校中。据阿普尔观察，通常情况下，进入学校的知识最初以一种文化资本的形式进入校园，它往往代表的是社会特定群体的价值观念和信仰。在这一过程中，学校已然代表着社会，而课程同样趋于社会化。因此社会和经济的价值开始渗透到教育工作的机构设置、渗透到我们保存在课程里的"学校知识的形式主体"，甚至渗透到课程模式和课程评估、课程标准之中，并且这一渗透过程通常是潜移默化的，这些价值观念在不知不觉中势必影响学生和教育工作者。

那么意识形态又是如何进入学生的头脑当中呢？阿普尔认为，学校中的意识形态渗透一般通过显性课程和隐性课程两种途径，通常需要"一些机构、常识性的规则和知识被看成优先设定的、从根源上讲是没有改变的，由于其经过'达成一致共识'而合理存在"[①]。也就是说，课程的意识形态功能，分别通过显性课程将常识性知识灌输给学生，通过隐性课程影响学生的一言一行，从而实现课程的教化功能和社会化功能。就这样，学生在学校的教育下实则已经跟社会相关联，逐渐地社会化，一举一动都受到社会意识形态的影响。换言之，教育工作者常常将一些意识形态预设通过显性课程和隐性课程转化为看似中立且科学的常识性知识、标签等。这种由意识形态预设转化而来的常识性标签、常识性知识等在学校内部普遍存在，不仅存在于课程教学过程中，还存在于学校的日常生活中，如国史常识、文明规范、学生规范，乃至交通规则等等，就这样，意识形态的内容转变成课程里的常识性知识，而常识性知识在进入到学生的头脑中后被其内化为自我认知、自我意识，然而他们不知道自己接收的常识性知识实则是受到一定意识形态限制的。在这个过程中，学生是接受者，而教师则充当着灌输者角色。可以说，在社会上占统治地位的阶级正是利用课程的意识形态化过程以达到维持现存社会秩序、社会制度的目的，因为这种课程带来的结果恰恰是符合最初的意识形态预设。所以，阿普尔在《意识形态与课程》一书中，提出

[①] 参见［美］迈克尔·W. 阿普尔《意识形态与课程》，黄忠敬译，华东师范大学出版社 2001 年版，第 96 页。

从幼儿园开始，这种意识形态的渗透就已经开始并对儿童的发展产生影响，而意识形态预设转化为学校中的常识性知识，在幼儿园也已然存在了。

课程中的意识形态运作不仅体现在显性的常识性课程中，也隐现在学校中的潜在课程即隐性课程中。阿普尔所说的隐性课程是多年来院校始终如一给学生间断性地传递正确的价值观、健康的思想等，[①] 通常指非直接教学的课程，包括学校日常生活、校园环境、学校的规章制度等，它属于学校生活的一部分，且占据了学生的大部分校园时光。阿普尔指出，从历史的角度看，隐性课程其实并不隐蔽，它在学校的发展历程中充分发挥着显在的功能。人们在分析课程时应该将大量目光投向隐性课程，这包括在学校里设置的课程中，但课堂却不经常说到，这类隐匿的但却是所谓"正确的价值观与标准"。教师应当认识到隐性课程的重要性，尤其是隐性课程中的"附带学习"功能，会比有准备的教学对学生的政治社会化影响更大、更深刻，因为往往社会中的交往模式更多地体现在学校的隐性课程中，因此，隐性课程能够潜移默化地影响孩子，它更多地教育学生如何处理学校中的集体关系、如何更好地适应社会。经过如此一系列的运作，在课程中便形成了一整套有效的意识形态运行机制。

无论是显性课程还是隐性课程，阿普尔认为特别要关注课程的两个方面，即课程内容与形式，两者同等重要，因为"如果我们想彻底了解意识形态是如何作用在学校之内的，就一定不能脱离学校生活的日常运作"[②]，这些学校生活的日常运作包括课程设置和课程设计、常识标签以及多媒体技术等。在阿普尔看来，这些课程形式通常为教师提供了一种意识形态基础的假设，它们从根本上联系着社会秩序结构，是作为一种意识形态预设存在的。比如课程设置、课程设计本身就是一个政治和道德的过程，创造出一个"适合于学生的教育性环境"，[③] 常识性标

---

① [美]迈克尔·W. 阿普尔：《意识形态与课程》，黄忠敬译，华东师范大学出版社 2001 年版，第 39 页。

② [美]迈克尔·W. 阿普尔：《教育与权力》，曲囡囡等译，华东师范大学出版社 2008 年版，第 29 页。

③ [美]迈克尔·W. 阿普尔：《教育与权力》，曲囡囡等译，华东师范大学出版社 2008 年版，第 42 页。

签是根据社会范式界定来确立的,在这种标签下,往往区分出了成绩的高低或者所谓的好学生、坏学生;而课程中对技术运用也具有一定的意识形态性,它使课程更加"标准化",而这其实是存在着不易被人察觉到的技术控制问题。

三　课程中的意识形态霸权

经过上述对意识形态在课程中运作的深入分析,阿普尔深切感受到学校意识形态的霸权。在葛兰西那里,霸权通常指统治阶级对社会意识形态的领导和控制,霸权的概念被他用来分析资本主义社会的性质,并提出意识形态对于社会体制和政治变革的重要意义。受葛兰西霸权思想的深刻影响,阿普尔深化了霸权的内涵,认为意识形态霸权需要两个必备前提条件:一是经济对大家平常生活领域与情感架构的作用,即物质性的前提。换言之,霸权首先来自强大的经济实力,这种实力深刻影响人们的日常生活,左右人们的情感。二是需要一些"知识分子"使意识形态的形式中立化,使渗透到人们日常生活中的思想、观念、范畴等合法化,而学校课程刚好为意识形态霸权提供了这两个条件。这两个前提条件,使课程中的意识形态霸权具有天然合理性,且不易被人们察觉和诟病。前一条件自不待言,后一条件则需考量,社会中哪些群体能够使意识形态的形式中立化呢?阿普尔认为一般指社会中的主流知识分子,这些人能"构建'统一意志'或者社会的'理念',一般是对自然的社会现象预测性的描述",[①] 也就是说,他们能够选取甚至构建所谓的"合法性知识",也可以界定社会知识的权威性,从而形成知识中的霸权。"知识分子"使意识形态中立化的重要形式之一,首先就是教科书,正如上面第一个问题分析的,教科书作为一种权威性官方知识的存在,决定着课程设置、教学活动、教学设计等,即使是教师也无权修改教科书的内容,只有教育管理者有权干涉教科书。然而当教育管理者代表的是社会特定阶级时,意识形态就会渗透到课程的核心,这些特定阶级也就掌握了意识形态霸权。其次,隐性课程在实现意识形态霸权上发挥着重要作用。阿普尔认为隐性课程似乎成为维持这个社会中统治阶级

---

① [美]迈克尔·W. 阿普尔:《国家与知识政治》,黄忠敬、刘世清等译,华东师范大学出版社 2007 年版,第 5 页。

意识形态霸权的唯一形式，因为隐性课程的特性，它通常以一种潜移默化的方式改变着学生的思想和行为，让学生在不经意间认同社会现存的制度、秩序。而当统治阶级的意识形态与其他意识形态发生激烈冲突时，隐性课程又会淡化这种矛盾与冲突，利用常识性标签，譬如惯习等，使统治阶级意识形态合理化、科学化。经过学校的教育过程，当所称的科学性假定被学生内化以后，就已为意识形态霸权构建了合理性的边界。再次，统治阶级常常通过课程利用科学范式、社会范式来发挥意识形态霸权的作用。这些科学范式、社会范式作为一种社会普遍的观念、规定本身发挥着构建"社会一体化"的作用，课程引入科学、社会范式不仅使统治阶级的思想观念、价值观更具科学性、权威性，也实现了固化统治阶级意识形态的目的。除此之外，阿普尔认为技术的意识形态化也使霸权合法化。这就是说，课程中存在系统管理与技术控制现象，例如课程中的系统管理往往是预设好的，课程的一切都在已经预设好的系统管理下进行和展开。这一点在今天更进一步发展为数据算法，看似客观公正，实则有所偏好。统治阶级往往利用系统管理和技术的客观性、中立性来掩盖意识形态渗透，以便牢牢掌握意识形态霸权，一如在资本主义市场经济的运行过程中，交换的自由早已掩盖了无产阶级实质上的不自由。

所以，阿普尔指称的课程意识形态"霸权"实际上是指那种以"合法性知识"为权威，在教育中滥施权力的行为。这种霸权和国家的发展一样，也经历一个过程，需要不断地建构和再建构，以形成其特有的话语性和政治性。所以，霸权的建构与再建构过程中，除了需要一定政治、经济基础的支撑，更需要文化潜移默化地不断巩固，而作为文化机构的学校正好满足了霸权的建构与再建构需要。在这种分析框架下，阿普尔发现了学校明显存在意识形态霸权的现象，虽然社会地位、经济利益甚至思想偏见和管理需要也会产生霸权，但这些在学校中并不是主要的，学校的意识形态霸权最典型表现，通常是以文化霸权的方式呈现，譬如强势文化受到公开的推崇，对这种强势文化，"我们的内心深处已经全盘接受它、习惯它、内化它，喜爱了它，会从思维上、语言上自觉不自觉地维护它",① 这种类型的霸权正是我们在课程中需要关注的。

　　上述分析显示,学校之所以存在意识形态霸权,是因为学校和学校课程都存在着权力控制问题,学校在一定社会权力控制之下,似乎已经被默默地组织用来分配特定的文化而构建着教育的不平等,而学校课程在其中承担着建构不平等的工具和载体。被统治阶级选定的知识在进入学校课程时早已受到"一致认同"的意识形态的统治,这些课程知识本质上就已经在为统治阶级意识形态服务,统治阶级往往善于利用意识形态为他们的利益及现存社会的政治经济制度提供合理依据,从而达到意识形态霸权的目的。权力通过这一系列运作,逐渐演化为不易为人所发现的意识形态控制。这种意识形态控制广泛存在于课程的内外,一方面,学校课程置于统治阶级意识形态控制之下,统治阶级将其思想、文化、价值观等改造成所谓的主流意识形态渗透在学校之中;另一方面,这种意识形态管控还出现在课程中,当主流思想和非主流思想状态发生冲突时,意识形态霸权往往会弱化课程之中的冲突,使其代表的主流意识形态合法化,而课程中的意识形态运行机制在教育过程中又充当着使其合法性的推手。显然,课程中不仅存在社会控制即意识形态霸权问题,课程还再生产了意识形态霸权,这才是资本主义课程意识形态中最主要也是最可怕的功能。

　　以美国威斯康星大学麦迪逊分校教育学硕士学位研究生课程为例,其隐性课程首先表现在硕士生培养目标的设定上,其官网设定教育学硕士的培养目标是为威斯康星州、美国甚至世界培养具有批判和反思能力、在国内和全球教育政策和实践中能够处理特殊问题,也能对教育不平等和社会公正问题进行研究和实行教育改革的卓越人才;探索教育和其他主要社会机构之间的联系,包括司法系统、医疗系统、家庭系统,经济发展和外交事务的关系。学生学习研究关于社会差距和追求平等的教育机会等。在毕业生未来的就业前景中,其硕士学位的毕业生在教育和政府机构、非政府组织(国内和国际)、智库、政策机构、社区组织和其他课外教育中大有作为,并可能作为政策董事或其他相关机构的领

---

　　① [美]迈克尔·阿普尔:《意识形态与课程》,黄忠敬译,华东师范大学出版社2001年版,第1页(序1)。

第十章　当代西方价值观念以课程为载体的传播

导，或在有关企业或从事研究生教育政策的深入研究。更为重要的是，获得了教育学硕士学位，就无须进行教师认证。单就威斯康星大学为教育学硕士研究生提供的培养目标和就业前景看，就已经非常具体地起到了价值观植入的作用，譬如教育与机构的关系研究、教师资格的认证等等，清晰表明社会权力的干预和社会机构的价值观渗透。

其次，从入学程序、入学标准和学分设置看，也起到了价值观的隐性教育作用。学生想申请威斯康星大学教育学研究学位，必须经过申请入学程序，在规定时间内提交申请，或咨询教育学顾问。入学标准：一是获教育学学士学位，并且在威斯康星大学麦迪逊分校所学课程的累积平均绩点至少在2.5以上；二是提交申请所需的所有文件和其他申请材料，包括程序和记录。其学分设置总共要求60学分，包括大学通识教育课程、学校自由设置的教育课程、主要课程（9学分核心课程，12学分专业课程，9学分拓展课程，以及选修课学分）；同时还有其他毕业要求，涵盖了学生学风、品行等各个方面，以此从整体上规范学生的价值观。

最后，从显性课程看，威斯康星大学教育学硕士约40学分的通识教育课程，包括9学分的人文课程（文学、美术和人文选修课）；9学分社会研究（社会科学）课程（运动训练、运动机能学、运动和运动科学、实验室科学）；9学分科学课程（生物科学、物理科学、科学选修课）；9学分的文化和历史的研究课程，包括民族研究、美国/欧洲历史、全球的视角。从上述课程设置上看，除了18学分的社会和自然科学课程之外；18学分的人文和文化、历史课程均是具有较强意识形态和美国主流价值观的课程。而其9学分的三门核心课程（学校和社会、比较教育、美国教育的历史）则更具强意识形态性，"美国教育的历史"这门课程传授给学生的是美国公平教育的历史；12学分的专业选修课程包括西方大学的历史、教育导论、教育政策概论、教育和公共政策（仅美国主题）、美国教育的种族民族和不平等、青年、教育和社会、人权与教育、反思"课外"教育、移民教育和权益、比较儿童和青少年时期的历史、社会教育问题（仅美国）、城市教育问题、城市学校的政策、宗教和公共教育、高等教育政策概论、哲学概论、道德教育哲学、性别和教育、非裔美国人的历史教育、人类学和教育、教育政策与实践、政治语言、种族和教育、教育政策问题（仅美国）、社区学院：问题和研究、美国和英国激进实践的历史教育、教育社会学、联邦政府在美国教育中作用的历史。这 17 门专业选修课，大部分都具有较强的价值观导向；在 9 学分的拓展课程中，还开设了人们如何学习、人类婴儿和儿童的发展阶段、人类发展的青春期、人类发展从童年到青春期、关键性教育、奇卡诺人/拉丁美洲教育正义、心灵，大脑和教育、当代教育心理学问题、应用行为分析、教师的法定权利和责任等 9 门课，也有不少是强意识形态性，如应用行为分析、教师的法定权利和责任等。

在资本主义社会背景之下，教育无法摆脱与社会政治经济的关系，学校课程也无法不受社会权力的控制。但是，阿普尔并不反对社会控制，他认为一定的社会控制有利于维护社会秩序，他反对的是欺骗大众的绝对社会控制，也就是资本主义意识形态霸权。面对此种情况，阿普尔认为教育工作者不需要过于悲观，因为学校课程有其存在的独立性、自主性，只要教育者时刻保持主体意识、批判意识，充分发挥课程意识形态的积极作用，就能够在统治阶级意识形态的控制之下保持清醒。阿普尔课程理论也许没有给出关于如何从实践的角度出发，破除学校课程的意识形态霸权的答案，但是他的课程理论为我们提供了关于推动课程改革、实现教育民主化的一种新的审视维度，即再建课程的意识形态性，对中国加强和改善高校意识形态教育具有重要的价值以及借鉴意义。

第三节 再建课程的价值观念

基于上述分析，高校课程设置和内容显然具有一定的意识形态性和价值观导向，尤其是受资本统治的价值观导向。如何避免教育和课程设置中的这样一种倾向？避免教育为资本服务？在阿普尔看来，教育的"正确"之路应该是教育的民主之路，真正的课程也应该是民主的课程。

一 民主课程的回归

关注教育的民主性，不仅是阿普尔课程理论的中心，也是批判教育学家们一直以来的核心主张。在美国过去几十年里，在资本主义统治阶级的控制之下以及保守主义复兴的影响下，教育的民主性早已丧失。教育与现实统治阶级的政治经济紧密相连，学校置于社会控制的土壤中，就连课程也成为意识形态霸权运行的机制。无论是统治阶级权威下制定的教科书、被规定的课程设置，还是区分学生优异的常识性标签、标准化的测验，都说明着民主课程的消失。因此，阿普尔呼吁民主课程的回归，这也是对课程本质的追问，他反对霸权，坚持保持课程的民主自由。在阿普尔那里，一个真正民主的课程应该是充分发挥课程价值、保证知识的合法性以及保证学生培养目标的实现的课程。

（一）课程价值的实现

阿普尔在分析课程内部存在的问题时，发现课程价值并未得到真正的实现，统治阶级往往利用意识形态渗透掩盖了课程本身的价值而仅仅将其视为其意识形态运行的机制和工具，在他看来，在资本主义社会背景下，课程一直被用来发展"社会一体化"。而对于课程价值的思考其实是对课程本质的追问，所以发挥课程作用首先需要掌握课程的实质。课程，一般表示院校学生应该学习的专业知识以及学习流程和安排，它是对教育的目标、教学内容、教学活动方式的规划和设计，内容上包括学校老师所教授的各门学科和有目的、有计划的教育活动等。关于课程是什么，针对课程本质的追问，教育学界一直没有一个统一的回答。但总结国内外课程理论，关于课程本质的定义归纳起来有以下三种：一是课程是知识，这是将课程看作知识，斯宾塞关于"什么知识最有价值"的思想就体现出了这一课程本质的倾向，这种观念往往关注并依赖受教育者的认知品质和过程；二是课程是经验，这种观点认为只有真正为学生经历、理解和接受了的东西才能称作课程，认为课程是教育者本身获得的某种性质或形态的经验；三是课程是活动，这种观点是将课程视为受教育者的各种自主性活动，杜威是这一观念的代表之一，对此，他提出过"课程即活动"的观点。阿普尔受杜威民主教育的影响，将课程视为经验、活动的书面表达。

无论是将课程视为知识、经验还是活动，课程都应作为培育学生成为自由全面发展的人的中介而存在，而不该成为任何社会群体进行思想控制的工具。而课程价值的充分实现主要体现在课程功能的发挥。一般来说，课程的功能主要有两种，教化功能即培养人以及文化的传递和选择功能，培养人是课程的本体功能，文化的传递和选择是课程的基本功能，而文化的传递和选择又体现了课程一定的意识形态功能。只有课程的两种功能同时发挥，课程价值才得以实现和回归。阿普尔分析指出资本主义社会背景下课程具备的两大社会功能：一是发展和重建"社会一体化"；二是构建"社会大群体意识"，在他看来，这两种社会功能的本质其实都是在维护现存社会制度和社会秩序。统治阶级通常利用课程的基本功能发挥其意识形态作用，而忽略了课程的本体功能，但课程的问题往往是围绕培养人这个本体功能展开的，一旦离开了本体功能，课程就不复存在。阿普尔揭示出在资本主义社会背景下，课程成为统治阶级政治、经济、文化以及意识形态再生产的工具，就是意在呼吁课程改革应注重发挥课程培养人的本体功能。因为只有这样，课程价值才得以实现，民主课程才得以构建。

（二）知识合法性的回归

前面已经对课程中的"合法性知识"进行过分析，而在西方课程的"合法性知识"中恰恰存在着"不合法"的现象。在阿普尔看来，课程知识往往是通过统治阶级的权力控制下进入课程的，代表着特定阶级的利益，体现着特定阶级的意识形态。在公众眼里，课程中的教科书作为沟通师生的必备工具往往是一种"权威""公正"的官方知识的存在，它支配和引导着学生的知识。但教科书却是统治阶级意志的集中体现，教科书的内容往往是代表着资本主义社会的主流价值观念，无论是形式上还是内容上都与社会权力交织在一起。阿普尔曾对美国教科书进行过深入的研究，他揭示出了教科书存在的一些问题，主要有性别问题、殖民问题以及种族和民族问题。比如，在教科书中，男性角色往往被塑造成独立、客观、理智的形象，相反，女性则被刻画为情绪化、不理智、软弱的形象，这种内容一方面反映了社会两性不平等的现象，另一方面代表了社会群体对两性角色的观念和定位。殖民问题是教科书里最突出的问题，在很多西方国家的教科书中，西方通常是一种世界中心般的存在，且象征着世界先进文化的代表。而且在他们的教科书中，我们不难发现所谓的"普世价值"，所以，教科书中的种种迹象表明西方国家利用教科书奴役东方国家，尤其是那些经济不发达的国家。除了性别问题、殖民问题，教科书还存在着明显的种族、民族问题，因为在美国历史进程中，一直存在着"黑人低劣"的观念。虽然美国制定过相应的政策来消除种族歧视，但在美国，种族歧视现象仍然很严重。当这种带有种族歧视内容的教科书进入课程且被学生内化后，社会中的种族歧视观念又一次被认同和巩固。

因此，针对"合法性知识"的本质问题以及教科书存在的问题，阿普尔认为民主课程的实现还需要"知识合法性"的回归，这是说，课程知识应真正是合法性的、民主性的，而不是权力控制之下的虚假"合法性知识"。首先，课程使用的教科书应摒弃存在的性别歧视观念、殖民倾向意识以及种族歧视观念。因为作为连接师生交流的工具，教科书应该是客观、公正且科学的知识的集合体，是获得社会群体一致认同的知识承载体而非带有某种政治属性的产物，而这些教科书中的错误观念只会加剧教育的不平等从而导致社会的不平等。其次，课程知识应体现社会文化的多元性。阿普尔认为，课程知识体现社会主流价值观念的这一特征不应该成为忽视社会其他群体，尤其是弱势群体价值观念的借口。在这样一个多文化聚集的时代，社会逐渐呈现出一种多文化共存的趋势，课程知识也应该走向文化多元性。因此，一个民主性的课程不应该只代表某一阶级、群体的利益，还应该体现出社会不同群体的意志，这些群体包括黑人、移民还有女性群体等。阿普尔指出这些社会群体文化的力量也是课程改革中不可忽视的重要力量，让每一个社会群体在课程中发出声音不仅是教育民主化的体现，也会是社会民主化的体现。

总之，社会权力，尤其是资本权力的控制致使课程价值和课程知识合法性的丧失，破坏了民主课程，想要实现民主课程的回归与再建，需要实现课程价值以及知识合法性的回归。

二 重塑平等的课程教育

课程中意识形态霸权的批判，并不意味着否定课程的意识形态功能，相反，课程中的意识形态作为课程里的一种潜在力量，时刻影响着课程活动的进行。对于教育者来说，"课程意识形态是一种课程的观念和信仰。作为信仰系统，课程意识形态是一种潜在力量，是拥有课程实践指导功能的作用"[①]。这意味着，假如全面发挥课程意识形态的积极作用，必将可以从内部推动课程的变革，达到课程的科学化、合理化、民主化。但在资本主义社会背景下，渗透进学校课程中的意识形态是统治阶级的意识形态，这种意识形态旨在强化权力统治、固化教师及学生

---

① 房林玉：《课程意识形态的存在论解读（上）》，《渤海大学学报》2009 年第 3 期。

的思想，只会导致教育的不平等。对此，阿普尔也提出要自觉抵制课程中的意识形态霸权，再建公平的课程意识形态。

（一）批判意识的培养

教科书和高校教育的资本化导致意识形态霸权，出路何在？阿普尔指出，教育的出路还在于批判性的反思，只有批判性的反思才能发现问题、找出问题，从而解决问题。但显然，大多数教育工作者仅仅将批判性的反思作为一种口号而未付诸实践，他们并未意识到把批判性取向的社会学和课程研究引向学校的重要性。阿普尔正是坚持了批判性的反思，才发现并揭示出隐藏在课程背后的社会政治、经济利益，尤其挖掘出了课程与意识形态的关系。在阿普尔看来，这种批判意识的丧失，往往加剧了课程中的意识形态霸权。

学生的课程学习过程是一个被动兼主动的过程，这意味着他在课程学习中还应该具备主体意识和批判意识，这不仅是民主课程的培养目标，更是实现教育平等的条件。但显然，统治阶级控制下的课程压制了学生的主体意识和批判意识，并源源不断地向学生灌输着维护其自身统治的价值观念。因此，阿普尔提出课程应致力于成为一门批判性学科，注重培养学生的主体意识和批判意识。当学生拥有足够的批判意识，他们就会成为课程中的批判者，从而敢于质疑和批判他们所不理解、不认同的某种知识、观点或者现象。而一个具备主体意识和批判意识的学生也会是民主社会需要的人才。除了学生应具备批判精神，阿普尔还强调了批判性反思对于教育工作者的重要性，尤其是教师。教师作为课程活动的主要参与者，不仅是教育的主要承担者，更是学生的引导者，其对学生的影响是最为直接的且起着决定性作用。但在当前的课程中，由于统治阶级文化、价值的渗透与引导，使得教师的批判性意识逐渐丧失。这种批判意识的丧失使得教师过于被动地从事着教育活动，往往参与到统治阶级意识形态教育中而不自知，甚至充当了意识形态霸权的工具。因此阿普尔提出了关于教育工作者的立场问题，这实则就是一种批判性反思的问题。教师只有不断地强化批判意识，才能提高意识形态霸权的警觉性，才能发现现实课程中的意识形态冲突问题。阿普尔认为，真正的课程应当使人从教育中受益，而一个真正的教师也应当帮助学生以健康的方式成长。可以说，批判性的反思能够帮助教师重新认识课程中的一切，去思考课程与社会的关系，去反思"我在做什么"以及"我该怎么做"，从而打破现有课程中意识形态控制的枷锁。

总而言之，培养学生和教师批判意识的目的就在于帮助他们用批判的眼光审视课程中的一切，从而使他们从统治阶级意识形态的控制中觉醒。只有这样，统治阶级在课程中建构的意识形态霸权才能被打破。而当统治阶级的意识形态霸权被打破时，人人平等的课程意识形态也就能够得到再建。

（二）学校课程中的抵制力量

马克思主义再生产理论揭示出了学校教育的再生产问题，可以发现学校充当了资本主义再生产的合法机构，课程再生产了意识形态霸权，再生产了资本主义社会政治、经济、文化的附属产物。另外，学校课程也具有了独立性和主动性。阿普尔发现无论是教育工作者还是学生，在参与教育活动中都有着一定的能动性，这种能动性会促使教育工作者和学生自觉地质疑或抵制课程中的一些不合理现象。学校教育与社会的发展是双向互动的，一方面社会发展主导着学校教育，另一方面学校教育也会影响社会发展。在《教育与权力》这一著作中，阿普尔说过，"对抗是再生产的中心概念，再生产这样的概念或许本身就不妥帖"[1]，这句话就深刻反映了他由《意识形态与课程》中的再生产理论逐渐转向抵制理论的倾向。阿普尔指出学校存在一种文化自主力量，这种文化自主力量表现为教师能够自主性地进行教学设计、课程安排，学生能够自主性地接受学习，它为教师和学生提供了一种抵制控制的手段。其实，作为处于资本主义社会大背景下的学校并非常常表现出和谐的状态，冲突与矛盾也常在学校课程中发生。阿普尔就曾深入地分析过学校课程中的冲突与矛盾，他指出学校课程中的冲突与矛盾通常表现为两种：一种是不同社会群体意志之间的冲突与矛盾，另一种是学校课程中的自主力量与统治阶级意识形态霸权的冲突与矛盾，第二种冲突与矛盾则是形成学校课程抵制力量的根源所在。然而，学校课程中的冲突与矛盾经常被人们忽视，而这种对冲突的忽视也正是统治阶级所乐意看到的。因此，阿普尔认为，要充分发挥学校课程中的抵制力量，就需要正确看待学校课程中的冲突现象，因为统治阶级常常通过弱化学校课程中的冲突来加

---

[1] ［美］迈克尔·W. 阿普尔：《教育与权力》，曲因因等译，华东师范大学出版社2008年版，第30页。

强其意识形态统治的合法性。对此，阿普尔指出，教师和学生要充分发挥自主能动性，利用学校中的课程成为学校系统内部的一支抵抗力量，从而抵制渗透进校园的意识形态控制。

三 隐性课程价值观念的再建

（一）隐性课程的价值观

隐性课程发挥的意识形态作用要比显性课程更为深刻，而这与隐性课程的特性有关。隐性课程作为学校日常生活的范畴，具有非预期性、潜在性、多样性和不易觉察性的显著特征，它使学生甚至教师无意识地接受着社会经验、价值观、理想等意识形态内容和文化影响。不仅如此，阿普尔指出意识形态预设常潜藏于隐性课程之中，比如学校的规章制度、课程基本规则等都暗含了一定的统治阶级意识形态假设，这些意识形态假设也从未被人明确地质疑过。阿普尔在分析研究课程中的再生产问题时，也曾指出统治阶级更倾向于利用隐性课程再生产代表其阶级利益的政治、经济和意识形态。可以说，隐性课程中的意识形态霸权现象更为严重，且不易被人察觉。

因此，如果要突破学校课程中的意识形态霸权，就要消解隐性课程中的意识形态控制，在推动课程改革的过程中也应注重隐性课程的意识形态作用。首先，应正视隐性课程中存在的冲突问题。课程作为统治阶级意识形态在教育中运行的机制，常常与社会政治、经济权力交织在一起，因此课程中的冲突与矛盾往往反映着现实社会不同阶级、群体之间的冲突与矛盾，是不同社会群体的利益冲突在课程中的反映。但阿普尔发现这种冲突与矛盾似乎并未引起教育工作者的关注。阿普尔通过分析指出在隐性课程中存在着两种突出的意识形态假设：一是否定冲突的本质与作用的假设；二是将教师和学生视为社会价值、制度的接受者的假设。这两种看似合理的假设实则在麻痹着教师和学生的主体意识和批判意识。第一种否定冲突的本质与作用的假设，实则规定了冲突的合法性范围，它使人们理所当然地认同冲突天生是不好的这一观念。在这样一种假设下，人们只会尽可能地在现有的社会制度框架之下消除冲突与矛盾，而不会去思考冲突的双方以及冲突的原因，更不会知道冲突和矛盾实则是作为社会发展的驱动力而存在的，也就不会发现他们已经置身于意识形态控制之下。总之，隐性课程就是这样被用来强化冲突本质和作用的基本规则，当这种假设被学生内化后，统治阶级的意识形态霸权也就得到了巩固。除了要关注基本规则、基本假设掩盖隐性课程中的冲突问题，还应关注科学一致性带来的冲突问题。阿普尔指出，科学领域并非简单的知识领域，也不是技术和公式的集合体，而是一种"学者共同体"，由世界上追求科学事业的学者共同构成的。和很多共同体一样，科学领域也依然潜在地受到社会价值、规范的原则的控制。"在一般的院校中，科技工作始终是悄然地连接社会认同的合法性准则"[1]，也就是说，课程传授的"科学客观标准"也并非像它展示的那样是客观、公立的。人们在这样一种"科学标准化"的引导下，根本不会去思考存在于科学领域内各种理论之间的历史冲突、利益冲突问题。对此，阿普尔提出，即使是科学家也要对自己甚至他人的发明持有批判、怀疑的态度，作为课程活动的教育工作者更应如此。也就是说，科学领域也有冲突，要辩证地看待学校的科学工作。当人们能够正视潜在课程中的冲突时，也就能够看到隐含在冲突背后的社会群体之间的利益斗争，从而去思考、去反思，这也意味着人们将从课程的意识形态控制中清醒。其次，在推动课程改革的过程中也要注重隐性课程的意识形态作用。这是说，要利用隐性课程培养教师和学生的批判意识，引导教师与学生敢于揭示意识形态霸权，让教师群体和学生成为学校机构中抵制权力控制的坚定力量，实现真正的、公平的教育。

（二）推进中国高校课程思政建设

高校作为培育人才的重要基地，承担着"立德树人"、对大学生进行意识形态教育的重要作用。2019年3月18日，习近平总书记在"在学校思政课教师座谈会上重要讲话"强调指出："青少年是祖国的未来、民族的希望。[2] 办好学校思政课，事关中国特色社会主义事业后继有人，是培养一代又一代社会主义建设者和接班人的重要保障。"陈宝生部长在2018年6月21日全国高等学校本科教育工作会议上，强调"坚持'以本为本'，推进'四个回归'，回归常识、回归本分、回归初心、回归梦想，加快建设高水平本科教育、全面提高人才培养能力，造

---

[1] ［美］迈克尔·W. 阿普尔：《意识形态与课程》，黄忠敬译，华东师范大学出版社2001年版，第20页。

[2] 《习近平重要讲话单行本》（2020年合订本），人民出版社2021年版，第275页。

就堪当民族复兴大任的时代新人。"① 然而，随着信息时代的到来，多元文化齐头并进，社会思潮多变，必然对高校意识形态教育产生了冲击和影响。中央宣传部、教育部在 2015 年发布的《普通高校思想政治理论课建设体系创新计划》中就明确指出："办好思想政治理论课，事关意识形态工作大局，事关中国特色社会主义事业后继有人，事关实现中华民族伟大复兴的中国梦，必须始终摆在突出位置，持之以恒、常抓不懈。"② 可见，我们要及时加强和改进高校意识形态教育以维护高校意识形态的安全与稳定。阿普尔深入研究课程和教育，其对课程意识形态性的解读对中国高校意识形态教育有着重要的借鉴意义，为中国高校意识形态教育提供了新的思考维度。

西方高校从学生的日常生活规范、行为规范到课程设置、学位标准等各方面都进行了整体性系统化的价值观植入，从显性课程到隐性课程的教育无不渗透着资本集团的价值观念，作为社会主义大学，为人民培养人才，其价值观与科学性已经实现了高度一致，知识教育与价值观教育具有天然合理性和合法性，我们理所当然要把价值观教育融入课程知识教育中，而不是让课程教育或者成为课堂表演，或者成为资本的附属物。

首先，重视教师的主导作用，发挥主流意识形态教育功能。阿普尔十分注重教师在教学过程中的主导作用，他认为教师在课程意识形态再生产中发挥着重要作用。事实证明，当教师主动参与到学生与知识的对话中，学生与知识的对话、学生群体之间的对话就会到达课程的深层次，从而实现课程的理想效果，而高校意识形态教育也需要充分发挥教师的主导作用。第一，高校应注重对教师群体的素质培养。因为教师的一言一行影响着学生，只有高素质的教师才能教出高素质的学生。因此，对学生进行意识形态教育的同时还应保证教师的思想观念过关。

第二，教师的主导性还应体现在日常生活中对学生的意识形态教育。教师对学生的影响不仅体现在课程教学之中，还体现在日常生活

---

① 陈宝生：《坚持以本为本 推进四个回归 建设中国特色、世界水平的一流本科教育》，2019 年 7 月 24 日，教育部官网（http://www.moe.gov.cn/s78/A08/moe_745/201806/t20180621_340586.html）。

② 周萌、张琳：《阿普尔意识形态理论的内涵、特点及其启示》，《思想政治理论课研究》2016 年第 5 期。

中。如果要使学生真正主动接受社会主义意识形态的理念且转化为自己的实际行动，教师就需要善于利用日常生活影响学生，因为只有以身作则，发挥标榜作用，通过自己的一言一行彰显社会主义意识形态的内涵与要求，才能更好地使学生信服。

其次，充分发挥思想政治理论课的作用。学校作为体现社会政治、经济、文化的特殊机构，其内在地反映着社会意识，而显在课程作为最直观、最直接的形式能够发挥传播社会主义意识形态的积极作用。当前，中国高校按照教育部的课程指导，均设置了思想政治理论课，包括中国近现代史纲要、思想道德修养和法律基础、马克思主义基本原理概论、毛泽东思想和中国特色社会主义理论体系概论四门课，这四门思想政治理论课也一直是高校"立德树人"，进行社会主义意识形态教育的主要途径和手段。在高校意识形态教育受到冲击和影响的今天，高校亟须加强和完善思想政治理论课，以直观的形式传播社会主义意识形态的内容和理念，只有这样才能以积极正确的思想和道德为先导促进学生的发展，坚持依法做事，以知识和智慧培养学生成长成才。可以说，充分发挥高校思想政治理论课的作用是保证将社会主义意识形态内化为学生思想观念的重要桥梁。

最后，还要注重隐性课程的辅助作用。阿普尔非常重视隐性课程即潜在课程在学校教育中的作用，在研究课程的意识形态性时，他曾指出隐性课程在意识形态渗透中发挥着独特的作用，指出隐形课程的意识形态功能，认为其对学生产生的影响也许比显在课程更深刻、久远。不同于显在课程的直观与直接，隐性课程对学生意识的影响往往不易被察觉，这种影响通常是潜移默化的。因此，高校在进行意识形态教育的过程中，除了注重授课这类显在课程外，还应注重通过日常生活这类隐形课程发挥意识形态功能，通过课程育人、管理育人、科研育人、服务育人、资助育人、文化育人、实践育人、心理育人、组织育人、网络育人等多种形式和途径，使学生潜移默化地接受社会主义意识形态教育。比如可以利用一些隐性途径来进行，包括开展相关座谈会、加强优秀党员与非党员之间的学习、改善校园文化环境以及丰富校园社团活动等，让大学生自然而然地接受着社会主义意识形态的熏陶，真正认同当代中国价值观念。

第十一章　当代中国价值观念在欧美的影响力分析

当代中国价值观念的对外传播，如上所述主要通过学术研究、文化传播、出版传媒、国际汉语教学、海外中国学研究、西方媒体传播、好莱坞电影、BBC 广播电台等多种途径、机构、平台，依托这些数据平台，进一步分析当代中国价值观念在西方的影响力。而当地民众对当代中国价值观念的接受究竟几何？认知、接受、认同度怎样？即今天中国在和平发展中，国外民众究竟如何看待中国，如何理解中国化的马克思主义，如何认知中国特色社会主义理论，如何把握中国道路、中国特色社会主义制度等，换句话说，就是判定国际社会如何看待中国的客观依据是什么。这一章将通过实际调研进行分析，解决当代中国价值观念国际影响力如何测定问题。

第一节　当代中国主流意识形态和价值观念话语的认知界定

当代中国价值观念的话语是主流意识形态话语的一部分，首先，当代中国主流意识形态内涵、核心内容是什么，即今天的中国要向世界传达什么，传达的核心理念又是什么等；其次，当代中国价值观念表达的话语体系是什么，这些核心理念和思想以一种什么样的话语形式才能准确表达，被世界准确理解和接受。因此，这节先需了解当代中国主流意识形态的内涵、认同状况、如何制定问卷调查表等问题，并设定一些具体问题进行判断。

一　当代中国主流意识形态的内涵

从意识形态的内涵看，其概念的产生不足两百年的历史，却一直饱受争议，没有确切的概念界定，① 有人主张认识论意义上关于客观知识的观念学含义（法国的特拉西）、坚持社会学意义上的总体性和特殊性统一的知识范畴（德国的曼海姆），也有人认为是为统治阶级辩护的虚假观念（马克思、恩格斯《德意志意识形态》）等，不一而足，总体而言，意识形态是一种观念体系，马克思主义认为意识形态是真理与价值统一的观念。而所谓主流意识形态则是以普遍理性表达出来的统治阶级的思想观念体系，具体到当代中国，它就是以马克思列宁主义、毛泽东思想、邓小平理论、"三个代表"重要思想、科学发展观、习近平新时代中国特色社会主义思想为指导，包括中国特色社会主义实践、道路、制度和文化在内的一整套理论体系，是代表国家利益的国家意识形态。其中，社会主义核心价值体系的基本内容，"马克思主义指导思想，中国特色社会主义共同理想，以爱国主义为核心的民族精神和以改革创新为核心的时代精神，社会主义荣辱观"②，也是主流意识形态的核心内容。而国家、社会、公民个人三个层面的社会主义核心价值观，"富强、民主、文明、和谐，自由、平等、公正、法治，爱国、敬业、诚信、友善"，③ 既是主流意识形态的灵魂，也是中国需向世界传达的核心理念。

二　当代中国价值观念认同状况

虽然当代中国主流价值观念的理论脉络较为清晰，但被认同的状况依然存在各种问题。这一问题在第一章曾涉及，但仅仅是从学术层面梳理目前学术研究状况中提及，还未能下沉到社会现实层面。客观地说，在主流价值观念以外，中国还存在着历史虚无主义、"普世价值"、社会民主主义、新自由主义等各种思潮。"普世价值"是发端于西方的政

---

① 参见［英］麦克里兰《意识形态》，孔兆政、蒋龙翔译，吉林人民出版社2005年版，第1页。

② 《中共中央关于构建社会主义和谐社会若干重大问题的决定》，人民出版社2006年版，第22页。

③ 习近平：《青年要自觉践行社会主义核心价值观——在北京大学师生座谈会上的讲话》，人民出版社2014年版，第5页。

治思潮，前面已有所涉及，它在理论上制造混乱：一是混淆价值的一般性和特殊性，即混淆认识论价值与价值论价值，把哲学上一般的具有普遍性的认知价值直接等同于个体、群体或不同利益集团的价值需求和价值判断，以人类共性的话语代替了阶级话语，以未来人类共同体的共同性代替当下的阶级性。二是混淆政治价值和人性价值，"普世价值"假设共同人性的存在，并推出人类存在"普世价值"。实际上抽象的人性是不存在的，社会性才是人的真正本质，因此，人的价值追求不是反映人的自然性，而是反映人的社会性。三是混淆理想价值和空想价值。共产主义是立足于现实，能够实现的理想价值，而"普世价值"则是立足于抽象人性的空想的价值追求。西方推行"普世价值"的实质是以西方价值代替社会主义核心价值，在"普世"旗帜下推广美式民主，从而推行和确立美国的世界霸权。社会民主主义思潮所秉承的价值观，以抽象的人为根本出发点，超越社会现实，追求一种普世性伦理道德，其价值目标的诉求由于脱离了人的现实性、社会性和客观性而显得空泛。新自由主义，在当代主要体现为以下几种观点：一是"既得利益论"："如果既得利益者不能变成改革者，改革是没有希望的"；二是"普遍价值论"："为了中国人自己的未来，希望按照更一般的、符合人类本性的价值，而不是那种特殊价值观来行动"；三是"私有财产论"：只有建基于私有财产的市场经济，中国才能变成一个合作型社会；四是"政改滞后论"：下一步改革的重点应该是政治体制改革。这是一股为适应国家垄断资本主义向国际垄断资本主义转变要求而涌现的理论思潮，中国改革开放的指导思想若以新自由主义替代马克思主义，后果将只能沦为资本主义强国的附庸。

相较于"普世价值"、新自由主义，近年来，"历史虚无主义空前盛行，它以各种新的话语泛滥于哲学、史学、文艺等多个领域，构建起了以学术'反思'话语为基础、以文学'象征'话语为工具、以生活'调侃'话语为载体的话语体系，企图实现从学术到生活的'大众化'，任其发展将会危害我党的执政基础。"[①] 习近平总书记指出："历史虚无主义的要害，是从根本上否定马克思主义的指导地位和中国走向社会主

---

① 历史虚无主义思潮部分以《历史虚无主义的三种话语面具》为题发表于《中国社会科学报》2018 年 7 月 20 日第 4 版。

义的历史必然性，否定中国共产党的领导。"[1] 对此，每一位有民族自尊心与责任感的国民都不能不倍加警惕并坚决回击。

第一，以学术"反思"话语虚无历史。当今历史虚无主义去除中国革命史、中国共产党史、新中国建设历史的最有力手段是"学术研究"，以"反思重评"和虚无经典两种学术话语消解经典崇高。一是反思重评话语泛滥。这类话语以"范式转换""思想解放""理论创新"为旗号，提出对中国近现代史、社会主义建设史要进行彻底"反思"。手段之一是历史事件的重新评定，虚无历史，否定社会主义。手段之二是评价历史人物要"反着看"，他们认为传统反面人物并没有那么坏，历史公认的善者也非十全十美，即所谓的好人不好、坏人不坏，因此对传统反面人物也要尽力挖掘他们朴实善良的本性，还原他们本来面貌，对于那些善者，也要展露他们性格的缺陷。二是与此遥相呼应，解构经典话语不时登场。在历史虚无主义看来，中国目前需要重视的不是反思重评话语，而是教条主义话语，其意直指马克思主义。在他们看来，19世纪末以来的一百多年里，历史虚无主义最重要表现是教条主义，它披着"革命"的外衣，以庸俗社会学为据，以马克思主义者自居，以"马克思主义"的理论面目出现，视原始社会解体后人类历史为阶级斗争的历史，只有到共产主义社会才能消灭剥削压迫，结束阶级斗争，从而"把一个不存在的、仅仅是想象中的共产主义作为评判事务的唯一标准，不仅否定了奴隶社会、封建社会、资本主义社会这个漫长的人类历史，也否定了现实世界中的文明榜样"[2]。但凡读过马克思《资本论》等著作的人，都会折服于马克思主义理论的科学性，而上述这样看似严谨的学术研究，实质是从源头上虚无马克思主义，其主要目标就是否定马克思主义的指导地位和中国走向社会主义的历史必然性，所以毫不奇怪，其言论转而直指中国。如此以学术研究为名，美化民国人物，洗白反动事件，在各种微信圈、文库、词条等平台上选择性转发，造成了极大思想混乱。

第二，以文学"象征"话语影射历史。在文艺创作中，与学术研

---

[1] 中共中央文献研究室：《历史最好的教科书——学习习近平同志关于党的历史的重要论述》，《人民日报》2013年7月22日第8版。

[2] 转引自张海鹏、龚云《马克思主义是历史虚无主义吗？》，《红旗文稿》2014年第16期。

究遥相呼应，历史虚无主义以"艺术创新"为幌子，采用多种手法虚无历史。

手法之一是恶搞经典的文艺作品。表达中国人民救亡图存信念的雄壮合唱歌曲《黄河大合唱》，却被历史虚无主义者恶搞成了非常火热小品。恶搞者利用各种纪念日、节庆日哗众取宠、博取眼球，电视网络平台为了提高收视率，图一时之利，置社会责任于脑后。

手法之二是文艺作品中煽起"穿越"风。脱离历史背景，不顾历史事实，用"假设"代替事实，并按照他们的"假设"来演绎和推断历史的进程，用当代的场景解释历史事件，用今天的标准评判历史人物，最初的"穿越"风大量盛行于宫廷剧中，但如今又被历史虚无主义者用在红色文艺作品中，如《白毛女》中的喜儿不嫁给黄世仁，被虚无主义者视为"不识时务"，并假设出白毛女当初如果嫁给黄世仁的种种好处。

手法之三是采用文学化的象征话语影射历史。典型如《软埋》以土地改革中地主富农被软埋作为象征，影射新中国建设史，这是一种更隐晦的方式；演绎台儿庄之战的作品以特写、宏大战争场面为象征，习惯性地吹捧李宗仁、白崇禧与桂系的功劳，而对白崇禧属下抓走黄淮44县无数青壮当炮灰，却选择性忽略。如此肆意改编，疯狂恶搞，不恰当的象征，对年轻受众的世界观、人生观和价值观，毫无疑问已经并且将继续产生了十分恶劣的影响。

第三，以生活"调侃"话语戏谑历史。新媒体网络时代带来了人们认知方式的变化，历史虚无主义也随之改变方式和策略，用调侃、肢解、碎片为手法，以生活化的方式制作便于传播的漫画和图片、电影电视等，达到戏谑历史的目的。手法之一是调侃英雄，编造子虚乌有的言论，离奇古怪的观点，处心积虑地利用节庆日，制造轰动效应，语不惊人死不休，达到解构民众心中具有崇高精神价值的历史事件和历史英雄的目的，迎合一些人所谓"独立思考""重新判断"的心理需求，许多英雄人物在网络上遭到调侃恶搞，并通过网络提升知名度，通过海量转播，以流量牟取私利。如在世界反法西斯战争胜利70周年纪念日，当回顾历史、缅怀先烈成为一个社会热点时，网络上会微信圈中就出现大量调侃英雄人物的话语，模糊民众对历史事实的正确判断，消解中国共产党对世界反法西斯战争胜利做出的伟大贡献。当中美、中日关系紧张之际，一些人却为"精日"者站台鼓气，不以为丑，反以为美，美丑颠倒，善恶不分，编造历史、混淆是非，用个别现象否定本质，以支流否定主流。手法之二是戏说历史，满嘴荒唐言，而近代中国人民的反侵略斗争则被视为"保守对先进，落后对进步，封建闭关的传统对世界资本主义自由的抗拒"，太平天国运动被看作一个"笑话"。[①] 通过戏谑历史，否定近代以来中华民族的反侵略斗争，进而达到全面、彻底否定历史的目的。

所以，历史虚无主义的核心是否定和歪曲中国革命的历史，刻意编造和虚构历史，以"还原历史为名"为已被历史淘汰的旧势力评功，"戏说""恶搞"历史，认为"帝国主义侵略有功"，实质是一股以唯心主义历史观为基础的、适应国内外敌对势力反对共产党、反对社会主义的政治需要而泛起的错误政治思潮。这类历史虚无主义的思潮，不单在国内存在，上面的分析也显示，也流行于国外，甚至早在尼采那里就已出现以主观意志代替客观历史发展，以教条主义诋毁马克思主义的言论。

因此当代中国价值观念以何种话语和话语体系，才能够正确表达、准确传达呢？才能消解其他各种思潮，被广泛认同呢？这显然是一个系统工程，需要研究各类话语资源。民族传统文化是当代中国价值观念体系建构的基础性资源，阐明传统价值观念如何经过适当方式转化或渗透到对外传播的话语体系之中；探索作为中国主流意识形态的马克思主义，尤其是社会主义核心价值观如何渗透、转化到对外传播话语体系之中，成为对外传播话语体系建构的学术与理论资源；探寻西方价值观念话语体系对当代中国价值观念产生的影响，中国如何在消化、吸收、反思、批判这些西方价值观念话语的同时，对此进行必要的话语改造；研究以网络、微博、微信等形成的民间话语与学术话语、官方话语之间的差异以及如何使之成为当代中国价值观念的对外传播话语体系建构的有效资源。在此基础上，首先，对目前已在国际上具有较大影响力的中国主流价值观念话语体系中的内容进行研究，如和谐社会、和平发展等。其次，研究社会主义核心价值观的内容如何转化、形塑、体现、落实在

---

① 梁柱：《历史虚无主义思潮的泛起、特点及其主要表现》，《马克思主义研究》2013年第10期。

当代中国价值观念体系建设上。再次，对若干重要的中国价值观念进行细致梳理，如"仁义""德治""和谐""公正"等价值观念。最后，阐明中国主流价值观念的世界意义，如"和谐"，它不仅是社会主义追求的一种社会状态，也是反映了世界人民共同的愿望，没有哪个民族的人民希望战争、冲突，动荡不安。另外，"和谐"理念，也彰显中华民族优秀传统文化的当代重大价值；探索当代中国价值观念话语体系如何体现科学性与价值性、民族性与世界性、学理性与大众性的高度统一的特征，从而建构出学术话语、官方话语和民间话语等多种话语相互促进的对外话语传播体系。

当然，要达此目的，也需要进一步深入了解国内外对当代中国价值观念的认同状况，制定相应的调查表，获取相应的可靠数据，才能有的放矢。

三 当代中国价值观念认同调查表制定

基于对当代中国价值观念国内外认同度仍然存在不同问题，在调研当代中国价值观念对外传播状况中，制定了一份问卷调查表，调查表设计了六大类 16 个问题。第一类问题是职业，以此判定不同的人群对中国的认知和看法是否一致。第二类问题是关于对当代中国经济政策、政治制度和文化生活的认知，调研国外民众是否了解中国的改革开放、社会主义的市场经济、公有制和按劳分配制度；是否了解中国共产党执政、人民代表大会制度、"一个国家，两种制度"的国家统一构想、中国特色社会主义制度体系；是否了解中国特色社会主义理论体系、中国儒家文化（如孔子、孟子思想等）、中国的宗教（如中国佛教、道教等）、中国传统文艺等（如《西游记》《红楼梦》、京剧、中国功夫等），通过此类型的问题调研，判断西方在政治、经济和文化领域价值观念的基本认知状况。第三类问题主要调研国外对主流意识形态的战略和外交话语的认知状况：故设了三个问题：是否知道毛泽东思想、邓小平理论、"三个代表"重要思想、科学发展观、中国梦；是否了解推动建设持久和平、共同繁荣的"和谐世界"思想、构筑"人类命运共同体"思想、发展"新型大国关系"、奉行"与邻为善、以邻为伴"周边外交、加强与发展中国家合作、重视发展多边外交等诸多外交政策；是否了解毛泽东、周恩来、邓小平、江泽民、胡锦涛、习近平等政治人物，以此判断西方民众对中当代中国价值观念的认知和认同状况。第四类问题是调研国外民众对中国文化和历史的认知，设了三方面的问题：一是著名人物：体育明星（如姚明、易建联、邓亚萍等）、影视明星（如巩俐、章子怡等）、历史人物（如秦始皇、李世民、岳飞、林则徐、李鸿章等）、科技人员（如钱学森、袁隆平等）、文艺人员（如莫言、鲁迅等）、宗教人士（如太虚大师、释永信等）；二是中国历史，尤其是中革命史：汉唐盛世、四大发明、中国抗日战争、中国共产党领导红军"长征"、"文化大革命"、改革开放；三是中国最具代表性的地方：如天安门、中南海、秦始皇兵马俑、长城等历史古迹、苏州园林等人文景观、黄山、泰山等自然景点。以此判断国外民众认知和认同的是哪方面的人物、事件和地点。第五类问题是认知中国的渠道：是通过互联网、中国的电视报纸杂志等媒体、本国的电视报纸杂志等媒体、国际上其他国家的电视报纸杂志等媒体、孔子学院了解中国，还是通过新华社、人民日报、中国国际广播电台"中国之声"、中国国际频道 CCTV－4、CCTV－9 等传媒了解中国的？第六类问题是对当代中国价值观念国际影响力的整体把握，设了四个问题：一是对中国国际影响力的判断；二是在哪些方面中国会对世界产生积极影响：经济方面推动世界经济繁荣、政治和外交方面推进国际关系民主化、文化方面提供人类共享的精神财富、军事方面维护世界和平与稳定；三是对中国的整体判断怎样；四是较欣赏中国的哪些政策：经济方面的节能减排，提倡"绿色GDP"、政治方面的发展基层民主与协商民主、文化方面的文化大发展、大繁荣、社会方面的社会公共服务均等化、生态方面的建设"美丽中国"、外交方面的发展公共与人文外交。通过对这六大类问题的调研，大体上能够判断国外民众对中国主流价值观念的态度，以及我们的努力方向。

第二节　当代中国价值观念在加拿大和英国的影响力比较分析

该项目的调研小组分别于 2015 年 1—3 月和 2016 年 3—6 月在加拿大的埃德蒙顿、英国的格拉斯哥进行了实地调研，调研的对象涉及加拿大、印度、韩国、法国、日本、菲律宾、荷兰、土耳其、巴西、英国、俄罗斯、意大利12个国家的人员，大部分是高校学生（含其他国家在加拿大和英国的留学生）、少部分是教师、公务员、其他职业，获得了中国价值观念在英国和加拿大传播情况的一手资料，为项目的研究提供了翔实数据。

一 在加拿大的埃德蒙顿的调研情况

2015年1月，调研小组在加拿大选取的是阿尔伯塔大学文学院（Faculty of Arts, University of Alberta）本科三年级的学生（2011级），共54名，男生25名，女生29名，年龄在19—23岁，国籍分别是加拿大39人、印度5人、韩国3人、法国2人、日本1人、菲律宾1人、荷兰1人、土耳其1人、巴西1人。总体调研结果如图11-1和图11-2所示。

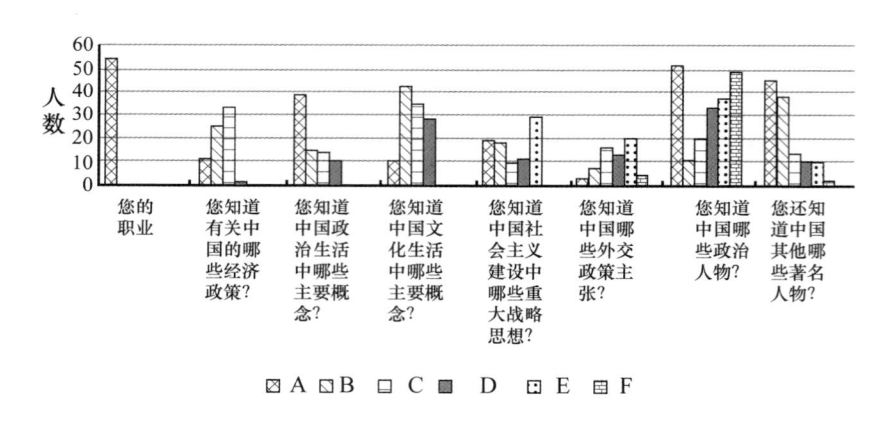

图11-1 国外关于当代中国认知状况调查表问题（1—8）（加拿大）

第一个问题是职业，这个上面已经介绍。

第二个问题有一半人左右知道中国社会主义市场经济（25）和中国社会主义公有制（33），分别占到46.30%和61.11%，但还有一半人是不了解的；同时对中国的改革开放政策（11）和中国社会主义按劳分配制度（1）却知之甚少，仅占20.37%和1.85%。①

---

① 文中"有一半人左右知道中国社会主义市场经济（25）"的括号中的数字代表赞同的人数，下文同。

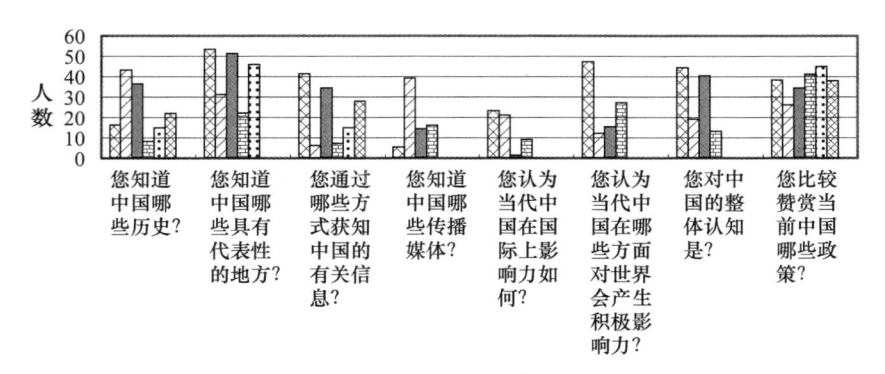

图 11 - 2　国外关于当代中国认知状况调查表问题 9—16（加拿大）

第三个问题约有 72.22% 的学生知道中国共产党（39），但只有五分之一左右的学生了解中国的人民代表大会制度（15）、"一个国家，两种制度"的国家统一构想（14）、中国特色社会主义制度体系（10），分别占调查学生总数的 27.78%、25.93% 和 18.52%。

第四个问题有一半以上的学生了解中国儒家文化（如孔子、孟子思想等）（43）、中国的宗教（如中国佛教、道教等）（35）、中国传统文艺等（如《西游记》、《红楼梦》、京剧、中国功夫等）（28），分别占调查学生总数的 79.63%、64.82% 和 51.85%，而对中国特色社会主义理论体系（10）只占到 18.52%。

第五个问题对中国特色社会主义建设中的重大战略思想，调研学生在毛泽东思想（19）、邓小平理论（18）、"三个代表"重要思想（9）、科学发展观（11）的了解大体相当，分别占到 35.19%、33.33%、16.67%、20.37%；只有对中国梦（29）的了解超过了一半，占到 53.70%。

第六个问题在您知道中国哪些外交政策主张的六个选项中，只有加强与发展中国家合作之一选项达到 37.04%，其余均在 30% 以下，关于推动建设持久和平、共同繁荣的"和谐世界"思想（3）、构筑"人类命运共同体"思想（7）、发展"新型大国关系"（16）、奉行"与邻为善、以邻为伴"周边外交（13）、重视发展多边外交（4）五个选项分别占 5.56%、12.96%、29.63%、24.07%、7.41%。

第七个问题在对政治人物的了解中，毛泽东（52）、周恩来（11）、邓小平（20）、江泽民（33）、胡锦涛（37）、习近平（49）分别占总调研人数的 96.3%、20.37%、37.04%、61.11%、68.52%、90.74%。在该选项中，对毛泽东的了解达到 96%。

第八个问题在该选项中，知道体育明星（如姚明、易建联、邓亚萍等）（45）和影视明星（如巩俐、章子怡等）（38）分别为 83.33%、70.37%，均超过 50%；而对历史人物（如秦始皇、李世民、岳飞、林则徐、李鸿章等）（13）、科技人员（如钱学森、袁隆平等）（10）、文艺人员（如莫言、鲁迅等）（10）、宗教人士（如太虚大师、释永信等）（2）均在 25% 以下，分别是 24.07%、18.52%、18.52%、3.70%。

第九个问题对中国重大历史事件的认知，汉唐盛世（16）、四大发明（43）、中国抗日战争（36）、中国共产党领导红军"长征"（8）、"文化大革命"（15）、改革开放（22）六个选项，分别为 29.63%、79.63%、66.67%、14.82%、27.78%、40.74%。对四大发明（43）和中国抗日战争（36）的认知超过了 60%，而对改革开放的认知仅为四成、中国红军长征仅占一成。

第十个问题在对中国代表性地点天安门（53）、中南海（31）、秦始皇兵马俑、长城等历史古迹（51）、苏州园林等人文景观（22）、黄山、泰山等自然景点（46）等地认知中，其比例分别为 98.15%、57.41%、94.44%、40.74%、85.19%。

第十一个问题外国学生了解中国的渠道，在互联网（41）、中国的电视报纸杂志等媒体（6）、本国的电视报纸杂志等媒体（34）、国际上其他国家的电视报纸杂志等媒体（7）、孔子学院（15）、朋友或者家人（28）六个选项中，比例分别为 75.93%、11.11%、62.96%、12.96%、27.78%、51.85%。通过互联网了解中国的渠道最多。

第十二个问题在中国的传播媒体中，新华社（5）、人民日报（39）、中国国际广播电台"中国之声"（14）、中国国际频道 CCTV - 4、CCTV - 9（16）的影响力分别为 9.26%、72.22%、25.93%、29.63%，除了人民日报影响力达到了七成，其他均为一两成。

第十三个问题对中国的国际影响力选巨大和一般的，分别为 42.59%、38.89%，两项相加，认可中国国际影响的达到 81.48%。

第十四个问题在关于中国对世界产生积极影响的各项因素中，经济方面推动世界经济繁荣（47）、政治、外交方面推进国际关系民主化

(12)、文化方面提供人类共享的精神财富(15)、军事方面维护世界和平与稳定(27)几个方面的比例分别为87.04%、22.22%、27.78%、50%。最认可的是经济影响,近九成。这与中国改革开放以来经济的发展,及在国际上经济话语权的提升有关;同时一半多的学生认可中国军事对维护世界和平与稳定的作用,这是可喜的成绩。

第十五个问题您对中国的整体认知是"发展中国家(44)、实行市场经济的国家(19)、中国共产党领导下的社会主义国家(40)、民主、法治国家(13)"这四个选项是我们对我们自己的判断,在外国人眼中究竟是否认可呢?从调研数据可知,认同率分别为81.48%、35.19%、74.07%、24.07%。七成以上的学生认同中国是发展中国家和中国共产党领导下的社会主义国家;而对市场经济国家和民主、法治国家的认同只有两三成。

第十六个问题该题主要调研国外学生对当代中国在经济、政治、文化、社会、生态、外交六个方面所做的努力的关注度和认可度。经济方面:节能减排,提倡"绿色GDP"(38)、政治方面:发展基层民主与协商民主(26)、文化方面:文化大发展、大繁荣(34)、社会方面:社会公共服务均等化(41)、生态方面:建设"美丽中国"(45)、外交方面:发展公共与人文外交(38)这六个方面的影响力分别是70.37%、48.15%、62.96%、75.93%、83.33%、70.37%,最低的近五成。在这些方面,中国近年的工作得到了广泛的认同。

二 英国的格拉斯哥的调研数据

2016年3月,调研小组在英国选取的是苏格兰的格拉斯哥市的36名学生(其中部分中学生)、2名教师以及9名其他人员,一共47人,国籍分别是英国人43名、俄罗斯人1名、日本人1名、印度人1名、意大利人1名,总体调研结果如图11-3和图11-4所示。

第一个问题是职业,这个上面已经介绍。

问题二:您知道有关中国的哪些经济政策?调研结果显示,对中国的改革开放政策(9)和中国社会主义市场经济(8)了解的分别占19%和17%,只有近两成的人知道,而对具有社会主义性质的公有制和按劳分配制度,无一人了解。

问题三:您知道中国政治生活中哪些主要概念?对中国政治生活中

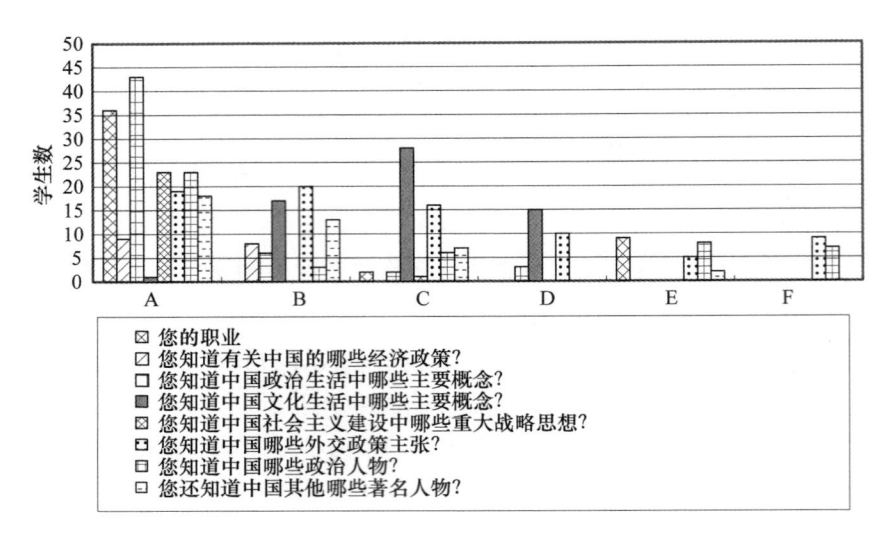

294 | 当代中国价值观念对外传播话语体系的建构

图 11-3 国外对当代中国的认知状况调研表问题 1—8（英国）

图例：
- 您的职业
- 您知道有关中国的哪些经济政策？
- 您知道中国政治生活中哪些主要概念？
- 您知道中国文化生活中哪些主要概念？
- 您知道中国社会主义建设中哪些重大战略思想？
- 您知道中国哪些外交政策主张？
- 您知道中国哪些政治人物？
- 您还知道中国其他哪些著名人物？

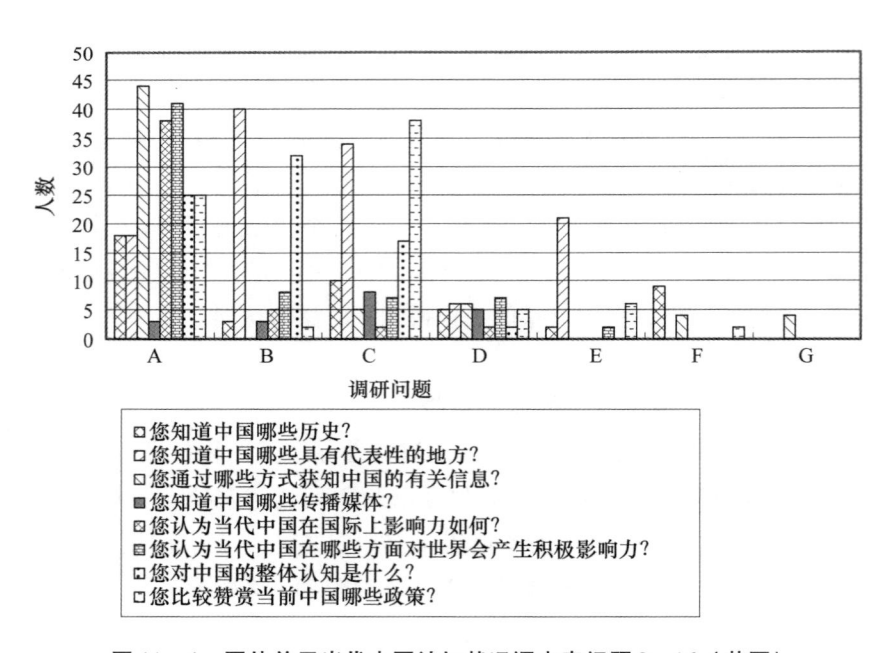

图 11-4 国外关于当代中国认知状况调查表问题 9—16（英国）

图例：
- 您知道中国哪些历史？
- 您知道中国哪些具有代表性的地方？
- 您通过哪些方式获知中国的有关信息？
- 您知道中国哪些传播媒体？
- 您认为当代中国在国际上影响力如何？
- 您认为当代中国在哪些方面对世界会产生积极影响力？
- 您对中国的整体认知是什么？
- 您比较赞赏当前中国哪些政策？

的主要概念，知道中国共产党（43）的占91%；而对中国具体政治制度的了解甚少，知道人民代表大会制度（6）、"一个国家，两种制度"的国家统一构想（2）、中国特色社会主义制度体系（3）三个概念的分别为13%、4%和6%。

问题四：您知道中国文化生活中哪些主要概念？对中国文化生活四个主要方面：中国特色社会主义理论体系（1）、中国儒家文化（如孔子、孟子思想等）（17）、中国的宗教（如中国佛教、道教等）（28）、中国传统文艺等（如《西游记》、《红楼梦》、京剧、中国功夫等）（15）的了解，分别占2.13%、36.17%、59.57%、31.92%，显然，对当代中国的认知不如古代。

问题五：您知道中国社会主义建设中哪些重大战略思想？对中国社会主义建设中重大战略思想的了解，其中选择毛泽东思想（23）的占49%，此外，除了"三个代表"重要思想（1）有一人选择外，邓小平理论（0）、科学发展观（0）、中国梦（0）的选择率均为零。

问题六：您知道中国哪些外交政策主张？对中国的外交政策推动建设持久和平、共同繁荣的"和谐世界"思想（20）、构筑"人类命运共同体"思想（16）、发展"新型大国关系"（10）、奉行"与邻为善、以邻为伴"周边外交（5）、加强与发展中国家合作（9）、重视发展多边外交（3）的了解比例，分别是42.55%、34.04%、21.28%、10.64%、19.15%、6.38%。

问题七：您知道中国哪些政治人物？对中国政治人物的认知与中国社会主义建设的重大战略思想选择一致，对毛泽东的选择达到48.9%；对周恩来（3）、邓小平（6）、胡锦涛（8）、习近平（7）的了解分别为6.38%、12.77%、17.02%、14.89%。

问题八：您还知道中国其他哪些著名人物？对体育明星（如姚明、易建联、邓亚萍等）（18）、影视明星（如巩俐、章子怡等）（13）、历史人物（如秦始皇、李世民、岳飞、林则徐、李鸿章等）（7）、文艺人员（如莫言、鲁迅等）（2）了解分别是38.30%、27.66%、14.89%、4.26%。

问题九：您知道中国哪些历史？对中国历史汉唐盛世（18）的了解比例最高，达到38.30%，而对中国抗日战争（10）、中国共产党领导红军"长征"（5）、改革开放（9）的了解分别为21.28%、10.64%和19.15%。

问题十：您知道中国哪些具有代表性的地方？对中国具有代表性的地方天安门（18）、中南海（40）、秦始皇兵马俑、长城等历史古迹（34）、苏州园林等人文景观（6）、黄山、泰山等自然景点（21）的了解比例分别是：38.30%、85.11%、72.34%、12.77%、44.68%。

问题十一：您通过哪些方式获知中国的有关信息？从互联网上了解中国的比例最高，占到 93.60%；从本国的电视报纸杂志等媒体（5）、国际上其他国家的电视报纸杂志等媒体（6）和朋友或者家人（4）中获知中国信息的比例分别是 10.64%、12.77%、8.51%，比例都较低，而没有一份关于中国的信息是从中国的电视报纸杂志等媒体（0）和孔子学院（0）中获得的。

问题十二：您知道中国哪些传播媒体？在英国的调研中，对中国海外传播媒体新华社（3）、人民日报（3）的了解不足一成，都是 6.38%；对中国国际广播电台"中国之声"（8）、中国国际频道 CCTV-4、CCTV-9（5）的了解也只占一成，分别是 17.02%、10.64%。

问题十三：您认为当代中国在国际上影响力如何？认为中国的国际影响力巨大和一般的，分别占到了 80.90%、10.60%，两者相加有九成以上的英国人认可中国的国际影响力。

问题十四：您认为当代中国在哪些方面对世界会产生积极影响力？在经济方面推动世界经济繁荣（41）、政治、外交方面推进国际关系民主化（8）、文化方面提供人类共享的精神财富（7）、军事方面维护世界和平与稳定（7）的比例分别是 87.23%、17.02%、14.89%、14.89%。

问题十五：您对中国的整体认知是：对发展中国家（25）、实行市场经济的国家（32）、中国共产党领导下的社会主义国家（17）、民主、法治国家（2）的调研比例分别是 53.19%、68.09%、36.17%、4.26%。有一半以上的人认同中国是发展中国家（25）和市场经济的国家（32）；但只有三成多一点的人认为中国是中国共产党领导下的社会主义国家（17）；而认为中国是民主、法治国家（2）只有 4.26%。

问题十六：您比较赞赏当前中国哪些政策？在文化大发展、大繁荣（38）的政策上，获得了 80.85% 英国民众的欣赏；其次是节能减排，提倡"绿色 GDP"（25）政策，也获得了 53.19% 的认同；而在基层民主和协商民主的认同度最低（2）、发展公共与人文外交（2）方面，只有 4.26%。

三 加拿大和英国两地调研数据分析

从图 11-1 到图 11-4 中，加拿大和英国对中国的认知和认同状况，有许多相似之处，但也有一些差别，具体而言，从加拿大的调研表来看：加拿大的调研参与者全部是大学生，他们对问题的认知和了解情况，大体上反映了该国大学生的认知水平和对中国的态度，英国的调研参与者包括了学生和教师及其他人员，这两个国家的调研情况如图11-5到图11-6所示。

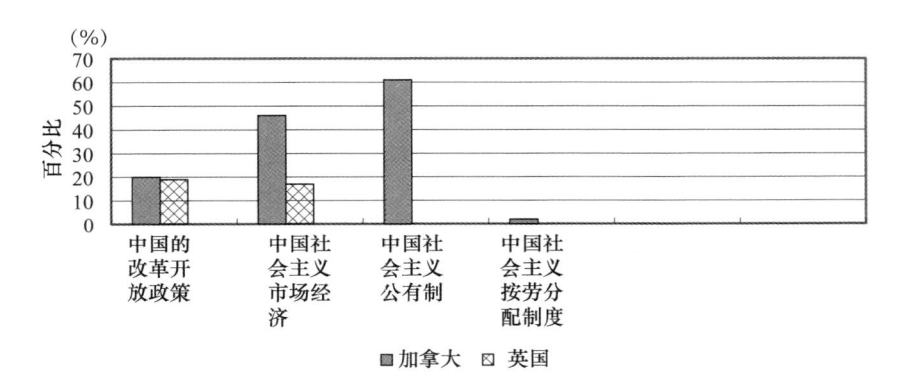

图 11-5 您知道有关中国的哪些经济政策？

在加拿大，有一半左右的人知道中国社会主义市场经济（25）和中国社会主义公有制（33），分别占到46.30%和61.11%，但还有一半人是不了解的；同时对中国的改革开放政策（11）和中国社会主义按劳分配制度（1）却知之甚少，仅占20.37%和1.85%。在英国，调研结果显示，对中国的改革开放政策（9）和中国社会主义市场经济（8）了解的分别占19.2%和17%，只有近两成的人知道，而对具有社会主义性质的公有制和按劳分配制度，无一人了解，如图11-5所示。

这一调研结果显示：加拿大学生对中国的认知普遍高于英国，因此如何把我们的经济政策让大洋彼岸的欧洲人了解，是更为重要的工作。具体而言，一是要畅通渠道，更重要的是形成具有中国特色的有影响力的政治经济学理论，不仅能够让国人信服，也能让国外人理解和认同，笔者想就一定能够成就中国的诺贝尔经济学奖。

约有72.22%的学生知道中国共产党（39），但只有五分之一左右的学生了解中国的人民代表大会制度（15）、"一个国家，两种制度"的国家统一构想（14）、中国特色社会主义制度体系（10），分别占调查学生总数的27.78%、25.93%和18.52%。

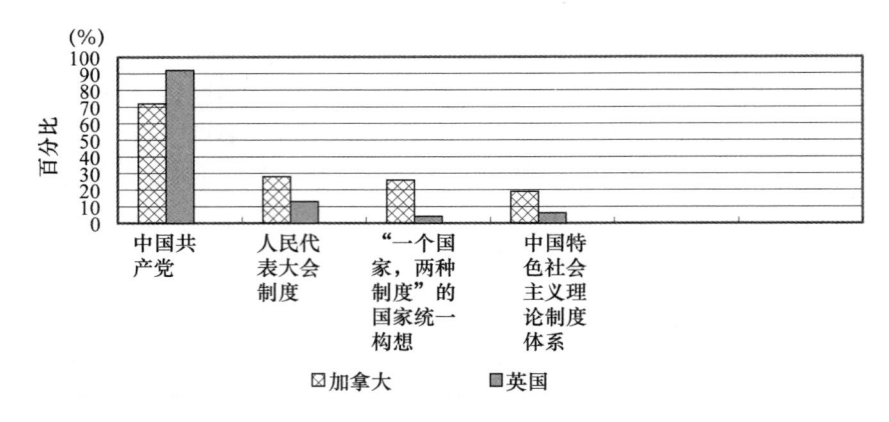

图 11-6　您知道中国政治生活中哪些主要概念

这张图显示：英国学生除了对中国共产党的认知高于加拿大之外，其他方面的认知都低于加拿大。总体而言，在具体的制度宣传中，我们的工作较为欠缺，也表明我们对执政党的执政理念、执政制度的传播工作力度太弱。

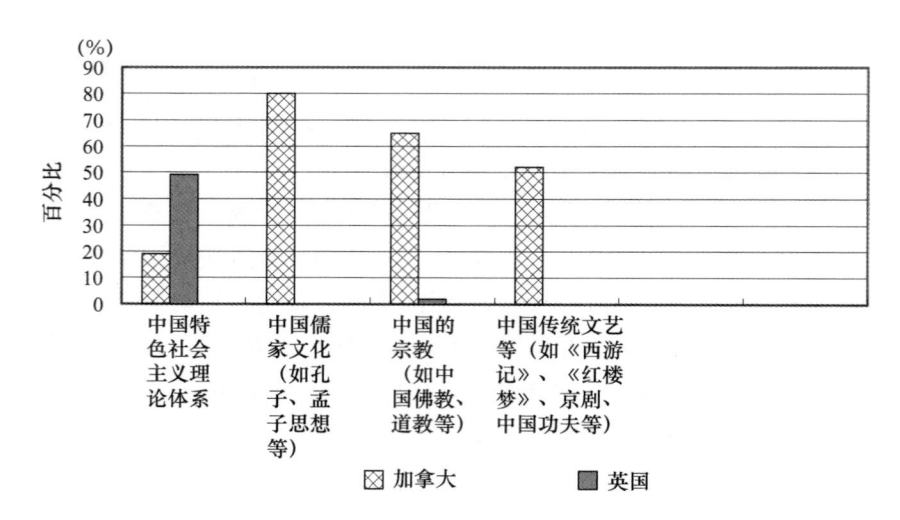

图 11-7　您知道中国文化生活中哪些主要概念

英国对中国文化生活四个主要方面：中国特色社会主义理论体系（1）、中国儒家文化（如孔子、孟子思想等）（17）、中国的宗教（如中国佛教、道教等）（28）、中国传统文艺等（如《西游记》、《红楼

《梦》、京剧、中国功夫等）（15）的了解，分别占 2.13%、36.17%、59.57%、31.92%，如图 11-7 所示。

除第一个选项高于加拿大，其他方面的了解均不如加拿大的学生。而对中国特色社会主义理论体系的了解在与加拿大的调查结果相似，均在一成以下。因此在对外的宣传和文化输出中，当代中国的文化，尤其是中国特色社会主义文化的宣传、介绍乃是今后的重点。如何围绕中国梦、围绕核心价值观等，通过文学作品、网络、影视等多种手段输出，是我们亟须攻关的课题。极而言之，当代中国特色社会主义文化如何形成强有力的影响力，或者在当代文化中植入传统文化、民族文化的因素，形成中国特色社会主义文化品牌，增强文化软实力，是我们必须面对的问题。

对中国特色社会主义建设中的重大战略思想，加拿大学生在毛泽东思想（19）、邓小平理论（18）、"三个代表"重要思想（9）、科学发展观（11）的了解大体相当，分别占到 35.19%、33.33%、16.67%、20.37%；只有对中国梦（29）的了解超过了一半，占到 53.70%。英国对中国社会主义建设中重大战略思想的了解，其中选择毛泽东思想（23）的占 49%，此外，除了"三个代表"重要思想（1）有一人选择外，邓小平理论（0）、科学发展观（0）、中国梦（0）的选择率均为零。与加拿大的调研结果一致，毛泽东思想的影响力更大一些，但不同的是对伟大复兴的中国梦也没有一点认知，如图 11-8 所示。

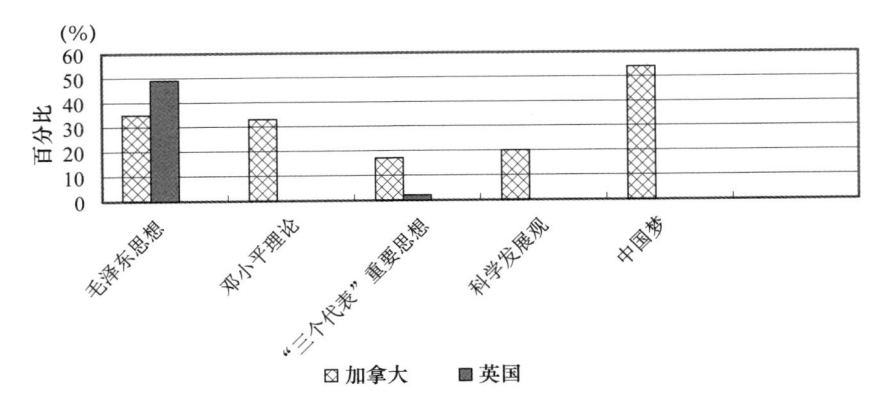

图 11-8　您知道中国社会主义建设中哪些重大战略思想

从这个数据看，作为世界性的大国，中国几代领导人的战略思想，被认知度远低于中国传统文化，这不利于传播当代中国的意识形态和价值观念。因此应该把中国社会主义建设中重大战略思想整合为一个强有力的整体，这将会大大增强当代中国对外话语的影响力。

从加拿大的调研情况看，在您知道中国哪些外交政策主张的六个选项中，只有加强与发展中国家合作之一选项达到37.04%，其余均在30%以下，关于推动建设持久和平、共同繁荣的"和谐世界"思想（3）、构筑"人类命运共同体"思想（7）、发展"新型大国关系"（16）、奉行"与邻为善、以邻为伴"周边外交（13）、重视发展多边外交（4）五个选项分别占5.56%、12.96%、29.63%、24.07%、7.41%。英国的调研情况中，对中国的外交政策推动建设持久和平、共同繁荣的"和谐世界"思想（20）、构筑"人类命运共同体"思想（16）、发展"新型大国关系"（10）、奉行"与邻为善、以邻为伴"周边外交（5）、加强与发展中国家合作（9）、重视发展多边外交（3）的了解比例，分别是42.55%、34.04%、21.28%、10.64%、19.15%、6.38%，如图11-9所示。

可喜的是，"和谐世界"和"人类命运共同体"思想获得了较多的认同，但还远未达到预期，只有三成左右的人认识到了中国"和谐世界"和"人类命运共同体"的外交理念，值得注意的是，对中国奉行"与邻为善、以邻为伴"周边外交和重视发展多边外交只有一成（英国）不到和两成的人了解，这容易使中国的和平发展处于不利的国际环境中。总体上看，在这样一个关于中国的外交政策和外交理念中，国外学生了解得相当弱，这很大程度上影响了国外对中国主流意识形态的看法，并助长"中国威胁论"等歪曲客观事实的言论，也与前面几章分析的结论一致。

加拿大学生在对政治人物的了解中，毛泽东（52）、周恩来（11）、邓小平（20）、江泽民（33）、胡锦涛（37）、习近平（49）分别占总调研人数的96.3%、20.37%、37.04%、61.11%、68.52%、90.74%。在该选项中，对毛泽东的了解达到96.3%。英国民众对中国政治人物的认知与中国社会主义建设的重大战略思想选择一致，对毛泽东的选择达到48.9%；对周恩来（3）、邓小平（6）、胡锦涛（8）、习近平（7）的了解分别为6.38%、12.77%、17.02%、14.89%，如图11-10所示。

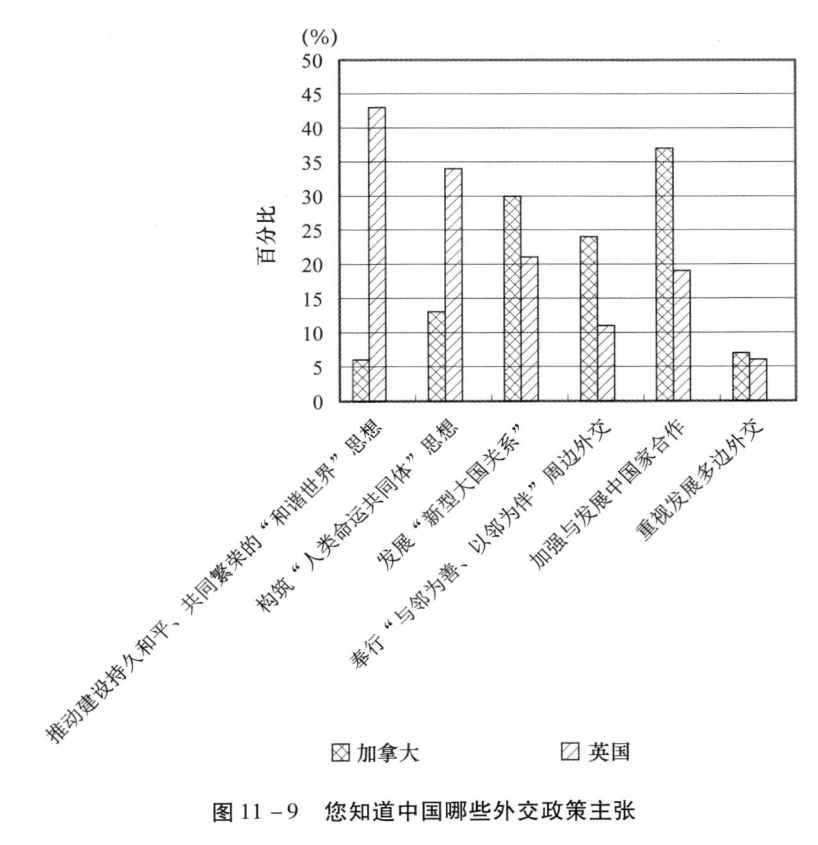

第十一章　当代中国价值观念在欧美的影响力分析 | 301

图 11-9　您知道中国哪些外交政策主张

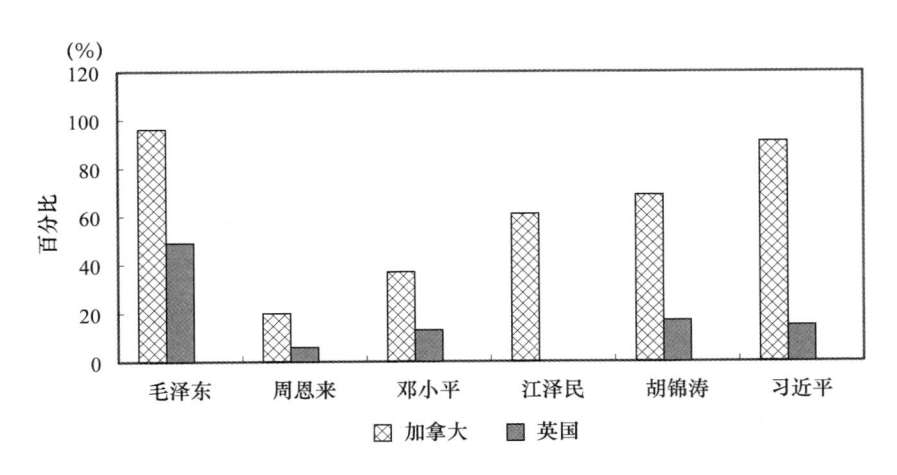

图 11-10　您知道中国哪些政治人物

该项调研结果提示我们，在政治家中，一个持久的治国理念和治国方略是极为重要的。同时，对世界产生影响的社会主义建设理论的系统化介绍极为重要。

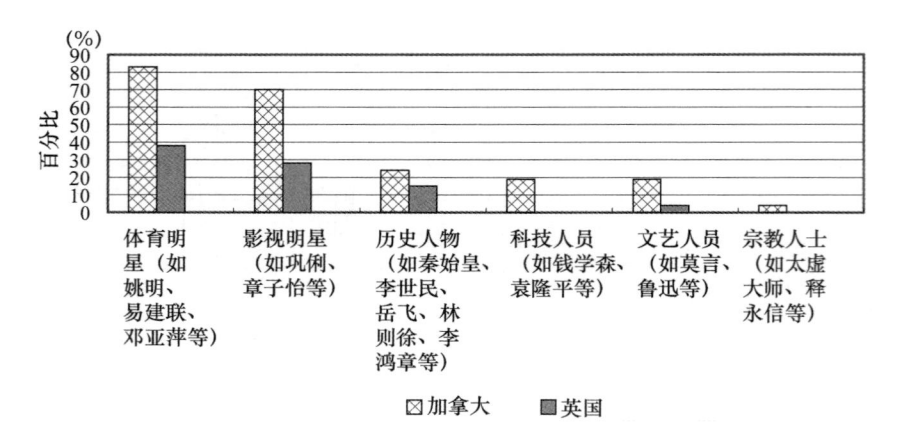

图 11-11 您还知道中国哪些著名人物

在该选项中，加拿大学生知道体育明星（如姚明、易建联、邓亚萍等）（45）和影视明星（如巩俐、章子怡等）（38）分别为83.33%、70.37%，均超过百分之五十；而对历史人物（如秦始皇、李世民、岳飞、林则徐、李鸿章等）（13）、科技人员（如钱学森、袁隆平等）（10）、文艺人员（如莫言、鲁迅等）（10）、宗教人士（如太虚大师、释永信等）（2）均在25%以下，分别是24.07%、18.52%、18.52%、3.70%。英国民众对体育明星（如姚明、易建联、邓亚萍等）（18）、影视明星（如巩俐、章子怡等）（13）、历史人物（如秦始皇、李世民、岳飞、林则徐、李鸿章等）（7）、文艺人员（如莫言、鲁迅等）（2）了解分别是38.30%、27.66%、14.89%、4.26%；与在加拿大的调研一致，体育和影视明星的影响最大，可充分发挥他们宣传作用；而值得关注的同样是科技人士（如钱学森、袁隆平等）（0）和文艺人士，没有一个人了解钱学森和袁隆平，他们在核理论和水稻研究中，对世界均产生了较大影响。对莫言和鲁迅的了解也不够，一个是诺奖获得者，一个是中国的脊梁。这与国内群众对名人的认知大致相仿，如图11-11所示。

鉴于此，我们一方面应加大对科技人物、文艺人士、历史人物对世界历史贡献和世界影响的宣传和介绍力度，加大对优秀作品翻译的力度和准确度；另一方面利用体育和影视明星的影响力，代言当代中国的核

第十一章 当代中国价值观念在欧美的影响力分析 | 303

心价值理念,尤其是把核心价值理念植根在影视作品中,向世界传达。

对中国重大历史事件的认知,在汉唐盛世(16)、四大发明(43)、中国抗日战争(36)、中国共产党领导红军"长征"(8)、"文化大革命"(15)、改革开放(22)六个选项,加拿大学生选择比例分别为29.63%、79.63%、66.67%、14.82%、27.78%、40.74%。对四大发明(43)和中国抗日战争(36)的认知超过了60%,而对改革开放的认知仅为四成、中国红军长征仅占一成。英国民众对中国历史汉唐盛世(18)的了解比例最高,达到38.30%,而对中国抗日战争(10)、中国共产党领导红军"长征"(5)、改革开放(9)的了解分别为21.28%、10.64%和19.15%。可见这方面的认知还是相当欠缺的,如图11-12所示。

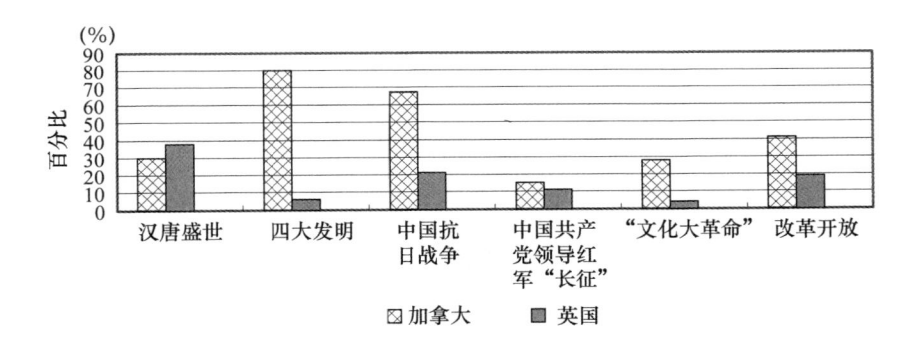

图 11-12　您知道中国哪些历史事件

从上述调研结果,我们一方面是加大宣传和介绍的力度,尤其应该展开对中国近代历史和中国共产党的历史贡献,尤其在反法西斯战争和解决贫困等诸方面的历史贡献方面的宣传,可以打造成红军长征的红色景点,有计划推出旅游线路。另一方面对历史事件本身的介绍需要坚持历史唯物主义的立场,而不能任意肢解、割裂、断章取义等。

在对中国代表性地点天安门(53)、中南海(31),秦始皇兵马俑、长城等历史古迹(51),苏州园林等人文景观(22),黄山、泰山等自然景点(46)等地认知中,加拿大学生选择的比例分别为98.15%、57.41%、94.44%、40.74%、85.19%。而英国民众对中国具有代表性的地方天安门(18)、中南海(40)、秦始皇兵马俑、长城等历史古迹

(34)、苏州园林等人文景观（6）、黄山、泰山等自然景点（21）的了解比例分别是：38.30%、85.11%、72.34%、12.77%、44.68%；与加拿大学生不同，英国民众更关注政治中心，对中南海的认知达到八成以上。而加拿大学生只占到五成多，如图11-13所示。

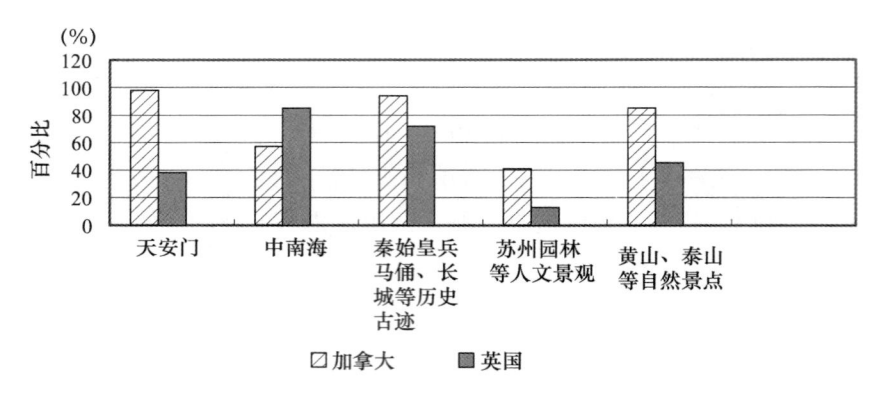

图11-13　您知道中国哪些具有代表性的地方

从这个调研结果来看，我们今后除了要介绍自然、人文历史景观，还需加强对抗战（世界反法西斯战争的一部分）纪念地、改革开放成就的宣传、介绍，以其增加民族自信等。

加拿大学生了解中国的渠道，在互联网（41）、中国的电视报纸杂志等媒体（6）、本国的电视报纸杂志等媒体（34）、国际上其他国家的电视报纸杂志等媒体（7）、孔子学院（15）、朋友或者家人（28）六个选项中，比例分别为75.93%、11.11%、62.96%、12.96%、27.78%、51.85%。通过互联网了解中国的渠道最多。与加拿大调研结果相同，英国民众也是从互联网上了解中国的比例最高，占到93.60%；从本国的电视报纸杂志等媒体（5）、国际上其他国家的电视报纸杂志等媒体（6）和朋友或者家人（4）中获知中国信息的比例分别是10.64%、12.77%、8.51%，比例都较低，而没有一份关于中国的信息是从中国的电视报纸杂志等媒体（0）和孔子学院（0）中获得的。在传播渠道上，这与在加拿大的调研一致，如图11-14所示。

因此，我们需加大互联网的投资，传递正面的、可信的信息；其次应加大中国的电视报纸杂志等媒体和孔子学院的影响力，可以利用中国已有的类似的资源，展开媒体之间的合作；另外，加拿大孔子学院的影

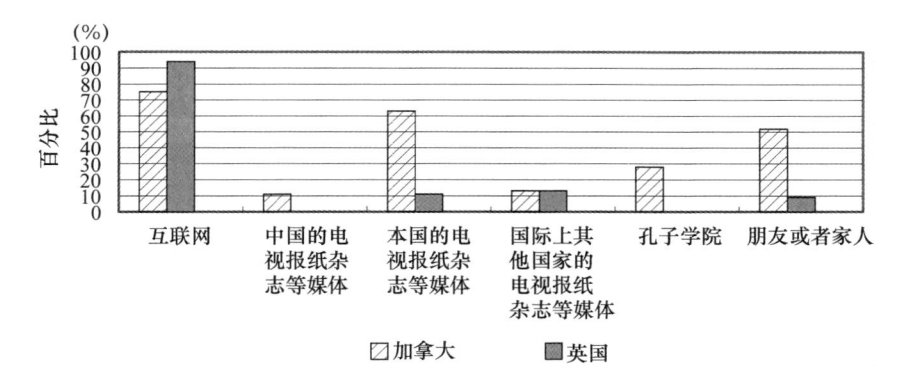

第十一章 当代中国价值观念在欧美的影响力分析 | 305

图 11-14 您通过哪些方式了解中国的信息

响力只占到两成多，而在英国没有任何信息通过孔子学院获得，这个结果与中国这些年在这方面的努力相比，还是远远不够的。今后应更好地利用这个平台，扩大孔子学院的影响，比如与当地的各类学校联合开展活动。从调研中可见，中国的电视报纸杂志等媒体的影响力只有一成，这需要大力加强这方面的工作，尤其是开展多语种的广播、影视频道宣传。

加拿大学生对中国海外传播媒体的了解，具体而言，新华社（5）、人民日报（39）、中国国际广播电台"中国之声"（14）、中国国际频道 CCTV-4、CCTV-9（16）的影响力分别为 9.26%、72.22%、25.93%、29.63%，除了人民日报影响力达到了七成，其他均为一两成。在英国的调研中，对中国海外传播媒体新华社（3）、人民日报（3）的了解不足一成，都是 6.38%；对中国国际广播电台"中国之声"（8）、中国国际频道 CCTV-4、CCTV-9（5）的了解也只占一成，分别是 17.02%、10.64%。因此，无论在形式还是内容以及覆盖面上，都要加强，如图 11-15 所示。

因此对新华社、中国之声广播电台、央视 4 台、9 台在传播的形式、内容、受众群体、途径等方面还需要加强研究，制定相应措施。

加拿大学生对中国的国际影响力选巨大和一般的，分别为 42.59%、38.89%，两项相加，认可中国国际影响的达到 81.48%。英国民众认为中国的国际影响力巨大和一般的，分别占到了 80.90%、10.60%，两者相加有九成以上的英国人认可中国的国际影响力，如图 11-16 所示。

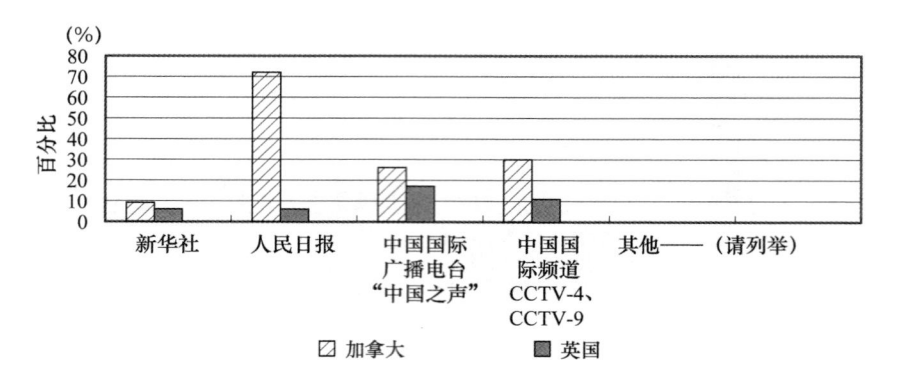

图 11-15　您知道中国哪些传播媒体

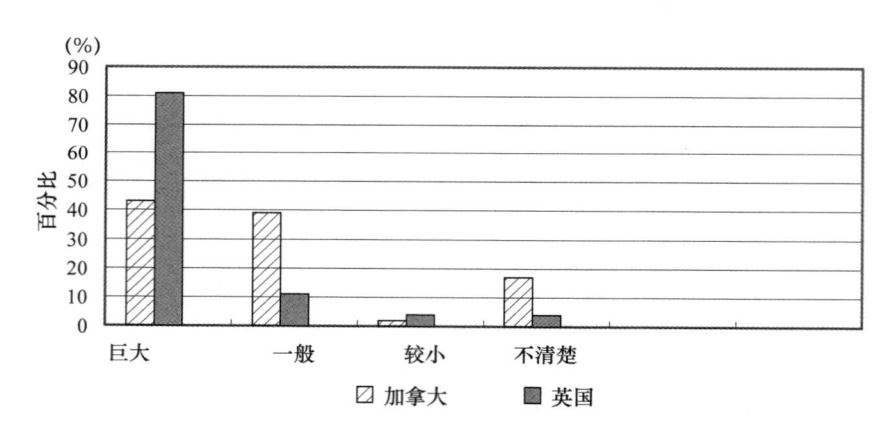

图 11-16　您认为中国的国际影响力怎样

这个调研结果是一致的，都比较认可中国的国际影响力。这既有利于中国的对外宣传，但宣传得不到位，效果可能适得其反。

加拿大学生在关于中国对世界产生积极影响的各项因素中，经济方面推动世界经济繁荣（47）、政治、外交方面推进国际关系民主化（12）、文化方面提供人类共享的精神财富（15）、军事方面维护世界和平与稳定（27）几个方面的比例分别为：87.04%、22.22%、27.78%、50%。最认可的是经济影响，近九成。而英国民众在经济方面推动世界经济繁荣（41）、政治、外交方面推进国际关系民主化（8）、文化方面提供人类共享的精神财富（7）、军事方面维护世界和平与稳定（7）选择的比例分别是 87.23%、17.02%、14.89%、

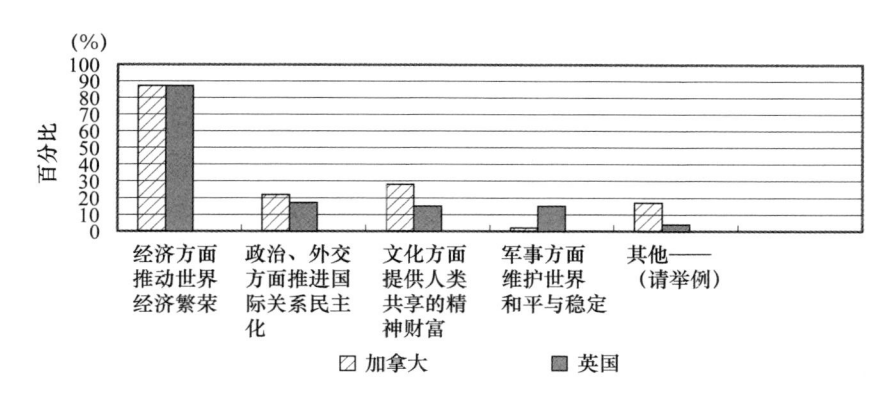

14.89%，如图 11-17 所示。

图 11-17 您认为当代中国在哪些方面对世界会产生积极影响

从调研数据中，两个都认可中国在经济方面的影响力，这与中国改革开放以来经济的发展，以及在国际上经济话语权的提升有关；同时一半多的学生认可中国军事对维护世界和平与稳定的作用，这是可喜的成绩，与中国近年在事关国际安全和稳定方面发挥的作用分不开，如朝核六方会谈、索马里的维和部队等。但在反对霸权、推进国际关系民主化、中国文化为世界贡献精神财富方面，只有两成学生认可，这需要我们深思，尤其是作为文化大国，如何把我们优秀的文化化为宝贵的精神财富，以国际上听得懂的话语准确表达，是我们亟须努力的工作。所以我们在文化软实力和政治民主、军事稳定方面，则需要加强。

"发展中国家（44）、实行市场经济的国家（19）、中国共产党领导下的社会主义国家（40）、民主、法治国家（13）"这四个选项是我们对我们自己的判断，在外国人眼中究竟是否认可呢？从调研数据可知，加拿大学生的认同率分别为 81.48%、35.19%、74.07%、24.07%。七成以上的学生认同中国是发展中国家和中国共产党领导下的社会主义国家；而对市场经济国家和民主、法治国家的认同只有两三成。英国民众对发展中国家（25）、实行市场经济的国家（32）、中国共产党领导下的社会主义国家（17）、民主、法治国家（2）的调研比例分别是53.19%、68.09%、36.17%、4.26%。有一半以上的人认同中国是发展中国家（25）和市场经济的国家（32）；但只有三成多一点的人认为中国是中国共产党领导下的社会主义国家（17）；而认为中国是民主、法治国家（2）只有 4.26%，如图 11-18 所示。

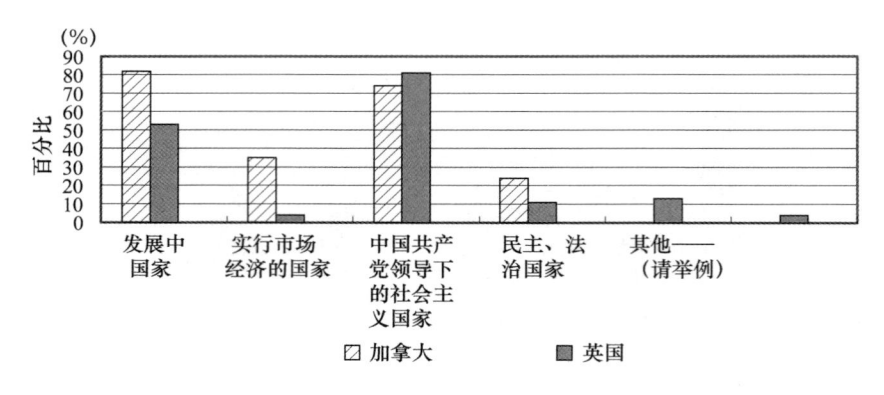

图 11-18　您对中国的整体认知

这个调研结果足以引起我们的重视：该如何让国外民众理解和认同我们的国家制度和政党制度，既需要我们对不同于西方式的社会主义市场经济和中国的协商式民主在理论上独树一帜，并形成系统的逻辑体系，也需要加大对中国特色社会主义政党制度的学术研究和理论宣传力度，这样才能被国际认可，产生世界影响力。

该题主要调研国外学生对当代中国在经济、政治、文化、社会、生态、外交六个方面所做的努力的关注度和认可度。加拿大学生在经济建设中节能减排，提倡"绿色 GDP"（38）、政治建设中发展基层民主与协商民主（26）、文化建设中文化大发展、大繁荣（34）、社会建设中社会公共服务均等化（41）、生态保护中建设"美丽中国"（45）、外交政策中发展公共与人文外交（38）六个方面的影响力分别是70.37%、48.15%、62.96%、75.93%、83.33%、70.37%，最低的近五成。这表明在这些方面，中国近年的工作得到了广泛的认同。在文化大发展、大繁荣（38）的政策上，获得了 80.85% 英国民众的欣赏；其次是节能减排，提倡"绿色 GDP"（25）政策，也获得了 53.19% 的认同；而在基层民主和协商民主的认同度最低（2）、发展公共与人文外交（2）方面，只有 4.26%，如图 11-19 所示。

这个调查结果提示我们，即便是中国国内的政治民主化程度再高，尤其是基层民主和协商民主，但国外却不认可，因此形成中国特色的系统的民主理论和实践影响力，至关重要。对公共和人文外交也要加大工

[图表：各方面政策赞赏百分比，加拿大与英国对比]

经济方面：节能减排，提倡"绿色GDP"
政治方面：发展基层民主与协商民主
文化方面：文化大发展、大繁荣
社会方面：社会公共服务均等化
生态方面：建设"美丽中国"
外交方面：发展公共与人文外交

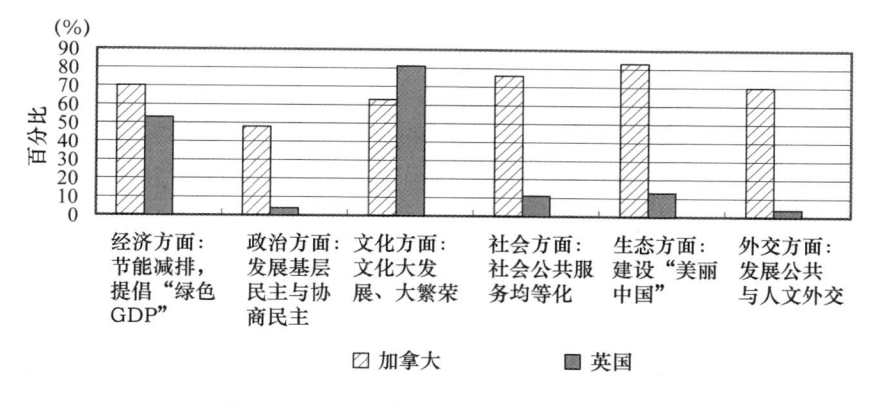

图 11-19　您比较赞赏当前中国哪些政策

作力度，发挥各民间团体的作用。同时在社会公共服务均等化、建设"美丽中国"等方面，也需加强，只得到一成的认可度。

第三节　当代中国价值观念在德国的影响力分析

对当代中国价值观念对外话语的影响力调研，在德国进行的主要是访谈，项目调研组于 2014 年 1 月访谈了布鲁姆教授和费希特博士，其中布鲁姆教授（Professor Dr. Karl – Wilhelm Blum）是奥斯纳布吕克应用科技大学（University of Applied Sciences of Osnabrück）教师，费希特博士（Dr. Karl-Ernst Fichter）是下萨克森州科学文化部（Ministry of Science and Culture of Low Saxony）高等教育发展处处长，并请他们填写了调研表。

一　对德国学者的调研情况

调研的结果显示：布鲁姆教授的调研表显示，对第二类问题，他最了解中国的改革开放、社会主义的市场经济、公有制和按劳分配制度"一个国家，两种制度"的国家统一构想、中国特色社会主义制度体系和中国儒家文化（如孔子、孟子思想等）；不太了解中国共产党执政、人民代表大会制度、中国特色社会主义理论体系、中国的宗教（如中国佛教、道教等）、中国传统文艺等（如《西游记》、《红楼梦》、京剧、中国功夫等）。对第三类问题，除了中国梦、发展"新型大国关系"、重视发展多边外交政策，他很熟悉毛泽东思想、邓小平理论、"三个代表"重要思想、科学发展观、推动建设持久和平、共同繁荣的"和谐世界"思想、构筑"人类命运共同体"思想、奉行"与邻为善、以邻为伴"周边外交、加强与发展中国家合作等诸多外交政策和毛泽东、周恩来、邓小平、江泽民、胡锦涛、习近平等政治人物和历史名人。但不熟悉科技、文艺、宗教名人和影星。对第四类问题，他较熟悉中国历史、中国近代史以及风景名胜，关于第五类问题获知中国的渠道，他还增加图书馆和中国日报，但对"中国之声"则较陌生。最后一类问题中，他不赞同中国在政治和外交方面推进国际关系民主化；不赞同中国在军事方面维护了世界和平与稳定；不赞同经济方面有效进行的节能减排和"绿色GDP"、不赞同国内政治生活中发展的基层民主与协商民主；不赞同中国在外交方面进行的公共与人文外交。

　　费希特博士在第二类问题中国的改革开放、人民代表大会制度、中国特色社会主义理论体系、中国儒家文化（如孔子、孟子思想等）几个选项中，只了解人民代表大会制度；第三类问题，他选了邓小平理论、奉行"与邻为善、以邻为伴"周边外交、毛泽东、周恩来、邓小平、江泽民、胡锦涛、习近平等政治人物历史人物（如秦始皇、李世民、岳飞、林则徐、李鸿章等）；第四类问题，他选了中国抗日战争、中国共产党领导红军"长征"、"文化大革命"、改革开放；天安门、中南海、苏州园林、黄山、泰山等人文和自然景观；第五类问题获取中国信息的渠道，科文部主任费希特选了新华社、人民日报、中国国际广播电台"中国之声"；第六类问题对中国的整体认知方面，他选了经济方面推动世界经济繁荣、军事方面维护世界和平与稳定；认为中国是发展中国家和由中国共产党领导的社会主义国家；他比较欣赏中国在节能减排和"绿色GDP"的经济方面的努力、在文化大发展和大繁荣方面的贡献。

表 11-1　　　　　　　　德国学者关于中国的认知状况

	人物	布鲁姆	费希特
	问题选项		
1	您的职业		
A	学生		
B	政府官员		√
C	教师	√	
D	商人		
E	其他		
2	您知道有关中国的哪些经济政策？		
A	中国的改革开放政策	√	
B	中国社会主义市场经济	√	√
C	中国社会主义公有制	√	
D	中国社会主义按劳分配制度	√	
3	您知道中国政治生活中哪些主要概念？		
A	中国共产党	?	
B	人民代表大会制度	?	√
C	"一个国家，两种制度"的国家统一构想	√	
D	中国特色社会主义制度体系	√	
4	您知道中国文化生活中哪些主要概念？		
A	中国特色社会主义理论体系	?	√
B	中国儒家文化（如孔子、孟子思想等）	√	√
C	中国的宗教（如中国佛教、道教等）	?	
D	中国传统文艺等（如《西游记》、《红楼梦》、京剧、中国功夫等）	?	
5	您知道中国社会主义建设中哪些重大战略思想？		
A	毛泽东思想	√	√
B	邓小平理论	√	√
C	"三个代表"重要思想	√	
D	科学发展观	√	
E	中国梦	√	
6	您知道中国哪些外交政策主张？		
A	推动建设持久和平、共同繁荣的"和谐世界"思想	√	
B	构筑"人类命运共同体"思想	√	
C	发展"新型大国关系"	?	
D	奉行"与邻为善、以邻为伴"周边外交	√	√
E	加强与发展中国家合作	√	
F	重视发展多边外交	?	

续表

	人物	布鲁姆	费希特
	问题选项		
7	您知道中国哪些政治人物？		
A	毛泽东	√	√
B	周恩来	√	√
C	邓小平	√	√
D	江泽民	√	√
E	胡锦涛	√	√
F	习近平	√	√
G	其他——（请列举）		
8	您还知道中国其他哪些著名人物？		
A	体育明星（如姚明、易建联、邓亚萍等）		
B	影视明星（如巩俐、章子怡等）		
C	历史人物（如秦始皇、李世民、岳飞、林则徐、李鸿章等）	√	√
D	科技人员（如钱学森、袁隆平等）		
E	文艺人员（如莫言、鲁迅等）		
F	宗教人士（如太虚大师、释永信等）		
G	其他——（请列举）		
9	您知道中国哪些历史？		
A	汉唐盛世	√	
B	四大发明	√	
C	中国抗日战争	√	√
D	中国共产党领导红军"长征"	√	√
E	"文化大革命"	√	
F	改革开放	√	√
G	其他——（请列举）		
10	您知道中国哪些具有代表性的地方？		
A	天安门	√	√
B	中南海	√	√
C	秦始皇兵马俑、长城等历史古迹	√	
D	苏州园林等人文景观		
E	黄山、泰山等自然景点	√	√
F	其他——（请列举）	Many more	
11	您通过哪些方式获知中国的有关信息？		
A	互联网	√	√
B	中国的电视报纸杂志等媒体	√	
C	本国的电视报纸杂志等媒体	√	
D	国际上其他国家的电视报纸杂志等媒体	√	

第十一章　当代中国价值观念在欧美的影响力分析 | 313

续表

	人物	布鲁姆	费希特
	问题选项		
E	孔子学院	√	
F	朋友或者家人	√	
G	其他——（请列举）	literature	√
12	您知道中国哪些传播媒体？		
A	新华社	√	√
B	人民日报	China Daily	√
C	中国国际广播电台"中国之声"		√
D	中国国际频道 CCTV-4、CCTV-9	√	
E	其他——（请列举）		
13	您认为当代中国在国际上影响力如何？		
A	巨大	√	√
B	一般		
C	较小		
D	不清楚		
14	您认为当代中国在哪些方面对世界会产生积极影响力？		
A	经济方面推动世界经济繁荣	√	√
B	政治、外交方面推进国际关系民主化		
C	文化方面提供人类共享的精神财富	√	
D	军事方面维护世界和平与稳定		√
E	其他——（请列举）		
15	您对中国的整体认知是什么？		
A	发展中国家	√	√
B	实行市场经济的国家	√	
C	中国共产党领导下的社会主义国家	√	√
D	民主、法治国家	√	
E	其他———（请列举）		
16	您比较赞赏当前中国哪些政策？		
A	经济方面：节能减排，提倡"绿色 GDP"		√
B	政治方面：发展基层民主与协商民主		
C	文化方面：文化大发展、大繁荣	√	√
D	社会方面：社会公共服务均等化	√	
E	生态方面：建设"美丽中国"	√	
F	外交方面：发展公共与人文外交		
G	其他——（请列举）		

二 对德国学者的调研分析

布鲁姆教授和费希特博士应该说都是中国通，前者是合肥学院的特聘教授，后者因下萨克森州与安徽省是友好省州，故与安徽省教育厅有较密切来往。从他们两人的调研信息看，在个体选项上有差异，但有一些共同的认知值得我们关注：一是较熟悉中国历史和历史名人、政治人物、人文和自然景观；二是不甚了解中国特色社会主义理论与制度；三是不了解中国的外交政策；四是对中国的经济政策和民主政治持异议。可见，他们两人作为中国通，尚且对中国政治、经济的许多政策持异议，何况不熟悉中国的外国人。譬如，我在德国的港口城市不莱梅的跨国公司贝克啤酒厂，访谈了一个由父母、儿媳和孙女组成的五口之家和一对年轻的情侣，其中五口之家中的父母曾到过中国北京，了解很多风景名胜。但他们对中国的认知停留在观光的层面，认为中国是一个神秘的国度，并不关心和了解中国的政治制度和经济制度。

中国主流意识形态的主要话语是"中国马克思主义"，而马克思是德国人，就此我问奥斯纳布吕克应用科学大学的布鲁姆教授，今天德国人如何评价马克思？马克思在今天的德国有何影响？他说，马克思是一个伟人，是一位卓有成就的科学家，他具有完整的思想，他的思想建立在科学基础上，对今天的市场经济起到了非常重要的作用。今天德国的知识分子对马克思依然非常崇敬。我想这是事实。在马克思的出生地莱茵省特里尔市，早就建立了马克思故居博物馆；就是在马克思夫人燕妮的出生地德国萨克森州萨尔茨韦德尔（Salzwedel）小镇，也建立了燕妮故居，并以燕妮—马克思的名字命名其中的街道。

马克思的影响不仅限于建立纪念地，也体现在政治上。无论是在德国历史上多次执政的德国社会民主党，还是今天执政的基督教民主联盟，其执政理念和党纲多少都体现了马克思当初提出的自由、平等的思想。如基民盟通过的最新党纲体现了自由、团结、公正的精神，基民盟主席、德国总理默克尔强调，新党纲的制定是为了应对21世纪的挑战，保持党的创造力。而德国社会民主党把马克思奉为直接的思想来源，其执政理念自由，正义和团结也源自马克思。

从对德国的教授和政府官员及普通民众的访谈中，他们对当代中国总体上较了解，也较认可，但在相关的政治制度和政党制度上存在偏见，值得我们注意。

第四节　当代中国价值观念对外传播问题对策

上述对加拿大、英国和德国的学生、教师、政府官员和其他人群的调研，通过一些直观的数据和面对面的访谈，可以梳理出当代中国价值观念对外传播问题，值得我们反思。

一　当代中国价值观念对外传播中的问题

在调研中，有一些共同的倾向值得我们注意，从普通民众的认知来看，他们一方面是认可中国所取得的成就，认可中国传统文化的，表现在三方面。

一是认可中国在经济方面的成就及其改善环境上的努力。2017年全年国内生产总值82.7122万亿元，约合13万亿美元，比2016年增长6.9%，稳居世界第二经济大国的地位。全年全国居民人均可支配收入25974元（约4000美元），人民生活水平稳步提高，已进入国际公认的上中等收入国家水平；教育文化娱乐消费增长较快，人均支出达到2086元，比2016年的1915元，提升了0.2%，占比11.4%。[①] 2018年全年国内生产总值增加到了91.9281万亿元，2019年达98.65万亿元，2020年超百亿元，达101.3567万亿元，2021年增加到114.36697万亿元，人民群众的文化生活得到更大程度的保障和提升。这样的成就举世瞩目，也获得了世界认可。

二是较熟悉中国传统文化和历史名人、娱乐明星。加拿大和英国的学生、民众对体育明星（如姚明、易建联、邓亚萍等）和影视明星（如巩俐、章子怡等）的知晓度较高，加拿大超过70.37%，甚至高达83%；而对历史人物（如秦始皇、李世民、岳飞、林则徐、李鸿章等）、科技人员（如钱学森、袁隆平等）、文艺人员（如莫言、鲁迅等）、均在25%以下。英国甚至没有一个人了解钱学森和袁隆平，可他们在核理论和水稻研究中，对世界均产生较大影响。

---

① 《中华人民共和国2017年国民经济和社会发展统计公报》，http://www.stats.gov.cn/tjsj/zxfb/201802/t20180228_1585631.html。

三是大多通过互联网了解中国。调研显示：加拿大和英国的学生和民众基本通过互联网渠道了解中国的最多，前者占到75.93%、后者高达93.60%。新华社、人民日报、中国国际广播电台"中国之声"、中国国际频道 CCTV-4、CCTV-9 等国家级平台的影响力虽然日渐增长，但网络新媒体、融媒体平台的打造依然薄弱。

另一方面，对中国的政治经济制度、外交政策等方面知之甚少，不少人受国外媒体影响较大，表现在五方面。

一是不甚了解中国特色社会主义理论与制度。对中国的民主政治制度颇有微词，认同度较低；加拿大和英国民众大多知道中国共产党，但只有五分之一左右的学生了解中国的人民代表大会制度、"一个国家，两种制度"的国家统一构想、中国特色社会主义制度体系，英国情况也相似。

二是不了解中国的外交政策。从加拿大的调研情况看，在您知道中国哪些外交政策主张的六个选项中，只有加强与发展中国家合作之一选项达到37.04%，其余均在30%以下，英国的情况更糟，这很大程度上影响了国外对中国主流价值观念的看法，并助长"中国威胁论"等歪曲客观事实的言论。

三是不甚了解中国的抗日战争和反法西斯战争，甚至不到一成了解中国是反法西斯的主战场之一。

四是中国的国际传播媒体较弱。外媒关注中国，关注中国的热点事件，譬如中国梦，外媒对中国梦的关注，一定程度上说明了国际社会对当今中国经济社会取得举世瞩目成就的肯定和认可，而国际社会对中国梦有意无意的误解，提醒我们亟须加强研究，正面回应种种模糊、混乱甚至错误的认识。否则，我们将陷入被动，丧失话语权，这与前面几章的数据分析和媒体分析结论一致。

五是孔子学院的建设有待加强。加拿大学生通过孔子学院了解中国的只占到27.78%，而英国民众通过孔子学院对中国的了解是"零"，这与我们对孔子学院的投入是不相称的，恐怕在孔子学院开展活动的方式方法上，应大加改进。

二 提升当代中国价值观念对外传播力

第一，综合国力的增强是提升中国价值观念国际影响力的根本路

第十一章 当代中国价值观念在欧美的影响力分析

径。综合实力是任何一个民族话语体系国际影响力增强的根本。综合国力的增强和国际影响力提升，并渐次形成中华民族本身的话语表达方式，是提升价值观念对外传播话语体系的根基。中国的综合国力已有了巨大发展，2021 年的 GDP 超过 114 万亿元，2016 年以来，国之重器不断助力国家现代化建设。2016 年全年完成 22 次宇航发射。长征五号、长征七号新一代运载火箭成功首飞；天宫二号空间实验室、神舟十一号载人飞船成功发射；2022 年航天员在轨驻留 6 个月 180 天并安全返回；新一代静止轨道气象卫星风云四号、合成孔径雷达卫星高分三号、3 颗北斗导航卫星等成功发射。2017 年，中国制造不断释放惊喜：4 月 26 日下午，中国首艘国产航母下水；塞罕坝林场获联合国"地球卫士奖"；5 月 3 日，中国量子计算机诞生，这是历史上第一台超越早期经典计算机的基于单光子的量子模拟机，为最终实现超越经典计算能力的量子计算奠定了基础。5 月 5 日，C919 大型客机在上海浦东国际机场成功首飞；中国首颗量子卫星"墨子号"正式启用；中国可燃冰首次试采成功；500 米口径球面射电望远镜"天眼"发现 51 颗脉冲星；"蛟龙号"下潜马里亚纳海沟 7062 米的最深处；"中欧班列"至 2021 年已开行 15183 列，共建"一带一路"朋友圈继续扩大；中国自主研发、世界上最长的跨海大桥——港珠澳大桥正式通车；最快的高铁"复兴号"已奔驰在京沪、天津、西安、成都、福州、桂林全国各地，飞驰电掣地从 2021 奔向 2022，奔向美好生活。

过去 40 年，中国特色社会主义取得了辉煌成就，社会生产力水平总体上显著提高，社会生产能力在很多方面进入世界前列，人民的物质生活水平已获得较大提高，人均收入已达到近 4000 美元的中等收入国家发展水平。中国在国际上的影响力也大大提升，这为中国国际话语权的获取打下了坚实基础。[①]

第二，深化学术研究，诠释先进思想。一般而言，获得话语权的路径无非两条：一是凭借经济政治上的统治权获得话语支配权；二是凭借思想上的先进性获得话语权。今天中国经济的发展已经给我们提供了在国际舞台上的说话空间，要进一步提升话语的理解和影响，关键在于深

[①] 综合国力提升部分内容以《深刻阐释新时代社会主要矛盾转化的内在逻辑》发表于中国社会科学网，2018 年 2 月 24 日。

刻解读"中国梦"思想的先进性和增强传播媒体和形式的丰富多样性。目前，国内学者对中国梦的思想研究成果斐然，但具深度的学理性和系统性的研究成果较少，对中国梦这一概念本身内涵的解读更是纷繁复杂、莫衷一是。因此，为了增强中国梦的逻辑性和说服力，需要进一步推进学术研究，挖掘出中国梦所蕴含的和平、文明等符合人类发展的先进理念，激浊扬清。只有先进思想、先进理念，才能成为学术的高地、思想的圣殿，也才能引领世界的潮流，吸引世界的目光。正像当年北京聚集了一大批如陈寅恪、汤用彤、顾颉刚等杰出的学者，出版了众多较高水平的中英文刊物《清华学报》《中国社会及政治学报》（*The Chinese Social and Political Science Review*）等，才成为五四新文化运动的摇篮，也才成为国际汉学研究中心。而今国际汉学中心似乎不在中国，而在国外，学者们需到哈佛大学的东亚研究所去找寻，这从一个侧面反映出当下对中国道路、中国理论、中国制度、中国文化研究的思想力不足。

又如反击历史虚无主义，也要深化学术研究，才能读懂历史的无声之语。清人龚自珍说："灭人之国，必先去其史。"从历史虚无主义者的话语体系看，带有明显的政治倾向。历史虚无主义假以学术研究、历史反思，用现象代替本质、以历史事实代替历史逻辑。历史已逝，但逻辑尤在。对历史的研究究竟是按照时间先后来观察和分析社会的历时性方法还是遵从逻辑优先原则的逻辑性方法呢？让我们回到马克思，回到历史唯物主义。在马克思看来，只有到了资本主义才开始了真正的世界历史，因为只有到了资本主义社会，才创造了与以往迥然相异的生产关系，才使历史转变为世界历史，"资产阶级的生产关系是社会生产过程的最后一个对抗形式，这里所说的对抗，不是指个人的对抗，而是指从个人的社会生活条件中生长出来的对抗；但是，在资产阶级社会的胎胞里发展的生产力，同时又创造着解决这种对抗的物质条件"[①]。马克思创立的历史唯物主义正是从这种逻辑关系上分析资本主义社会的独特性，研究劳动二重性、剩余价值、资本积累等特殊现象，才发现了资本主义的特殊发展规律。所以，历史唯物主义不是简单"将人类社会历史过程还原成一个基本的客观实在，也不是把人的历史本质还原成一种

[①]《马克思恩格斯文集》第 2 卷，人民出版社 2009 年版，第 592 页。

永恒不变的客观实在,更不是将历史归结为一个所谓客观的决定过程"①,而是超越时间,从时间之中转向时间之外,从经验的实证领域跨越到了超验的哲学领域,进入与时间先后无涉的资本主义发展的逻辑关系之中,寻找其得以发展的根据和条件,才发现资本主义社会不是人类历史的自然延续,而有其特殊性,它以形式的平等性掩盖和遮蔽抽象的剩余价值的历史起源和自我发展,进而掩盖资本主义发展的暂时性。在此,马克思并不是仅凭感性的现象,而是通过逻辑抽象,揭示出资本主义本质是被社会现象遮蔽的资本逻辑发展史和剩余价值的生产史。因此读懂历史,不是仅靠历史细节、历史资料,更需要运用历史逻辑解读隐藏在历史事实和细节背后的真相,才能解读出历史发展的规律,唯物史观的科学性和理论力量正在于此。②

由此可知,在话语体系上力求实现经典与时代的结合,如提升马克思主义的基本话语:劳动、生产、资本、阶级等在今天的解释力;对于西方学界所盛行的社会主义意识形态终结论的及时回应,不仅要推进对中国特色社会主义理论的研究,夯实中国特色社会主义存在合理性的理论基础,更要提高中国人民对社会主义制度的认同,扩大社会主义中国在国际社会的影响力和话语权,展现中国特色社会主义的制度优势。正是基于对中国文化及其价值观念普遍性的认可,我们应该抓住历史赋予的良好机遇,以真诚的文化自觉、坚定的文化自信、宽容的文化心态和有序的文化建构促进中国传统文化的伟大复兴,以贡献于人类社会。

第三,培养翻译人才,增强传播质量。翻译不仅是技巧,而是不同民族国家文化之间的转换和交融,是把一种民族的语言艺术转换成另一种语言艺术,好的翻译作品是一种再创造。汉语言简意赅,字少意丰,隽永含蓄。相对而言,印欧语系的语表形式繁复。莫言能获得诺贝尔文学奖,瑞典语译者陈安娜和英语译者葛浩文功不可没。而中国传统经典《论语》的外译也是如此。譬如日本学者子安宣邦翻译介绍的《思想史家读〈论语〉——"学"字复权》,在日本引起了《论语》热,乃至在日本二十四小时的便利店中都可买到有关解读《论语》的书,此波

---

① 刘怀玉、章慕荣:《论历史唯物主义的两种"历史"概念与意蕴》,《新华文摘》2014年第5期。
② 抵制历史虚无主义思潮的分析部分以《历史虚无主义的三种话语面具》为题发表于《中国社会科学报》2018年7月20日第4版。

《论语》热影响了战后日本的发展,现代日本的"教养主义"就来自《论语》有关个人道德培养思想。《论语》的西译同样也起过相同的作用,17、18 世纪最早来华耶稣会士的里程碑译作《中国哲学家孔子》(Confucius, Sinarum Philosophus, 1687),曾是早期传教士的汉语教材,并为欧洲启蒙运动提供了"理性"的思想源泉。随后早期涉华英国浸信会士马士曼(Joshua Marshman, 1768—1837)及其团队翻译出版的半卷《论语》——《孔子的著作》(The Works of Confucius, 1807)为新英格兰文艺复兴带来"超验"与"异域"的文本论据。其中儒家"天"被基督教徒爱默生移植到异域,借以诠释"Heaven",使西域的上帝概念既具有西方"超灵"和"自然"之意,又兼含东方儒学"天道"的人性之感,实现了神性与人性的合一。事实上,西译《论语》至少两次参与了西方思想的启蒙与解放的讨论,并充当"异己源泉"。从莫言获奖和《论语》的外译和传播经验来看,首先,翻译人才的培养既注重培养本土专家,更要吸纳国际人才,并使之本土化,只有较高水准的国际人才,才能更准确用外文表达。其次,在翻译的内容方面,力求形成一套简明易懂且具有中国特色的话语体系,如同《论语》中言简意赅、广为流传的格言警句"有朋自远方来,不亦乐乎?""人不知而不愠,不亦君子乎"等。中华传统文化博大精深、源远流长,需将中国梦的内涵研究与中华传统文化结合起来,赋予传统文化新的内涵,形成一套中国特色的言说话语。社会主义核心价值观恰是植根于传统文化,具中国特色的话语,也是中国梦的核心内容,为中国梦提供了价值支撑。以影视、故事、学术理论等多种形式准确传达社会主义核心价值观,使中国价值理念逐渐被西方理解、认同和信服。再次,坚持全面、客观、真实的原则。由于意识形态的差异,中国对外传播机构长期以来过分注重正面报道,对于可能出现的问题避而不谈,而西方媒体更多关注的是事情的阴暗面,在一定程度上造成了中国价值观念国际传播的被动,传播效果大大降低。这需要中国在对外传播中对涉华的焦点,第一时间开展客观全面真实的报道,发表评论、专业分析、权威解读。

第四,打造精品传媒,提升传播能力。日本《外交学者》杂志网站于 2013 年 2 月 5 日提出,"应当致力于帮助外部世界了解究竟什么是'中国梦'。只有这样,'中国梦'才能得到中国的邻国和国际社会的理解和祝福"。我们课题组在英国、德国、加拿大对大学生、教师、政府

第十一章 当代中国价值观念在欧美的影响力分析 | 321

官员做的简单调研的问题之一是：认知中国的渠道（多选题）：是通过互联网、中国的电视报纸杂志等媒体，还是本国的电视报纸杂志或国际上其他国家的电视报纸杂志；是通过孔子学院，还是通过新华社、人民日报、中国国际广播电台"中国之声"、中国国际频道 CCTV - 4、CCTV - 9 等传媒？在对这一问题的选择中，选择通过互联网了解得最多，在 103 名调研对象中，有 87 名选择了该途径，差不多占 85%，而只有 8 人选择新华社，不到 1%；通过《人民日报》了解中国的也只有42 人，也只占 40%，通过其他中国媒体了解中国的只有一两成。从这个调研结果来看，互联网是今天人们，尤其是年轻学生了解世界的主要渠道，中国在这方面的意识还未提升到应有的高度。因此加大对互联网的投资力度，打造网络品牌，传递正面客观可信的信息，是当务之急；其次应加大中国的电视报纸杂志等媒体和孔子学院的影响力，利用中国已有的类似的资源，展开媒体之间的合作，形成网络媒体集群；同时在传播的形式、内容、受众群体、途径等方面加强研究，制定相应措施，积极搭建有助于增强传播力的话语平台，做精做强网络产品的品牌。在传播技巧上则要学习借鉴西方先进技术，采用国际表达方式，以受众为出发点，淡化自我主体色彩。中国以往的对外传播过分注重自我意识，单方面地站在自己的角度选择信息，并不考虑这种传播是否恰当有效。然而，由于中西方文化的差异，外国受众在价值判断和行为方式上都与国内受众有着很大的不同。因此，当代中国价值观念的对外传播要特别重视外国受众，贴近本土，这样的对外传播才更加科学有效。

第五，多方搭建话语传播平台，拓展有助于增强中国话语传播能力的话语平台、机构设施等，譬如可以以海外影视剧的传播作为核心价值观传播的成功案例进行深入分析，上述第八章《好莱坞误读价值观念，虚构"中国人"形象》已经做了深入剖析，可以积极吸收西方电影传播价值观念的优势，转变表现形式；再譬如组建跨国出版传媒公司、演艺公司、广播电视传播公司等机构，如第六章《扫描海外中国学，细察中国价值观念国际传播》、第七章《西方媒体妄用"普世价值"妖魔化中国形象》、第九章《英国广播公司（BBC）报道"中国梦"臆构中国价值观念》这三章提出的途径、手段、方法和平台。

第六，合理借鉴西方价值观念话语传播经验。比如抓住"文化意识形态"（伊格尔顿）、"话语霸权"（拉克劳、墨菲）、"商谈伦理"

(哈贝马斯)、"承认政治"(霍耐特)等意识形态核心话语,分析其意指和能指,并力图实现其话语转换;如把"承认政治"中的"爱、法律、团结"的承认形式和"强暴、剥夺权利、侮辱"的蔑视形式等政治伦理话语,转化为中国式的公正、法治等社会主义核心价值观话语;又如下文分析的西方采取以课程为载体,把价值观念嵌入各类课程、融进各项管理制度、体现在隐性课程上、贯穿学校的运行机制中,等等。通过对西方主流媒体和相关机构的价值观念的话语体系及其传播方式进行反思借鉴式研究,形成"中国立场,国际表达"的话语传播方式。

第十二章　当代中国价值观念对外传播话语体系的问题及建构

前面从第二章一直到第十一章，对当代中国价值观念对外传播话语体系的研究，或是进行内涵分析，或是针对某一个价值观的传播状况进行梳理，或是从传播的途径、传播的主体、传播的载体等方面进行研究，或是借鉴国外以课程为载体嵌入价值观教育的方法，都是局限于某一个层面，还未能上升到总体上进行。从这一章开始，将在前面个案研究的基础上，进行总体性研究。从前面的研究，我们知道，当代中国价值观念是在当代中国人民的日常生活实践中生成的，它不仅是中国传统社会优秀道德价值观传承和当代转化的结果，还积极地吸收了西方资本主义国家价值观的合理内容，同时还蕴含着当代中国人民对美好生活向往的价值追求。然而，正如前面几章分析显示的那样，当代中国价值观念在对外传播的过程中面临着诸多的困境，究其原因，不外乎有来自国内和国外两个方面的客观因素干扰，还有在建构和凝练对外传播话语体系方面存在的主观因素影响。而要想扩大当代中国价值观念在国际范围的影响力和国际话语权，就要求我们找到当代中国价值观念对外传播话语体系困境的根源所在，对症下药，不断克服这些困难，从而为当代中国价值观念的国际传播创造条件、提升传播效果、扩大影响范围和增强传播的渗透力和感染力。

第一节　当代中国价值观念对外传播话语困境

一　当代中国价值观念对外传播话语困境的国内因素

当代中国价值观念对外传播话语体系的国际传播面临着各种困难与挑战，其中的一部分根源在于国内，包括对外传播能力建设不足、人文社会科学发展国际影响力低导致学术领域国际话语权不足以及对外文化交流匮乏等方面原因。

(一) 对外传播能力建设不足

当代中国价值观念对外传播话语要想达到在国际范围内的广泛传播并产生一定程度的影响力，就必须首先要通过一定的传播渠道将当代中国价值观念传播开来，让世界人民能够倾听到中国声音和中国话语。而目前当代中国价值观念对外话语传播面临着困境的原因之一，就在于中国的对外传播能力建设不足，主要体现在两个方面：第一，对外传播平台和传播载体数量和质量都存在不足。当代中国价值观念对外话语在国际领域的传播和发声，需要强有力的传播平台和传播载体，没有良好和畅通的传播载体，当代中国价值观念无法传播出去，其他国家的受众也无法感知和接收到这种价值观念和思想。当代中国价值观念对外传播话语体系对外传播的载体和平台主要有两种途径：一种是以广播、电视以及报纸为代表的传统媒介；另一种是以网络新媒体为代表的新兴媒介，而中国政府在这两个方面都做得不够，存在不足。前面几章已有分析，一是传统媒体方面，虽然中国政府已经构建了一整套对外传播和国际发声的传播平台，如英语国际广播的开播，电视台等国际频道的开通，《人民日报海外版》也呈现欣欣向荣之势，但是这些传统媒体在传播当代中国价值观念方面作用不大，主要是因为这些传统媒体的受众范围有限，能够真正收听这些广播、收看这些节目、阅读这些报纸的人微乎其微，导致其传播功能削弱，前面的实地调研也证明了这一点。二是新兴媒体方面，在推动当代中国价值观念对外传播话语体系的国际传播中，对网络新媒体运用不足。随着网络新媒体技术的不断发展和日臻成熟，碎片化传播和微传播已经成为信息传播的重要方式，其影响力和渗透力比传统媒体有过之而无不及，而中国政府在推动当代中国价值观念对外传播话语体系国际传播时，由于技术条件限制以及其他方面的原因导致未能充分发挥和利用新媒体在当代中国价值观念国际传播方面的优势，网络新媒体领域反而成为发达资本主义国家用来传播资本主义价值观念的便利途径。第二，对外教育发展战略持续力不足。以孔子学院为例，在经历了大规模的扩建与发展之后，近年来已经出现了部分的萎靡现象，如近年来美国政府对孔子学院的阻挠，同时在国际领域不断传来孔子学院被关闭的消息，无论这些消息是真是假，都反映了当前孔子学院建设和发展面临的困境。孔子学院是传播中华优秀传统文化、弘扬当代中国价值观念的重要场所和实体平台，它在提升中国文化软实力、传播中国人民的价值观念方面有着重要的作用，作为在国外直接进行汉语教学和文化交流的场所，如果充分发挥其在传播当代中国价值观念方面的重要中介作用，则对中国政府国际话语权的获取起到积极促进作用。但是，孔子学院今年来呈现的萎靡状态、持续力不足以及资金不足问题都严重影响了其在传播中华文化、促进中外文化交流、弘扬当代中国价值观念方面的重要作用。总之，传播渠道不畅和传播方式有限依然是制约当代中国价值观念国际传播的重要原因。

（二）人文社会科学发展国际影响力低，国际学术交流被动乏力

改革开放以来，在以经济建设为中心的基本路线指引下，中国经济社会取得了迅速的发展，人们的物质生活水平也得以大幅度提升。但我们在注重经济基础建设的同时，无意中忽略了精神文明建设，忽略了文化软实力的提升，中国学术领域发展呈现出了不平衡或者说是畸形的状态，自然科学领域因其实用性强而得以重视并迅速发展，而人文社会科学因其社会效果的隐匿性和长期性而被忽视，导致中国人文社会科学发展面临严重的困境，在国际领域的话语权不断被削弱，国际影响力也不断下降。当代中国价值观念对外话语的国际传播需要人文社会科学的学术发展与国际交流，通过学术发展精心构建和凝练当代中国价值观念的对外传播话语体系，使得对外传播话语体系符合世界上其他国家人民的话语表达习惯，更容易被世界上其他国家的人民认知和接受；通过学术的国际交流和"走出去"传播当代中国价值观念，让其他国家的人文社科工作者和研究者更多地关注和研究当代中国价值观念，通过促进其他国家学术研究领域对当代中国价值观念的深入研究和分析，推动当代中国价值观念国际影响力的增强和话语权的提升。然而目前中国人文社会科学研究领域面临着严峻的困境，即人文社会科学发展难以"走出去"，在国际领域的话语权低，影响力不足，在国际层面的学术交流中被动乏力，主要体现在：第一，在部分学者的媚外心理作用下，人文社会科学学术研究领域的中国话语逐渐被蚕食，学术话语表达和研究思维方式严重"西化"，盲目崇外致使当代中国价值观念的对外传播话语体系建构面临困境。自近代以来中国因为生产力落后于西方国家，就一直处于向西方发达国家学习和借鉴的状态，国人在这种氛围中长期以往形

成了自卑和崇外的心理，这种心理蔓延到了人文社会科学研究者的身上，致使他们在进行学习和研究过程中对国外的理论研究模式、方法、话语产生盲目崇拜和依赖的心理，放弃中国特色、中国元素和中国风格的话语表达，放弃中国本土的研究方法和模式，久而久之，在国内层面，中国话语不断式微，西方话语不断呈现强势地位。这种情况也致使当代中国价值观念的对外传播话语体系在凝练过程中面临话语表达和话语传播方面的困境。第二，在国际的学术交流和学术活动中，中国人文社会科学学者的话语权不强，存在感薄弱，往往只是被动式地参与和交流，不能提升中国学术领域的国际话语权，这样通过学术交流和学术活动传播当代中国价值观念的途径就被封闭和阻塞。学术交流途径是推进当代中国价值观念对外话语传播的重要途径，由于中国人文社会科学在国际领域的学术话语权较低，也会严重影响到当代中国价值观念的传播与弘扬，其他国家的知识分子和学术研究者就很难通过学术途径了解和认知当代中国价值观念，更无从进行深入的研究，从而通过学术研究推进当代中国价值观念在他们国家的传播。可见，中国人文社会科学研究领域的学术交流乏力和国际话语权低也严重影响了当代中国价值观念对外话语的传播。

（三）对外文化交流幅度与力度不够

当代中国价值观念体系作为当代中国社会主义文化的重要组成部分和核心内容，其对外传播和渗透应当是伴随文化的交流与传播同时进行，附加在文化产品和文艺作品中，如电影、文学作品输出等。而中国当前对外文化交流方面也存在着传播不力的状况，文化产品输出面临困局，对外文化交流乏力，一定程度影响了当代中国价值观念的对外传播和宣传。第一，中国的对外文化交流形式少，往往是以传统文化为基调，以旅游、美食、民族风情为突破口，能够蕴含当代中国价值观念的内容少。中国与世界上多个国家都有进行文化互动与交流的活动，如旅游文化节，这些形式的交流活动在传播与弘扬中华民族风俗文化和传统优秀文化方面确实起到了一定的作用，为世界上其他国家的人民了解和认知中国提供了帮助。但是，这种宣传与交流只是停留在浅表层面的感性认知，深层次的思想认知和价值观理解则无法通过此途径实现，其他国家人民对中国的认识往往是停留在中国功夫、中国美食、中国旅游风景等常识性知识上，而对中国人民的生活方式、价值观和思想状况则不甚了解。第二，中国文化产品的对外输出乏力，那些真正蕴含中国人民价值认知和思想观念的文化产品难以输出，导致当代中国价值观念通过文化产品载体进行传播和宣传的途径不畅。如中国电影的国际市场份额少之又少，中国人文社会科学作品的相关书籍在国际畅销作品排行榜中鲜有耳闻，这些文化作品一般都蕴含着中国人民的精神追求和价值观念，但不被他国人民关注和选择，致使其影响力微弱，也成为当代中国价值观念对外传播话语体系传播不畅的重要原因。总之，当前中国对外文化交流幅度与力度远远不够，这也是当代中国价值观念对外话语传播困境的根源之一。

二 当代中国价值观念对外传播话语困境的国际因素

当代中国价值观念对外话语国际传播面临困境的另一方面因素在于国外资本主义发达国家的前方阻挠，西方发达资本主义国家在长期的历史发展中已经牢牢掌握了国家传播领域的话语权，前文分析的好莱坞电影大片、BBC 广播电台、《基督教箴言报》等影视报纸等媒体，有的发展成为国际垄断组织，拥有了无可挑战的国际话语权。它们利用话语霸权为资本服务进而为自己国家的利益服务，在它们看来，这种话语霸权是不容被挑战的，只有继续维系这种话语霸权才能实现自己国家的长远利益。同时，对社会主义中国的意识形态敌视也是发达资本主义国家阻碍中国扩展国际影响力、获取国际交往领域话语权的重要原因。

（一）西方资本主义发达国家长期占据国际舆论话语霸权

自工业革命以来，西方发达资本主义国家因其在科技和经济发展领域的领先地位而不断确立在国际领域的主导话语权，这种话语优势和主导地位一直延续至今。在当今的全球化时代和网络化时代，各国对于国际舆论和传播领域的话语权争夺更显激烈，而"发达国家凭借强大综合国力，在掌握现代通信技术、促进传播全球化、品牌塑造和人才培养方面占据着绝对优势，牢牢掌控议题设置权、国际突发事件报道权"[①]。面对这种话语优势和话语霸权，发展中国家很难挑战，试图在国际领域发声也异常艰辛，发达国家也一直试图用各种方法维系着这种优势，这

[①] 项久雨、胡庆有：《当代中国价值观念国际传播的意义、问题与对策》，《学习与实践》2015 年第 7 期。

也是当代中国价值观念对外传播话语体系传播面临困境的重要因素，在国际传播领域无论是传统媒体还是新兴媒体的话语权都被发达国家牢牢掌控。第一，发达资本主义国家利用技术和经济优势掌控国际领域的主流媒体，发展中国家在国际领域发声渠道有限。国际领域的主流媒体和有影响力的媒体基本上都由发达资本主义国家把持着，互联网领域有影响力的新兴媒体也几乎为发达资本主义国家所控制，而中国要想促进当代中国价值观念的对外传播和宣传，获取当代中国价值观的国际话语权，就必须要借助国际传播媒介进行广泛宣传，必然与发达资本主义国家的既定话语霸权产生强烈的冲突。面对这种话语挑战和冲击，发达资本主义国家必然会不惜一切代价来阻止，这也正是当代中国价值观念在国际领域难以传播的重要因素。第二，国际传播领域的主流媒体在传播内容、传播方式等方面都被附加了价值内涵，按照西方主流价值观和思维方式对报道和传播内容进行精心编辑和整理，把受众引向既定的思维方向，从而达到为特殊利益服务的目的，在这种状况下，当代中国价值观念的国际传播必然要向既定的思维模式和价值取向发起挑战，这也是主流媒体所不允许的，它们往往在报道中国的时候进行刻意歪曲和恶意丑化，以达到削弱中国国际影响力和媒体话语权的目的，从而维护既有的话语霸权，这也是阻碍当代中国价值观念对外话语传播的重要因素。

（二）全球范围的意识形态对立和斗争依然十分激烈

自从社会主义制度和社会主义国家出现以来，资产阶级对社会主义的敌视就从未停止过，对社会主义国家和政权的颠覆和斗争也从未停止，特别是二战后的冷战时期，由于二战给人们造成的战争创伤和痛苦记忆非常深刻，所以战争在资本主义国家和社会主义国家之间的对抗和斗争中出现的概率较小，而冷战，即除了战争之外的其他对抗形式成为二者角逐的主要方式，其中意识形态领域的斗争尤显激烈，而且延续至今，作为世界上最大社会主义国家的中国，必然会受到来自各资本主义国家的敌对、干扰和破坏，特别是意识形态方面的入侵和渗透。第一，资本主义国家的意识形态渗透和入侵无孔不入，已经严重影响了中国人民的日常生活。在这种潜移默化的意识形态入侵和影响下，中国人民的价值观念和思想认知已经发生了深刻的变化，部分群众的思想受资本主义价值观念的毒害，已经成为社会主义社会发展的"毒瘤"，在这种情况下，当代中国价值观念在国内的传播与宣传都受到严重干扰，要达到入脑入心的状态更是难上加难。当代中国价值观念在国内的传播困境和面临的艰难局面也间接地影响了其对外话语的国际传播，在国内尚未形成价值自信，国际传播就更显乏力和无底气了。第二，发达资本主义国家不会轻易让中国的价值观念进入他们国家人民的思想意识中，会采取各种方式进行阻挠。因为这样会对既定的较为稳固的资本主义意识形态统治产生强烈冲击，影响资产阶级的统治基础和政治合法性。当代中国价值观念国际传播的意义就在于让世界各国人民真实地认识到中国人民的精神面貌和价值追求，塑造中国良好的国际形象，提升中国在国际交往领域的话语权，而这是资本主义国家不想看到的，对社会主义的天生敌视和基于国家利益的考量都会促使资本主义国家政府用尽各种办法对当代中国价值观念的传播进行阻拦和刁难，如某些国外主流媒体刻意对中国民主、法治、正义状况进行负面报道，故意歪曲和抹黑中国，从而使本国民众形成对中国形象的负面认知和了解，给当代中国价值观念的传播制造阻力和障碍。

（三）接受意识形态教育的国外民众对当代中国价值观念的本能拒斥

当代中国价值观念对外传播话语体系的国际传播和宣传需要适应国外人民的生活习性特点、思维方式习惯、文化背景差异等，否则这种价值观念的传播与宣传则无法达到预定的效果。正如有的学者所言，目前在当代中国价值观念国际传播领域，存在着"对于当代中国价值观念国际传播缺乏对国际受众文化价值观念的深入调查，缺乏对国际受众思维方式的充分理解，缺乏对国际受众表达习惯和叙述方式的充分了解"等问题，[1] 这些问题将直接影响当代中国价值观念被国外民众的接受程度。第一，资本主义倡导、宣传和教育的价值观念深入资本主义国家民众的内心深处，上述以课程为载体的传播西方价值观念即是一例。在资本主义自由、平等、民主、法治和正义等资本主义价值观念的教育下，资本主义国家民众对社会主义国家的价值观念有着本能的抵触和先天的质疑，因而，在这种抵触和质疑中当代中国价值观念的传播也面临困境，如何化解资本主义国家民众对社会主义的误解和疑虑，树立正面形

---

[1] 吴海燕：《受众本位视角下当代中国价值观念国际传播策略研究》，《云南社会主义学院学报》2016 年第 3 期。

象也成为当前中国价值观国际传播的重要任务。第二，世界上其他国家民众的思维方式和思考习惯以及话语表达方式与中国不尽相同，导致他们对当代中国价值观念体系的对外话语表达和陈述方面难以接受。正如国外的对外传播专家菲里克斯·格林对中国的对外宣传批判时指出的："我坦率地说，你们的对外宣传是失败的，你们的对外宣传没有说服力，有的反而会引起外国人的误解。从事国际传播的每一个作者、翻译和编辑，都应该在他的写字台上放一个标语牌，上面写着'外国人不是中国人'。"[1] 可见，国外民众的思维方式和思考习惯直接制约着当代中国价值观念对外宣传的效果，这也是当代中国价值观念对外话语传播面临困境的国外因素，前文我们对英国、加拿大、德国的具体调研，也反映了这一点，这也要求我们在凝练当代中国价值观对外传播话语体系和进行国际传播时，一定要把握国外民众的心理特征和思想状况。总之，国外人民长期受到资本主义意识形态教育，难以接受中国特色、中国元素和中国风格的话语体系也是当代中国价值观念对外话语难以传播的重要原因。

三 当代中国价值观念对外传播话语困境的话语因素

当代中国价值观念对外话语国际传播面临的困境，不仅有着国内和国外两方面的客观因素，还有着话语建构和凝练自身方面的原因，就对外传播话语体系自身而言，其建构面临着在中国特色话语和西方话语二者之间进行选择的两难抉择以及促进两种不同话语体系相互交融与结合的困难。同时，英语作为国际交往领域的通用语言，各国都有属于本国的语言，翻译问题和话语转述问题也阻碍着原汁原味汉语表达的当代中国价值观念的传播。

（一）当代中国价值观念对外传播话语体系的构建处于两难的困境

当代中国价值观念对外传播话语体系的构建面临着两难的抉择困境。一方面，中国不能打造一套完全属于中国的独立的关于当代中国价值观念的对外传播话语体系，因为这种符合中国思维方式和中国话语表达习惯的话语体系无法为世界其他国家人民所接受，从而就会失去国际吸引力和感召力；另一方面，又不能完全依赖西方的既有话语体系进行

---

[1] 刘洪潮：《怎样做对外宣传报道》，中国传媒大学出版社2005年版，第66页。

第十二章 当代中国价值观念对外传播话语体系的问题及建构 | 331

当代中国价值观念对外传播话语体系的打造,因为这样就会被束缚于西方国家的既定话语体系,从而难以获取话语权,无法体现中国特色内容并展现当代中国人民的精神面貌,当代中国价值观念对外传播话语体系的构建和打造就会失去意义,沦为西方话语体系的附庸。虽然有学者为这种两难困境提出了建议,"在这种情况下,理论工作者要吸收走出中国道路的人民群众的创新智慧,用理论思维的各种方式、方法提炼、凝聚、升华这条道路所展现出来的价值观念,并且结合世界人民的接受能力,考虑语言转化方面的具体问题,最终打造出可行、公认的价值观念对外传播话语体系"[①]。通过对中国道路实践经验的理论抽象和话语凝练,打造既体现中国特色、蕴含中国元素并符合中国风格,又与西方话语体系相接轨的当代中国价值观念对外传播话语体系,当然是最好的选择,但是这方面的工作需要中国人文学者的不懈努力,其实现过程任重而道远。

(二) 中国的话语表述与国外人民语言运用和接收习惯水土不服的问题

当代中国价值观念对外传播话语体系的凝练与构建往往是在中国人的视角、思维习惯和话语表达方式下,或者是在中国专家和学者眼中的国外民众的视角下,进行的话语选择和话语表述,这种对外话语的建构和表述往往存在先天不足,即很少有去对外传播话语体系接收国进行实地调查,从而掌握接收国民众的话语表达习惯、话语思维习惯和话语接收舒适区域等,这样在主观臆测下,当代中国价值观念的对外传播话语体系就闭门造车式的建构起来了,其对外话语适应性和传播可靠性尚未得以检测就被推往国际传播层面。在这种情况下,当代中国价值观念对外传播话语体系和影响力的扩散就会大打折扣,一个新的课题和任务又展现在我们面前,当代中国价值观念的对外传播话语体系如何做到既展现中国特色、中国元素和中国风格,又与其他国家民众日常用语的结合与交融,适应对外话语接收国民众的语言表达习惯和思维方式,变得容易接受和吸纳,从而赋予当代中国价值观念的对外传播话语体系二重属性,即中国特色性和本土适应性,这也是当前阻碍当代中国价值观传播

[①] 莫凡、李惠斌:《当代中国价值观念对外传播话语体系建构与传播研究》,《中国特色社会主义研究》2014 年第 6 期。

的重要因素，是对外传播话语体系建构亟须解决的重要课题。

（三）英语仍是国际交往领域的通行语言，语言劣势成为天然阻碍

近代以来，西方发达资本主义国家凭借强大的经济优势和科技优势在国际范围内确立了领导地位，其主要日常用语英语也在其推动下成为国际领域的通用语言，成为世界各国经济文化交流时的中介性语言。然而，英语在国际交往领域的主要地位也严重阻碍了对外宣传和传播当代中国价值观念，语言转化和转述成为当代中国价值观念传播的必经途径，但是在转述和翻译的过程中，不免会影响话语内涵的呈现和话语原意的表达，甚至有时候还需要经过几道转化，把汉语转化为英语，再把英语转化为话语宣传接收国的语言，这种语言上的劣势影响着当代中国价值观念的对外宣传效果。同时，这也是中国对外汉语教育不力的结果，虽然中国对外汉语教育近年来取得了一系列的成果，如孔子学院的不断增多以及国外来中国留学生的不断增长，这些举措在一定程度上都推进了汉语的国际化进程，提升了汉语在国际层面的影响，但是，由于汉语作为语言天生具有的晦涩性和难以学习性，其在全球范围内的推广也面临着困境，如何使汉语的学习更加容易和便捷也成为当代中国价值观念对外传播的制约因素。总之，制约当代中国价值观念对进行国际传播和对外宣传的重要"瓶颈"之一就是语言劣势。

第二节　当代中国价值观念对外传播话语的多样化方式[①]

在推动当代中国价值观念的国际传播过程中，我们不仅需要精心地构建和打造属于中国的、具有中国特色的当代中国价值观念话语体系，而且还需要采取恰当的传播策略来实现当代中国价值观念话语的良好传播效果，提升传播的广度与深度，以达到话语影响力的提升和国际话语权的掌握。当代中国价值观念对外话语传播具有多样化的方式，包括政治交往、经济交往、文化交往和学术交往中的价值观念传播与寄载；当代中国价值观念对外话语传播的具体路径则包括通过媒介能力建设、推

---

① 该部分以"当代中国价值观念话语体系的对外传播策略研究"为题，发表在《探索》2018 年第 1 期。

第十二章　当代中国价值观念对外传播话语体系的问题及建构 | 333

动中华文化"走出去"以及利用传播活载体进行价值观念的负载与传播；同时，还要依托孔子学院、中国的各类驻外机构等平台。

在当代中国价值观念对外话语的国际传播策略选择与采用中，要坚持马克思主义一贯的方法论原则，即贯彻原则的坚定性与策略的灵活性相结合。这一方法是马克思主义者在实践工作中重要的方法论，从列宁到毛泽东再到邓小平等领导人都曾运用并贯彻这一方法论，如中国领导人邓小平在改革开放中"将坚定的原则性与灵活的策略性有机地结合在一起，使之在辩证的层次上实现了四个统一，即：坚持社会主义与改变孤立状态、走改革开放之路的统一；坚持无产阶级专政与反对和平演变、加强民主建设的统一；坚持马列主义、毛泽东思想与解放思想、实事求是的统一；坚持共产党的领导与消除腐败、加强廉政建设的统一"[①]。目前，对于当代中国价值观念的对外话语传播而言，应当秉持的原则就是当代中国价值观念独有话语体系的构建、打造和传播，用中国独有的和特色的话语向国际社会讲述中国故事、传播当代中国的声音、输送中国人民的价值观念。正如有学者分析当代中国价值观念国际传播话语时，指出这方面工作存在的主要问题是："一是缺乏共享的文化系统和文化符号；二是易套用西方的模式，缺乏中国特色。这就导致以下两种极端：要么话语体系的差别使得不同国家对学科的表述会采用不同的方式，影响传播效果；要么照搬西方的模式，无法全面、系统、深刻地阐释当代中国价值观念。"[②] 显然，这就是原则的不坚定性造成的后果，形成了两难的窘迫境地。为此，在构建当代中国价值观念对外传播话语体系时，不能跟风随风，采取西方资本主义国家在全球范围内推销的既有垄断话语，来对当代中国的价值观念进行评判和道德审判，从而在他者的话语中失去自我，而是要在彰显中国特色的同时建构能够被世界人民接受和理解的话语体系。同时，要注重策略的灵活性，就是在传播当代中国价值观念话语体系过程中要尽量开辟多种途径并创新方法方式，运用各种可行的传播路径扩大话语传播的广度与深度，增强对外传播话语体系的国际影响力和渗透力，在这个过程中，多重策略的采

---

① 支运春：《论邓小平原则的坚定性与策略的灵活性的辩证统一》，《西南师范大学学报》（哲学社会科学版）1997 年第 3 期。

② 项久雨：《当代中国价值观念国际传播的策略》，《光明日报》2016 年 4 月 20 日第 13 版。

取是必要的，要紧跟时代发展的潮流，及时更新与创新传播方法，把新办法与旧途径相结合，正如习近平总书记在强调增强中国文化软实力时指出的："要加强提炼和阐释，拓展对外传播平台和载体，把当代中国价值观念贯穿于国际交流和传播方方面面。"① 习近平总书记已经全面深刻地提出了这项工作的重要性和实现途径，我们要善于利用多种传播载体和传播渠道，掌握当代中国价值观念传播中的策略灵活性，推进当代中国价值观念话语体系融入国际交流的全领域全过程。

当代中国价值观念话语体系对外传播方式的多样化体现在政治活动、经济活动、文化活动和学术交往活动等方方面面，对多样化传播方式的研究有助于开辟和寻找当代中国价值观念话语体系国际传播的新路径和新方法，为增强传播的针对性、实效性、广泛性提供参考思路。

一 政治交往中当代中国价值观念的对外传播话语

在当今全球化时代，各国之间随着经济交往的频繁与加速，政治交往活动也随之不断增多，加强政治合作、建立政治互信、推动政治沟通与斡旋、展开外交活动逐渐成为国家之间加强联系的重要方式和重要课题。而通过政治交往活动，各国政府都试图推销和传播本国的价值观念和思想理念，进而为本国在国际事务中谋取主动权和利益提供便捷。因此，当代中国价值观念的对外传播话语可以通过各种国际政治活动途径得以表达和阐释，以其合理性、正当性和中国特色性而得到他国人民的认同和支持，甚至是接纳并融入自身的价值观念中。

首先，在国际政治会议的参与中表达当代中国价值观念，在国际会议的参与中，阐明和表达内含中国价值观念的观点和立场，可以更好地传播当代中国价值观念。如在参加联合国的各项会议中，中国的代表应当阐明中国立场和中国观点，精心构建能够为他国人民理解和认同的对外传播话语体系，用中国五千年文明发展中形成的丰富悠久的独特汉语言传播当代中国价值观念，用感人肺腑的震撼人心的中国故事传递中国声音，把当代中国价值观念融入中国的立场和观点表达中。在2017年1月18日举办的达沃斯世界经济论坛会议上，习近平总书记就深刻地阐明了中国立场和中国观点，把当代中国的价值观念融入主旨演讲中，

---

① 《习近平谈治国理政》第1卷，外文出版社2018年版，第161页。

充分融入了中国特色的话语和中国人民的价值观念，如习近平总书记在主旨演讲中指出："人类已经成为你中有我、我中有你的命运共同体，利益高度融合，彼此相互依存。"① 这句话充分展现了中国人民对共享发展、合作共赢价值理念的崇尚和追求，也体现了中国人民开放包容的胸怀与情愫。讲话中习近平总书记还数次直接引用了中国的成语和俗语，直接展现中华民族话语体系的独特魅力，传播中国价值观念话语体系。如"大道之行也，天下为公。""积力之所举，则无不胜也；众智之所为，则无不成也。"等等。

其次，在领导人国外访问中阐述当代中国价值观念话语体系。在国家之间的政治交往中，领导人出国访问是经常性的活动，而其意义往往也是在于促进两国政治交往和政治互信，进而增进两国人民的感情，推进经济交往与合作。在这个过程中，领导人往往会发表一系列主旨演讲和重要讲话，传递本国的政治观点和经济政策，对于当代中国价值观念的对外话语传播来说，通过这种途径进行传播往往能够取得较好的传播效果，把当代中国价值观念、中国声音和中国观点直接带到他国人民的眼前，在较大的关注度下取得良好的宣传和传播效果。习近平总书记和李克强总理在多次参与此类活动中也秉持了这一理念，大力推动当代中国价值观念的对外话语传播与宣传，致力于诠释中国价值、宣传中国理念、弘扬中国精神。如在2016年11月21日习近平总书记访问拉美国家秘鲁的过程中，习近平总书记在秘鲁国会发表演讲，在讲话中，习近平总书记深刻地阐明了当代中国的价值观念，表明了中国人民的美好意愿和价值理想，传播了中国价值观念的话语体系，如"命运共同体"概念的提出，以及对中国的观点和立场的阐述，即"中国一贯主张，世界各国共同努力，建立平等相待、互商互谅的伙伴关系，公道正义、共建共享的安全格局，开放创新、包容互惠的发展前景，和而不同、兼收并蓄的文明交流，尊崇自然、绿色发展的生态体系"②。这些话语表述和意义传达，其实都是在传递当代中国的价值观念，并且是运用恰当的中国特色话语体系进行表述和传播，这将大大提升当代中国价值观念

---

① 《习近平主席在出席世界经济论坛2017年年会和访问联合国日内瓦总部时的演讲》，人民出版社2017年版，第8页。
② 习近平：《同舟共济、扬帆远航，共创中拉关系美好未来——在秘鲁国会的演讲》，《人民日报》2016年11月23日第2版。

的国际影响力。

最后,在国际政治合作中践行当代中国价值观念,传播当代中国价值观念话语体系。国际政治合作主要是指针对全球性的问题,各国之间展开的广泛合作,共同致力于解决问题,或者是两国或多国之间为了某些共同的政治目的开展的合作。如国际范围内的维和行动、反恐行动和环保活动,对于当代中国价值观念的对外话语传播而言,要利用参与国际政治合作的机会,在合作活动参与中切实践行和展现当代中国价值观,让他国人民感受当代中国价值观念的魅力所在,进而扩大当代中国价值观念的国际影响力。同时,在合作的过程中要积极构建和传播当代中国价值观念的对外传播话语体系,用具有中国特色、阐明中国立场的话语向进行政治合作的他国人员传递中国声音、讲述中国故事、传播中国价值观念。如在需要展开国际政治合作中,中国积极参与到全球气候的治理中去,在历届全球气候大会中庄严承诺,并且积极阐明中国观点、中国理念和中国价值,通过加强中国的生态文明建设和践行中国的生态承诺向世界展现当代中国的价值面貌和良好形象,并且在合作的交往中运用精心构建的对外传播话语体系阐明当代中国的价值观念、立场观点和理念行为。

二 经济交往中当代中国价值观念的对外传播话语

经济交往的需要是推动全球化发展的最主要动因,而经济交往所带来的不仅仅是经济的全球化发展,更是带来了全球范围内政治、经济、文化、社会等等各方面的全新变化与全球交往,其中价值观念的传播与渗透也是伴随经济交往而来的,强势的经济主体不仅仅在全球范围内推行经济霸权和经济掠夺,更是在全球范围内推销和强制渗透其价值观念,试图在思想上影响和控制其他国家的人民,进而为自身的经济利益服务。可见,对于中国而言,要摆脱强势的资本主义错误价值观念的束缚和控制,就要传播和弘扬当代中国价值观念,通过国际经济交往活动中对外传播话语体系的构建与传播,把当代中国价值观念融入经济交往活动的全过程。

首先,要发挥跨国企业在当代中国价值观念对外传播话语中的重要作用。跨国公司是当前世界经济交往的主要实施主体,也是当代中国价值观念话语体系国际传播的重要载体,跨国公司在进行经济交往的过程

第十二章　当代中国价值观念对外传播话语体系的问题及建构

中，可以承担输出和传播本国价值观念的重要任务。正如卡尔·多伊奇指出："公共外交是现代外交思想的永恒主题，而跨国公司则担负着向世界散播一国价值观和思想的重任，在实现国家利益的过程中起着不可忽视的作用。"① 其中，最典型的就是美国的跨国公司在全球进行经济活动的同时，凭借着其巨大的经济影响力，输出美国的民主、平等、自由等等价值观念，"跨国公司的经营理念、发展战略、产品服务、营销策略、企业文化、社会责任反映着其本国的国家特性、社会文化和意识形态。由于跨国公司通过商业途径实施公共外交、传播民主价值观，较之政府常规外交途径其承载的价值理念更少直接性、敏感性、政治性和进攻性，所以美国把跨国公司视为民主自由的代理人，将跨国公司作为展示、拓展和传播美国政治制度、意识形态、美式价值观及生活方式等'软实力'的主要途径"②。可见，美国充分利用和发挥了跨国公司在价值观输出和倾销中的重要传递作用，一系列跨国公司，如肯德基文化、麦当劳文化以及沃尔玛公司等一系列跨国巨头，在全世界传播和输送着美国价值观。对于当代中国价值观念的对外话语传播而言，要借鉴美国跨国公司的有益经验，实现中国跨国公司在海外各国协助传播中国价值观念的重要作用，在进行经济交往活动中坚守和践行当代中国价值观念，让他国人民感受当代中国价值观念的独特魅力，增强当代中国价值观的吸引力和渗透力。同时，要以他国人民听得懂的、中国特色的话语进行当代中国价值观念的表达和转述，提升国际话语权。

其次，充分利用当前"一带一路"倡议构建和推进的有利时机，传播当代中国价值观念的话语体系。"一带一路"倡议的提出，主要是基于加强各国经济文化交流、促进沿途各国经济发展和资源共享的目的，是新时期加强各国经济交往、实现金融危机后国际经济繁荣发展的重要途径，作为首倡国，中国在"一带一路"规划、推进和建设进程中发挥着举足轻重的作用。为了促进各国经济发展和基础设施建设，中国还倡导和成立了亚洲基础设施投资银行，成为助推各国基础设施建设的有力保障。其实，在"一带一路"建设的倡议中，就已然包含了众多的中国理念、中国观点和中国价值观，包含和平共处、合作共赢、共

---

① 转引自黄河《跨国公司的公共外交决策》，《公共外交季刊》2011 年第 6 期。
② 刘恩东：《跨国公司与美国民主输出》，《四川行政学院学报》2016 年第 4 期。

享发展等中国理念。但是在此基础上，中国政府还需要进一步抓住这个有利时机，在推动各国经济交往、社会发展的进程中，构建、运用和传播当代中国价值观念的对外话语，用中国特色的、他国人民容易理解的话语阐述中国立场、讲述中国故事、传递中国声音、表达中国价值观，进而把中国价值观念融入经济交往的过程，不仅要成为各国在经济交往中运用的重要价值话语概念、话语表述和话语内容，还要成为各国在经济交往中认同、理解和共同遵循的价值准则和价值参考。

三　文化交往中当代中国价值观念的对外传播话语

价值观是文化的灵魂，是精神的依托，也是文化的核心内容，当代中国价值观念是中国特色社会主义文化的核心内容，也是其集中展现。在国际传播层面，中华文化在世界范围的传播也同样会承载当代中国价值观念的内容，成为对外传播话语体系构建和传播的重要依托。因而文化交往也成为传播当代中国价值观念话语体系的重要方式，在推动中华文化"走出去"与世界各民族文化交流的过程中，实现当代中国价值观念的承载与传播。

首先，以中华优秀传统文化为依托，在促进文化的传播与交流中传播当代中国价值观念。中华民族拥有悠久的历史，在长期的历史积淀中也形成了博大精深的中华文化，中华文化也以其独特之处、美妙之处吸引了来自世界各国人民的羡慕和关注，如中国的茶文化、瓷器文化、酒文化、美食文化、建筑文化等，都是中华文化的优秀代表，也吸引了来自世界的目光。而在这些优秀传统文化中也蕴含了中国人民对于生活的认知、对于价值理想的追求以及对于世界的看法，推动传统文化走向世界，与他国文化进行交流，以中华文化的独特魅力吸引来自世界人民的关注和认知，通过对这些优秀传统文化的创新性改造和时代转化，赋予其当代中国价值观念的内涵和话语，可以在世界范围内帮助传播和弘扬当代中国价值观念。如中央电视台拍摄的《舌尖上的中国》系列纪录片，运用蕴含当代中国价值观念的话语体系，介绍来自中华民族传承几千年的美食文化，必然会引起世界上他国人民的共鸣和期待，形成他们关于中国的深入认知和良好印象。可见，借助传统文化的传播与弘扬，当代中国价值观念话语体系可以得以良好的建构与传播。

其次，借助文化产业的国际发展，在文化产品的国际营销中建构与传播当代中国价值观念的话语体系。"一个国家的文化产品及服务出口结构可以很好地反映一国文化产业的优势与劣势所在，进而反映一国文化产业的结构特点，为一国文化产业的进一步发展提供依据和方向。"① 而文化产业的发展则体现了一国文化资源推动经济发展的能力和创造力，也是一国文化产品得以传播和发展的重要路径，而文化产品则不仅彰显了一国的文化底蕴，还体现了一国人民的时代精神特征，蕴含了一国人民的精神和价值追求。对于当代中国的文化产品来说，必然会蕴含当代中国价值观念的核心内容，而借助文化产业的发展，推动中国的文化产品走向世界舞台，则会助推当代中国价值观念的传播和影响力的扩散，主要文化产品包括图书、传统文化工艺品、实景演出和影视作品等内容。② 通过这些文化产品的贸易，通过文化产业的国际发展，可以更好地把中国的文化产品推向世界，借助文化产品展现当代中国价值观念的核心内容，提升当代中国价值观的国际话语权和影响力。

四 学术交流中当代中国价值观念的对外传播话语

全球范围内的学术交流是世界各国为提升本国科学研究的实力、了解和交流科学研究的前沿问题而推动的跨国性的学术活动，学术交流活动有助于各国科研工作者了解和跟踪本学科的前沿动态，提升科学研究的实力。而通过学术交流活动，往往还能达到传递本国价值观念、传播思想理念，对于当代中国价值观念话语体系的国际传播而言，可以通过国际领域学术交流活动进一步构建和传播，把中国价值、中国话语和中国观点传递到学术工作者的脑海中。

首先，通过国际学术会议参与的中国学者学术成果汇报和话语表达，在展现中国学术发展的同时阐明当代中国人们的价值追求。国际学术会议是各国学者进行学术交流的重要途径，也是本国学者向他国学者展现本国价值观念和思想追求的重要方式，特别是人文社会科学类的国际会议，本身就具有很强的意识形态性和价值立场性，在这些会议中中国学者可以充分地利用中国特色话语，展示学术成果，阐明学术观点，

---

① 宫玉选主编：《中国文化产业"走出去"研究》，北京大学出版社 2016 年版。
② 李红等：《国际文化合作的经济分析：以中国—东盟区域为例》，中国社会科学出版社 2012 年版。

进而表达价值立场和价值观念，以自信的姿态向他国学者展示当代中国的良好形象和美好价值追求。同时也可以主办和承办更多的大型国际会议，让他国学者走进中国、感受中国，进而了解和认知中国，在中国本土接受和感知当代中国人民的价值追求，如近年来北京大学承办的第24届世界哲学大会、首届世界马克思主义大会，以及中国社会科学院马克思主义研究院举办的"中国道路欧洲论坛""中国道路澳新论坛""中俄论坛"等系列国际学术会议，都可以成为传播当代中国价值观念话语体系的重要平台和场域。

其次，借助留学生群体传播当代中国价值观念。留学生群体作为以学术交流和学习为主要目标的人群，在他们学习的过程中，可以帮助传播当代中国价值观念。留学生群体包括两个部分。一部分是中国外出留学的学生群体，中国留学生可以说是遍布全球各地，这也为当代中国价值观念的传播提供了便利和条件，中国留学生在国外求学过程中，通过对当代中国价值观念的切实践行，以及在日常生活中的话语表述和交往传播，可以把当代中国价值观融入留学生活全过程，通过留学生的一言一行展现，在潜移默化中进行传播和弘扬，提升当代中国价值观念传播的实效性。另一部分是其他国家来中国的留学生，针对这一部分群体，由于他们生活和学习都在中国，并且大多数要学习汉语，与中国人民进行交流和沟通，当代中国价值观念对外话语的传播可以通过与他们的日常生活交流进行，也可以由他们在中国的生活过程中自觉感受和主动了解，这些潜移默化的价值观影响和传播一般比直接宣传影响更大，而且等他们回国之后，很可能会形成二次传播。

总之，通过对以上四个方面传播方式的探索和论述可见，当代中国价值观念对外话语的国际传播和影响力扩散，不能仅仅停留和局限于某个方面，而是应该具有全局思维和大局意识，从各个方面探索多样化的传播方式，进而形成当代中国价值观念话语体系的良好国际传播格局，力推当代中国价值观念走向世界，得到他国人民的认同与赞赏，为中国在国际舞台上获取更多的话语权奠定基础。

第三节　当代中国价值观念对外传播话语的具体策略

当代中国价值观念对外话语的国际传播虽然方式多元化，但是必须落实到具体的传播路径上才能得到切实的传播效果，只有采取具体的措施和对策，才能推动当代中国价值观念对外话语在世界范围传播开来，让世界上其他国家人民在了解和认知当代中国的同时，认同和接受当代中国人民所秉持和坚守的价值观念，提升当代中国的国际影响力和话语权。为此，要着力从三个层面推动当代中国价值观念"走出去"、传播开来，即通过媒介建设，提高媒介传播能力；通过中华文化的"走出去"，承载和助力当代中国价值观念对外话语国际传播；通过"活载体"路径，实现当代中国价值观念的主体际传播。

一　加强媒介传播能力建设，推动当代中国价值观念的国际传播

随着信息技术的快速发展，网络媒介已经成为人们日常生活中不可或缺的重要信息传递工具，而与此同时，传统的传播媒介依旧对人们的生活产生重要的影响。因而，在推动当代中国价值观念对外话语国际传播时，应当打造全媒体平台，"从传播当代中国价值观念对外传播话语体系的可能路径来说，首先是打造所谓的'全媒体'传播路径"[1]。因为在当前国际环境下，试图通过单一的传播路径进行对外话语的传播已经几乎不可能实现良好的效果，这也"意味着传统上的报纸、广播、电视、网络的媒介形态的分野被彻底打破，任何一个媒体机构要想具有国际竞争力，就必须充分利用文字、图片、视音频等多种传输手段，最大限度地获取'到达率'"[2]。可见，打造"全媒体"平台是必然选择。

首先，要继续利用好报纸、广播、电视等传统媒介在传播当代中国价值观念对外话语方面的独特作用。因为有研究表明："自媒体内容来

---

[1] 莫凡、李惠斌：《当代中国价值观念对外传播话语体系建构与传播研究》，《中国特色社会主义研究》2014 年第 6 期。
[2] 史安斌：《未来 5—10 年中国对外传播面临的挑战与创新策略》，《对外传播》2012 年第 9 期。

源很大程度上源于传播主流媒体；传播主流媒体设置了自媒体的议程。"① 21 世纪以来，中国不断加强对外传播能力建设，在传统媒介方面，如国际广播的不断开通，以多种语言在地球上空传播中国声音，以中国的视角、中国的价值向世界展示中国、报道新闻，以兼具中国特色和世界特征的话语表述着来自中国的故事。中央电视台也开通了多个外语频道，以更加客观和形象的方式向国外人民展示当代中国的魅力，在图像的呈现和话语的表达中展现当代中国人民的价值追求和生活理想。另外，国内多种报纸也采用了外语书写，如人民日报海外版（People's Daily Overseas Edition）、中国日报（China Daily）等，都通过外语书写中国新闻、报道中国故事，传递当代中国价值观念。令人欣喜的是，2019 年 8 月 20 日，"学习强国"上线了一个由学习强国联合五洲传播中心、中国网联合打造的全新强有力的传播平台，即"传播中国"频道，在这个频道上开设了"传播资讯""影像中国""图文中国"等栏目，该频道也必将助力当代中国价值观念的对外传播，接下来，不仅以丰富频道内容为王，还要继续保持并进一步加强对外宣传力度，把当代中国的现实状况展示给世界各国人民，通过精心构建的对外传播话语体系，传播当代中国的价值观念。

其次，要适应时代潮流，运用网络自媒体等新兴媒介传播当代中国价值观念的对外传播话语体系。为此，要主动加强自媒体平台和阵地建设，"在对外传播中打开传播思路，积极开发符合移动互联网传播规律的新媒体产品，利用自媒体的传播特点，打破官方传媒的传统和严谨，通过个性化并富有亲和力的传播语言、传播内容进行创意传播，必能获得更好的传播效果"②。要把握住自媒体与传统媒体的区别，即强调灵活性与个性化，与日常生活紧密结合，以区别于传统媒体的严谨、刻板特点，因而要运用生动、形象的方式传播当代中国价值观念的话语体系，通过动画、漫画、纪录片或者诙谐幽默的生活场景等直观、形象生动的传播方式，可以更好地传递当代中国价值观，也可以更好地被他国人民所理解和接受。同时，还要考虑到受众的心理特征和文化差异所带

---

① 相德宝：《自媒体时代中国对外传播能力建设》，人民日报出版社 2013 年版，第 239 页。
② 任俊、昂娟：《从跨文化角度探析移动自媒体时代中国的对外传播策略》，《淮海工学院学报》（人文社会科学版）2016 年第 3 期。

来的接受方式区别，采取"分众化"的传播方式，针对不同国家、不同群体采取不同的传播方式，而且要采取抓重点的策略，针对主要接受人群采取相应的传播策略。总之，充分利用网络途径和自媒体平台传播和弘扬当代中国价值观，是时代发展的必然趋势，也是增强传播效果的必然路径选择。

最后，建构良好的媒介国家形象。"良好的国家形象可以让国家在国际社会中享有更高的可信度和更大的话语权，并且使得国家能够在国际事务中获得更大的战略空间。"① 也就是说，国家形象良好会直接影响到一个国家在国际社会领域的影响力和话语权，也会间接影响到他国人民对这个国家的认同和接受态度，进而对来自该国的价值观念、思想主张产生认同或不认同。而通过媒介传播建构国家形象是当前世界各国的通行做法，为此，要通过媒介传播，向世界展现更加真实、全面的中国，构建良好的中国形象，在当前，就是要以"中国梦"的宣传和"一带一路"的宣传和报道为契机，把中国人民的美好价值意愿和理想，把良好的中国形象展示给他国人民。在此基础上，助力当代中国价值观念话语体系的对外传播和弘扬，把当代中国人民的价值愿景和美好期待传递到世界各处，以良好的国家形象为支撑，获得他国人民的认同和支持。

二 推动中华文化"走出去"，以文化交往助力国际传播

中华民族的文化是中国人民独特身份的彰显，也是最能代表和体现中国人民精神特质和价值追求的部分，同时还是对于他国人民来说最具吸引力和感染力的内容。因此，要在推动中华文化"走出去"的进程中，把当代中国价值观念话语体系的内容融入其中，在文化交流与传播中彰显当代中国价值追求和精神实质。

首先，在文化产品的国际营销中，传播当代中国的价值观念。这一点可以借鉴美国的经验，美国的好莱坞电影在宣传和渗入美国价值观方面取得了重要的成绩，"好莱坞电影既具有商业性也具有文化性，不仅仅有助于美国主流价值观念的塑造，而且也有助于美国价值观念的传

---

① 王思齐：《国家软实力的模式建构：从传播视角进行的战略思考》，浙江大学出版社2013年版，第75页。

播,这是美国软实力中不可缺失的部分"①。美国好莱坞各种类型的电影中都渗入了美国强调个人主义的价值观,对自由、平等、民主等价值观的崇尚与追求,前文对此已作了较全面分析,对于当代中国价值观念话语体系的国际传播来说,可以借鉴这种经验,在电影、电视剧、音乐作品等文化产品的输出过程中,渗入和阐明当代中国所倡导和遵循的价值观念。其实,当前中国的电影中已经开始作了一定的尝试,2017 年夏天上映的吴京主演的《战狼 2》、2019 年春节档《流浪地球》等电影,不仅在电影制作和拍摄中学习好莱坞电影经验,而且在价值观和中华文化渗透中也开始学习其经验,如电影中吴京和外国人喝酒的场景,把中国的国酒茅台酒植入其中,这不仅是对中国酒文化的一种宣传,也是对中国价值观念的一种表达,是豪爽友善仁爱的表达。因而,对于文化产品的生产来说,要以民族文化特色为基础、兼具世界各国人民的共同特征,把当代中国价值观念的内容融入其中,向世界展示中华文化独特魅力的同时也能够引起他国人民的共鸣,得到他们的认同与肯定。

其次,在各种文化交流和传播活动中寄载当代中国价值观念话语体系的内容。如 21 世纪以来中国同世界上一些国家开展的主题年活动,包括同日本、韩国、法国、俄罗斯、英国、意大利、澳大利亚、德国、南非等国家开展的文化年、国家年等活动,通过这些主题年的开展,推动了中国同世界上其他国家的文化交流和相互理解,也展现了中华文化的别具一格和独特魅力,同时,在活动的举办中,扩大了中华文化的世界影响,构建了中国的良好国家形象,增进了中国同其他国家的友谊。② 而且,当代中国价值观念的话语体系也得以传播和弘扬,展现了当代中国的精神风貌和价值追求。再如通过文学作品、学术著作以及经典书目的翻译工作,可以帮助他国人民在深层次上了解和认知中国,进而对当代中国价值观念产生认同和理解。"中国典籍是中国优秀传统思想和文化的结晶,发展中国典籍翻译事业,一方面为世界了解中国灿烂的文化搭建了桥梁,另一方面使中西文化进行平等对话,促进其交融和互补。"③ 可见,中国作品的翻译,不仅可以

---

① 魏颖:《好莱坞电影对美国主流价值观的塑造与传播》,《电影评介》2016 年第 23 期。
② 马丽蓉等:《丝路学研究——基于中国人文外交的阐释框架》,时事出版社 2014 年版,第 349 页。
③ 骆萍、孔庆茵:《当代中国价值观:内涵、意义与传播策略》,《探索》2015 年第 4 期。

帮助世界上其他国家人民对中国文化加深了解和认知，同时也可以通过文本传播当代中国价值观念，帮助他国人民在更深的层次上理解中国的文化内涵、精神风貌和价值内核，对当代中国价值观生成的来龙去脉产生理性认知和认同。

三 利用传播"活载体"，实现当代中国价值观念的人际传播

传播"活载体"是为了区别于传统的物质载体而提出的概念，主要指的是作为传播中介的人，实际上这是一种主体际传播模式，借助"主体—主体"直接对话和相互交往的渠道，可以直接传播当代中国价值观念。有研究者在论文中尝试把大学生作为高校思想政治教育的"活载体"，并进行了探讨，文章中指出："所谓大学生成为思想政治教育'活载体'就是指大学生作为人在思想和行为上可以承载思想政治教育目的和内容、并且能够向其他社会成员传导思想政治教育因素。"[1]"活载体"与物质载体的区别就在于，物质载体是一种僵化和固定形式的寄存与传播，具有稳定的"输出—接受"属性，也就是说，把相应的物质资料和内容刻录在物质载体上，它是既已成型而无法改变的，传播者把什么内容刻录和寄存于物质载体上，接收者就将接收到怎样的内容，再经过接收者的思维加工，进而传递到接收者那里；而"活载体"则不同，作为主体的人，他在接收到传播者传递给他的相应内容后，可以进行加工和改造，再进行二次传播，而二次传播则是经过作为"活载体"的人的主观加工和记忆保存，而且传播方式也是更加灵活多变，可以是一次面对面谈话，也可以是一次网络聊天，还可以是一次博客里的图像展示等。美国学者伊莱休·卡茨等人也强调人作为传播中介的重要作用，他在《人际影响：个人在大众传播中的作用》一书中指出，大众媒介的主要作用是传递某些理念去改变公众的态度，而"理念常常缓慢地渗入作为整体而存在的公众之中，更为重要的是，这往往是通过邻里之间的互动而得以实现的，大众媒介在这一过程中并没有产生任何明显的影响"[2]。而同时，"这些研究指出了人际关系作为大众传播过

---

[1] 左路平、赵爱霞：《大学生成为思想政治教育"活载体"的可能性和路径探析》，《鸡西大学学报》2016年第5期。

[2] [美]伊莱休·卡茨、保罗·F.拉扎斯菲尔德：《人际影响：个人在大众传播中的作用》，张宁译，中国人民大学出版社2015年版，序2。

程中的中介变量的意义"①。也就是说，大众媒介在传播中的效果并不理想，而这种影响通常是通过人际交往和人际影响来实现的，人作为传播的中介发挥着至关重要的作用。可见，作为"活载体"的人相较于物质载体的大众媒介的优势就在于其影响更加强烈和深入。对于当代中国来说，通过"活载体"传播当代中国价值观念话语体系的现实路径体现在以下方面。

首先，借助国际旅游群体的价值负载，传播当代中国价值观念。在当今全球化发展背景下，由于科学技术的发展和交通的便利化，跨国旅游成为各国民众的重要生活追求，中国人民出境旅游和外国人民入境旅游已经成为各国旅游产业发展的重要内容。为此，要积极借助旅游群体这个传播"活载体"，积极传播当代中国价值观，一方面，对于入境旅游的国外游客来说，他们在中国旅游期间，要向他们展现良好的中国形象，进而帮助他们了解中国的风俗人情和文化魅力。同时，通过旅游产品的价值寄载，向他们传递当代中国价值观念的精神内涵，在与中国人的短暂相处和交往中，他们也会通过交往感知到当代中国的价值观念和精神追求。而这些游客就是中国声音的传递者、中国文化的传播者、中国价值观念的寄载者，等他们回国后，与自己的亲人、朋友的生活交往中就会有意、无意地承担着传播当代中国价值观念的使命。另一方面，对于中国出境旅游的国民来说，在国外一定要展现良好的思想道德素质，进而培育良好的国民形象。近年来，中国国民在国外旅游中出现的不文明、低素质现象已经严重影响了中国的国家形象，引起他国人民的质疑和批评。为此，一定要加强国民素质培育，增强中国民众的整体素质，在国外旅游时展现良好的精神风貌和道德素质。同时，要塑造可以在旅游过程中成为中国价值观念的宣传者和践行者的新一代高素质国民，把当代中国的价值追求和精神内涵展现给世界各国人民，用中国特色的对外传播话语体系表述和传播来自当代中国的生活故事。

其次，留学生群体是价值观念传递的重要"活载体"，要借助留学生群体的巨大体量优势传播当代中国价值观念。留学生群体也包括两个部分：一部分是中国出国的留学生，一部分是外国来中国的留学生。对

---

① ［美］伊莱休·卡茨、保罗·F. 拉扎斯菲尔德：《人际影响：个人在大众传播中的作用》，张宁译，中国人民大学出版社2015年版，第25页。

于来华的留学生而言，最重要的是汉语学习，汉语学习是留学生理解中华文化的重要途径，也是理解和认知当代中国价值观念的关键路径，同时，留学生汉语教师的文化传播意识和价值观传播意识也会影响到留学生群体对当代中国的认识和理解。[①] 只有留学生群体对中华文化有了更好的认知、理解和认同，留学生才能在回国后成为中华文化和中国价值观念的负载者和传播者，通过回国后的日常生活交往以及各种方式的语言、信息交流，都可以成为当代中国价值观念的隐性传播者，他们自身在中国受到的影响有多深，认同有多坚固，则其传播的效果就有多好。对于中国在国外的留学生而言，要帮助他们认识到自身肩负的国家使命，即成为中华文化和当代中国价值观念话语体系的传播者，他们一般都会熟悉留学国的语言，在他们留学期间，应当更好地承担起当代中国价值观念传播"活载体"的功能，无论是在日常生活与他国人民的交往中，还是在发表思想言论和学术观点时，都要遵循和坚守以当代中国价值观念为指导，把中国人的精神风貌和价值追求展现给他国人民，并且在践行中得到他们的认同与认可，甚至是学习和模仿。

第四节　当代中国价值观念对外传播话语的机构建设

目前，中国已经初步建设并形成了一些推动中华文化传播与交流的机构，他们虽然各自的职责和任务各有不同，可以说是千差万别，但是都肩负着传播和弘扬中华文化的使命，也兼具着建构和传递当代中国价值观念对外传播话语体系的任务。在对外工作中，他们是中国国际形象的代表者和塑造者，也是中国价值观念的践行者和传播者，这里主要从两个例子来研究和介绍当代中国价值观念话语体系传播的机构，一个是遍布全球的语言教育机构孔子学院，一个是从概括层面上罗列一些中国各类驻外机构，如使领馆、新闻杂志办事处、维和机构和中国驻外的企业单位等。

---

① 孙宜学：《中华文化国际传播：途径与方法创新》，同济大学出版社 2016 年版，第 35 页。

一　孔子学院在当代中国价值观念对外传播中的关键作用

孔子学院是中国与世界各国合作建立的非营利性教育机构，主要任务是传播汉语，弘扬中华文化，通过对外汉语教学，满足世界上其他国家人民学习汉语和了解中国的愿望，同时，通过汉语教学，推动中华文化"走出去"，可以促进世界范围内具有中国特色的中国话语的构建和传播，对于当代中国价值观念话语体系的构建和对外传播也具有重要的推进作用。

据统计，截至 2016 年 12 月 31 日，全球 140 个国家（地区）建立 512 所孔子学院和 1073 个孔子课堂。[1] 而且孔子学院的数量还在不断地增加和扩张，到 2019 年 6 月，增加了 27 所孔子学院和 56 个孔子课堂，数量达到 539 所孔子学院和 1129 个孔子课堂，[2] 其影响力也在不断增强。然而在发展中由于速度过快，也出现了一系列的问题，如美国关停了部分孔子学院，部分国家对孔子学院的办学性质产生了疑虑甚至是抵制等，在孔子学院内部也出现了汉语教学师资力量不足、教材短缺、经费危机等情况。因而，必须积极应对和解决这些问题，同时要积极承担新任务，即传播当代中国价值观念对外话语的任务。孔子学院在进行汉语教学的过程中、在举办各类丰富多彩的活动中，要有意识地、自觉地运用当代中国价值观念的对外传播话语体系，传递中国声音，表达中国人民的价值追求和生活愿景。为此，还要从以下几个方面着手去做。

首先，要继续加强孔子学院建设，推动投资模式的多样化，加强社会资本投入孔子学院建设，保障孔子学院拥有充足的资金支持。在 2011 年孔子学院就曾和中国的国酒茅台酒达成合作协议，其中一些合作包括孔子学院每年举行"茅台杯"国际围棋大赛；将茅台酒文化纳入孔子学院的教材中；建立孔子学院专项发展基金等。[3] 可见，企业出资和孔子学院合作办学的方式，是一个双赢的战略，可以帮助企业进行

---

[1] 数据来自国家汉办网站：http://www.hanban.edu.cn/confuciousinstitutes/node_10961.htm，访问时间为 2018 年 7 月 20 日。

[2] 数据来自国家汉办网站，网址 http://www.hanban.org/confuciousinstitutes/node_10961.htm，访问时间为 2019 年 7 月 22 日。

[3] 孙宜学：《中华文化国际传播：途径与方法创新》，同济大学出版社 2016 年版，第 133 页。

国际宣传，同时，也为孔子学院的发展带来资金支持。在这个过程中，当代中国价值观念必然会因蕴含于中华文化中而同时被传播开来，中国的价值理想、文化内涵、生活观念必然也会在世界范围传播开来，这对树立当代中华民族文化自信、传播中国价值观都具有助力作用。

其次，要继续推动孔子学院为构建和传播融通中外的中国话语做贡献。孔子学院作为汉语教学机构，其主要职责就是推广和教授汉语，而对外传播话语体系的构建和传播又极其依赖语言。正如有的学者指出的："中国走向世界的过程，就是与世界对话的过程。国外受众对中国的声音是否愿意听、听得懂，关键要看中国与国外的话语体系、表达方式能否对接。只有实现话语体系的相通共融，才能与世界有效沟通。"[①]而且，"话语体系表面上是一个'说什么话、怎么说话'的语言表述问题，实质上是一个涉及思维方式、思想认同、价值立场等多方面的重大问题"[②]。可见，只有以融通中外的中国特色话语对外交流，才能让他国人民更好地了解和认知当代中国的现实情况，而且话语的运用同时还寄载着中国人民的价值观念和思维方式。为此，孔子学院在对外汉语教学中更是肩负着构建对外传播话语体系的使命，"构建融通中外的话语体系，既要体现中国立场、中国气派，又要把握国外受众思维习惯，运用国际上能够广泛接受的表述方式，使我们的对外话语易于接受、易于传播"[③]。总之，对外传播话语体系的构建和打造，需要在长期的实践中形成，更需要深刻领悟和践行当代中国价值观念的核心内涵和精神特质。

二　各类驻外机构在当代中国价值观念对外传播中的助力作用

在中华文化和当代中国价值观念的国际传播中，除了孔子学院所肩负着重要的使命并做出了重要的贡献，其他一些驻外机构也同样肩负着重要的使命，他们在驻扎国外的过程中，不仅要做好本职工作，更要成

---

① 王晓晖：《加强国际传播能力建设，精心构建对外传播话语体系》，《马克思主义与现实》2014年第4期。
② 吴学琴：《以多层次对外话语阐释中国价值观念》，《光明日报》2015年7月2日第16版。
③ 王晓晖：《加强国际传播能力建设，精心构建对外传播话语体系》，《马克思主义与现实》2014年第4期。

为中国形象对外的展示者，成为当代中国价值观念的践行者和传播者，通过他们的本职工作展现当代中国价值观的内涵与魅力。这些驻外机构主要包括驻扎各国的大使馆、各类新闻媒介的办事处、维和机构和中国驻外的企业单位等。

首先，要借助驻扎在世界各国的中国大使馆，积极推动传播当代中国价值观念的对外话语。中国驻外大使馆是中国对外形象塑造的重要力量，也是中华文化对外展示的重要途径。无论是大使馆人员在日常生活中的一言一行，还是大使馆在与他国交往中，或是大使馆的门户网站，都是中国形象对当地国民的展示窗口，同时也是当代中国价值观念和中华文化对外传播的重要途径。中国大使馆在这方面显然做得不够，要积极借鉴他国经验，如美国大使馆在价值观外交和形象塑造中就取得一定的成绩，美国驻华大使馆通过微博外交，在潜移默化中，向中国网民传递着这样的信息，即温和的美国形象精神、正面的美国精神、完善的美国法治、多元的美国文化、互利的中美关系等。[①] 对于美国大使馆的经验，我们可以借鉴学习，利用中国驻外大使馆身处国外的优势，采取各种有效途径传播中国价值理念、弘扬中华文化特色，在吸引当地国外的同时影响他们，让其对中国价值观念产生认同，甚至是纳入自己的价值观念体系。

其次，通过各类新闻媒介的驻外办事机构传播当代中国价值观念。新闻媒介是新闻信息的传播者，也是新闻舆论、媒体议程的设置者，能够通过新闻信息的传播和报道对接收群体起到有效的价值引领作用，对于当代中国价值观念的对外话语传播而言，他们就是直接的传播者，在新闻传播的话语运用中坚持当代中国价值观念为指导，构建和传播中国特色的对外传播话语体系，进而提升当代中国的国际话语权。为此，要加大力度建设各类新闻媒介的海外机构，"海外机构的设置和建设有助于扭转中国媒体国际传播弱势地位，便于及时、准确地采集和发布全球新闻信息，有助于及时、真实地传播、扩散中国设置的重要议题，在新闻信息和言论之争中掌握信息发布权、话语权，夺取国际舆论竞争的先

---

① 刘祎、朱颖：《美国对华公共外交策略管窥——以"美国驻华大使馆"微博为例》，《新闻记者》2011年第12期。

机"①。进而为争取国际话语权奠定基础,为传播当代中国价值观念话语体系提供条件。

最后,通过维和部队在国外的驻扎,生动形象地展现当代中国人民的精神面貌和价值追求,把中国人民爱和平、重友谊等价值追求传递给世界。中国在联合国的框架下,向世界上有战乱的地方派遣维和部队,这是中国作为一个大国的担当与责任,也展现了当代中国和平的外交理念和中国人民爱和平、促发展的价值追求。为此,要进一步加强维和部队成员的教育,把他们培育成中国形象的代言人、当代中国价值观念传播的"活载体",进而在维和行动中展现中国力量、传播中国声音。

---

① 项久雨、胡庆有:《当代中国价值观念国际传播的意义、问题与对策》,《学习与实践》2015 年第 7 期。

第十三章　当代中国价值观念对外传播话语体系构建机制和路径

——以富强和民主价值观念
话语构建为例

当代中国价值观念的对外话语传播，主要通过政治、经济、文化、学术四个层面，具体途径则是通过新媒体、中华文化出版、影视作品、人际交往的"活载体"和驻外机构进行传播。但传播不仅是平台建设，更主要的是话语体系本身的构建，这一章就以富强和协商民主价值观念话语构建为例加以说明。

自五四时期至今已逾100年的历史，回顾这百年历程，中国共产党为了追求国家富强付出了艰辛的努力，也随之形成了一系列具有中国特色的富强话语，以此为指引，中国的社会主义现代化建设取得了巨大的成就，不但使人民稳步地走上了富裕安康的道路，而且还为世界经济的发展和人类的文明进步做出了重大的贡献。当前，"两个一百年"的任务仍未完成，还需要党不断推进富强话语的改革创新，以领导全国人民万众一心，积极奋斗，把中华民族伟大复兴的社会实践推向高潮。回顾中国共产党富强话语的变迁历史，不仅可以归纳它们前后相继的历史延续性，总结出其变迁过程中始终坚持的原则，还能分析出各个阶段富强话语的鲜明的时代特征，发现富强话语的变迁规律，这对于我们今天创新社会主义富强话语具有重要的启示。

第一节　中国共产党富强话语的构建原则

在探索如何实现国家富强的进程中，中国共产党不断创新富强话语。综观这些富强话语，它们内在始终遵循着一定的政治规范或价值原则，一旦离开这些政治规范或价值原则，富强话语就会失去原本含义。

一 富强话语变迁的根本政治保证

中国的革命、建设和改革都需要一个坚强的领导核心。中国共产党带领中国人民实现了民族的独立和国家的富强,得到了广大人民群众的大力支持和拥护,开创了中国改革开放伟大事业的新篇章。只有坚持中国共产党的领导,才能始终保证富强话语的社会主义方向,这是中国特色社会主义富强话语变迁的根本政治保证。

(一) 党的性质和宗旨决定了中国共产党的先锋模范作用

中国共产党能够取得革命、建设及改革胜利的一个根本原因,是由中国共产党的性质和宗旨决定的,它是中国工人阶级的先锋队,也是中国人民和中华民族的先锋队。工人阶级作为社会化大生产的产物,是先进生产力的代表,具有鲜明的革命性、组织性和纪律性。马克思恩格斯早在170多年前发表的《共产党宣言》中就指出:"在当前同资产阶级对立的一切阶级中,只有无产阶级是真正革命的阶级。其余的阶级都随着大工业的发展而日趋没落和灭亡,无产阶级却是大工业本身的产物。"[①] 中国工人阶级是现代中国最进步的阶级,而中国共产党又是由工人阶级中有共产主义觉悟的先锋战士组成的,因而决定了中国共产党在中国革命、建设和改革过程中的先锋模范和带头作用。

作为工人阶级的先锋队,中国共产党还深深扎根在中华民族之中,代表了中国最广大人民的根本利益,因此才能够团结和动员社会各阶层、各群体人民积极投身于中华民族伟大复兴的光荣使命中去。一百多年来,中国共产党始终坚持全心全意为人民服务的宗旨,始终坚持把人民放在最高地位,努力做到实现好、维护好、发展好最广大人民群众的根本利益,做到权为民所用、情为民所系、利为民所谋。中国共产党的最大政治优势就在于密切联系群众,这也正是中国共产党比其他政党更具凝聚力和向心力的根本原因所在。正是在长期的社会主义实践中,中国人民切实体会到了只有中国共产党才是人民利益的真正代表,因而赢得广大人民群众的热爱、信任和拥护。

(二) 坚持中国共产党的领导地位是历史和人民的选择

中国共产党作为中国革命、建设和改革事业的领导核心,其领导地

[①] 《马克思恩格斯文集》第2卷,人民出版社2009年版,第41页。

位和执政地位是在长期斗争的实践中逐步形成的,不是上天赋予的,也不是其他集团拱手相让的,它是人民的选择,是近现代中国历史发展的必然。

自近代鸦片战争以来,为了挽救民族危亡、实现国家富强,各种政治力量纷纷登上历史舞台,各个阶级的先进人士都从不同的角度进行了各种方向的探索,从地主阶级的革新派到洋务派,再到太平天国运动都归于失败,最终也没解决中国的出路问题。直到孙中山领导的辛亥革命缔造了亚洲第一个民主共和国,开创了中国近代新的发展历程,树起了一座流芳百世的历史丰碑,然而,他终究未能改变旧中国的社会性质。"没有中国共产党,就没有社会主义的新中国。"① 1921 年,中国共产党的成立改变了中国这种积贫积弱的状况,它在成立之初就毅然肩负起时代所赋予的重任,确立了反帝反封建的革命纲领,投身于争取民族独立和人民解放的伟大革命中去了。经过 28 年血与火的拼搏,中国共产党领导中国人民推翻了三座大山,建立了新中国,继而领导中国人民展开了三大改造,完成了社会主义革命的任务,还领导中国人民克服了重重困难,开展了社会主义现代化建设,取得了一系列胜利,中国社会的面貌发生根本性的变化。因此,没有中国共产党,就不会有社会主义革命的胜利,也就无所谓社会主义建设的成就以及改革开放的新局面。随着改革开放的深入发展,党的领导必须加强,绝不能削弱,否则势必断送中国的前途和命运。

(三) 坚持中国共产党的领导是社会主义现代化建设的根本保证

社会主义现代化建设事业既是一场广泛而深刻的社会革命,也是一项规模宏大、难度系数非常高的社会系统工程,要顺利实现就需要有一个安定团结的政治局面,这就要求必须有一个稳定、成熟且能够从中国人民的根本利益和长远利益出发考虑问题的政党。历史和现实都已证明,只有中国共产党才能实现这一宏伟目标。

坚持中国共产党领导的实质,就是要坚持党在建设有中国特色社会主义事业中的领导核心地位,"坚持党对一切工作的领导,充分发挥党

---

① 《邓小平文选》第 2 卷,人民出版社 1994 年版,第 170 页。

总揽全局、协调各方的作用"①。只有在中国共产党的领导下，坚持走群众路线，全心全意依靠全体劳动人民的智慧和力量，有组织、有步骤地积极动员和组织全国各民族、各阶层的人民团结起来，投身于改革和现代化建设中去，充分发挥他们的才智，得到他们最有力的支持，才能稳步推动社会主义现代化建设不断向前发展，始终保证富强话语变迁的社会主义方向，从而实现中国梦。否则，离开中国共产党的领导，就意味着失去一个坚强的领导核心，这样不仅导致改革事业无法顺利进行，现代化建设难以继续，更严重的是，各种反动势力和敌对分子将趁机兴风作浪，社会必定会动荡不安，人心涣散，社会主义现代化建设事业将毁于一旦。邓小平在新的历史时期曾就这一点做过专门的论述，他强调：中国由共产党领导，中国的社会主义现代化建设事业"由共产党领导，这个原则是不能动摇的；动摇了中国就要倒退到分裂和混乱，就不可能实现现代化"②。

坚持中国共产党的领导，这是全体中国人民在近一个世纪的现代化建设的实践中深刻认识到的一条真理，也是从近百年中国富强话语变迁中得出的一条基本经验。中国共产党对改革和现代化建设的领导作用，是任何其他组织和政党都无法代替的，任何时候都不能改变。只有坚持中国共产党的坚强领导，才能以富强话语促经济发展，保证社会主义现代化建设的平稳高效。

二　富强话语变迁的根本立场

中国共产党自成立之日起，就始终坚持把最广大人民群众的根本利益放在高于一切的位置。全心全意为人民服务，这是无产阶级政党与其他一切剥削阶级政党的根本区别。尊重人民群众的主体地位，以人民群众的利益为根本价值取向，这不仅是中国革命、建设和改革取得胜利和成功的重要法宝，也是富强话语变迁需要坚持的根本立场。

（一）一切从人民的根本利益出发，是中国共产党最根本的价值取向

唯物史观的最基本观点是以无产阶级为代表的人民群众是历史的主

---

① 《中共中央国务院关于支持海南全面深化改革开放的指导意见》，人民出版社2018年版，第25页。
② 《邓小平文选》第2卷，人民出版社1994年版，第267—268页。

体,也是创造社会物质财富和精神财富的主体,还是社会革命、建设和改革的决定力量,人民群众的利益、意志、愿望和要求,都体现了社会发展的方向。因此,尊重人民群众的主体地位,一切从人民的根本利益出发,就成为马克思主义理论的价值取向,也就决定了无产阶级政党为绝大多数人谋利益的鲜明的政治立场和历史使命。始终坚持人民群众的主体地位,也充分体现了中国共产党人对科学理论精准把握和高度自觉。马克思恩格斯在《共产党宣言》中明确指出:"过去的一切运动都是少数人的,或者为少数人谋利益的运动。无产阶级的运动是绝大多数人的,为绝大多数人谋利益的独立的运动。"[1] 无产阶级政党要牢牢把握唯物史观的基本观点,相信群众、依靠群众,把人民群众与无产阶级的革命实践紧密结合起来,领导广大人民群众夺取抗战的胜利。

中国共产党之所以能够始终保持先进性质,就是因为我们党无论在长期艰苦的革命岁月,还是在百废待兴的建设和改革过程中,始终坚持从全国各族人民的根本利益和愿望出发去制定党的具体的路线、方针和政策,把谋求人民的解放和幸福作为自己最终的奋斗目标。从毛泽东的"全心全意为人民服务",到邓小平的"共同富裕",到江泽民的"立党为公、执政为民",再到胡锦涛的"以人为本",直至习近平总书记追求人民幸福的"中国梦",这些话语都鲜明地体现了一切从人民的根本利益出发是中国共产党人的共同行动准则,是最高的价值目标和最根本的价值取向,是无产阶级政党的根本出发点和归宿,也是领导中国人民取得胜利的根本保证。

(二)一切从人民的根本利益出发,是推动社会实践和富强话语创新的需要

人民,只有人民才是创造历史的主体,人民群众不但主导了历史的进步,而且一定是社会主义现代化建设和话语创新的主体。一方面,人民群众是中国特色社会主义建设、改革开放的实践主体。党和国家制定的各项方针、政策并非一朝一夕就能够实现,而是必须落实到广大人民群众实实在在的社会实践中去,落实到人民群众具体的社会生产生活的工作中去,必须经过人民群众长期的艰苦奋斗,才能够最终实现中华民族的伟大复兴。另一方面,人民群众中蕴藏着无穷无尽的创造潜力,是

---

[1] 《马克思恩格斯文集》第2卷,人民出版社2009年版,第42页。

促进富强话语创新的主体。毛泽东就曾指出:"群众有伟大的创造力。中国人民中间,实在有成千成万的'诸葛亮'……我们应该走到群众中间去,向群众学习。"① 可以说,毛泽东思想和中国特色社会主义理论体系都不同程度地汲取、浓缩以及升华了人民群众的创新成果。例如在改革开放初期,邓小平在充分尊重人民群众首创精神的基础上,大力支持由农民提出的农村家庭联产承包责任制的想法,并经过实践获得了巨大成功,继而成为全国改革的成功典范。

因此,必须充分尊重人民群众的主体地位,坚持一切从人民的根本利益出发,真正做到党的富强话语的变迁都能符合广大人民群众的愿望和需求,努力保障人民的各项权益,并且通过制度创新、改善民生等方式创造各种平台以及利用多种形式,最大限度释放人民群众的积极性和创造性,最大限度地集中全社会、全民族的智慧和力量,这也是我们社会主义现代化建设事业取得成功的保证。

三 富强话语构建的内在价值追求

艰苦奋斗的精神是中华民族长期实践中流传下来的美德,也是中国共产党的优良传统和作风,为党和人民努力实现国家富强、民族复兴和人民幸福提供了强大的精神力量。在当今中国物质基础相对充足的时代,要使中国继续在中国特色社会主义道路上创造出更多的辉煌,就必须始终坚持艰苦奋斗的优良传统,坚持艰苦奋斗的优良传统是历届中国共产党富强话语的题中之义。

(一) 必须充分认识到社会主义现代化建设的长期性和艰巨性

邓小平曾指出:"中国的社会主义社会还处在初级阶段。我们必须从这个实际出发,而不能超越这个阶段。"② 在客观分析中国国情的基础上,邓小平做出的这一科学决断,一直警醒着我们,在未来社会主义现代化的建设中,一定要从客观实际出发,杜绝任何超越本国生产力发展阶段的指令。一方面,中国是一个农业大国,人口众多且经济文化相对落后,况且国际上并没有任何成功的社会主义现代化建设的范例可供借鉴,因此,这就更加大了中国展开现代化建设的艰巨性和复杂性;另

---

① 《毛泽东选集》第3卷,人民出版社1991年版,第933页。
② 《十三大以来重要文献选编(上)》,人民出版社1991年版,第9页。

一方面，中国人民在近代历史上饱受贫穷困苦带来的摧残，因而在新中国成立之后，群众对富强的向往比以往任何时候都要更加强烈。也正是因为如此，党和政府必须遵循客观规律，充分认识本国国情，在尊重客观实际的前提下探寻建设社会主义现代化的方法就显得尤为重要，稍有不慎，就会落入唯心主义的陷阱。中国在 20 世纪 50 年代展开的"大跃进"、人民公社化运动就是忽视经济发展的客观规律，急于求成，盲目夸大了人的主观能动性，错误地估计了社会主义现代化建设的长期性所致，不仅没有给社会带来进步，反而造成了无法弥补的损失。

理论与事实都充分证明，社会主义现代化建设必须经历一个长期的实践过程，必须充分重视这一过程的艰巨性和长期性。党和政府在科学规划发展战略后，更要号召群众发扬艰苦奋斗的品质，努力推动现代化建设健康、稳定、持续地发展。

（二）始终坚持发扬艰苦奋斗的优良传统是富强话语变迁的内在价值追求

国家富强不是凭空实现的，它必须寄于国家每一位成员矢志不渝、奋发勇为的实践中才能完成。中国的革命、建设和改革的历史向我们证明了，实现富强的基本路径就是依靠党和人民的艰苦奋斗和不懈斗争。坚持艰苦奋斗的精神品质，中国梦的实现才有牢固的精神支撑。因此，坚持艰苦奋斗的优良传统就是富强话语变迁的内在价值追求。

首先，艰苦奋斗是党在长期革命斗争中倡导和培养起来的优良作风。党和国家历来都十分重视继承和发扬艰苦奋斗的精神，并将其作为一以贯之的原则加以坚持。早在党的七届二中全会上，毛泽东就告诫全党同志要牢记"两个务必"，提出"务必使同志们继续地保持谦虚、谨慎、不骄、不躁的作风，务必使同志们继续地保持艰苦奋斗的作风"[1]。在新中国成立后，毛泽东又特别强调："社会主义制度的建立给我们开辟了一条到达理想境界的道路，而理想境界的实现还要靠我们的辛勤劳动。有些青年人以为到了社会主义社会就应当什么都好了，就可以不费气力享受现成的幸福生活了。这是一种不实际的想法。"[2] 邓小平也多次强调要抓艰苦创业；江泽民还把戒骄戒躁、艰苦奋斗作为"八个坚

---

[1]《毛泽东选集》第 4 卷，人民出版社 1991 年版，第 1438—1439 页。
[2]《毛泽东文集》第 7 卷，人民出版社 1999 年版，第 226 页。

持、八个反对"的重要内容加以提出；胡锦涛将艰苦奋斗加入"八荣八耻"宣传；党的十八大以来，习近平总书记反腐倡廉行动如火如荼，出台了以发扬艰苦奋斗为核心的"八项规定"，并在全党开展了以"为民、务实、清廉"为主要内容的党的群众路线教育实践活动，开展"不忘初心、牢记使命"主题教育活动，新中国成立 70 年来，我们之所以能够创造中华民族发展史上乃至人类发展史上亘古未有的伟大事业，使国家的综合国力和人民的物质文化生活水平得到不断提高，其中最为重要的原因就是党领导全国人民以艰苦奋斗、吃苦耐劳的精神品质，依靠自身的辛勤劳动，以前所未有的、不畏艰难困苦、迎难而上的勇气和决心，不断开创社会主义现代化建设事业的新局面。艰苦奋斗是中华民族的伟大精神财富，无论任何时候，我们都要坚持和发扬艰苦奋斗的优良传统和作风。

其次，艰苦奋斗是党和国家继往开来、不断开创新局面的必然要求。一方面，在新的历史时期，党和国家确定了"两个一百年"的奋斗目标，更需要我们坚持发扬艰苦奋斗、不骄不躁的作风才能得以实现；另一方面，随着改革开放的深入发展，人们的思想观念也呈现出多样化的形态，社会上的奢靡享乐之风开始抬头，特别是一些党员干部也开始不思进取，腐化堕落，人民群众对此深恶痛绝。如果任由这种思想蔓延，中华民族将失去振奋的精神和高尚的品格，更不要说自立于世界民族之林，中国将失去蓬勃发展的生命力。所以，必须继续弘扬艰苦奋斗的精神，引导人民群众追求理性、积极、艰苦的生活方式，不再给奢靡之风留有任何肆虐的余地，这也是保持党的先进性，提高拒腐防变和抵御风险的能力，维护党的威望的必然要求。社会主义现代化建设事业的兴衰成败与艰苦奋斗的优良传统密切相关，必须坚持艰苦奋斗的优良传统、依靠艰苦奋斗去开创社会主义建设的新局面。

四 富强话语构建的思想保证

从诞生之日起，中国共产党始终坚持以马克思主义为指导，并且一切从中国的国情出发，科学地实现了马克思主义的中国化，不但开辟了建设和发展中国现代化的新道路，而且创造性地丰富和发展了社会主义富强话语。

(一) 坚持马克思主义的指导思想不动摇

马克思主义在中国意识形态领域居于指导地位,是由其本身的科学性决定的。马克思主义揭示了自然、社会和人的思维发展的一般规律,还为我们提供了科学的世界观和方法论,是我们认识世界和改造世界的强大思想武器,是无产阶级和全人类解放的学说。只有坚持马克思主义的指导思想不动摇,坚持马克思主义的立场、观点和方法,才能正确认识无产阶级解放的道路,坚定社会主义必将取代资本主义的历史必然性,明辨各种社会思潮中的是与非,坚定方向。中国共产党自1921年成立以来,就把马克思主义作为行动指南,与中国国情的结合,不断解决实践中出现的各种问题和困难,马克思主义中国化的过程就是一部不断与时俱进的历史。在马克思主义的指引下,中国工人阶级从一个受苦受难的自在阶级转变为一个有科学理论指导下的自为阶级,并且开始在政治舞台上发挥领导作用,取得了革命和建设一个又一个胜利,创立了中国特色社会主义理论体系,对推动中国社会的发展、实现中华民族伟大复兴具有划时代的意义。

马克思主义还是一个开放的理论体系。坚持马克思主义的指导地位是以"百花齐放,百家争鸣"为前提,马克思主义正是在吸收和借鉴人类文明的优秀成果的基础上形成和发展起来的。坚持马克思主义的指导思想不动摇,需要我们正确处理好指导思想的一元与社会思潮多样化的关系,抵制各种腐朽错误的思想。苏东剧变最主要的原因之一就是党的领导人放弃了马克思主义在意识形态领域的主导地位,实行意识形态的多元化,从而破坏了社会主义社会的安定团结,葬送了苏联社会主义的前途。前事不忘后事之师,我们必须毫不动摇地坚持马克思主义的指导地位,推动社会主义事业的蓬勃发展。

(二) 坚持一切从实际出发,实事求是地解决中国问题

坚持以马克思主义为指导,其实质就是要运用马克思主义的立场、观点和方法,正确认识和解决在中国革命、建设和改革事业中出现的各种新情况、新问题,就是要坚持一切从实际出发,理论联系实际,实事求是地找到解决中国问题的根本方法,并在实践中不断丰富和发展马克思主义。

马克思恩格斯在1872年德文版《共产党宣言》序言中,就如何运用自己的理论做过极为精辟的论述。他们说:"不管最近25年来的情

况发生了多大的变化,这个《宣言》中所阐述的一般原理整个说来直到现在还是完全正确的。……这些原理的实际运用,正如《宣言》中所说的,随时随地都要以当时的历史条件为转移。"[①] 革命导师告诉我们,马克思主义不是教条,而是必须以当时当地的实际情况为根本要求,以马克思主义为指导,解决革命所遇到的实际问题。中国共产党在长期的奋斗中,始终坚持一切从实际出发,实事求是的思想路线,把马克思主义基本原理同中国的具体实际相结合,实现了马克思主义中国化,形成了毛泽东思想、中国特色社会主义理论等成果,丰富了马克思主义的理论宝库,而且探索出了不同于西方的工业化道路,指导中国革命建设和改革取得了举世瞩目的成就,开创了中国特色的社会主义现代化发展道路。

坚持一切从实际出发,实事求是,在追求社会主义现代化建设的征途上,探寻将马克思主义与中国实际相结合的道路依然会困难重重,"左"的或右的错误还会继续出现,因此,党和人民必须从中国处于并将长期处于社会主义初级阶段这个最大的实际出发,拒绝教条主义,坚持同各种非马克思主义思想展开对话与斗争,提高一切从实际出发,实事求是地分析问题、解决问题的自觉性,深化我们对时代特征和国情的把握,在马克思主义和中国实际相结合的过程中不断解放思想、总结经验,这样中国现代化的道路才会行稳致远。

(三) 坚持与时俱进,推进富强话语的改革创新

中国共产党富强话语的变迁不仅要求要坚持马克思主义的立场、观点和方法,一切从实际出发,实事求是地解决中国问题,同时,还要坚持与时俱进,根据不同时期实践主题的变更推进社会主义富强话语的改革创新。

首先,马克思主义创立伊始就具有与时俱进的开放性品质,需要不断地接受实践的检验和发展。革命导师列宁基于俄国的具体国情,大胆提出了社会主义革命能够在一国或数国首先胜利的新理论,还提出新经济政策等,创造性地丰富和发展了富强话语。毛泽东也立足中国实际情况,开辟了一条农村包围城市、武装夺取政权的道路,在初步确立社会主义制度之际,又提出十大关系以及正确处理人民内部矛盾等思想,推

[①] 《马克思恩格斯文集》第2卷,人民出版社2009年版,第5页。

进了社会主义事业的发展。党的十一届三中全会以后，邓小平进一步开拓了以经济建设为中心的现代化建设的新局面，实现了马克思主义在中国的第二次飞跃。习近平总书记以高度的理论自觉和理论自信推动了理论创新，提出以国家富强、民族复兴和人民幸福为目标的伟大的中国梦。

其次，大力弘扬以改革创新为核心的时代精神。时代精神是一个民族精神风貌、精神气质的综合体现，是推动社会发展、凝聚人心的重要精神力量。改革开放 40 多年来，中国已经形成了以改革创新为核心的时代精神，并且深深融入了国家经济、政治、文化、社会等各个方面，激励着每一个中华儿女在社会实践过程中注重自主创新，也为最大限度地激发社会活力提供了巨大的动力。特别是在当今这个稍纵即逝的世界，随着科技革命的不断深化，国际间的竞争日益激烈，在这种环境下，能否及时抓住时代的机遇，始终站在时代的前列坚持改革创新，从那些不合时宜的旧观念、旧体制和对马克思主义教条式、经验式的理解中解放出来，已成为一个民族、一个国家永葆生命之活力、永立世界民族之林的关键因素。

客观世界是一个不断运动、变化和发展的过程，人类的实践活动也会不断变化和发展，这就要求我们必须坚持与时俱进、改革创新的理论品质，紧跟时代的步伐，大胆进行探索并推动理论创新、思想创新，根据国情的变化以及国内外研究发展的新成果不断调整、创新富强话语，开拓马克思主义理论发展新境界。

第二节　中国共产党富强话语的构建规律[①]

自五四时期以来，以李大钊、陈独秀、瞿秋白为代表的中国共产党人富强话语的初显，到毛泽东、邓小平、江泽民、胡锦涛、习近平等根据不同时期经济社会发展目标的变化所形成的不同核心指向的富强话语的拓展与完善，都体现了党对实现富强中国以及如何发展中国理念的不断深化。新中国成立以后，毛泽东的社会主义富强话语主要是从发展国

[①] 该部分内容以"中国共产党发展进程中的话语变迁考察"为题发表于《学习与实践》2017 年第 8 期。

家的经济以及物质生活的角度出发,而对社会以及精神方面的关注并没有那么多;邓小平的"中国特色社会主义"富强话语进一步从民主政治、精神生活、人口素质等方面对毛泽东的富强话语进行了补充,开创了中国特色社会主义建设的新局面;江泽民的"全面小康"富强话语开始较系统地从经济、政治、文化等方面展开了比较全面的社会主义现代化建设;胡锦涛的"科学发展"富强话语则更加强调了以人为本、全面协调可持续的发展,是一个更加丰满且更加符合时代要求的科学的目标体系;习近平总书记的"中国梦"富强话语从强烈的问题意识和问题导向出发,深入实施"四个全面"战略布局和"五大发展"理念,引导全国人民实现以国家富强为首要目标的伟大中国梦。

正是从中国共产党一系列富强话语的拓展与演变中,我们能够得出,伴随着中国现代化建设事业的发展,党对中国特色社会主义建设规律以及中国共产党的执政规律都在不断深化,因此,中国特色社会主义富强话语才得以不断完善,才能逐步指引全国人民实现社会主义中国的创新发展、协调发展、绿色发展、开放发展、共享发展。

一 话语模式呈现从"借鉴苏联"到"中国特色"

中国共产党的富强话语不同于西方的现代化话语,也不同于苏联的富强话语,它是在把马克思主义基本原理与中国实际相结合的基础上,在实践中经过不断摸索逐步改进的、具有时代特色的、发展着的话语,总体来看,它包含两个核心指向:一个是新民主主义时期,以争取民族独立的革命斗争为核心的富强话语,一个是社会主义建设和改革时期,以追求国家富强和民族复兴的社会主义建设事业为核心的富强话语。在这两个指向中,都有着从"借鉴苏联"向"中国特色"富强话语变迁的过程。

首先是在新民主主义革命斗争时期,从"借鉴苏联"到"中国特色"的富强话语变迁。自从俄国十月革命胜利,马克思主义传入中国以来,早期中国共产党人就开始了"借鉴苏联"的话语模式。其中,最有代表性的就是瞿秋白远赴苏联,意图实地考察以及学习苏联取得革命胜利的战略与对策,用以指导中国革命。瞿秋白不负众望,在回国后就开始积极宣传无产阶级民主革命话语,倡导并推动实现文化的革命化、大众化,这些对于推动中国革命都起到了积极的作用。但是,盲目地效仿俄国人走过的路，套用"苏联话语"模式而忽视本国革命的实际情况就容易造成思想的僵化，最终衍变成了错误的教条主义、本本主义。大革命失败后，经过不断反思与实践探索，毛泽东踏上了独立寻找革命道路的征程，走出一条"农村包围城市，武装夺取政权"的中国特色的革命道路，党的富强话语实现了从"借鉴苏联"转变为"中国特色"，最终取得了中国革命的胜利，成立了中华人民共和国，完成了争取民族独立的历史使命。

其次是在社会主义建设和改革时期，从"借鉴苏联"到"中国特色"的富强话语变迁，即"中国特色社会主义"的形成。新中国成立之后，中国共产党掌握了国家政权，党的任务也随之从革命变成了发展经济、巩固国防等社会主义建设。但是，由于受到苏联模式的影响，对如何建设社会主义，社会主义是什么样的等重大问题并没有清晰的认识，因此又导致了党在中国社会主义建设方面对苏联模式的照搬照抄。这主要表现在盲目学习苏联实施单一的公有制、以重工业为中心以及高度集中的计划经济体制等政策。这种模式的弊端随着社会主义建设的发展逐渐显现出来：人们的生产积极性长期受到压抑，生产效率低下；过度强调重工业而忽视农业轻工业，导致剩余劳动力的大量积压；人民生活水平无法提高；更严重的是，由于一切都照搬苏联模式，我党和人民逐渐丧失了独立自主的能力与创造力，加之国内外环境高度紧张给党和国家带来的巨大压力，直接导致了党对八大以来提出的"统筹兼顾"等正确的经济调整战略的忽视，转而被以"快"为目标的高速赶超英美等脱离实际的"左"倾冒进政策取代。改革开放以后，邓小平反对照搬照抄别国的经验模式，他敢于正视和纠正党在过去所犯的错误，以极大的理论勇气提出了"建设有中国特色的社会主义"的号召，强调中国的发展必须从中国的实际出发，由此彻底突破和超越了苏联建设社会主义的话语模式，开创了具有中国特色的社会主义富强话语。世纪之交，江泽民高举邓小平理论的伟大旗帜，把建设有中国特色的社会主义事业全面推向了 21 世纪；胡锦涛也表示要坚定不移地走中国特色社会主义道路；习近平总书记提出全党要坚定对中国特色社会主义的道路自信、理论自信、制度自信、文化自信，就一定能够实现中华民族的伟大复兴。

无论是以争取民族独立的革命斗争为核心的富强话语，还是以追求国家富强和民族复兴的社会主义建设事业为核心的富强话语,都是对传统的"苏联模式"的突破和超越,都是在把马克思主义基本原理和中国实际相结合的基础上形成的具有"中国特色"的话语,它不仅改变了中国人民和中华民族的前途命运,还打破了社会主义革命、建设和发展只有"苏联模式"的窠臼,丰富了广大民族国家对于社会主义发展话语和规律的认识,促进了人类文明的多样性发展。

二 话语重心呈现从"革命"到"发展"

党的任何一项政策选择的背后,都隐含着深层次的时代环境因素的影响。科学分析时代特征,把握历史发展趋势是所有执政党正确制定国家政策的基础和依据,这对党和国家话语重心的确定和转移具有重要的理论和实践意义。

毛泽东认同且继承了列宁关于"战争与革命"时代主题的判断。在革命战争年代,中国共产党开展阶级斗争的直接目的是推翻帝国主义和反动阶级的统治,因此,这一时期中国共产党富强话语的核心指向就是夺取国家政权、实现民族独立。然而,在民族独立战争取得胜利、新中国成立初期,毛泽东仍然坚持了"战争与革命"的时代判断,这与当时新中国所处的险峻的国际环境密切相关,朝鲜战争爆发、美苏争霸加剧、美越战争升级等一系列因素迫使毛泽东必须把国家安全问题摆在所有工作的首要位置,尽管后来毛泽东也尝试着调整经济建设的整体布局,但可以说,在当时特定的历史环境下,党所做出的所有发展生产力、促进经济发展的决策的立足点都是维护国家安全,创造更多的物力以壮大国防力量备战备荒。毛泽东的斗争哲学就是这种革命思维在思想领域的体现。毛泽东坚信斗争就是一切,认为阶级斗争是纲,其余都是目。无论是"战争与革命"或是"斗争哲学",这些思想都直接决定着国内的政策方针。特别是党和群众在新民主主义革命时期广泛开展阶级斗争,使得这种方式具有深厚的社会基础,因而在新中国成立后由于党在革命形势估计上的失误,把一切社会问题都归结于阶级问题时,才得以在全国掀起了近乎狂热的阶级斗争的浪潮。这种通过政治运动激起人民群众进行社会主义现代化建设热情的方式使得社会关系高度紧张,正常的社会生活和工作秩序都遭到破坏,整个社会陷入了严重的危机。

党的十一届三中全会后,富强话语在党和国家的工作重心由"以阶级斗争为纲"向"以经济建设为中心"转变的背景下开始发生变化，这自然也离不开邓小平对新时期时代主题的科学判断。邓小平深刻总结了新中国成立以来近三十年经济建设的经验教训，认识到尽管毛泽东十分重视社会主义的经济建设，但由于过度强调国际形势中的战争因素，致使党在国内社会主义建设的指导思想上出现了偏差，不得不集中大量的精力在生产关系的调整上，因而忽视了生产力的发展。继而，邓小平仔细观察和分析了国际形势，虽然当时的局部战争不断，但他并没有坚持以战应战，而是在主张积极维护世界和平以促进发展思想的基础上，根据世界和平力量的增长以及新科技革命的兴起等新变化的出现，得出世界将会有一段时间的和平时期，甚至能够避免战争的结论，因而对时代主题做出了"和平与发展"的科学判断，从此结束了毛泽东时期"革命与战争"的话语模式，逐渐实现了中国政治生活的正常化和规范化。邓小平曾明确指出："一九七八年我们制定一心一意搞建设的方针，就是建立在这样一个判断上的。"[①] 在"和平与发展"的依据下，党果断停止了"以阶级斗争为纲"的错误方针，把全党的工作重心转移到了社会主义现代化建设上来，改革开放成为党和国家推动社会主义现代化建设动力源泉的共识，"发展"晋升为新时期的主题话语。可以说，改革开放所取得的巨大成就都离不开邓小平对"和平与发展"时代主题的科学判断。此后，邓小平反复强调："把进行社会主义现代化建设放在一切工作的首位。"[②] 当今，党的工作重心从"革命"话语转变到"发展"话语的必要性和重大意义也不断被新的中央领导集体论及。

进入 21 世纪，国际局势发生了深刻变化，在客观分析世界形势发展中的主流和逆流后，中国共产党依然认为和平与发展是当今世界的两大主题，并坚持以经济建设为中心不动摇，不懈怠，不折腾，力图在发展生产力的基础上不断改善人民的物质文化生活。特别是党的十六大以来，"科学发展观""和谐社会""生态文明建设""五大发展理念"等话语的相继提出，不仅体现了改革开放以来中国共产党对发展内涵、发展方式、发展本质等问题的重新认识，也反映了党对共产党执政规律、

[①] 《邓小平文选》第 3 卷，人民出版社 1993 年版，第 233 页。
[②] 《邓小平文选》第 3 卷，人民出版社 1993 年版，第 69 页。

社会主义建设规律、人类社会发展规律认识的不断深化。中国共产党富强话语从"革命"到"发展"的变迁及完善，都是中国共产党作为执政党不断走向成熟的重要标志。

三　话语指向呈现从封闭到开放

随着生产力的发展，分工和交换不断地扩大，经济的发展不断冲破地域的壁垒，把世界各个民族推向不可分割的联系和广泛的交往中。全球化的趋势要求任何一个国家都必须融入这个开放的世界，闭关自守是不可能的。纵观中国历史，从明代中期到清王朝，直至鸦片战争，在这两三百年的时间里，由于实行闭关锁国的政策，致使中国长期处于愚昧无知、停滞落后的状态，错过了人类工业革命辉煌发展的年代。闭关自守只能导致落后，落后就要挨打已经成为中国惨痛的历史教训。自新中国成立以来，党的富强话语也经历了从封闭性转变到开放性的曲折发展路径，这一转变为改革开放以来加快现代化建设提供了广阔的国际视域，推动了社会主义现代化建设的步伐。

新中国成立初期，由于政权还不稳定，并且受到了资本主义世界的排挤和围堵，中国只能实行有限度的对外开放。在政治上，毛泽东提出"一边倒"的对外方针，选择从意识形态和社会制度出发划分交往与合作，并把对外经济交往的重点放在了依靠社会主义阵营，积极发展同苏联和东欧社会主义国家之间的关系上。后来，基于新中国经济建设的需要以及国际环境的变化，毛泽东逐渐转变了对外开放思想，开始采取果断而灵活的政策，确立了"独立自主、自力更生"的原则，积极发展与其他国家的贸易往来。特别是在《论十大关系》中，毛泽东专辟一节"中国和外国的关系"，较全面地论述了对外开放的客观依据、对象、内容、方针等。然而，在20世纪60年代直至"文化大革命"的十年里，极左思潮泛滥，社会普遍认同向西方国家学习科学技术就是崇洋媚外的观念，因此，中国对外开放工作也受到严重影响，造成了与国际市场相对隔绝的状态，整个中国社会再次陷入封闭的旋涡。

党的十一届三中全会以后，中国进入改革开放的新时期。邓小平在科学总结过去封闭僵化的社会主义发展弊端的基础上，提出"对外开放"的基本国策，主张"面向现代化，面向世界，面向未来"的思想，并制定和实施了一系列方针政策和构想。面对当时国内的各种非议和责难,邓小平毫不妥协,坚持"关起门来搞建设是不能成功的,中国的发展离不开世界"的思想。① 他从"现在的世界是开放的世界"论断出发,认为中国要实现现代化就必须打开国门,闭关锁国只会延误经济的发展。由此,邓小平开启了决定中国命运的关键政策——坚持改革开放,多层次、多形式、全方位的对外开放新格局也开始形成,标志着中国成功实现了从封闭半封闭到全方位的开放。2002 年以后,中国的对外开放跃上了一个新的阶段。江泽民提出"三个代表"重要思想,要求全党"必须以宽广的眼界观察世界,正确把握时代发展的要求"②,强调"坚持'引进来'和'走出去'相结合,全面提高对外开放水平"③。胡锦涛也深刻指出"中国发展离不开世界,世界繁荣稳定也离不开中国"④,主张"拓展对外开放广度和深度,提高开放型经济水平"⑤。现阶段,习近平总书记以"一带一路"倡议为抓手开拓了对外开放的新格局,着力打造和平、发展、合作、共赢的"人类命运共同体",推动世界的和平发展。

改革开放以来,党和政府始终坚持对外开放的基本国策,加快发展开放型经济,取得了巨大成就:从设立经济特区,到开放沿海、沿江、沿边,并且逐步向内陆地区扩展,再到加入世界贸易组织;从大规模"引进来"到大踏步"走出去";从利用国际国内两个市场,到两种资源水平显著提高,国际竞争力不断增强,在世界舞台上中国正在以开放的新英姿发挥着越来越重要的作用。广泛深入的国际合作不仅加快了中国经济的发展,还为世界经济的发展做出了重大贡献。

四 话语目标呈现从大同理想到小康社会

"大同"是中华民族对理想社会的经典描述,也是近代以来中国革命的最高理想和精神动力,激励了无数革命志士的不懈追求与努力奋斗。从太平天国运动"均贫富、求太平"的革命理想,到康有为"无邦国,无帝王,人人平等,天下为公"的《大同书》,再到孙中山"共

---

① 《邓小平文选》第 3 卷,人民出版社 1993 年版,第 78 页。
② 《江泽民文选》第 3 卷,人民出版社 2006 年版,第 569 页。
③ 《江泽民文选》第 3 卷,人民出版社 2006 年版,第 551 页。
④ 《十七大以来重要文献选编(上)》,中央文献出版社 2009 年版,第 37 页。
⑤ 《十七大以来重要文献选编(上)》,中央文献出版社 2009 年版,第 317 页。

产主义，即是大同主义"的三民主义思想，可以看出，"大同"理想一直是中国革命引人注目的话语主题。

毛泽东深受近代以来这些"大同"思想的影响，他在接受了马克思列宁主义的科学社会主义理论以后，就把中国传统大同思想与之相结合，并且随着中国革命和建设的实际情况的变化形成了自己独特的大同观。从一定意义上说，整个毛泽东思想本质上就是以大同为核心的科学思想体系。[①] 例如，早在土地革命战争时期，毛泽东在开辟了井冈山革命根据地之后，他所制定的《井冈山土地法》中明确规定，按照"共同耕种，男女老幼平均分配"的办法分配土地，继而组织农民开展了"平均地权"运动，践行"耕者有其田"的伟大创举。又如，在《新民主主义论》中，毛泽东曾说："中国有一句老话：'有饭大家吃。'这是很有道理的。既然有敌大家打，就应该有饭大家吃，有事大家做，有书大家读。"[②] 从这些革命话语和实践中，我们不难发现毛泽东大同理想的痕迹，他所追求的实现"人的自由而全面发展"的共产主义理想与"天下为公"的大同理想有着相似的价值追求与理想目标，而与以往不同的是，毛泽东并没有将社会理想寄于空想或者资本主义道路，而是在结合马克思主义基本原理与中国革命的实际情况中找到了中国革命的正确道路，带领全国人民实现了民族独立，完成了在追求大同理想的过程中最为基础同时也是最为关键的一步。然而，在进入社会主义建设时期后，由于特定历史环境的压力以及党对如何进行社会主义建设认识不足等因素，造成了党的指导思想出现偏差，忽视了中国还处于普遍传统劳动与小生产阶级盛行的现实国情，急于向"大同"社会过渡，主张跑步进入共产主义，把大同论诉诸"计划"、绝对的平均主义以及对个人利益的消解等，反而抑制了社会主义制度优越性的发挥，造成了中国社会发展缓慢、停滞甚至倒退的"穷过渡"，使社会主义事业受到严重挫折，最终沦为空想。

改革开放以来，邓小平立足于中国发展实际，开始了"大同"理想向"小康"社会的转变，也标志着中国社会主义建设的目标从抽象到具体、从模糊到清晰的演进历程。邓小平反复强调，贫穷不是社会主

---

① 王遐见：《实事求是地看待毛泽东大同观》，《马克思主义研究》2014年第5期。
② 《毛泽东选集》第2卷，人民出版社1991年版，第683页。

义，中国的社会主义还处在社会主义的初级阶段，毛泽东急切想要达到的"大同世界"理想状态近期是不可能实现的。因此，他在借用传统文化中的"小康"概念，并且赋予其以新的内容即"中国式现代化"之后，果断提出"小康"社会就是我们今后一段较长时间内所要争取实现的具体奋斗目标。在对"小康"概念进行现代性阐释之后，邓小平进一步指出，小康社会的本质是共同富裕，但绝不能急于求成，而是要在从"先富"到"后富"再到"共富"的非均衡发展中循序渐进，以非均衡发展为手段，最终实现均衡发展，达到共同富裕。这些都是邓小平对新中国成立以来长期泛滥的"左"倾错误的深刻反思，它改变了中国社会愚昧、贫困的普遍化和长期化的现状，促进了生产力的恢复和发展，解决了迫在眉睫的贫困问题，顺应了中国人民热切希望过上稳定的富裕生活的期待，从而确立了"小康"在社会主义发展目标中的话语主导权。

"小康"是一个有着广泛民族文化认同的概念，起到了凝聚并且动员人民群众建设社会主义的巨大作用。进入新世纪，江泽民根据邓小平关于"小康"的一系列话语，提出"全面建设小康社会"的思想，超越了低水平、不全面、发展很不平衡的"小康"，赋予其崭新的时代内涵，使其成为一个与时代发展紧密相连、内容丰富的科学概念；胡锦涛在党的十七大报告中，确立了全面建设小康社会奋斗目标的新要求；党的十八大报告中，在社会主义"四大建设"的基础上增加了"生态文明建设"，使"全面建设"的内容更加完备，实现了小康概念的新飞跃，并且还修改了"全面建设小康社会"的提法，明确提出"全面建成小康社会"的奋斗目标，虽一字之差，但是突出了党实现小康社会目标的把握和决心，鼓舞了社会各阶层凝聚力量，攻坚克难，坚定不移地沿着中国特色社会主义道路前进，共同实现中华民族伟大复兴的梦想。

小康社会的构想是对科学社会主义理论的丰富和发展，是对中国特色社会主义富强话语的创新，它涵盖了中国特色社会主义经济、政治、文化、社会、生态以及人的全面发展，构成了中国特色社会主义社会的完整形态。

五　话语结构呈现从注重物质因素到注重全方位协调发展

富强话语不是一成不变的，而是随着社会历史的发展而不断丰富和发展的。党在具体的历史的实践基础上，科学研究社会主义现代化建设的客观要求，并且充分考虑到中国各个历史阶段发展的复杂性和曲折性，进而从不同角度对社会主义富强话语进行多维构建，逐步从只注重经济等物质因素的单向性，发展到注重经济、政治、文化、社会、生态等全方位协调发展的立体多向性，从而使中国特色社会主义话语体系更趋完善与丰富。

中华人民共和国成立以前，中国共产党富强话语的核心指向都是围绕民族独立而展开的。在实现民族独立之后，如何建设社会主义成为摆在党和国家面前的重要任务。1953 年，党正式提出把"逐步实现国家的社会主义工业化"作为中国过渡时期总路线的一个基本内容，这一目标适应了当时在全球兴起的世界工业化浪潮，是中国从传统社会向现代社会转型的重要标志，与之相适应，中国共产党人对建设社会主义的认识不断得到发展，以毛泽东为核心的党的第一代领导集体首先提出了"到 20 世纪末实现四个现代化"的战略目标。"四个现代化"的提法从现代工业、现代农业、现代交通运输业、现代化国防，到现代工业、现代农业、现代科学文化、现代国防，直至最后的现代农业、现代工业、现代国防、现代科学技术，从这些变化中可以看出，党对"四个现代化"提法以及顺序排列的最终确定是经过反复思索和研究，在不断的变化和调整中完成的，这无疑从侧面体现了党力图使现代化建设更加全面、更加科学的愿望。尽管从单一的"工业化"到多样的"四个现代化"，其基本指向都是偏重物质的工业化，对政治、文化、社会、生态等方面还没有予以足够的重视，但这在当时的历史条件下是具有相当的必要性和紧迫性的，并不能否认其反映了党对建设富强中国认识的不断加深，也为中国社会主义现代化建设竖起了航标。

以邓小平同志为核心的党的第二代中央领导集体在沿用"四个现代化"提法的同时，逐步认识到"四个现代化"并不能囊括社会主义现代化建设的全部内容，不仅是物质文明的高度发展，还要实现高度的社会主义精神文明的发展。在此基础上，党的十三大上明确指出"建设富强、民主、文明的社会主义现代化国家"的目标。这样，建设社会主义的目标就从"四个现代化"转变成了"富强、民主、文明"三位一体的话语结构，突破了过去那种认为国家建设只需要实现经济、物质等富足的传统狭隘观念，从而重新界定了现代化建设的发展目标。

进入 21 世纪，江泽民阐发了社会主义发展目标的新内涵，提出了促进经济、政治、文化的全面进步，实现人与自然和社会的可持续发展的奋斗目标，标志着把邓小平制定的"富强、民主、文明"的总目标推进到具体实施阶段。胡锦涛从中国特色社会主义事业总体布局和全面建设小康社会的全局出发，进一步发展与完善了社会主义富强话语的内涵与结构，明确提出"建设富强、民主、文明、和谐"的社会主义现代化国家，第一次把"构建社会主义和谐社会"与经济、政治、文化同时作为国家发展的重要目标，将社会主义现代化的总体布局从"三位一体"发展到"四位一体"，实现了中国特色社会主义发展战略理论的开拓创新。党的十八大，习近平总书记把生态文明建设提升到了与国家经济建设、政治建设、文化建设、社会建设并列的战略高度，首次提出了经济建设、政治建设、文化建设、社会建设、生态文明建设"五位一体"的现代化建设总体布局，使生态文明建设成为中国特色社会主义建设目标的重要组成部分。后来，在党的十八届三中全会上，习近平总书记又提出"推进国家治理体系和治理能力现代化"，这是继 1954 年第一次提出"四个现代化"以来，在长达六十年之久的时间大跨度后，首次增添的"第五个现代化"的战略目标，深刻体现了党对社会主义现代化建设目标整体认识的深化以及对世界现代化发展趋势的准确把握，也反映了党从单方面重视物质层面的"四个现代化"，开始逐渐向强调思想文化意识等上层建筑层面的现代化的转向。可以说，"第五个现代化"的提出在一定程度上完成了对传统现代化建设目标模式的创新与超越。

概而言之，无论是从单纯的"工业化"到"三位一体""四位一体""五位一体"，还是从"四个现代化"到"五个现代化"，这些变化和发展体现的都是党的富强话语从注重经济等物质状况转变到注重经济、政治、文化、社会、生态等全方位协调发展的逻辑，实现了富强话语内涵的丰富与中国社会不同阶段的现实需求的有机统一。

六 话语风格呈现从本本到中国风格中国气派

中国共产党富强话语的形成与发展是一个不断演进、持续推进的动态过程。在不同阶段，中国共产党会随着时空条件的变迁以及历史使命的转换等原因，将富强话语发展为在内容和形式上皆有自己时代特色的话语。

李大钊等早期马克思主义者最早提出要把马克思主义理论应用到中国，还提出了在应用中要制定出适合客观情形的策略和组织。但是，由于党在创立之初对于运用马克思主义普遍原理指导中国革命方面还很缺乏经验，对马克思主义理论的理解更多的是停留在书本上，无法从自身出发构建具有中国风格的富强话语。后来，伴随着马克思主义中国化任务的提出，又通过总结民主革命时期正、反两方面的经验教训，毛泽东首先形成了符合中国实际、具有中国特色的富强话语，成功实现了富强话语由本本向中国风格中国气派的转换。

毛泽东曾多次谈及"民族特色""民族形式""民族风格""中国气派"等，这些话语贯穿于毛泽东思想形成和发展的始终。在党的六届六中全会上，毛泽东提出"使马克思主义在中国具体化，使之在其每一表现中带着必须有的中国的特性"[①]。在《新民主主义论》中，他又详细阐述了新民主主义文化是民族的科学的大众的文化的思想。他还历来反对"全盘西化"论的主张，强调指出："不要全盘西化。应该学习外国的长处，来整理中国的，创造出中国自己的、有独特的民族风格的东西。"[②] 毛泽东最终通过继承和发展中华民族文化传统中的优秀元素，以及提炼加工人民群众喜闻乐见的话语素材等，提出了"实事求是""枪杆子里面出政权""中国革命分两步走""一边倒"等新的富强话语，逐渐形成了具有中国特色的革命话语体系。

在改革开放的背景下，以邓小平同志为核心的第二代中央领导集体继续推进着马克思主义不断向前发展，这同样也是对构建具有中国风格中国气派富强话语的探索和创新。党的十一届三中全会停止使用了"以阶级斗争为纲"的口号，把党的工作重心转移到社会主义现代化建

---

① 《毛泽东选集》第 2 卷，人民出版社 1991 年版，第 534 页。
② 《毛泽东文集》第 7 卷，人民出版社 1999 年版，第 83 页。

设上来，重新确立了实事求是的思想路线，从而奠定了新的历史条件下社会主义意识形态的基调，即"中国特色社会主义"，它们同时也成为邓小平理论的核心话语。围绕这些核心话语，邓小平又提出了"猫论""共同富裕""贫穷不是社会主义""和平共处五项原则""三步走"等富强话语。

江泽民也十分重视构建具有中国特色的话语体系，他指出："只有首先赢得中国人民的喜爱，具有中国风格、中国气派，才能堂堂正正地走向世界和屹立于世界文化之林。"① 以江泽民同志为核心的党的第三代中央领导集体根据世情、国情、党情的新变化提出了"三个代表"重要思想，实现了对社会主义意识形态的基本话语的转换和调整，推进了中国社会主义富强话语的发展和创新。这些都是党的前三代领导集体对于构建具有中国特色的富强话语所展开的艰苦探索。

直到党的十六大以来，以胡锦涛为总书记的党中央才开始明确这一时代课题，多次提出要构建具有中国特色、中国风格和中国气派的哲学社会科学。胡锦涛指出："我们一定要毫不动摇坚持、与时俱进发展中国特色社会主义，不断丰富中国特色社会主义的实践特色、理论特色、民族特色、时代特色。"② 在这一思想的指导下，以"科学发展观"为核心指向的富强话语日益彰显。

新一届领导人习近平总书记上任伊始，就提出"中国梦""打铁还需自身硬""空谈误国，实干兴邦"等中国老百姓所熟悉和惯用的话语，并善于用讲故事、举事例、摆事实的方式同频共振、凝聚共识，这种朴实平和的话语风格成功实现了富强话语的大众化、亲民化，给人以自信、沉着、恢宏的印象，彰显了道路自信、理论自信、制度自信和文化自信，体现了"中国话语体系正掀重大变革"。

中国共产党探索构建中国特色中国风格中国气派的富强话语的历程证明：必须根据不同时期实践主题的变化，与时俱进地推进富强话语风格的创新，用更具人文关怀的富强话语表达党的政治主张与利益诉求，这样才能实现最广泛的情感认同，更好地指引、鼓动和凝聚人民群众建

---

① 《十四大以来重要文献选编（下）》，人民出版社1999年版，第2152页。
② 胡锦涛：《坚定不移沿着中国特色社会主义道路前进　为全面建成小康社会而奋斗——在中国共产党第十八次全国代表大会上的报告》，人民出版社2012年版，第13页。

设社会主义的热情与力量。

第三节　以史为鉴，构建当代中国价值观念对外传播话语体系之路径

党的十八大以来，习近平总书记多次强调，提高国家文化软实力，要努力传播当代中国价值观念，要更好地将中国的声音和特色传播出去。如何对外传播当代中国的"富强"话语？历史上看，从五四时期中国共产党对富强话语权的夺取，到毛泽东时期的绝对主导，再到改革开放以来对话语权的相对主导，体现的都是党在争夺话语权方面的自觉与深化。然而，文化多元化、经济全球化、信息网络化等变化已经深刻影响和改变着当今世界，当代中国的社会结构、发展状态与内外环境也深受影响，中国共产党意识形态话语权也同样面临着复杂、多变的现实境遇。如何迎接挑战，创新与发展话语主体、话语内容、话语载体与话语议题等，巩固中国共产党的领导，巩固社会主义制度，就成为时代课题。

一　提高党员素质，永葆话语主体的先进性

在当代中国主流意识形态话语的构建和宣传中，中国共产党作为社会主义富强话语重要的话语主体，在引领广大人民群众树立积极的、科学的、建设性的意识形态话语，以凝聚社会和共识方面无可辩驳地具有重大责任和义务。中国共产党只有不断提高自身的素质，强化专业学理素养，永葆先进性，才能适应不断变化发展的客观环境，不断增强政治意识的发展水平以及引导力，把握时代的话语权，从而掌控国家发展的主导权。

中国共产党已经执政七十多年，成为长期执政的党。党的执政地位是一百多年来党领导人民艰苦斗争、流血牺牲，取得革命斗争胜利的必然结果，是中国人民在长期的革命斗争中做出的选择。人民群众对党抱以高度的信任和认同，从而也奠定了党拥有广泛且深厚的合法性基础。而合法性基础的深浅对党能否有效动员民众，以及意识形态核心话语权的巩固都具有直接的关联性。只有广大民众对执政党的政治信仰和价值观产生认同，才能与执政党产生共同的政治认知和共同的政治情感，从

而极大地增强执政党对民众的政治动员的力量，充分发挥党领导群众的主体作用。改革开放以来，中国综合国力显著提高，已成为世界第二大经济体，国际影响力也日益扩大，人们生活水平大幅度提高，民族凝聚力极大增强，激发了中国人民为追求富强中国的美好理想而勇往直前奋斗到底的热情。

然而，随着党执政面临的国际和国内环境日新月异的变化，有些敌对分子对党执政的合法性基础提出了挑战。首先是党对意识形态的领导力问题。在市场经济条件下，人民基于不同的利益而产生了日益多元化的诉求和价值观念，社会思想领域出现了极其复杂的变化，主流意识形态对社会意识形态的整合功能都有所削弱，人们的认可度明显下降。其次是社会不公正现象日益突出的问题。经济的迅速增长引发了弱势群体的不满情绪，并且有与日俱增的趋势，民众日益强烈的利益诉求如果不能得到有效处理，必然加剧民众对党的不满。最后是党的自身建设问题。例如，在中国，中国共产党执政地位是与最广大人民根本利益相一致的，而在新的历史条件下，一些党员领导干部的理想信念开始动摇，并逐渐脱离群众乃至出现腐败，严重地损害了中国共产党的公众形象，加剧了社会矛盾等等。这些问题都要求中国共产党要坚定成员的政治信念，不断提高党员的理论修养和政治素质，加强自身建设的能力，否则就会冲击中国共产党在政治意识形态话语建构方面的话语主导权，无法形成社会合力应对中国共产党肩负的艰巨任务和历史使命，从而对党的执政地位产生威胁。提升中国共产党作为富强话语主体的话语构建能力，最重要的就是：

第一，全面加强党的整体素质建设，提升全党的马克思主义理论水平，始终保持党的先进性和纯洁性，不断增强党的创造活力。一方面，中国共产党是中国执政党，也由党制定国家的大政方针，因此，党员干部必须通过加强理论学习，才能正确把握党和国家的大政方针，并且通过强化理论素养，自觉运用马克思主义的立场、观点和方法分析问题、解决问题，开拓新思路、构建新话语，不断推进马克思主义的理论创新，社会主义核心价值观才能始终占据主流地位，党的各项事业才能蒸蒸日上。另一方面，每一位共产党员都是党的代表和化身，只有加强理论学习，培育和提升全体党员的政治素养，立党为公，言传身教，党员干部的示范作用才能发挥正面效应，才能为当代中国的政治发展塑造更优质的主体性资源。尤其是要加强对基层党员的素质教育，这不仅因为他们处于群众工作的第一线，任何一言一行都关系着群众对党的看法，更是由于他们是党和国家领导事业的后备军，普通党员的素质高低直接关系到中国未来社会主义事业的兴衰成败。

第二，积极发展党内民主机制，进一步巩固和发展党内生动活泼的良好局面。党内民主问题，历来是党的建设的一个重大问题。党的十六大报告指出："党内民主是党的生命，对人民民主具有重要的示范和带动作用。"[①] 首先，只有实现党内民主，才能凝聚全党的意志和力量，解放思想、开拓创新，最大限度地发挥全体党员的积极性、主动性和创造性，才能使党内充满活力，巩固党的团结统一，党的决策才更具有科学性。其次，党内民主还有利于健全和完善监督机制，有效预防党员干部的腐败变质，特别是要加强和规范各级领导班子决策程序的民主化，防止个人专断现象的出现。权力腐败问题严重损害党的执政形象，侵蚀党的执政资源，因此，大力发展党内民主，实现权力的民主运行，可以畅通民主监督的渠道，有效提高权力行使的合法性，增强权力运行的透明性以及公众的参与度，这样能够及时纠正党内的不正之风，把腐败苗头扼杀在摇篮里，保证权力在阳光下运行。

二 坚持与时俱进，发展话语内容的科学性

在富强话语变迁的过程中，毛泽东、邓小平、江泽民、胡锦涛、习近平等不断创新马克思主义话语体系，积累了丰富的经验，对于我们今天创新社会主义富强话语具有重要的启示。但是，当代中国全球化浪潮带来的价值多元化现象为中国主流政治话语的建构设置了重重障碍。如何增强党主导的意识形态话语的公信力，提高话语的感召力，使当代中国特色的社会主义富强话语内化成为绝大多数群众接受并且认可的主流政治意识和行为准则，真正掌握其在社会生活中的话语主动权。

首先，依据实践的变化不断推进社会主义富强话语的创新。依据实践的变化推进话语创新，就是要在坚持马克思主义的立场、观点和方法的前提下，根据不同时期不断变化的实际情况分析问题、解决问题，不拘泥于教条和经验，适时提出富有思想理论价值以及时代价值的话语。

[①] 《中国共产党第十六次全国代表大会文件汇编》，人民出版社2002年版，第50页。

马克思主义作为中国共产党长期坚持的指导思想，从根本上说不是靠国家政治的强制力，而是靠马克思主义意识形态本身的科学性得以确立的。只有随着社会实践的变化发展而不断丰富自身，马克思主义才能更好地指导人们解决社会发展中遇到的新情况、新问题，才能体现和反映时代精神，保持持久和旺盛的生命力，得到人们的认同和拥护。在构建中国特色马克思主义话语体系的整个过程中，党的每一代领导人始终坚持实事求是、与时俱进的理论创新，才创造出了新民主主义革命和新民主主义社会的话语体系以及中国特色社会主义话语体系。因此，我们在构建当代中国社会主义富强话语的过程中，务必强调将马克思主义的立场、观点和方法贯穿到中国特色社会主义事业建设的实践中，根据不同时期实践主题的变化，推动社会主义富强话语的创新，以开放性推进马克思主义话语体系中国化事业的发展，否则我们的建设事业将会因为僵化而逐渐失去鲜活的生命力。

其次，继承和发展中国传统意识形态话语。毛泽东指出："清理古代文化的发展过程，剔除其封建性的糟粕，吸收其民主性的精华，是发展民族新文化提高民族自信心的必要条件。"[①] 中华民族是一个富有辩证思维传统的民族，对于传统文化中的话语我们应坚持"一分为二"的观点看待。中国历代哲人主张的"知行合一""重义轻利""水可载舟，亦可覆舟"等话语里所蕴含的哲学思想仍然适用于现阶段中国现代化建设。另外，近代民主革命时期，那些纯粹为了战争服务的、已不适合社会转型期的话语，在摒弃它们的同时，还应考虑是否能够对它们进行重新解读，或者赋予这些话语以新的内涵。例如，可以以"中国梦"作为中国文化的轴心概念，合理、有效地整合传统文化和现代文化资源，构建出一个畅通、有序、富有活力的话语系统。坚持继承和发展这些传统意识形态的话语，重视对中华民族精神的总结和凝练，对它们进行整理和改造，必将大大丰富中国特色社会主义富强话语体系。

最后，吸收和借鉴国内外其他学科或社会思潮的话语。马克思主义是在批判、继承和超越欧洲思想文化传统的基础上创立的，它从来不是一个狭隘的理论，从来不故步自封。恰恰相反，马克思主义的创立和发展，一直是而且永远都是从其他学科吸收借鉴优秀的思想资源、科学的

---

① 《毛泽东选集》第 2 卷，人民出版社 1991 年版，第 707—708 页。

研究方法甚至是有价值的概念、范畴。社会主义富强话语也应当如此。作为马克思主义的继承者，在社会生活迅速发展变化的今天，我们更要认真研究其他从不同角度和不同层次反映社会关系、社会发展的国内外各门学科，如历史学、心理学、伦理学、传播学等等，因为它们有着马克思主义话语体系中所没有的但可供参考的新的话语。在与这些学科的互动过程中，必将加大中国特色社会主义富强话语对社会现实的指引力度。另外，对于传入中国的社会思潮，我们要以科学的态度加以对待，仔细甄别，批判地借鉴其中的有益成果，并尝试赋予其中国特色的学术内涵，这样才能够大大丰富社会主义富强话语的内涵，使得中国能够以全新的姿态面向世界。

总之，在社会主义富强话语的建构上，我们不能固守马克思主义的传统话语，必须在坚持马克思主义基本立场、观点和方法的基础上，一切从实际出发，与时俱进，充分整合传统文化和西方文化资源，使主导政治意识在越来越强的包容性中保持话语内容的创新性和科学性，才能创新发展本国话语体系，帮助提升主流话语建构的效力。

三 创新话语载体，提高表达方式的有效性

话语载体就是意识形态话语通过何种方式表达出来。面对改革开放和市场经济相伴随的社会多元化和信息多样化的全新考验，过去党和国家舆论一统的局面开始消解，自上而下渗透式的话语传播手段实效性式微。面对新情况新特点，我们必须创新话语载体，改进话语表达方式，跳出传统的固有模式和惯性思维，不断增强意识形态话语传播的有效性。

首先，处理好政治话语、学术话语与大众话语的关系。新中国成立初期，中国共产党为了宣传马克思主义意识形态，采取的是自上而下的，以国家强制力为支撑的，单向度"灌输"的方法。当时，国内政权不稳定，加之国际上资本主义和社会主义两大阵营的冷战，我们必须采取这种强制的方法进行社会主义意识形态的灌输。但是，随着中国社会生产力的发展，人们的生活日趋多样化，再加上改革开放的深入发展，再想通过简单的灌输政治话语只会适得其反，特别是一些政治话语行政色彩过于浓厚，反而导致了群众的抵触倾向，进一步降低了主流意识形态的吸引力。要注重对富强话语表达方式的有效性的研究，杜绝只

停留在浅层次上的表面宣传。在大众文化繁荣的今天，要有效地构建富强话语体系，需要以政治话语为指导，学术话语为支撑，通过大众话语加以传播，力图将宏大叙事式的政治话语和晦涩学理式的学术话语转化为通俗的、具体的、形象生动的大众话语，使党的意识形态话语传播起到"润物细无声"的效果。要加强理论的自主研发和创新，创造出当代中国社会主义富强话语的学术概念和学术语言，为社会主义意识形态的创新提供学理根据；并且充分利用大众文化的表现形式、传播方式，将契合富强话语内涵的学术话语，转化为符合大众接受心理的日常生活话语，从而在潜移默化中让大众接受社会主义富强话语。同时，针对当代中国社会分层加剧，催生出不同利益诉求的现状，还应当有针对性地对各类新兴阶层人群中进行不同的话语传播，努力为不同利益和价值的群体提供思维导向，增强意识形态话语的感召力，及时占领各个阶层的思想阵地。

其次，加强运用新兴媒体传播意识形态话语的途径。以微信、微博、网络贴吧等为代表的新兴传媒迅速发展，是当今社会的一个重大特点，它们不只是传递信息的渠道，更重要的是，它们还演变成为各种思想文化的聚集地和互动沙龙。新兴传媒独立性的大大增加使得人们获得了政党之外表达自己思想观点和利益诉求的渠道，每一个社会公民都拥有了表达自己观点、影响他人思想的能力，换句话说，新兴技术的发展彻底改变了以往思想传播对象的被动状态，它使每个人都成为主动的、独立的传播主体。人们自从有了一个表达思想的平台后，每年都会有大量的字、词、句等话语在互联网以至人们的日常生活中流行，并且为大众所津津乐道。这不仅改变了传播方式本身，也改变了人们的生活方式、工作方式，新兴媒体的影响正逐步扩展和渗透到人民群众的日常生活中。然而，新兴媒体的"双刃剑"效应也越来越明显：它既为政党开展党群沟通提供了现代化手段，拓展了党群沟通的空间和渠道，也对既有的党群沟通机制构成了许多新挑战。中国长期以来形成的国家和社会、政党与民众的沟通理念显得比较陈旧，沟通渠道比较狭窄，沟通方式也比较单一，整个沟通机制难以实现党群互动的要求，这方面的落伍正在严重地影响着党的执政能力以及人们对党的领导的认同。目前，中国已成为世界上互联网和手机使用人口最多的国家。因此，党在构建社会主义富强话语的过程中，更要自觉加强运用新兴媒体传播意识形态话语的意识，利用网络语言生动活泼、灵活多变的形式，在传播信息的同时掌握富强话语的主导权。例如，可以鼓励人们利用网络平台公开讨论热议话题，积极引导人们的舆论导向，在讨论中逐步达成共识，使人们在相互学习、相互教育中起到自我传播的效果。

四 设置话语议题，争夺话语权力的统领性

在构建出具有中国特色中国风格中国气派的话语体系后，在国际的舞台上，还要能够传播、善于传播，也就是把当代中国价值观念能够以国外能够听得清、听得懂、听得进的方式传出去、传开去，这必然涉及到话语议题的设置，一个国家国际形象的构建很大程度上受到话语议题设置的影响。美国传播学家 M. E. 麦库姆斯和 D. L. 肖在《大众传播的议程设置功能》一文中就明确指出，新闻媒介提供给公众的是他们的议程。他们认为，大众媒介往往不能决定人们对某一事件或意见的具体看法，但是可以通过提供信息和安排相关的议题来有效地左右人们关注的某些事实和意见，以及他们对议论的先后顺序。[1] 在当代传媒高度发达的信息社会，如何通过话语议题设置来影响媒体的舆论导向，引导受众在看似平常的报道实则是精心策划的信息传播中实现价值观的投递，对于任何国家国际形象的构建至关重要。尤其是当代中国的飞速发展造成西方国家的惊慌和敌视，"中国阴谋论"等歪曲中国形象的言论不绝于耳，很大程度上影响了世界对中国的认知，在这种情况下，我们就更应该致力于话语议题的争夺，先发制人，并借此促进国家国际话语效力的提升。

首先，话语议题设置能力与国家的综合国力的强弱息息相关。因此，要争夺话语权力的统领性，提高话语议题设置能力，重中之重就是增强国家的综合国力。其中，经济实力是综合国力的核心和基础，经济的发展是提升综合国力最直接的手段。近些年来，西方发达国家由于遭受金融危机、恐怖袭击等重创，综合国力相对下降，国际影响力也大大减弱，而中国凭借经济实力的快速发展，成为世界经济增长的主要引擎，不仅为"中国梦"的实现提供了基础性的物质支撑，也为世界经

---

[1] 陈正良、高辉、薛秀霞：《国际话语权视阈下的中国国际议程设置能力提升研究》，《中国矿业大学学报》2014 年第 3 期。

济的复苏做出了巨大贡献，大大提高了国际地位。我们要继续坚持以经济建设为中心，积极进行产业结构升级，加强自主创新，提高企业竞争力，以经济的发展撑起富强话语的广泛传播。但是，机遇与挑战并存，我们也应看到随之出现的一系列问题，例如社会贫富差距在逐渐拉大、粗放型经济增长方式造成的资源短缺问题越发严重、社会意识领域存在消极现象等。因此，我们还要坚持"五大发展"理念，在进一步增强经济实力的同时，做到创新发展、协调发展、绿色发展、开放发展、共享发展，这样才能实现中国的真正崛起。

其次，还应当创造出繁荣的文化，增强中华民族的文化自信。当今时代，文化软实力已经成为综合国力竞争的重要内容，必须重视文化建设，把文化发展纳入国家战略的顶层设计中。要提升中国的文化软实力，就要首先大力弘扬社会主义核心价值观。社会主义核心价值观在中国的文化建设中处于支配和统领的地位，党和政府既要主动做好意识形态工作，尊重差异、包容多样，还要有力抵制各种错误和腐朽思想的影响，对内凝聚共识，对外输出当代中国价值观念，从而影响其他国家的价值认同。其次要充分整合文化资源，主动挖掘传统文化和现代文化中具有民族特色的文化资源，构建出一个畅通、有序、富有活力的话语系统，积极推动中华文化走向世界，此外，还要积极学习西方国家发展文化产业的成功经验，推进文化创新，提高文化产业的核心竞争力，努力打造具有中国特色的文化产品和文化品牌，为增强社会主义富强话语的国际影响力注入新的活力。

再次，坚持全面、客观、真实的原则，保持中国问题正面报道与负面报道的平衡性，主动设置话语议题。长期以来，中国媒体都非常注重新闻的正面报道，对于公共危机问题往往采取沉默或者回避的态度，而西方媒体更多关注的是事件的负面意义，因此，这等同于将中国问题一半的议题设置权拱手相让于他国，使得关于中国特色社会主义话语体系的国际传播处于被动的局面。对此，我们要走出负面报道的认知误区，鼓励中国媒体在保持正能量传播的同时，尝试做平衡报道，紧紧抓住富强中国重要的话语议题，争夺话语的统领权，这样中国媒体的传播效果将大大改善，中国富强话语的国际公信力也将大幅提升。

最后，要加强与外国媒体的互动，积极搭建有助于增强话语传播的国际平台。我们知道，外国民众了解中国的信息源最主要来自本国的传媒，而由于中西意识形态、国家利益等诸要素的影响，一些外国媒体的报道可能会主观臆断，或者故意歪曲中国的形象。因此，中国应当积极加强与外国媒体的互动，建立良好的社交沟通平台，进行有效的讨论和交流，第一时间澄清误解。例如，外国媒体擅长在推特（Twitter）上发布和讨论有关中国的报道，那中国媒体也要积极进军国际媒体市场，一方面热切关注并且及时跟踪回应相关话题，如 2019 年 5 月 30 日上午，中央广播电视总台中国国际电视台（CGTN）主播刘欣与美国福克斯商业频道（Fox Business Network）主播 Trish Regan 于美国黄金时段、当地时间 29 日晚 8 时的节目《Trish Regan 黄金时段（Trish Regan Primetime)》，就中美摩擦等相关议题进行一场面对面、直击焦点的"跨洋对话"，做这样有准备的对话，能大大提升中国话语的国际传播。另一方面借助国际社交媒体平台主动设置议题、扩散信息，保持正能量传播中国特色社会主义富强话语，牢牢掌握中国主流意识形态国际话语权的制高点，向世界传递中国声音，这样才能从根本上扭转中国媒体"失语"的局面。中国媒体还可以主动同外国主流电视媒体、网站等进行合作，共同向目标受众群体传播中国价值观，这样不仅可以节省在国外建立新媒体传播的高昂费用，更重要的是可以"借势发挥"，有针对性且高效率地传播中国意识形态话语，实现中外媒体互利合作的"双赢"。另外，我们要积极学习、借鉴西方先进的传播技巧，采用国际的表达方式讲好中国故事。以外国受众为出发点，淡化自我主体色彩。中国以往的对外传播过分注重自我意识，单方面地站在自己的角度选择信息，并不考虑这种传播是否恰当有效。然而，外国受众在价值判断和行为方式上都与国内受众有着很大的不同，因此，我们更要贴近本土，以他们的兴趣爱好为切入点进行宣传。例如在宣传"中国梦"时，可以将重点放在外国受众感兴趣的民生等问题上，这样才能使宏观话语议题的报道更加"接地气"，外国受众在接收信息的同时也更容易产生情感上的共鸣，实现与外国受众更深层次的对话和交流。

第四节　当代中国协商民主思想话语体系对外传播路径

上面讨论了社会主义核心价值观中位于首位的"富强"话语建构

的原则、规律、路径，以便为构建对外传播话语体系传播提供借鉴。我们再来看看协商民主话语的对外传播，作为中国价值观念重要组成部分之一的中国协商民主思想，一如第三章所述，大幅提升了中国的国际影响力和国际话语权，赢得了国际社会的理解、尊敬和信赖。但如果从着眼构建中国特色对外传播话语体系的长远角度看，当代中国协商民主思想对外传播话语体系的传播有一些可发扬之处，也有一些可改善之处。

一 当代中国协商民主思想对外话语传播路径的继承和发扬

（一）结合中国具体实际，打造中国特色的协商民主思想

从 2003 年起，中国开始关注中国协商民主思想的理论研究，在这个过程中，一方面借鉴西方协商民主研究的优秀理论成果，作为中国协商民主思想发展的参考；另一方面结合中国具体实际进行了大量协商民主的实践和探索，在不断的探索中，许多优秀学者取得了丰硕的研究成果，他们一致认同，中国协商民主思想深深地根植于中国大地，紧密结合中国实际，以马克思主义理论为指导，在有利于国家和民族发展的基础上，把中国人民的正当利益和民主诉求作为重点，形成了中国特色的协商民主思想，打造出民主政治协商制度和政党制度。《习近平谈治国理政》一书中，就非常鲜明地展示了这点，书中将中国协商民主思想应用于多个场合多种平台，以通俗易懂的语言深入浅出地解读"协商"的本质内涵；该书还逐一阐述了中国社会政治生活中的协商民主、统一战线中的协商民主、人民政协中的协商民主、基层治理中的协商民主等等，从理论层面和现实实践两个维度解读了中国协商民主思想的发展与创新。这些成果和实践相结合，成为中国民主政治建设的重要理论，从而使中国协商民主的发展更加成熟、更具特色，以其自身特色吸引国外学者的关注，加快了中国协商民主思想对外传播话语体系的传播。

（二）引用例证分析，凸显中国协商民主思想的现实性

在构建当代中国价值观念对外传播话语体系中，不同观点不仅需要在理论与逻辑层面产生交流与碰撞，还要在论争和比较中得到更好的理解鉴别，同时还需要传播出当代中国是如何运用中国智慧走出中国道路，如何运用具体举措实现中国梦想的，让国际社会听到中国声音、看到中国方案。因而在中国协商民主话语的对外传播中，要特别重视引用现实例证，解读中国协商民主思想的实践经验，帮助外国民众深刻理解

中国协商民主思想，凸显中国协商民主思想的现实可行性。譬如《习近平谈治国理政》一书，在介绍中国深化改革措施时，着重强调推进中国协商民主多层广泛制度化的改革，并把协商民主运用于国际事务的处理中，如习近平总书记在数次谈话中表达出希望能够通过两岸之间的协议商谈，推动两岸关系和平发展；在阐述中国的"核安全观"时提倡通过合作协商的方式妥善处理国际矛盾和争端，这实质上是从国家层面推进中国协商民主思想对外传播中的现实案例。又如《协商民主在中国》英文版一书，在探讨了社会主义协商民主思想的形成与发展、协商民主的本质和意义的基础上，对中国各个地方改革实践中探索和创新出来的民主恳谈会、民主听证会、乡村论坛、社区论坛等协商民主案例，进行了深度的分析和客观的点评，也显示了中国协商民主思想对中国政治发展道路中的实践意义。

（三）展示以民为本的情怀，奠定国家治理的民意基础

协商民主的对外传播，除了传播中国特色的协商民主、协商民主的具体形式，还要传播协商民主的理念，协商民主不是为民主而民主，而是为人民而采取的民主方式，所以，以民为本是中国协商思想自古以来遵循的主要原则，前文中已提及春秋时期提倡执政者通过协商后进行决策；秦汉之后，历代王朝也有通过协商、讨论处理朝政的传统；近代以来，在民族危亡之时，孙中山先生深感民乃国之本，遂提出了"三民主义"，民本思想在今天仍然影响着中国的民主建设；中国共产党成立之初就是为人民谋幸福，全心全意为人民服务是我党的宗旨和基本原则，因此，人人平等、以民为本的情怀是中国协商民主思想在不同历史阶段发展的基本遵循，发展中国协商民主思想，就是将人民民主落实到各项政策中，确保公民平等地参与到政治生活中，实现公平正义。党的十八大以来，以习近平同志为核心的党中央，始终坚持群众路线，坚持以民为本，社会主义的民主政治得到不断发展，中国协商民主思想的实现形式也获得不断创新，从而为国家治理奠定了坚实的民意基础，为中国改革开放营造了良好的国际环境。

（四）以法律制度为支撑，彰显中国协商民主思想的合法性

对外传播协商民主，重在传播什么，传播协商民主的思想理念，固然重要，但没有现实的运用，远不能说服他人。因此，制度层面的介绍和传播至为关键。在《习近平谈治国理政》及《协商民主在中国》这

两本书中，均多次提到共产党领导的多党合作制度和政治协商制度，这既是中国基本政治制度重要组成部分，也是中国协商民主思想在法律制度层面的重要体现，彰显中国协商民主思想的正当合法性。中国政治协商制度不同于西方所谓的协商民主机制，最关键的区别就是中国始终坚持在中国共产党的领导下开展协商民主，是中国共产党领导下的多党合作制，在这一前提下形成了一整套完整的协商民主制度体系。首先，坚持党的领导。中国共产党是工人阶级的先锋队，只有中国共产党才真正代表了人民的根本利益，因此，坚持党的领导，坚持党在大政方针和政治方向上的引领，构建广泛、多层的协商制度体系，在制度的框架之下，才能保障成功开展政治协商，才能保障人民的权利。其次，在坚持党的领导的前提下，中国已经建立起了协商民主的制度体系，人民代表大会制度、共产党领导的多党合作制度、政协制度等都是具有鲜明社会主义特色的基本政治制度。再次，从运行机制看，中国实行了民主集中制，这些制度保障了协商、决策和监督的顺利进行。最后，从基层民主上看，也形成了社区、居委会和村民委员会等基层组织，在基层组织中，公民通过协商、选举等各种规范的方式行使权利和履行义务。在上述制度的有力支撑下，既保证了协商民主开展的合法性，又最大限度保障人民的利益。只有从制度层面完整全面地对外传播中国的协商民主，才能使国外民众真正信服。

（五）尊重民主实现形式的多样性，在国际交流中扩大影响力

民主，对每一个人来说，是保障他实现权利的手段。著名物理学家爱因斯坦在《我的世界观》中，曾提到对民主的想法和渴望，他说要让每一个人都作为个人而受到尊重，而不让任何人成为崇拜的偶像。列宁作为社会主义制度的实践者也强调，民主对于无产阶级和社会主义的重要作用："工人革命的第一步，就是使无产阶级上升为统治阶级，争得民主。"[①] "没有民主，就没有社会主义。"[②] 毛泽东在抗日战争时期肯定地说："只有民主才能救中国。"[③] 民主与自由、平等、和谐等理念一样，是世人孜孜以求的理想，民主的社会也是古今中外人们追求的理

---

① 《列宁全集》第 31 卷，人民出版社 2017 年版，第 169 页。
② 《列宁全集》第 19 卷，人民出版社 1959 年版，第 224 页。
③ 《毛泽东文集》第 3 卷，人民出版社 1996 年版，第 272 页。

想社会，这是因为民主符合了人类自身的固有本性，能够达到一个民主的社会是人类政治生活的理想。但是，由于各个国家发展水平、所处的社会阶段不同，导致人们追求民主的表现形式也不一样，民主的实践方式也极为不同，每个国家需要创造出符合本国国情的民主实现方式，雅典城邦创造出了属于当时雅典平民的民主形式，美国创造出了宪法基础上的三权分立的代议制民主形式，在英国则表现为君主立宪制的民主实现形式。

因此，在携手构建人类命运共同体的今天，发扬民主政治，必须重视民主思想实现方式的特殊性，在具体的实践中，要尊重民族的差异化特征。中国的民主实现方式具有中国的独特性，在微观实践中，不仅创造了社会自治和民主选举，纵向宏观层面，还创造了自上而下的民主参与方式，所以，中国的协商民主丰富了民主的形式，拓展了民主的渠道，丰富了民主的内涵，是符合中国国情的民主形式，改变了国际社会对于民主发展的认知，彰显了中国民主政治的特点和优势，在国际社会的互动交流中扩大了影响力。因此，中国协商民主思想的对外传播，有利于国外公众认识一个真实的民主中国，帮助国际社会了解中国协商民主思想的实质，为构建"民主、开放、文明、负责任"的中国形象发挥着独特作用，因而要继续发扬协商民主，为中国的民主政治提供新的活力和创造力。

二 当代中国协商民主思想对外话语传播力的提升策略

在当代中国协商民主思想对外话语的传播中，导致传播不力，还源于一些似是而非的认知，譬如中国协商民主思想是"舶来品"，协商民主在共产党领导下，就无法体现民主本意，等等，因此在传播过程中需要对此做出进一步解答。

（一）澄清中国协商民主思想并非西方"舶来品"

21世纪初，协商民主理论的研究热潮在中国兴起，短短十几年里，协商民主从刚开始的理论知识，成为政治界里极为热门的研究领域，目前已是具有中国特色社会主义的民主政治制度。在研究政治协商民主的发展历程中，学界似乎发现协商民主作为一种民主理论，在西方国家也存在，而且还早于中国，由此判断西式协商民主是基于西方的社会多样性和多元化的现实，回应代议制民主下公民普遍的政治冷漠而提出的理想政治民主范式。西方协商民主的理论与实践相互激荡，不仅成全了西方政治学的再次繁荣，也造就了西方民主政治的创新。但由此断言中国的协商民主与其他理论一样源于西方，这种判断显然是罔顾事实的独断了，是学术研究中的崇洋表现。发现西方存在协商民主并不意味着协商民主是西方的发明，有一些学者对中国政治协商民主存在着这样的认识误区，尤其是在回应中国协商民主是否为西方"舶来品"这一极具争议的话题时，总是摇摆不定，这是因为没有清晰把握中国协商民主的发展历程，以致在中国协商民主思想的对外传播中造成了误解。实际上，中国的协商民主思想并不是"舶来品"，而是内生独有的，是在中国大地上运用中国智慧、中国人的思维方式和思维逻辑创造出来的，具有中国特色的产生逻辑和运作特征，这一点在前文中已做了分析，在此不再赘述。中国的协商民主首先在政治领域中产生，然后扩展到政治和社会两大领域，它是根据中国国情和民主政治，由中国共产党在长期的革命和建设实践中，与广大人民群众一起创造出来的，协商民主最大限度地保护人民的利益，是人民当家做主的主要方式之一。

（二）阐明中国共产党是中国协商民主思想的政治根基

协商民主需要在中国共产党的领导下进行，将中国共产党作为其领导核心，协商民主的组织体系和程序过程都要在共产党领导下展开，只有在党的领导下，才能够保证"共存、合作、发展"这一基本目标。中国共产党与各民主党派"共存、合作、发展"这一目标的实现，就要遵守协商民主的系列制度，使更多的群众参与其中，了解群众的意见，协调不同党派、不同阶层、不同民族、不同集团的利益，这样不仅可以反映民意，提升党在人民心中的地位，从而发挥执政党的民主执政功能，促进社会和平稳定地发展。因此，在对外传播中国协商民主思想时，要首先梳理清楚中国共产党与各民主党派的关系及作用，在政策以及政治方向和大政方针的制定中，始终强调党的领导，这样才能有利于形成统一的共识，凝聚强大力量。所以，坚持党的领导不仅不会像西方所理解和宣称的那样削弱民主，相反，会大大保障和加强民主的实现。只有有针对性地回应其质疑的传播，才是真正的传播，才能达到真正的效果。

（三）增强中国协商民主思想对外话语传播与建构中的理论自信

随着中国的文化传播与国际话语能力的不断增强，具有中国特色的对外传播话语体系在国际上的地位已经得到提升，但从最近几年对外传播话语体系的发展历史来看，以往解决"世界如何看中国"的问题，今天中国面临百年未遇之大变局，最紧迫的任务或许应该转向"中国如何看世界"，这种转向意味着把一种源于中国社会真实政治实践的价值理念——协商民主理念，如何展示给国际社会并被国际社会接受。党的十八大以来，以习近平同志为核心的党中央加强了对文化传播和国际话语能力的建设，提出相应的要求，提升了中国的理论自信，而理论自信是行动自信的先导，只有增强中国协商民主思想的理论自信，才能巩固中国特色对外传播话语体系的理论根基。中国协商民主作为中国社会主义民主政治的特有形式，其理论来源和现实实践都深深植根于中国的土壤，理论不断完善，实践形式不断创新，中国特征也就不断彰显，因而在中国协商民主思想对外话语传播与构建的过程中，需要发挥中国协商民主的独特性和优越性，增强理论自信。

（四）牢牢把握国际交流中中国协商民主思想对外话语的主导权

随着全球化进程的日益推进，世界各国的竞争不再限于 GDP 的竞争，而集中在当今世界的话语权竞争。所谓的话语权，是指在国际政治舞台上，对当前所发生的重大事件要有发言权，这些话语能够在该事件中产生影响力、作用力和辐射力。现在中国的文化软实力以及相关话语体系还相对薄弱，所以，习近平强调要提高中国在国际上的影响力，就要不断提高中国在国际外交上的话语权。如何提高中国的国际话语权呢？首要的就是树立中国在国际社会中的民主、自由、公正、法治的形象，创造有利于发展的国际环境。党的十九大报告把协商民主作为中国特色社会主义民主政治的特有形式和独特优势，这一论断为中国赢得话语权提供了有力的武器，也改变了以往西方以"民主""人权"的大棒攻击我们、打压我们的局面。中国协商民主思想在新时代的改革实践中被注入更多时代新意，从理论内涵到基层实践都在不断丰富和深化，因此，在构建中国协商民主思想对外传播话语体系中，传播好当代中国协商民主理念、民主制度、民主价值观念，使国外民众从知识需求和价值观念上接受、认同中国的协商民主，从而牢牢把握国际交流中的话语主导权。

结语　构建对外传播话语体系，阐释中国价值观念[*]

话语体系，表面上是一个"说什么话、怎么说话"的语言表述问题，实质上是一个涉及思维方式、思想认同、价值立场等多方面的重大问题。一个国家和民族的理论自信和理论自觉是建立在一整套自己的话语体系基础上的。随着当代中国经济的快速发展，中国 GDP 的总量已位居世界第二，与经济实力显著增强不相适应的是，人们的价值观念却落后于经济的发展，国人在骄傲于经济成就的同时，价值观念日渐多元，更谈不上拥有自己的话语体系。如今西方话语与霸权相结合，借助文化软实力，裹挟着价值观念和意识形态，进行有效传播。在这样的话语体系中，西方是"普世价值"当然的缔造者和传播者，而中国的价值观念在其部分学者和政要眼中，要么是意识形态的极权话语，要么是封闭落后的话语，"中国威胁、国强必霸"的冷战话语也甚嚣尘上。如何凝聚国人共识，让世界理解中国，为中国进一步发展营造和平稳定的环境，是目前我们面临的挑战。而当代中国价值观念的准确阐释、恰当传播，是消除误解，化解敌视，凝聚共识的重要方式。

细究对外传播话语体系的构建，主要包括建什么和如何建两方面。对外传播话语体系要构建什么？其实质是厘清多元复杂的价值观念中的核心价值观念。由于价值观念是人们评价人和事的标准、原则和方法，不同人持有不同的价值观念，即使同一个人对同一件事的价值评价也因时因地不同。如何在多元的价值观念中，建构让大家都能认同的价值观念？"倡导富强、民主、文明、和谐，倡导自由、平等、公正、法治，

---

[*] 该部分以"以多层次对外话语阐释中国价值观念"为题发表于《光明日报》2015 年 7 月 2 日第 16 版。

倡导爱国、敬业、诚信、友善，积极培育和践行社会主义核心价值观。"党的十八大勾绘出国家的价值内核、社会的共同理想、亿万人民的精神家园，成为当代中国精神世界的"价值公约数"。

那又该如何阐释当代中国价值观念、建构对外传播话语体系？反观历史，西方学界大多在双重维度上演绎中国价值观念：一是意识形态层面。从20世纪50—60年代，以美国为代表的西方学界对于社会主义意识形态普遍抱持敌视和对抗的态度，盛行所谓社会主义"意识形态终结"论，并在90年代达至高潮。持这种观点的学者置身于晚期资本主义的视域中，认为随着苏东剧变，包括中国价值观念在内的社会主义"意识形态"已经堕落为无可救药的词汇，只有资本主义制度才代表着人类社会美好的发展方向。与此相关，西方的自由民主理所当然是"普世价值"，应成为全球范围内精神整合的价值源泉。二是历史文化层面。西方学界从中国传统出发，逐渐形成了欧洲的"汉学"和美国的"中国学"，其主要观点是中国农耕时期封闭落后的传统价值观念绝无可能与西方发达工业文明的价值观念相比拟。只有以自由主义为核心，以先验主义、经验主义和个体主义为原则构建的西方对外传播话语体系，才代表人类发展方向。这套话语体系，一是将"自由""民主""平等""博爱""正义"等价值视为先天超验的、永恒绝对的价值，以此获取道德上的制高点。二是挟势将自己独特的自我经验上升为全人类经验，力图将自己的文化价值观普遍化、全球化，形成诸如"自由贸易""市场经济""多党""竞选""代议"等至尊话语。三是从西方个体主义思想传统出发，强调个人本位，将"人权""人道主义""私有""知识产权"等核心话语作为对外话语传播的重点。在对外传播中，他们首先按照自己的要求和意志设计"话语议程"，把民众的注意力导向某些特定的问题或争端上，诱导民众倾向于关注和思考媒介话语所关注的问题，并按照媒介的价值排序来安排自己对这些问题的关注。然后，选择特定的"话语体系"呈现"话语议程"。这些来源于西方的主流价值取向和认知规律的"话语体系"，不仅使与议题相关联的事件产生意义，还确定了议题的性质，决定了话语符号的表达方式，并逻辑地推导出显而易见或理所当然的处理问题的模式。最后，西方借助于"话语体系"中概念、范畴、口号等"话语符号"形式将现实世界和西方核心价值简约化，使民众的思维惯性化或逻辑化，从而在民众的意识中勾勒出一个整体意象和特定内涵。在西方价值观念以这样一套话语强势输入国内的情况下，当代中国价值观念如何形成一套具有中国风格、中国气派和中国特色的话语体系？

一般而言，不同的话语系统阐释同一个概念，会形成不同的意指，因为"话语"（discourse），既不是语言（language），也非说话（speak），而是特定社会语境中人与人之间从事沟通的具体言语行为，包括说话人、受话人、文本、沟通、语境等要素。譬如"自由"一词书写语音语调都相同，但与不同的因素链接，却可以形成不同的意指：与本体论上的终极自由链接，意指终极的存在和价值，它是绝对和无条件的，如同康德视为"绝对命令"的道德自由；与认识论层面的自由链接，则意指主体的能动和受动关系，意味着"自由是对必然的认识"；与政治法律意义的自由链接，则意指主体的权利和义务关系，才生发出西式话语"人生而自由"。因此在当代中国价值观念对外传播话语体系的建构中，既要避免歧义，又要防止落入西方的话语陷阱。

首先，以学术话语的形式展示当代中国价值观念，用逻辑的力量促使人们认同，其学术化的路径：一是立足实践概括推动社会进步的思想和话语，避免教条化、标签化，提升思想，创新表达，形成特色。一如费孝通在实践基础上提炼出的"各美其美、美人之美、美美与共、天下大同"等既具中国气派又符合时代精神的学术话语。二是依托文本解读核心话语。当代中国马克思主义文本包含的概念、判断、表述是构成价值观念话语的核心元素，使之体系化、逻辑化，是形成当代中国价值观念话语科学性、完整性的根本保证；譬如在政治上实行一党执政与多党合作相统一、经济上实行以公有制为主导的多种所有制共存、文化上倡导文明和谐理念，从而形成既有中国特色，又具世界意义的中国道路。三是深化理论研究形成学术规范和体系。加强思维的逻辑性训练和理论的深刻性研究，从理论上阐明社会主义核心价值观形成的理论资源、本质特征，阐明它既是人类文明的优秀成果，又是人类文明的发展方向。如作为社会主义核心价值观的自由，既汲取了老庄的自由人生思想和陶渊明的自由社会政治理想，又批判西方学者倡导的超时空、超国家、超阶级、具有"普世价值"的抽象自由观，创新性地继承了马克思关于人和社会自由而全面发展的价值理念，认为社会的解放和发展是人的自由全面发展的条件，后者则是前者的最终目的，因此实现人的自由全面发展，必须摧毁阶级统治和阶级对立的社会，建立新的共产主义的社会制度，今天我们正处于社会自由全面发展的初级阶段，"富强、民主、文明、和谐"集中体现了初级阶段中国共产党的奋斗目标和历史责任；"自由、平等、公正、法治"体现了共产党的执政理念和执政方式；"爱国、敬业、诚信、友善"则是共产党人的基本价值追求和行为准则，由此逐渐形成当代中国价值观念的理论规范和学术话语体系。

其次，使当代中国价值观念的核心话语转化为大众话语，而转化的机制：一是以问题为核心面向大众，提炼出贴近群众的日常语言，吸收基层的思想和语言，增强理论成果表达和问题解释的通俗性，避免政治化、空洞化话语。如"有权不可任性""经济行稳致远""强农惠农富农"等话语既能表达主流价值观念，又具强烈时代感。二是学术话语引领大众话语。学术话语通过解释特定社会现象的意义、价值等，建构社会制度和规则，形成社会行动的秩序体系，确立社会价值体系，引导大众话语。马克思在《〈黑格尔法哲学批判〉导言》中指出："批判的武器当然不能代替武器的批判，物质力量只能用物质力量来摧毁；但是理论一经掌握群众，也会变成物质力量。理论只要说服 adhominem［人］，就能掌握群众；而理论只要彻底，就能说服 adhominem［人］。所谓彻底，就是抓住事物的根本。但人的根本就是人本身。"[①] 学术话语体系的逻辑力量只有用理论的深刻性和科学性，才能获得广泛认同。三是探索核心话语的接受规律。探讨经典文本中核心话语对社会制度、大众文化、社会心理的影响，找出核心话语大众化和时代化的重要机理、特征和规律。譬如毛泽东基于革命战争年代和新中国成立初期的具体国情，建构了使每一个人有尊严地生活的革命民主传统、政治协商民主机制和党内的民主集中制等具中国特色的民主思想和民主话语体系，并被其他国家，甚至发达国家（如美国）借鉴，探索其被认同的规律。

最后，解决当前话语建设中的问题。当前一些学术评价中的西化、人才评价中的崇洋、学术会议中的国际惯例（譬如国际会议的语言通常使用英语）等，都是盲从西方话语体系的结果。西学东渐以来，西方以武力和资本为后盾建立了不合理的国际政治经济和文化秩序，也使其话语体系引领全球，诱使非西方文明加入以"自由与民主"为框架

[①] 《马克思恩格斯文集》第1卷，人民出版社2009年版，第11页。

的话语体系，如果仍然盲从西方话语体系，将被西方"软实力"支配，导致学术话语的西化、空洞化、抽象化等乱象。针对国外主流媒体对中国政治话语的抵制和批判，一方面积极回应，澄清是非，阐明我们的价值观念，另一方面以和平发展、合作共赢的价值观念为内核，增强国际性议题的设置能力，设置新的主导性的议题，尤其是关注民生的议题，从而获取更多国际话语权。

由上可知，阐释当代中国的价值观念，需依赖不同的话语方式，形成"核心话语"和"学术话语"、"官方话语"和"大众话语"等不同层次的话语，构筑立体交叉、逻辑严密的话语体系，才能准确阐释、有效传播、实现认同。

附录1　国外关于当代中国认知状况的调查表

国别_____ 性别_____ 年龄_____ 文化程度_____

1. 您的职业是：

   A. 学生　　B. 政府官员　　C. 教师　　D. 商人　E. 其他

2. 您知道有关中国的哪些经济政策？（可多选）

   A. 中国的改革开放政策

   B. 中国社会主义市场经济

   C. 中国社会主义公有制

   D. 中国社会主义按劳分配制度

3. 您知道中国政治生活中哪些主要概念？（可多选）

   A. 中国共产党

   B. 人民代表大会制度

   C. "一个国家，两种制度"的国家统一构想

   D. 中国特色社会主义制度体系

4. 您知道中国文化生活中哪些主要概念？（可多选）

   A. 中国特色社会主义理论体系

   B. 中国儒家文化（如孔子、孟子思想等）

   C. 中国的宗教（如中国佛教、道教等）

   D. 中国传统文艺等（如《西游记》、《红楼梦》、京剧、中国功夫等）

5. 您知道中国社会主义建设中哪些重大战略思想？（可多选）

   A. 毛泽东思想

   B. 邓小平理论

   C. "三个代表"重要思想

D. 科学发展观

E. 中国梦

6. 您知道中国哪些外交政策主张？（可多选）

 A. 推动建设持久和平、共同繁荣的"和谐世界"思想

 B. 构筑"人类命运共同体"思想

 C. 发展"新型大国关系"

 D. 奉行"与邻为善、以邻为伴"周边外交

 E. 加强与发展中国家合作

 F. 重视发展多边外交

7. 您知道中国哪些政治人物？（可多选）

 A. 毛泽东 B. 周恩来 C. 邓小平

 D. 江泽民 E. 胡锦涛 F. 习近平

 G. 其他——（请列举）

8. 您还知道中国其他哪些著名人物？（可多选）

 A. 体育明星（如姚明、易建联、邓亚萍等）

 B. 影视明星（如巩俐、章子怡等）

 C. 历史人物（如秦始皇、李世民、岳飞、林则徐、李鸿章等）

 D. 科技人员（如钱学森、袁隆平等）

 E. 文艺人员（如莫言、鲁迅等）

 F. 宗教人士（如太虚大师、释永信等）

 G. 其他——（请列举）

9. 您知道中国哪些历史？（可多选）

 A. 汉唐盛世

 B. 四大发明

 C. 中国抗日战争

 D. 中国共产党领导红军"长征"

 E. "文化大革命"

 F. 改革开放

 G. 其他——（请列举）

10. 您知道中国哪些具有代表性的地方？（可多选）

 A. 天安门

 B. 中南海

C. 秦始皇兵马俑、长城等历史古迹

D. 苏州园林等人文景观

E. 黄山、泰山等自然景点

F. 其他——（请列举）

11. 您通过哪些方式获知中国的有关信息？（可多选）

　　A. 互联网

　　B. 中国的电视报纸杂志等媒体

　　C. 本国的电视报纸杂志等媒体

　　D. 国际上其他国家的电视报纸杂志等媒体

　　E. 孔子学院

　　F. 朋友或者家人

　　G. 其他——（请列举）

12. 您知道中国哪些传播媒体？（可多选）

　　A. 新华社

　　B. 人民日报

　　C. 中国国际广播电台"中国之声"

　　D. 中国国际频道 CCTV-4、CCTV-9

　　E. 其他——（请列举）

13. 您认为当代中国在国际上影响力如何？

　　A. 巨大　　　B. 一般　　　C. 较小　　　D. 不清楚

14. 您认为当代中国在哪些方面对世界会产生积极的影响力？（可多选）

　　A. 经济方面推动世界经济繁荣

　　B. 政治、外交方面推进国际关系民主化

　　C. 文化方面提供人类共享的精神财富

　　D. 军事方面维护世界和平与稳定

　　E. 其他——（请列举）

15. 您对中国的整体认知是（可多选）

　　A. 发展中国家

　　B. 实行市场经济的国家

　　C. 中国共产党领导下的社会主义国家

　　D. 民主、法治国家

E. 其他——（请列举）
16. 您比较赞赏当前中国哪些政策？（可多选）
    A. 经济方面：节能减排，提倡"绿色 GDP"
    B. 政治方面：发展基层民主与协商民主
    C. 文化方面：文化大发展、大繁荣
    D. 社会方面：社会公共服务均等化
    E. 生态方面：建设"美丽中国"
    F. 外交方面：发展公共与人文外交
    G. 其他——（请列举）

您对中国的其他认知：
_____
_____

非常感谢您的配合，谢谢！

附录 2 Questionnaire: Overseas Perceptions of Today's China

Nationality _____ Gender _____

Age _____ Educational Background _____

1. What is your job?

    A. Student

    B. Government official

    C. Teacher

    D. Businessman

    E. Others (please specify)

2. What economic policies do you know about China? (select all that apply)

    A. China's Reform and Opening up policy

    B. China's Socialist Market Economy

    C. China's Socialist Public Ownership

    D. China's Distribution According to Work system

3. What major conceptions do you know about Chinese politics? (select all that apply)

    A. Chinese Communist Party

    B. The system of National People's Congress

    C. The conception of "One Country, Two Systems"

    D. The system of Socialism with Chinese Characteristics

4. What major conceptions do you know about Chinese culture? (select all that apply)

A. The theoretical system of Socialism with Chinese Characteristics

B. Chinese Confucian Culture (e. g. Thought of Confucius, Mencius, etc.)

C. Chinese Religion (e. g. Chinese Buddhism, Taoism, etc.)

D. Chinese traditional literature and arts (e. g. "Journey to the West", "A Dream of Red Mansions", Peking Opera, Chinese Kungfu, etc.)

5. What major strategic thoughts do you know in the Chinese socialist development? (select all that apply)

A. Mao Zedong Thought

B. Deng Xiaoping Theory

C. The Important Thought of Three Represents

D. The Scientific Outlook on Development

E. China Dream

6. What Chinese foreign policies do you know? (select all that apply)

A. The thought of building a harmonious world of enduring peace and common prosperity

B. The thought of establishing a community of common destiny shared by human beings

C. Establishing a new type of relations with other major countries

D. Following the foreign principle of promoting friendship and partnership with neighboring countries

E. Increasing cooperation with other developing countries

F. Valuing multilateral diplomatic activities

7. What Chinese political figures do you know? (select all that apply)

A. Mao Zedong

B. Zhou Enlai

C. Deng Xiaoping

D. Jiang Zemin

E. Hu Jintao

F. Xi Jinping

G. Other (please specify)

8. What other Chinese celebrities do you know? (select all that apply)

   A. Sports stars: Yao Ming, Yi Jianlian, Deng Yaping, etc.

   B. Film stars: Gong Li, Zhang Ziyi, etc.

   C. Historical figures: Qin Shi Huang, Li Shimin, Yue Fei, Lin Zexu, Li Hongzhang, 1etc.

   D. Scientific elites: Qian Xuesen, Yuan Longping, etc.

   E. Literary masters: Mo Yan, Lu Xun, etc.

   F. Religious figures: Taixu, Shi Yongxin, etc.

   G. Other (please specify)

9. Do you know something about China History? (select all that apply)

   A. Heydays of Han and Tang Dynasty

   B. Four great inventions

   C. Theanti-Japanese War

   D. Red Army Long March guided by Chinese Communist Party

   E. "The Great Proletarian Cultural Revolution"

   F. The Reform and Opening up

   G. Other (please specify)

10. What typical places of China do you know? (select all that apply)

    A. Tian'anmen Square

    B. The Imperial Palace (The Forbidden City)

    C. Historical sites: Emperor Qin's Terra-cotta Warriors, Great Wall, etc.

    D. Cultural landscape: Suzhou Classical Gardens, etc.

    E. Natural attractions: Mount Huangshan, Mount Tai, etc.

    F. Other (please specify)

11. Where do you get information about China? (select all that apply)

    A. The internet

    B. Chinese newspapers, magazines, televisions and other media

    C. Native newspapers, magazines, televisions and other media

    D. Foreign newspapers, magazines, televisions and other media

    E. Confucius Institute

    F. Friends or relatives

G. Other（please specify）

12. What Chinese media do you know?（select all that apply）

    A. Xinhua News Agency

    B. People's Daily

    C. "The voice of China" on China Radio International

    D. Chinese international channel：CCTV-4、CCTV-9

    E. Other（please specify）

13. What do you think about China's global influence?

    A Huge

    B. Medium

    C. Little

    D. Not clear

14. In what aspects do you think China will bring a positive impact on the World?（select all that apply）

    A. Contributing to the world economic prosperity

    B. Promoting the democratization of international relations in diplomacy

    C. Creating spiritual wealth shared by mankind

    D. Upholding world peace and stability in the field of military

    E. Other（please specify）

15. What is your overview towards China?（select all that apply）

    A. A developing country

    B. A country of market economy

    C. A socialist country led by Chinese Communist Party

    D. A democratic and law-based country

    E. Other（please specify）

16. What current policies of China do you appreciate？（select all that apply）

    A. Economy：Conserving energy and reducing emission

    B. Politics：Fostering community-level democracy and consultative democracy

    C. Culture：Promoting culture great development and enrichment

    D. Society：Striving for the equalization of public services

E. Ecological and environmental protection: Building a beautiful China

F. Diplomacy: Promoting public diplomacy as well as people – to – people and cultural exchanges

G. Other (please specify)

Besides the above, what else do you know about China?
_____
_____

Thanks for your time and effort!

参考文献

一 经典文献类

《马克思恩格斯选集》（第1—4卷），人民出版社2012年版。
《马克思恩格斯文集》（第1—10卷），人民出版社2009年版。
《马克思恩格斯全集》（第1、20、42卷），人民出版社1995年版。
《马克思恩格斯全集》（第2卷），人民出版社1957年版。
《马克思恩格斯全集》（第3卷），人民出版社2002年版。
《列宁全集》（第3、19、31、42卷），人民出版社1972、1959、2017、1987年版。
《列宁选集》（第1、2、4卷），人民出版社2012年版。
《列宁文稿》（第3卷），人民出版社1978年版。
《毛泽东文集》（第1—8卷），人民出版社1993—1999年版。
《毛泽东选集》（第1—4卷），人民出版社1991年版。
《毛泽东书信集》，人民出版社1983年版。
《邓小平文选》（第1—3卷），人民出版社1994年版。
《江泽民文选》（第1—3卷），人民出版社2006年版。
《习近平谈治国理政》（第1—4卷），外文出版社2018、2017、2020、2022年版。
《习近平总书记系列重要讲话读本》，人民出版社2014年版。
《十八大报告辅导读本》，人民出版社2012年版。
《新时期统一战线文献选编》，中共中央党校出版社1985年版。
中共中央文献研究室：《建国以来重要文献选编》（第1册），中央文献出版社1992年版。
中共中央文献研究室：《十四大以来重要文献选编》（上），人民出版社1996年版。

中共中央文献研究室：《十四大以来重要文献选编》（中），人民出版社 1997 年版。

中共中央文献研究室：《十四大以来重要文献选编》（下），人民出版社 1999 年版。

中共中央文献研究室：《十五大以来重要文献选编》（上），人民出版社 2000 年版。

中共中央文献研究室：《十五大以来重要文献选编》（中、下），人民出版社 2001 年版。

中共中央文献研究室：《十六大以来重要文献选编》（上），人民出版社 2005 年版。

中共中央文献研究室：《十六大以来重要文献选编》（中），人民出版社 2006 年版。

中共中央文献研究室：《十六大以来重要文献选编》（下），人民出版社 2008 年版。

中共中央文献研究室：《十七大以来重要文献选编》（上），中央文献出版社 2009 年版。

中共中央文献研究室：《十七大以来重要文献选编》（中），中央文献出版社 2011 年版。

中共中央文献研究室：《十七大以来重要文献选编》（下），中央文献出版社 2013 年版。

中共中央文献研究室：《十八大以来重要文献选编》（上），中央文献出版社 2014 年版。

中共中央文献研究室：《十八大以来重要文献选编》（中），中央文献出版社 2016 年版。

《中共中央关于全面深化改革若干重大问题的决定辅导读本》，人民出版社 2013 年版。

《中华人民共和国人民代表大会文献资料汇编（1949—1990）》，中国民主法制出版社 1991 年版。

中共中央宣传部：《习近平总书记系列重要讲话读本》，学习出版社 2016 年版。

中央档案馆：《中共中央文件选集》（第 1 册），中共中央党校出版社 1989 年版。

二 中文著作类

北京大学哲学系外国哲学史教研室编译：《古希腊罗马哲学》，生活·读书·新知三联书店 1957 年版。

本书课题组：《党的建设科学化十论》，中共中央党校出版社 2013 年版。

陈金龙等：《近代中国社会思潮与马克思主义中国化》，人民出版社 2013 年版。

陈纯柱、何关银等：《中国道路与中国模式创新研究》，中国社会科学出版社 2015 年版。

陈家刚：《协商民主与政治发展》，社会科学文献出版社 2011 年版。

陈家刚：《协商民主》，生活·读书·新知三联书店 2004 年版。

陈剩勇、何包钢：《协商民主的发展》，中国社会科学出版社 2006 年版。

陈锡喜：《马克思主义：意识形态和话语体系》，华东师范大学出版社 2011 年版。

陈开举：《话语权的文化学研究》，中山大学出版社 2012 年版。

陈承新：《政治意识的话语建构》，世界图书出版公司 2014 年版。

崔志胜：《社会主义核心价值观融入精神文明建设问题研究》，中国社会科学出版社 2015 年版。

崔志胜：《社会主义核心价值观基本问题研究》，中国社会科学出版社 2014 年版。

崔常发、徐明善、方永刚：《江泽民社会主义理论创新研究》，人民出版社 2006 年版。

蔡双全：《近代中国实业救国思潮研究》，中国社会科学出版社 2011 年版。

董丽娇：《中国特色社会主义价值观体系研究》，人民出版社 2016 年版。

董振华：《提升综合国力的富强梦》，安徽人民出版社 2015 年版。

段治文、钟学敏等：《中国现代化进程》，浙江大学出版社 2007 年版。

郭可：《当代对外传播》，复旦大学出版社 2003 年版。

郭可：《国际传播学导论》，复旦大学出版社 2005 年版。

郭建宁主编：《社会主义核心价值观基本内容释义》，人民出版社2014年版。

顾玉兰：《列宁主义及其当代价值研究》，中国社会科学出版社2014年版。

关健英：《先秦秦汉德治法治关系思想研究》，人民出版社2011年版。

宫玉选主编：《中国文化产业"走出去"研究》，北京大学出版社2016年版。

侯惠勤等：《马克思主义意识形态论》，南京大学出版社2011年版。

黄国华：《中国社会主义协商民主思想史稿》，西南交通大学出版社2013年版。

黄长著、孙越生、王祖望：《欧洲中国学》，社会科学文献出版社2005年版。

胡春阳：《话语分析》，上海人民出版社2007年版。

胡鞍钢：《中国道路与中国梦想》，浙江人民出版社2013年版。

何培忠：《当代国外中国学研究》，商务印书馆2006年版。

何爱国：《当代中国现代化的理论与实践》，科学出版社2011年版。

季明：《核心价值概论》，人民日报出版社2013年版。

纪明：《富强中国》，吉林大学出版社2014年版。

江金权：《党的建设热点问题解析》，中共中央党校出版社2011年版。

焦国成主编：《德治中国》，中共中央党校出版社2002年版。

库桂生、颜晓峰：《在科学发展观的统领下》，人民出版社2006年版。

李君如：《协商民主在中国》，人民出版社2014年版。

李君如：《中国道路与中国梦》，外文出版社2014年版。

李贺林、左宪民：《中国特色协商民主研究》，中共中央党校出版社2008年版。

李恒基、杨远婴：《国外电影理论文选》，生活·读书·新知三联书店2006年版。

李紫鹃：《国家治理理论的马克思主义源流》，浙江人民出版社2015年版。

李乐刚、陈金清等：《走向复兴的道路》，商务印书馆2013年版。

李红等：《国际文化合作的经济分析：以中国——东盟区域为例》，中国社会科学出版社2012年版。

刘继南、周积华、段鹏：《国际传播与国家形象——国际关系的视角》，北京广播学院出版社 2002 年版。

刘洪潮：《怎样做对外宣传报道》，中国传媒大学出版社 2005 年版。

刘宗洪：《中国共产党执政规律研究》，生活·读书·新知三联书店 2004 年版。

刘永涛：《话语政治》，复旦大学出版社 2014 年版。

梁柱：《穿越历史的伟大起步》，高等教育出版社 2014 年版。

梁化奎：《文化伟人瞿秋白》，中央文献出版社 2005 年版。

梁爱文、项晓敏、曲莉：《新时期马克思主义中国化理论成果的创新研究》，中国水利水电出版社 2013 年版。

梁景和：《五四时期社会文化嬗变研究》，人民出版社 2010 年版。

吕浦、张振：《"黄祸论"历史资料选辑》，中国社会科学出版社 1979 年版。

吕增奎：《执政的转型：海外学者论中国共产党的建设》，中央编译出版社 2011 年版。

马立诚：《交锋三十年》，江苏人民出版社 2008 年版。

马占稳：《比较视野下中国现代化问题研究》，人民出版社 2011 年版。

马丽蓉等：《丝路学研究——基于中国人文外交的阐释框架》，时事出版社 2014 年版。

倪霞等：《富强》，中国人民大学出版社 2015 年版。

倪愫襄主编：《马克思主义中国化研究的历史进》，人民出版社 2012 年版。

权宗田：《中国共产党对实现共同富裕的探索与制度设计创新研究》，人民出版社 2014 年版。

曲新英、于坤：《从贫弱到富强》，中国社会科学出版社 2014 年版。

邱亿通：《现代化的历史趋势与价值选择》，中国社会科学出版社 2004 年版。

任立新：《毛泽东新民主主义经济思想研究》，中国社会科学出版社 2011 年版。

任海涛：《先秦诸子政治法思想萌芽研究》，法律出版社 2012 年版。

荣开明：《邓小平理论新探》，中国社会科学出版社 2010 年版。

尚新立：《论亚当·斯密》，中央编译出版社 2012 年版。

尚庆飞：《国外毛泽东学研究》，凤凰出版传媒集团 2008 年版。

史静寰：《当代美国教育》，社会科学文献出版社 2001 年版。

孙存良：《当代中国民主协商研究》，中国社会出版社 2009 年版。

孙斌：《中国道路　中国梦》，江西人民出版社 2013 年版。

孙宜学：《中华文化国际传播：途径与方法创新》，同济大学出版社 2016 年版。

宋保仁：《马克思主义生产力观中国化进程研究》，世界图书出版公司 2013 年版。

田鹏颖：《社会主义核心价值观七论》，社会科学文献出版社 2015 年版。

田海舰、邹卫：《社会主义核心价值观论纲》，人民出版社 2010 年版。

谭鑫田、龚兴、李武林：《西方哲学辞典》，山东人民出版社 1991 年版。

谭来兴：《中国现代化道路探索的历史考察》，人民出版社 2008 年版。

陶富源、王平：《中国特色协商民主论》，安徽师范大学出版社 2011 年版。

仝华等：《毛泽东对中国社会主义道路的探索》，中国社会科学出版社 2015 年版。

王言正：《美国往事》，生活·读书·新知三联书店 2010 年版。

王新颖：《奇迹的建构：海外学者论中国模式》，中央编译出版社 2011 年版。

王荣华、黄仁伟：《中国学研究：现状、趋势与意义》，学林出版社 2007 年版。

王炳权：《当代中国政治思潮研究》，中国社会科学出版社 2014 年版。

王明生主编：《社会主义核心价值观研究丛书·富强》，江苏人民出版社 2015 年版。

王思齐：《国家软实力的模式建构：从传播视角进行的战略思考》，浙江大学出版社 2013 年版。

吴征：《中国的大国地位与国际传播战略》，长征出版社 2001 年版。

吴丕：《进化论与中国激进主义》，北京大学出版社 2005 年版。

吴忠民：《走向公正的中国社会》，山东人民出版社 2008 年版。

吴潜涛等：《社会主义荣辱观研究》，中国人民大学出版社 2014 年版。

吴雁南：《中国近代社会思潮》，湖南教育出版社 2011 年版。
吴学琴：《当代中国马克思主义意识形态话语体系的研究》，江苏人民出版社 2018 年版。
韦森：《文化与制序》，上海人民出版社 2003 年版。
徐贲：《通往尊严的公共生活》，中央编译出版社 2016 年版。
徐华：《和谐社会　和谐中国》，西南交通大学出版社 2006 年版。
徐浩然：《解读中国民主：西方中国学家的视角》，中国社会科学出版社 2013 年版。
徐杨尚：《中西文化话语比较》，安徽师范大学出版社 2011 年版。
邢贲思主编：《中国共产党执政规律研究》，湖北人民出版社 2004 年版。
邢贲思主编：《科学发展观读本》，人民出版社 2006 年版。
谢立中：《走向多元话语分析》，中国人民大学出版社 2009 年版。
谢晓娟：《社会主义核心价值观研究》，中国社会科学出版社 2012 年版。
辛逸、黄延敏：《中国共产党与社会主义和谐社会建设》，中国党史出版社 2008 年版。
辛向阳：《中国特色社会主义与国家治理现代化》，浙江人民出版社 2015 年版。
熊吕茂：《科学发展观与中国社会主义现代化道路》，中南大学出版社 2007 年版。
肖贵清、周昭成、何启刚：《发展目标：富强民主文明和谐》，安徽人民出版社 2013 年版。
相德宝：《自媒体时代中国对外传播能力建设》，人民日报出版社 2013 年版。
俞吾金：《意识形态论》，上海人民出版社 1993 年版。
俞可平：《中国政治发展 30 年》，重庆出版社 2009 年版。
杨耕：《马克思主义历史观研究》，北京师范大学出版社 2012 年版。
杨敏：《话语的社会性与政治性阐释》，光明日报出版社 2015 年版。
杨建生：《瞿秋白政论文研究》，中央文献出版社 2004 年版。
杨秀萍：《中国模式》，经济管理出版社 2013 年版。
阳安江主编：《协商民主研究》，同心出版社 2010 年版。

于小英：《协商民主与国家治理研究》，中央编译出版社 2015 年版。

叶南客主编：《社会主义核心价值观研究丛书·文明》，江苏人民出版社 2015 年版。

中共中央宣传部理论局：《中国梦 我们的梦》，学习出版社 2013 年版。

中国社会科学院：《"三个代表"重要思想与中国特色社会主义》，社会科学文献出版社 2004 年版。

张一兵：《问题式、症候阅读与意识形态》，中央编译出版社 2003 年版。

张耀灿：《现代思想政治教育学》，人民出版社 2001 年版。

张涛甫：《"中国梦"的文化解析》，重庆出版社 2014 年版。

张世飞：《五四时期马克思主义大众化经验研究》，中国社会科学出版社 2011 年版。

张学森：《核心价值观的历史演进与当代建构》，人民出版社 2014 年版。

张华等：《课程流派研究》，山东教育出版社 2000 年版。

周鹤龄：《党的建设与党建理论》，上海人民出版社 2009 年版。

周滨主编：《群众路线教育实践活动学习读本》，研究出版社 2013 年版。

周青鹏：《马克思历史动力理论研究》，江西人民出版社 2012 年版。

周卫东：《科学发展观思想体系研究》，人民出版社 2006 年版。

赵磊：《中国梦与世界软实力竞争》，外文出版社 2014 年版。

赵小芒：《科学发展观》，人民出版社 2007 年版。

朱秀英：《中国特色社会主义理论的内在同一性研究》，人民出版社 2012 年版。

朱汉国等：《当代中国社会思潮研究》，北京师范大学出版社 2012 年版。

《中国大百科全书》，中国大百科全书出版社 1992 年版。

本书编写组：《马克思、恩格斯、列宁论意识形态》，人民出版社 2009 年版。

《李大钊全集》第 4 卷，人民出版社 2006 年版。

《新时代爱国主义教育实施纲要》，人民出版社 2019 年版。

李萍：《当代中国经济与社会主义意识形态互动发展研究》，人民出版社 2010 年版。

《中国现代革命史资料丛刊》之《广东农民运动资料选编》，人民出版社 1986 年版。

郭建宁：《社会主义核心价值观基本内容释义》，人民出版社 2014 年版。

三　外文著作类

［法］阿尔都塞：《保卫马克思》，顾良译，商务印书馆 1984 年版。

［法］阿尔都塞：《意识形态和意识形态国家机器》，李逊译，上海文艺出版社 1995 年版。

［印］阿玛蒂亚·森：《正义的理念》，王磊译，中国人民大学出版社 2013 年版。

［美］埃尔斯特：《协商民主：挑战与反思》，周艳辉译，中央编译出版社 2009 年版。

［美］本杰明·巴伯：《强势民主》，彭斌等译，吉林人民出版社 2006 年版。

［美］本杰明·史华慈：《寻求富强：严复与西方》，叶凤美译，江苏人民出版社 2010 年版。

［希］柏拉图：《理想国》，毛羽译，商务印书馆 1986 年版。

［匈］贝拉·巴拉兹：《电影美学》，何力译，中国电影出版社 1986 年版。

［英］戴维·米勒：《社会正义原则》，应奇译，江苏人民出版社 2008 年版。

［英］戴维·赫尔德：《民主的模式》，燕继荣等译，中央编译出版社 2008 年版。

［英］戴维·麦克莱伦：《卡尔·马克思传》，王珍译，中国人民大学出版社 2010 年版。

［德］哈耶克：《不幸的观念》，刘戟锋等译，东方出版社 1991 年版。

［美］哈罗德·伊萨克斯：《美国的中国形象》，丁殿利等译，中华书局 2006 年版。

［澳］何包钢：《协商民主理论：方法和实践》，中国社会科学出版社

2008年版。

［美］亨廷顿：《变化社会中的政治秩序》，王冠华等译，上海人民出版社2008年版。

［美］洛温：《老师的谎言——美国历史教科书中的错误》，马万利译，中央编译出版社2009年版。

［美］罗尔斯：《作为公平的正义——正义新论》，姚大志译，上海三联书店2002年版。

［英］露西·金.尚克尔曼：《透视BBC与CNN》，彭泰权译，清华大学出版社2017年版。

［匈］卢卡奇：《历史与阶级意识》，杜智章译，商务印书馆2004年版。

［美］马尔库塞：《单向度的人》，刘继译，上海译文出版社2006年版。

［澳］马克林：《我看中国：1949年以来中国在西方的形象》，张勇先等译，中国人民大学出版社2013年版。

［美］玛莎·C.纳斯鲍姆：《正义的前沿》，朱慧玲等译，中国人民大学出版社2016年版。

［美］玛莎·C.纳斯鲍姆：《寻求有尊严的生活——正义的能力理论》，田雷译，中国人民大学出版社2016年版。

［英］迈克尔·罗森：《尊严：历史和意义》，石可译，法律出版社2014年版。

［美］迈克尔·W.阿普尔：《意识形态与课程》，黄忠敬译，华东师范大学出版社2001年版。

［美］迈克尔·W.阿普尔：《教育能够改变社会吗》，王占魁译，华东师范大学出版社2014年版。

［美］迈克尔·W.阿普尔：《全球危机、社会公平与教育》，李慧敏译，中国政法大学出版社2012年版。

［美］迈克尔·W.阿普尔：《教育与权力》，曲囡囡等译，华东师范大学出版社2008年版。

［美］迈克尔·W.阿普尔：《教育的"正确"之路——市场、标准、上帝和不平等》（第二版），黄忠敬等译，华东师范大学出版社2008年版。

［美］迈克尔·W.阿普尔：《国家与知识政治》，黄忠敬等译，华东师范大学出版社2007年版。

［美］迈克尔·W. 阿普尔：《教科书政治学》，侯定凯译，华东师范大学出版社 2005 年版。

［英］迈克·费瑟斯通：《消费主义与后现代文化》，刘景明译，译林出版社 2000 年版。

［澳］尼克·奈特：《再思毛泽东：毛泽东思想的探索》，闫方洁等译，中国人民大学出版社 2014 年版。

［美］乔尔·斯普林：《美国教育》，张弛等译，安徽教育出版社 2006 年版。

［美］塞缪尔·亨廷顿：《文明的冲突与世界秩序的重建》，周琪等译，新华出版社 2010 年版。

［美］斯图尔特·R. 施拉姆：《毛泽东的思想》，田松年等译，中国人民大学出版社 2013 年版。

［法］托克维尔：《论美国的民主》（上、下），董果良译，商务印书馆 1989 年版。

［美］唐娜·希克斯：《尊严》，叶继英译，中国人民大学出版社 2016 年版。

［美］泰勒：《课程与教学的基本原理》，罗康等译，中国轻工业出版社 2008 年版。

［德］尤尔根·哈贝马斯：《合法化危机》，刘北成等译，生活·读书·新知三联书店 2000 年版。

［澳大利亚］约翰·S. 德雷泽克：《协商民主及其超越：自由与批判的视角》，丁开杰等译，中央编译出版社 2006 年版。

［希］亚里士多德：《政治学》，吴寿彭译，商务印书馆 1981 年版。

［美］亚瑟·K. 埃利斯：《课程理论及其实践范》，张文军译，教育科学出版社 2005 年版。

［英］约·罗伯茨等：《十九世纪西方人眼中的中国》，蒋重跃等译，中华书局 2006 年版。

［美］伊莱休·卡茨、保罗·F. 拉扎斯菲尔德：《人际影响：个人在大众传播中的作用》，张宁译，中国人民大学出版社 2015 年版。

［美］詹姆斯·博曼：《公共协商：多元主义、复杂性与民主》，黄相怀译，中央编译出版社 2006 年版。

［美］詹姆斯·博曼：《协商民主：论理性与政治》，陈家刚等译，中央

编译出版社 2006 年版。

［德］尼采：《权力意志——重估一切价值的尝试》，张念东、凌素心译，商务印书馆 1991 年版。

［德］包尔生：《伦理学体系》，何怀宏、廖申白译，中国社会科学出版社 1988 年版。

四　期刊类

安雅·拉赫蒂宁：《中国软实力：对儒学和孔子学院的挑战》，崔玉军译，《国外社会科学》2016 年第 2 期。

毕剑横：《毛泽东与中国梦》，《毛泽东思想研究》2013 年第 6 期。

蔡名照：《讲好中国故事　传播好中国声音——深入学习贯彻习近平同志在全国宣传思想工作会议上的重要讲话精神》，《对外传播》2013 年第 11 期。

崔玉军：《近年来海外中国软实力研究述评》，《国外社会科学》2016 年第 5 期。

曹景文：《浅析施拉姆的毛泽东研究》，《江西师范大学学报》2011 年第 1 期。

曹国圣：《从话语权视角看当代中国意识形态的走向》，《理论探讨》2006 年第 1 期。

陈国富、余达淮：《略论当代中国价值观》，《探索》2015 年第 14 期。

陈琼珍：《中国特色社会主义的"富强"范畴》，《中国特色社会主义研究》2014 年第 1 期。

陈华：《社会主义核心价值观内容解读之"平等"》，《思想政治教育研究》2015 年第 1 期。

陈家刚：《协商民主引论》，《马克思主义与现实》2004 年第 3 期。

陈家刚：《协商民主与政治协商》，《学习与探索》2007 年第 2 期。

陈剩勇、杜洁：《互联网公共论坛与协商民主：现状、问题和对策》，《学术界》2005 年第 5 期。

陈新汉：《意识形态概念的演化与马克思意识形态思想的当代诠释》，《思想理论》2016 年第 1 期。

陈琼珍：《中国特色社会主义的"富强"范畴》，《中国特色社会主义理论研究》2014 年第 1 期。

陈金龙：《五大发展理念的多维审视》，《思想理论教育》2016 年第 1 期。

陈锡喜：《重构社会主义意识形态话语体系的目标、原则和重点》，《毛泽东邓小平理论研究》2011 年第 11 期。

陈正良、周婕、李包庚：《国际话语权本质析论——兼论中国在提升国际话语权上的应有作为》，《浙江社会科学》2014 年第 7 期。

戴长征：《意识形态话语结构：当代中国基层政治运作的符号空间》，《中国人民大学学报》2010 年第 4 期。

戴津伟：《作为社会层面核心价值的"法治"探析》，《学习与探索》2017 年第 8 期。

戴元光、邵静：《〈纽约时报〉涉华政治类报道研究》，《当代传播》2013 年第 3 期。

戴木才、黄士安：《论"富强民主文明和谐"》，《马克思主义研究》2010 年第 5 期。

冯务中：《"和谐"的性质、形态及社会主义"和谐"价值理念的指涉》，《社会主义核心价值观研究》2017 年第 1 期。

范会勋：《关于协商民主的争论——国外协商民主理论研究综述》，《理论月刊》2013 年第 12 期。

方铭：《敬业价值观的传统文化基础考源》，《求索》2017 年第 7 期。

郭湛、桑明旭：《话语体系的本质属性、发展趋势与内在张力——兼论哲学社会科学话语体系建设的立场和原则》，《中国高校社会科学》2016 年第 3 期。

国晓光、王彩波：《海外对当代中国国家能力的研究》，《国外社会科学》2016 年第 3 期。

戈士国：《思想型权力：马克思意识形态概念的功能学解读》，《马克思主义研究》2015 年第 6 期。

高艳杰、谭颖华：《社会主义核心价值观内容解读之"富强"》，《思想政治教育研究》2014 年第 5 期。

高和荣：《揭开新自由主义的意识形态面纱》，《政治学研究》2011 年第 3 期。

韩兵：《社会主义核心价值观内容解读之"民主"》，《思想政治教育研究》2014 年第 5 期。

韩振峰：《文明：社会主义核心价值观的文化价值目标》，《社会主义核心价值观研究》2016 年第 4 期。

韩振峰：《五大发展理念是中国共产党发展理论的重大升华》，《思想理论教育导刊》2016 年第 1 期。

韩震：《公正是社会主义核心价值追求》，《中国特色社会主义研究》2014 年第 6 期。

韩庆祥：《马克思的财富观及其当代意义》，《哲学研究》2011 年第 4 期。

胡宗山：《中国国际话语权刍议：现实挑战与能力提升》，《社会主义研究》2014 年第 5 期。

何萍：《马克思主义哲学中国化：传播与创新——重读瞿秋白》，《马克思主义与现实》2009 年第 1 期。

侯惠勤：《意识形态的变革与话语权——再论马克思主义在当代的话语权》，《马克思主义研究》2006 年第 1 期。

侯惠勤：《弱化与强化：意识形态的当代走向与马克思主义的话语权》，《毛泽东邓小平理论研究》2004 年第 6 期。

黄忠敬：《意识形态与课程——论阿普尔的课程文化观》，《外国教育研究》2015 年第 4 期。

黄士安、戴木才：《富强民主文明和谐——我国社会主义核心价值体系现实目标的形成历程》，《科学社会主义》2010 年第 2 期。

黄河：《跨国公司的公共外交决策》，《公共外交季刊》2011 年第 6 期。

贾庆林：《健全社会主义协商民主制度 为全面建成小康社会广泛凝聚智慧和力量》，《求是》2012 年第 23 期。

贾文键：《德国〈明镜〉周刊（2006—2007 年）中的中国形象》，《国际论坛》2008 年第 4 期。

江畅：《论当代中国价值观构建》，《马克思主义与现实》2014 年第 4 期。

江月英：《意识形态与电影意识形态——电影意识形态的制造与接受》，《电影文学》2007 年第 21 期。

金建萍、杨谦：《比较视域下诚信价值观的现代意蕴》，《中国特色社会主义研究》2015 年第 4 期。

蒋英州：《国外视域中的中国软实力增长动因及阻力因素研究》，《国外社会科学》2014 年第 5 期。

姜智芹：《欲望化他者：西方文学中的中国形象》，《国外文学》2004 年第 1 期。

蒯正明：《从〈德意志意识形态〉到〈资本论〉：马克思意识形态理论的深化与思考》，《理论与改革》2016 年第 5 期。

刘民主、冯颜利：《当代中国价值观的内涵探讨》，《探索》2016 年第 1 期。

刘晓玲：《社会主义核心价值观内容解读之"和谐"》，《思想政治教育研究》2014 年第 5 期。

刘祎、朱颖：《美国对华公共外交策略管窥——以"美国驻华大使馆"微博为例》，《新闻记者》2011 年第 12 期。

刘晓玲：《社会主义核心价值观内容解读之"和谐"》，《思想政治教育研究》2014 年第 5 期。

刘杉、刘晓玉、胡丹菲：《海外中国人民代表大会研究新动态》，《国外社会科学》2016 年第 5 期。

刘霓：《国外中国研究中的民生视角与社会治理》，《国外社会科学》2016 年第 1 期。

刘坤喆：《英国平面媒体上的"中国形象"——以"气候变化"相关报道为例》，《中国传媒大学学报》2010 年第 9 期。

刘心、刘爱莲：《从共同富裕到富强文明——社会主义核心价值观研究的方法论思考》，《求实》2013 年第 5 期。

刘少杰：《西方现代化理论的批判与重建》，《社会学研究》1997 年第 6 期。

刘孝友：《"意识形态"内涵六辨》，《当代世界与社会主义》2011 年第 12 期。

刘恩东：《跨国公司与美国民主输出》，《四川行政学院学报》2016 年第 4 期。

李逢铃：《再论社会主义核心价值观之"平等"》，《当代中国价值观研究》2017 年第 2 期。

李伟斌：《社会主义核心价值观视阈中的公正释义》，《科学社会主义》2015 年第 3 期。

李放晓：《爱国：践行社会主义核心价值观的内在诉求》，《理论界》

2013 年第 11 期。

李培林:《打造具有中国特色、中国风格、中国气派的对外话语体系》,《马克思主义与现实》2014 年第 4 期。

李少军:《论国家利益》,《世界经济与政治》2003 年第 1 期。

李海青、张平天:《建设富强民主文明和谐的国家》,《中国德育》2014 年第 11 期。

李其庆:《全球化背景下的新自由主义》,《马克思主义与现实》2003 年第 5 期。

李宗桂:《增强理论自觉自信 警惕殖民文化现象》,《红旗文稿》2012 年第 11 期。

赖雄麟、唐澍:《爱国主义合法性问题的时代化解读》,《思想理论教育》2017 年第 9 期。

骆郁廷:《论社会主义的核心价值》,《马克思主义研究》2014 年第 8 期。

梁怡:《学术全球化趋势下开展海外中国学研究的几点思考》,《新视野》2012 年第 6 期。

兰杰、罗蓉:《英国主流媒体对中国形象的认识》,《湖北社会科学》2013 年第 8 期。

卢朝佑、扈中平:《英美流派批判教育学的价值诉求和理论局限》,《外国教育研究》2014 年第 10 期。

林密、王玉珏:《西方马克思主义视阈中的资本主义社会关系再生产及其层次》,《马克思主义与现实》2015 年第 5 期。

廖小平、周泽宇:《价值观的分化探析——以改革开放以来中国社会为背景》,《北京大学学报》2013 年第 3 期。

骆萍、孔庆茵:《当代中国价值观:内涵、意义与传播策略》,《探索》2015 年第 4 期。

孟献丽:《当代中国价值观与中国人精神生活的重建》,《探索》2016 年第 2 期。

孟宪平、王永贵:《当前思想理论宣传的话语选择》,《红旗文稿》2017 年第 6 期。

梅荣政:《对社会主义民主核心价值观的两点探求》,《南京政治学院学报》2015 年第 1 期。

毛跃：《论社会主义核心价值观的国际话语权》，《浙江社会科学》2013年第7期。

马俊林：《打造"敬业"为美的社会文化刻不容缓》，《理论研究》2013年第6期。

马建国：《英国经济新闻中的"政治倾向"》，《中国记者》2008年第10期。

马世领：《〈新闻周刊〉对华报道分析》，《中国记者》2002年第4期。

莫纪宏：《"四个全面"：习近平治国理政思想的精髓》，《新疆师范大学学报》2015年第3期。

莫凡、李惠斌：《当代中国价值观念对外话语体系建构与传播研究》，《中国特色社会主义研究》2014年第6期。

倪素香、梅荣政：《论社会主义自由价值观的内涵》，《思想理论教育导刊》2015年第16期。

欧祝平：《论马克思主义意识形态优势话语权的重建》，《求索》2014年第7期。

欧阳明、吴廷俊：《论瞿秋白的早期思想》，《云南社会科学》2002年第1期。

彭砚淼：《电影的意识形态与意识形态国家机器》，《电影文学》2008年第16期。

全林远：《话语体系构建之首要：明确核心目标》，《人民论坛·学术前沿》2012年第11期。

钱婉约：《日本中国学京都学派刍议》，《北京大学学报》（哲学社会科学版）2000年第5期。

仇华飞：《美国学者视角下的中国"一带一路"构想》，《国外社会科学》2015年第6期。

瞿商：《加州学派的中国经济史研究特色与创新述评》，《国外社会科学》2008年第6期。

强月新、叶欣：《西方媒体对中国国家形象塑造的转变及其启示》，《湖北大学学报》（哲学社会科学版）2013年第2期。

任政：《当代中国价值观与社会共识的建构》，《探索》2016年第2期。

施惠玲：《政治传播中的政治话语与意识形态》，《青海社会科学》2014年第1期。

施雪华：《国外中国学的历史、特色、问题与走向》，《上海行政学院学报》2013 年第 3 期。

师帅朋、张军霖：《社会主义核心价值观与西方普世价值观中的"自由"理念比较》，《思想教育研究》2015 年第 3 期。

孙伟平、尹江燕：《论作为社会主义核心价值观的"友善"》，《学习与探索》2017 年第 6 期。

孙伟平：《论作为核心价值观的"富强"》，《学习与探索》2015 年第 6 期。

桑明旭：《加强社会主义核心价值观的网络话语权建设》，《思想理论教育导刊》2017 年第 4 期。

时立荣、田丽娜：《试论社会主义核心价值观的话语体系构建》，《人民论坛》2013 年第 14 期。

沈壮海：《爱国、敬业、诚信、友善：公民的价值准则》，《湖北社会科学》2014 年第 10 期。

申文杰、张骥：《〈共产党宣言〉中蕴含的意识形态理论及时代价值分析》，《求实》2011 年第 8 期。

宋惠昌：《当代中国价值观变革的基本趋势》，《中共中央党校学报》2008 年第 5 期。

宋月红：《李大钊的中国现代化发展观》，《北京大学学报》1997 年第 2 期。

宋全成：《列宁和斯大林社会主义生产力理论之比较》，《山东大学学报》1998 年第 3 期。

史安斌：《未来 5—10 年我国对外传播面临的挑战与创新策略》，《对外传播》2012 年第 9 期。

唐青叶：《话语政治的分析框架及其意义》，《阿拉伯世界研究》2013 年第 3 期。

仝夏蕾、王海建：《话语转化：社会主义核心价值观教育的新视角》，《思想政治课研究》2016 年第 1 期。

田海舰：《富强民主文明和谐何以成为国家层面的价值目标》，《齐鲁学刊》2015 年第 4 期。

覃志红：《时代境域中的马克思生产理论研究》，《河北学刊》2011 年第 2 期。

[美]托马斯·博格：《阐明尊严：发展一种最低限度的全球正义观念》，《马克思主义与现实》2011年第2期。

王玉鹏、秦妍：《论当代中国价值观生成的三个维度》，《探索》2016年第2期。

王永贵、刘泰来：《打造中国特色的对外话语体系——学习习近平关于构建中国特色对外话语体系的重要论述》，《马克思主义研究》2015年第11期。

王晓升：《意识形态就是把人唤作主体——评阿尔都塞对意识形态的四个规定》，《福建论坛》2006年第2期。

王晓升：《从再现生活到再生产权力——意识形态概念的新理解》，《天津社会科学》2012年第6期。

王新燕：《富强民主文明和谐：社会主义的本质彰显》，《思想教育研究》2013年第6期。

王宪明：《论富强——社会主义核心价值观系列谈一》，《理论研究》2015年第7期。

王晓晖：《加强国际传播能力建设，精心构建对外话语体系》，《马克思主义与现实》2014年第4期。

魏晔玲：《论爱国——社会主义核心价值观系列谈九》，《前线》2016年第3期。

魏颖：《好莱坞电影对美国主流价值观的塑造与传播》，《电影评介》2016年第23期。

武林杰：《中国传统诚信文化的现代性转化》，《伦理学研究》2016年第3期。

卫兴华：《澄清对马克思再生产理论的认识误区》，《中国社会科学》2016年第11期。

汪行福：《社会统治与意识形态的关系——西方马克思主义的两种解释路向》，《国外社会科学》2013年第1期。

吴荣生：《大众话语：提升马克思主义话语权的新维度》，《理论学刊》2016年第3期。

吴学琴：《意识形态日常生活化与高校网络平台建设》，《河海大学学报》（哲学社会科学版）2010年第3期。

吴学琴：《媒介话语的意识形态性及其建设》，《马克思主义研究》2014

年第 1 期。

吴晓明：《论当代中国学术话语体系的自主建构》，《中国社会科学》2011 年第 2 期。

吴波：《以高度的理论自觉深化中国特色社会主义理论探索》，《红旗文稿》2012 年第 15 期。

徐辉：《社会主义核心价值观内容解读之"文明"》，《思想政治教育研究》2014 年第 5 期。

徐秀娟、高春花：《当代中国社会诚信道德的缺失与重构——以社会主义核心价值观建设为视角》，《伦理学研究》2016 年第 4 期。

徐柏才、邓纯余：《话语亲和力视角下的社会主义核心价值观传播》，《社会主义核心价值观研究》2017 年第 1 期。

徐冰鸥：《知识特质：价值负载、权力关涉与社会建构——阿普尔教育知识观解读》，《河北大学学报》（社会科学版）2014 年第 5 期。

项久雨、胡庆有：《当代中国价值观念国际传播的意义、问题与对策》，《学习与实践》2015 年第 7 期。

许纪霖：《富强还是文明——崛起后的中国走向何方》，《贵州文史丛刊》2012 年第 3 期。

许纪霖：《从寻求富强到文明自觉——清末民初强国梦的历史嬗变》，《复旦学报》2010 年第 4 期。

肖应红：《列宁"灌输"思想对当前中国的启示》（中），《哲学思想》2012 年第 8 期。

肖绍明、扈中平：《批判话语研究及其教育学意义》，《高等教育究》2016 年第 20 期。

薛梅：《国产大片应该成为捍卫意识形态话语权的武器——国内外电影意识形态比较研究》，《电影评介》2007 年第 8 期。

谢建芬：《论瞿秋白对马克思主义中国化的贡献》，《东岳论丛》2001 年第 5 期。

杨伟宾、李学勇：《共同价值：超越西方普世价值的人类共享价值》，《思想教育研究》2016 年第 9 期。

杨生平：《话语理论与中国特色社会主义话语体系构建》，《中国特色社会主义研究》2015 年第 6 期。

杨鲜兰：《构建当代中国话语体系的难点与对策》，《马克思主义研究》

2015 年第 2 期。

杨业华、沈雅琼、许林青：《社会主义核心价值观之敬业探析》，《思想理论教育导刊》2015 年第 10 期。

杨明全：《批判课程理论的知识谱系与当代课题》，《全球教育展望》2015 年第 4 期。

杨莉：《国外中国研究中的中国经济结构转型》，《国外社会科学》2016 年第 1 期。

袁蕾：《社会主义核心价值观的传播话语分析——以"和谐"为例》，《中国出版》2015 年第 9 期。

叶承芳：《社会主义核心价值观内容解读之"法治"》，《思想政治教育研究》2015 年第 1 期。

叶玮光、侯玉环：《试论大学生友善价值观培育的情理并融策略》，《思想理论教育导刊》2016 年第 9 期。

余江、马兰州：《从汉学到中国学：研究范式的转型》，《国外理论动态》2014 年第 10 期。

俞吾金：《阿尔都塞的意识形态学说》，《江苏社会科学》1992 年第 4 期。

俞思念、陈平其：《西方现代化理论的兴起与演变》，《学习与探索》2005 年第 6 期。

郑流云：《试论社会主义核心价值观中的平等理念》，《学术论坛》2016 年第 10 期。

庄聪生：《协商民主是中国特色社会主义民主的重要形式》，《中共中央党校学报》2006 年第 4 期。

邹世斌：《十八大以来社会主义协商民主研究综述》，《党史文苑》2016 年第 2 期。

钟永平、杜琼：《罗荣渠与"现代化范式"》，《浙江社会科学》2006 年第 9 期。

朱进东、查正权：《〈哥达纲领批判〉公正观及其对社会主义核心价值观之"公正"的启示》，《观察与思考》2016 年第 1 期。

朱红艳：《论"敬业"价值观》，《学校党建与思想教育》2016 年第 6 期。

朱益飞：《近年来国内协商民主研究综述》，《社会主义研究》2008 年第 4 期。

朱晓慧：《阿尔都塞论意识形态的多重特征》，《兰州学刊》2006 年第 1 期。

朱文婷、陈锡喜：《社会主义核心价值观话语权建构的三个维度：观点辨析及路径探讨》，《理论和改革》2015 年第 4 期。

赵勤轩：《强权政治的历史与现实》，《社会科学战线》1992 年第 2 期。

赵迎凤：《改革开放以来社会主义意识形态话语体系的战略重建》，《经济研究导刊》2011 年第 6 期。

张会峰：《社会主义核心价值观中"法治"及相关问题阐析》，《思想理论教育导刊》2015 年第 6 期。

张萍：《当代中国社会主义友善观》，《学术探索》2016 年第 4 期。

张国宏：《社会主义核心价值中的"富强"真谛探析》，《思想理论教育导刊》2014 年第 9 期。

张劲松：《西方视域中的中国国家治理现代化》，《国外社会科学》2015 年第 1 期。

张三元：《论人的尊严的当代意蕴——基于马克思主义人学的视角》，《江汉论坛》2011 年第 6 期。

张秀琴：《论意识形态的功能》，《教学与研究》2004 年第 5 期。

张德寿：《关于富强与民主的辩证思考——社会主义核心价值观的两个层面》，《中共云南省委党校学报》2014 年第 11 期。

张国宏：《社会主义核心价值中的"富强"真谛探析》，《思想理论教育导刊》2014 年第 9 期。

张润枝、郑东升：《中国共产党对马克思主义价值观的继承和发展》，《当代世界与社会主义》2010 年第 1 期。

周谨平：《爱国价值观的缘起、基础、内涵与伦理意义》，《伦理学研究》2016 年第 5 期。

周琳：《书写什么样的历史？——"加州学派"中国经济史研究述评》，《清华大学学报》（哲学社会科学版）2009 年第 1 期。

周积明：《中国古代"富强"论的分歧及其启示》，《浙江社会科学》2013 年第 8 期。

周萌、张琳：《阿普尔意识形态理论的内涵、特点及其启示》，《思想政治理论课研究》2016 年第 5 期。

周建超：《论江泽民与中国现代化理论的创新》，《甘肃理论学刊》2002年第1期。

李河水：《简论儒家文化对"爱国敬业诚信友善"价值观的涵育》，《学校党建与思想教育》2016年第15期。

詹石窗：《身国共治——〈道德经〉第十章解读》，《老子学刊》2018年第1期。

王小蓉：《五四运动于新文化运动：腰斩还是硕果？》，《四川大学学报》（哲学社会科学版）2019年第6期。

赵亮：《从国家到文化：国家认同的史证与申张——中国少数民族抗战的研究和展望》，《现代哲学》2017年第5期。

杨业华：《江泽民爱国主义思想探析》，《思想理论教育导刊》2007年第5期。

张灿：《虚无主义的中国样态及其批判》，《思想教育研究》2018年第9期。

杨金华：《当代中国虚无主义思潮的多元透视》，《马克思主义研究》2011年第4期。

李振刚：《民族虚无主义及其理论误区》，《东岳论丛》1992年第2期。

孙丽珍、李泽泉：《文化虚无主义的表现、本质及治理》、《红旗文稿》2018年第9期。

丁俊萍、李磊：《旗帜鲜明地反对政治虚无主义》，《红旗文稿》2018年第8期。

李健、吴波：《当代西方主流价值观的三重特性》，《社会主义核心价值观研究》2018年第5期。

五　报纸类

习近平：《携手构建合作共赢新伙伴　同心打造人类命运共同体——在第七十届联合国大会一般性辩论时的讲话》，《人民日报》2015年9月29日第2版。

习近平：《共担时代责任　共促全球发展——在世界经济论坛2017年年会开幕式上的主旨演讲》，《人民日报》2017年1月18日第3版。

习近平：《同舟共济、扬帆远航，共创中拉关系美好未来——在秘鲁国会的演讲》，《人民日报》2016年11月23日第2版。

温家宝：《仰望星空》，《人民日报》2007年9月4日第2版。

李君如：《协商民主是重要的民主形式》，《人民日报》2006年4月7日第3版。

李君如：《人民政协在中国政治发展过程中具有双重属性》，《人民政协报》2011年2月23日第10版。

刘学军：《健全社会主义协商民主制度的几个问题》，《人民政协报》2012年11月28日第6版。

齐卫平：《协商民主是一种政治形态》，《文汇报》2013年2月26日第12版。

郝立新：《培育和践行社会主义富强理念》，《人民日报》2014年1月2日第2版。

吴学琴：《以多层次对外话语阐释中国价值观念》，《光明日报》2015年7月2日第16版。

王永贵：《讲好中国故事传播好中国声音》，《新华日报》2014年10月21日第3版。

王明生：《富强缘何居于核心价值观首位》，《新华日报》2015年5月19日第3版。

［澳］何包钢：《协商民主在解决群体性突发事件中的作用》，《学习时报》2010年4月19日第5版。

江畅：《当代中国价值观的根本性质、核心内容和基本特征》，《光明日报》2014年6月18日第13版。

林尚立：《协商民主制度：中国民主发展的新境界》，《人民政协报》2012年12月26日第12版。

项久雨：《当代中国价值观念国际传播的策略》，《光明日报》2016年4月20日第13版。

《中共十八届五中全会在京举行》，《人民日报》2015年10月30日第1版。

张伯里：《树立和践行社会主义富强观》，《光明日报》2013年3月12日第11版。

李树泉：《抗日战争升华了伟大的爱国主义精神》，《湖北日报》2017年2月8日。

六 学位论文类

杜实:《美国电影中的华人形象塑造》,硕士学位论文,上海师范大学,2011年。

董智慧:《阿普尔批判课程理论研究》,硕士学位论文,华中科技大学,2013年。

范会勋:《中国社会主义协商民主问题研究》,博士学位论文,中共中央党校,2014年。

郭霄:《社会主义核心价值观政治话语与学术话语的疏离互动研究》,硕士学位论文,安徽大学,2016年。

霍黎敏:《论公共领域理论视野下的BBC》,硕士学位论文,中央民族大学,2006年。

黄少钦:《试论中国大陆对外传播中的英文报刊》,硕士学位论文,重庆,2009年。

黄忠敬:《知识·权力·控制——基础教育课程文化研究》,博士学位论文,华东师范大学,2002年。

吕慧燕:《中国社会主义协商民主的文化渊源研究》,博士学位论文,吉林大学,2015年。

刘欢:《瓦解知识权力》,硕士学位论文,黑龙江大学,2015年。

刘灵:《民主的中国话语——毛泽东民主思想研究》,博士学位论文,湖南师范大学,2013年。

吕萌:《论中共三位领导人对国家层面的核心价值观探索》,硕士学位论文,江西财经大学,2014年。

刘爱武:《国外中国模式研究》,博士学位论文,河北师范大学,2011年。

孟靖:《中国特色社会主义协商民主研究》,硕士学位论文,东北石油大学,2014年。

彭柳:《"9·11"之后好莱坞电影的意识形态分析》,硕士学位论文,南京师范大学,2007年。

盛凡睿:《阿普尔的课程理论研究》,硕士学位论文,吉林大学,2015年。

吴娅:《习近平协商民主思想探究》,博硕士学位论文,西南交通大学,

2017年。

王萌:《论富强》,硕士学位论文,天津师范大学,2014年。

殷瑞:《西方消费主义对当代青年消费观的影响研究》,硕士学位论文,浙江师范大学,2014年。

禹思远:《冷战后的意识形态外交分析》,硕士学位论文,中南大学,2010年。

应建庆:《教育中的知识合法性》,博士学位论文,复旦大学,2011年。

姚朝华:《新中国主流意识形态话语体系变迁及发展研究——基于〈人民日报〉核心话语嬗变的分析》,博士学位论文,复旦大学,2014年。

杨昕:《中国共产党意识形态话语权研究》,博士学位论文,天津师范大学,2013年。

张梦涛:《中国特色协商民主发展研究》,博士学位论文,兰州大学,2012年。

周文萍:《当今美国电影里的中国资源与中国形象》,博士学位论文,暨南大学,2009年。

张义民:《阿普尔批判教育理论课程观研究》,硕士学位论文,山东师范大学,2013年。

赵志群:《近代"日本中国学"与日本侵华战争》,硕士学位论文,福建师范大学,2006年。

七 外文资料类

Dennis K. Munby, *Communication and Power in Organization*: *Discourse, Ideology, and Power in Organization*: *Discourse, Ideology, and Domination*, Norwood, New Jersey: Abolex Publishing Corporation, 1988.

Edmund Narine, *Spirits of the Times*, New York: Creates pace, 2011.

Eugene Lunn, *Marxism and modernism*, California: University of California, 1982.

Joseph, S. Nye, Jr. Soft *Power*: *the Means to Success in World Politics*, New York: Public Affairs, 2004.

James R. Townsend, *Political Participation in Communist China*, California: University of California Press, 1967.

John C. Oliga, *Power, Ideology and Control*, New York and London: Plenum Press, 1996.

Michael W. Apple, *Ideology and Curriculum* (3rd edition), New York and London: Routledge, 2004.

Michael W. Apple, *Educating the "Right" Way: Markets, Standards, God, and Inequality* (2nd edition), New York and London: Routledge, 2006.

Tzmteam, *The Zeitgeist Movement Defined: Realizing a New Train of Thought*, New York: Create space, 2014.

Ann Scott Tyson, *Cradle-to-Grave Indoctrination——CHINA'S CHILDREN*, Christian Science Monitor, November 14, 1989.

Ann Scott Tyson, "Breaking Out of Old Roles", *Christian Science Monitor*, March 1, 1989.

Ann Scott Tyson, "China Rejects Political Reforms——SOVIET PLENUM AFTERSHOCK", *Christian Science Monitor*, February 13, 1990.

Ann Scott Tyson, "China's Iron Man Returns", *Christian Science Monitor*, March 6, 1990.

Ann Scott Tyson, "Villagers Put Gods Before Marx——Revival of native religion underscores how Communists are losing battle for hearts and minds", *Christian Science Monitor*, August 12, 1992.

"DI. Bringing the West to the East", *Christian Science Monitor*, May 27, 1987.

Clarissa Sebag, "What's Xi Jinping's Chinese Dream", *New York Times*, May 3, 2013.

Dan Southerland, "When China Rules the World", *Christian Science Monitor*, January 11, 2010.

David Winder, "WORLD'S LARGEST DEMOCRACY INDIA; INDIA and CHINA neighbors who are worlds apart—Second in a series", *Christian Science Monitor*, February 27, 1980.

David Winder, "DR. Democracy and China", *Christian Science Monitor*, May 22, 1989.

James Nickum, "Will ingenuity enable China to play catch-up?", *Christian

Science Monitor, May 23, 1980.

Joseph C. Harsch, "China's new beginning", *Christian Science Monitor*, September 9, 1980.

Julian Baum, "Two communist states grope with economic reform: China keeps its economic development on track despite 'unhealthy tendencies'", *Christian Science Monitor*, March 28, 1985.

Julian Baum, "Reform and intellectuals: USSR and China take opposite tacks", *Christian Science Monitor*, January 27, 1987.

Julian Baum, "China crackdown reaches deeper", *Christian Science Monitor*, March 6, 1987.

Julian Baum, "China gives agency sweeping powers over the mass media", *Christian Science Monitor*, May 18, 1987.

Julian Baum, "Bid for democracy in China", *Christian Science Monitor*, December 23, 1986.

Julian Baum, "Baby makes three -and no more", *Christian Science Monitor*, August 20, 1987.

Julian Baum, "China youth's rising self-interest", *Christian Science Monitor*, November 3, 1986.

Julian Baum, "Confounding a tenet of Marxism", *Christian Science Monitor*, August 2, 1988.

Jeffrey Wasserstrom, "Fear of China is overblown", *Christian Science Monitor*, July 5, 2010.

James Nickum, "Will ingenuity enable China to play catch-up?", *Christian Science Monitor*, May 23, 1980.

John Hughes, "China's belligerence", *Christian Science Monitor*, March 15, 2000.

Kevin Platt, "In China, Political Rivalries Taint Efforts to Uncover Shady Deals", *Christian Science Monitor*, November 14, 1996.

Marvin Ott, "The challenge of reorienting China", *Christian Science Monitor*, March 4, 1985.

Peter Grier, "The rising economic clout of China——A bid on a US oil company has raised concerns over China's expanding reach", *Christian Science*

Monitor, June 30, 2005.

Peter Ford, "Economic clout rising, China takes No. 3 seat on World Bank", *Christian Science Monitor*, Monday, April 26, 2010.

Peter Ford, "On eve of Shanghai Expo 2010, China finds 'soft power' an elusive goal", *Christian Science Monitor*, April 29, 2010.

Robert W. Radtke, "China's 'Peaceful Rise' overshadowing US influence in Asia?", *Christian Science Monitor*, December 8, 2003.

Robert Marquand, "China's banner year felt abroad——Economic dynamism and other recent successes are expanding China's influence, particularly in Asia", *Christian Science Monitor*, January 27, 2004.

Sheila Tefft, "China Attempts To Redesign a People With Draconian Law", *Christian Science Monitor*, January 20, 1995.

Sheila Tefft, "In China, Communist Ideology Is Dead, but Party Shell Lives On——Chinese see party as only assurance of public order and rising prosperity", *Christian Science Monitor*, December 15, 1993.

Sheila Tefft, "Cultural Confusion Sends China Back to Confucius——As communism decays and capitalism grows, the Chinese reach for new values and take a fresh look at traditional ideals", *Christian Science Monitor*, May 24, 1993.

Sheila Tefft, "China Purges 'Absurd' Foreign Words, But 'Kala-OK' (Karaoke) Still Lives On", *Christian Science Monitor*, July 16, 1996.

Sheila Tefft, "China's Shifting Ideologies Stir Debate and Confusion", *Christian Science Monitor*, December 29, 1992.

Sheila Tefft, "Rush to Burn Coal Turns China Into Asia's Polluter", *Christian Science Monitor*, August 30, 1995.

Sheila Tefft, "China loses its passion for the Peking Opera——a national treasure——Western entertainment lures many talented youngsters away from the traditional art form", *Christian Science Monitor*, November 2, 1994.

Takashi Oka, "Deng's pragmatic line makes great leap forward in China", *Christian Science Monitor*, September 8, 1982.

Takashi Ok, "China 'capitalism' ——why a pen repairman is smiling",

Christian Science Monitor, October 9, 1980.

Takashi Oka, "Lao Yang and his donkey are very happy with China's reforms", *Christian Science Monitor*, July 13, 1982.

The Monitor Editorial Board, "China gets its 'rise'——but not the world's respect", *Christian Science Monitor*, August 22, 2008.

The Monitor Editorial Board, "Marx on the Ash Heap in China", *Christian Science Monitor*, December 23, 2003.

Michael J. Silverstein, "China isn't a threat to America. It's an opportunity", *Christian Science Monitor*, October 30, 2012.

八　电子文献类

国家广播电视总局网站：http：//www.sapprft.gov.cn/sapprft/govpublic/6677/1633.shtml.2017.9.27。

国家汉办网：http：//www.hanban.edu.cn/confuciousinstitutes/node_10961.html.2017.6.16。

电视剧输出情况数据库：http：//xsc.bfsu.edu.cn/dydbmsg.do？subcode＝DB01502020&discode＝BY0207020202.2014.12.20。

国际书展具体明细：http：//xsc.bfsu.edu.cn/dydbmsg.do？subcode＝DB01305000&discode＝BY0204020200.2014.12.20。

经典中国国际出版工程：http：//xsc.bfsu.edu.cn/dydbmsg.do？subcode＝DB01304030&discode＝BY0204020403.2014.12.20。

纪录片输出情况数据库：http：//xsc.bfsu.edu.cn/dydbmsg.do？subcode＝DB01502030&discode＝BY0207020203.2014.12.20。

技术与服务输出数据库：http：//xsc.bfsu.edu.cn/dydbmsg.do？subcode＝DB01502050&discode＝BY0207020205.2014.12.20。

中华学术外译：http：//xsc.bfsu.edu.cn/dydbmsg.do？subcode＝DB01304010&discode＝BY0204020401.2014.12.20。

中国图书对外推广：2006年1月国务院新闻办公室与新闻出版总署在京联合成立了"中国图书对外推广计划"工作小组http：//xsc.bfsu.edu.cn/dydbmsg.do？subcode＝DB01304020&disco de＝BY0204020402.2014.12.20。

中国文化著作翻译出版工程：http：//xsc.bfsu.edu.cn/dydbmsg.do？subcode＝DB01304050&discode＝BY0204020405.2014.12.20。

中国出版走出去的支持政策、法规：http：//xsc. bfsu. edu. cn/dydbmsg. do？ subcode = DB01301000&discode = BY0204020100. 2014. 12. 20。

中国文化海外传播数据库：http：//xsc. bfsu. edu. cn/dydbmsg. do？ subcode = DB01500000&discode = BY0207020000. 2014. 12. 20。

中国国际广播电台：http：//xsc. bfsu. edu. cn/dydbmsg. do？ subcode = DB01503020&discode = BY0207020302. 2014. 12. 20。

政府重大项目动态：http：//xsc. bfsu. edu. cn/dydbmsg. do？ subcode = DB01304000&discode = BY0204020400. 2014. 12. 20。

田翠琴：公平正义的内涵与历史演变，http：//www. china001. com/show_hdr. php？xname = PPDDMV0&dname = LRHGF41&xpos = 11. 2012. 8. 22。

雨田：拥抱公平正义的太阳，http：//blog. sina. com. cn/s/blog_533893f80100hjd7. html. 2012. 7. 12。

BBC官方网站（英文），http：//www. bbc. com/news/world-asia-china-34332821. 2013. 1. 2。

有没有一个与美国梦一样的中国梦？http：//news. bbc. co. uk/today/hi/today/newsid_ 9781000/9781619. 2013. 1. 2。

拥堵的世界：世界上最恐怖的交通堵塞在哪里？http：//www. bbc. com/news/business-21019157. 2013. 1. 16。

中国新任主席习近平：一个有梦想的人，http：//www. bbc. com/news/world-asia-china-21790384. 2013. 3. 14。

中国媒体：新梦想，http：//www. bbc. co. uk/news/world-asia-china-21826293. 2013. 3. 18。

中国媒体：重游天安门，http：//www. bbc. co. uk/news/world-asia-china-22162897. 2013. 4. 16。

中国媒体：新精神卫生法，http：//www. bbc. co. uk/news/world-asia-china-22363125. 2013. 5. 1。

中国的"美国梦"，http：//www. bbc. com/news/world-22825200. 2013. 6. 8。

2013年的中国梦和60年代的美国梦一样吗？http：//www. bbc. com/news/business-23199502. 2013. 7. 7。

毕业生追寻"中国梦"，http：//www. bbc. com/news/busines s-23222267. 2013. 7. 8。

每个人都能实现中国梦吗？http：//www. bbc. com/news/business-23224284. 2013. 7. 8。

一对成都夫妻的中国梦，http：//m. bbc. co. uk/news/world-asia-china-23225808. 2013. 7. 8。

伟大的中国梦，http：//www. bbc. co. uk/programmes/p01bhltn. 2013. 7. 28。

中国的反腐运动有多真实？http：//www. bbc. co. uk/news/world-asia-china-23945616. 2013. 9. 4。

改变中国的11条口号，http：//www. bbc. co. uk/news/world-asia-china-24923993. 2013. 12. 26。

中国希望摆脱"盗版"名声，http：//www. bbc. co. uk/news/business-25944840. 2014. 1. 30。

中国媒体：网络力量，http：//www. bbc. co. uk/news/world-asia-china-26379813. 2014. 2. 28。

中国媒体：核峰会，http：//www. bbc. co. uk/news/world-asia-china-26711085. 2014. 3. 24。

中国能从英国那里学到什么，http：//www. bbc. com/news/uk-politics-27865854. 2014. 6. 16。

中国媒体：军事力量，http：//www. bbc. co. uk/news/world-asia-china-28599036. 2014. 8. 1。

阿里巴巴的首次公开募股：马云眼里的中国，http：//www. bbc. co. uk/news/world-asia-china-29119121. 2014. 9. 8。

中国媒体：阿里巴巴的全球野心，http：//www. bbc. com/news/world-asia-china-29306296. 2014. 9. 22。

中国周刊：碳排放，死刑，破灭的梦想，http：//www. bbc. co. uk/news/world-asia-china-29751568. 2014. 10. 24。

这是一个中国电影的黄金时代吗？http：//www. bbc. com/news/business-29834530. 2014. 10. 30。

信念：中华民族的伟大复兴，http：//www. bbc. com/news/world-asia-china-29788802. 2014. 11. 7。

中国视野里的世界（视频），http：//www. bbc. co. uk/news/world-asia-china-29957115. 2014. 11. 9。

中国媒体：APEC峰会，http：//www. bbc. com/news/world-asia-china-29875928. 2014. 11. 10。

中国和美国：精彩的较量在上演，http：//www. bbc. com/news/world-asia-china-30002817. 2014. 11. 11。

英国是中国在西方世界中最佳拍档吗？，http：//www.bbc.co.uk/news/world-asia-china-34332824.2015.9.23。

中国阅兵回顾历史展望未来，http：//www.bbc.co.uk/news/world-asia-34105252.2015.9.23。

后　　记

　　呈现给读者的是 2014 年国家社科基金重点项目"当代中国价值观念对外话语体系的建构与传播研究"的最终成果。如今因疫情被封在家的日子，依然清晰记得 2014 年的夏日，我和我的小伙伴在骄阳似火的酷暑中连日奋战的情景。此后八年我们一起撸起袖子加油干，在图书馆高高的书架间穿行，在各类数据库浩瀚的资料中爬梳，在沉静的星空下苦苦思索，经风见雨战巨浪，几度赴海外调研收集资料，北美、欧洲都留下了我们的足迹。

　　在该项目的研究中，我进行了书稿的整体框架设计，统稿和校稿，甚至标题的凝练，初稿的改写等一系列工作，撰写了导言、第四章第一、四节、第六章第一、二、三节、第十一章、结语等，大幅度改写了第三章、第五章、第七章、第八章、第九章、第十章、第十三章，收集整理了多种资料，包括经典作家关于价值观念的研究资料；中国化马克思主义尤其是当代中国价值观念（富强、民主、公正、爱国）研究资料；"中国走出去"系列，包括文化机构网站统计信息、出版机构走出去信息统计、传媒机构走出去具体内容、传媒网站走出去统计信息、地方广播电视台的海外传媒分布、民营机构在海外布点、孔子学院统计信息等材料；"世界看中国"系列，包括海外中国学出版书目状况、研究内容的状况、翻译中国典籍书目的现状、出版机构的分布状况、海外中国学研究机构的分布状况、海外中国学研究学者的分布状况等材料。亲赴海外采集了加拿大阿尔伯塔大学的学生资料、赴德国访谈了 University of Applied Sciences of Osnabrúck 的布鲁姆教授（Professor Dr. Karl-Wilhelm Blum）、下萨克森州科学文化部（Ministry of Science and Culture of Low Saxong）高等教育发展处处长费希特博士（Dr. Karl-Ernst Fichter）；收集了西方高校课程开设中的价值观念系列资料（阿普尔《意识形态与课程》、威斯康星大学教育学院 2019 年研究生课程开设情况），采集了英国爱尔兰格拉斯哥居民的资料，并对所有资料进行了整理分析研究；我的博士生左路平负责了第一章、第四章第二、三节、第六章第四节、第十二章的初稿撰写；陈蓉蓉负责了第二章、第十三章第一、二、三节资料收集整理和初稿的撰写；黄宝负责了第三章、第十四章第四节资料收集；朱玉利和孙亮洁负责了第五章资料收集和初稿撰写；高楠楠负责了第七章的资料收集和初稿撰写；刘婷婷负责了第八章资料收集和初稿撰写；周千负责了第九章资料收集和初稿撰写；张胜男负责了第十章资料收集和初稿撰写；第十一章第二节英国资料的采集来自夏琼的帮助，衷心感谢在项目研究中与我一起辛勤工作的小伙伴。

  该书写作还得到了学界诸多老师、同行、朋友和家人的关心、支持、帮助，对此深表谢意；也感谢本书参考文献所列的著者和编者，他们提供的学术养分和思想观点是本书研究的基础。同时感谢中国社会科学出版社的责任编辑喻苗女士，他们为该书的修改完善提供了建设性意见，为该书的面世付出了艰辛的劳动。

  由于当代中国价值观念及其对外传播话语的异常复杂性，加之本人能力有限，错漏在所难免，敬请读者批评指正。

吴学琴

2022 年 8 月